内容提要

《国际贸易学》兼顾了国际贸易理论与国际贸易实务两方面的内容，力求做到将国际贸易理论、政策与实务相结合，将历史与现实相结合，在保证内容准确的基础上，力求简明、新颖，突出实用性和适用性。同时，本书参考了国内外有关国际贸易理论与实务方面的最新著作和教材的精华，结合我国加入WTO后发生的新情况与新变化，增加了当代国际贸易发展的最新内容。

全书共11章，包括导论、国际分工、世界市场与世界市场价格、国际服务贸易、跨国公司与国际贸易、对外贸易政策、国家实施贸易政策的措施、国际贸易条约和协定、区域经济一体化、世界贸易组织、当代世界贸易格局，共54学时。

本书是作者在多年科学研究和教学实践的基础上，根据长期的教学经验总结和高等学校在校的国际贸易专业或相近专业必须要掌握的科学知识，重点选择能够涵盖国际贸易全貌和具有理论与实践意义的主要内容进行编写的。该书主要是为高校国际经济与贸易专业以及经济类的本科学生提供一本适用的、能够反映国际贸易实用知识的教材。如作适当删节，本书亦可为专科和各类成人教育教学所用。

目 录

第 1 章
导　论

学习国际贸易必须了解国际贸易史。从世界范围看，早在公元 100 年前后，中东地区、地中海沿岸、古代中国、印度就出现了区域性贸易；15 世纪末的“地理大发现”为西方国家殖民扩张与世界贸易的迅猛发展提供了条件；18 世纪 60 年代的工业革命进一步深化了国际贸易的内涵；两次世界大战结束以后，科技革命、经济全球化为国际贸易与投资的自由化奠定了基础。再看中国，西汉时期就已有了与中东、欧洲的贸易往来的“丝绸之路”；汉唐以来，中国对外贸易起伏跌宕；1840 年以后，西方列强凭借鸦片战争的胜利强迫中国打开国门；新中国成立后的前 30 年，由于国际、国内政治形势的变化，中国重新“闭关锁国”；改革开放以来，中国对外贸易快速发展。从横向比较，国际贸易与国内贸易相比较具有交易复杂、线长面广等特点；从纵向比较，当代国际贸易出现无形贸易、绿色贸易迅速发展等新特点。以商品移动方向、商品的形态、生产国和消费国在贸易中的关系、统计边界的不同为标准，国际贸易可以分为许多种类。研究国际贸易，还必须掌握一些“常用术语”，如贸易额、贸易量、国际贸易条件、对外贸易依存度等，这些“常用术语”将引导我们早日步入国际贸易知识的殿堂。

国际贸易（International Trade）是商品和劳务的国际转移，即世界各国（地区）之间货物、知识和服务的交换。国际贸易又称世界贸易，是各国（地区）之间分工的表现，反映了世界各国（地区）在经济上的相互依存与合作关系。学习国际贸易，首先必须对整个国际贸易产生、发展的历史有一个准确认识。为此，本章第一节将主要从历史的角度介绍国际贸易的产生与发展；第二节介绍国际贸易的特点；第三节按照不同标准对国际贸易进行分类；第四节将介绍一些研究国际贸易的常用术语，为进一步学习国际贸易知识奠定基础。

1.1 国际贸易的产生与发展

国际贸易理论是对国际贸易实践及其规律的抽象与总结，因此，了解国际贸易产生与发展的历史，有助于我们加深对国际贸易理论的理解。围绕国际贸易产生与发展这一主题，本节将分别立足于世界与中国两个视角，简述世界范围内国际贸易产生和发展的历史与中国对外贸易发展史。对中国学生来说，在了解整个世界国际贸易历史的同时，了解中国对外贸易的历史也是非常必要的。

1.1.1 世界范围内国际贸易的产生与发展

为了全面介绍世界范围内国际贸易的产生与发展的历史，我们将采取纵向形式，即以时间为轴，对世界贸易的产生与发展分为 4 个时期进行介绍。

1. 古代的世界贸易

公元 100 年前后，被史学界称作古典时代的鼎盛时期。在这一时期，地中海的罗马帝国、中东的帕提亚帝国、印度的贵霜帝国以及中国的汉王朝分别发展成为各地区强大的政治经济实体。最初的“国际贸易”，更确切地说是“地区间贸易”也由此产生。当时各地区之间交换的物品主要有罗马的亚麻布、金、银、铜、锡、玻璃、印度的香料、宝石和中国的丝绸，其中主要的产品是丝绸，主要的通道是欧亚大陆之间的“丝绸之路”。

对国际贸易的第一次大推动是中世纪后期西欧的势力扩张。欧洲人所信仰的基督教使得他们比别的民族有更强烈的扩张性与好战性，为了使异教徒或不信教的人皈依基督教，他们会不惜使用武力。从公元 11 世纪到 13 世纪，十字军多次东征从穆斯林手中夺得了地中海，从而使地中海像古代一样再一次成为欧亚大陆贸易的海上通道。

十字军东征对世界贸易的推动不仅仅是打通了地中海的通道，更主要的是将西欧融入了世界。欧洲人一次又一次的远征，使他们感受到了东方发达的经济和丰富的物质，这导致他们远征的目的发生了一些变化——西欧人的扩张除了为上帝服务、征服异教徒之外，寻找黄金和获取资源也成为非常强烈的动机。由于地理和资源的限制，西欧人迫切需要寻找新的资源和产品，从而大大推动了欧洲以及欧亚大陆的贸易发展。

公元 14 世纪，欧洲已经形成了几个主要贸易区，包括以意大利的威尼斯、热那亚和比萨等城市为中心的地中海贸易区，以布鲁日等城市为中心的北海和波罗的海贸易区，包括基辅、诺甫哥罗得、车尔尼哥夫、彼列雅斯拉夫尔等城市的东欧罗斯贸易区，德意志北部和北欧斯堪的纳维亚地区的汉萨贸易区，以及不列颠贸易区。这些贸易区不仅有大量的区内交易，相互之间的贸易往来也很密切。

与此同时，亚洲也形成了几个比较重要的贸易区，包括以中国、朝鲜和日本为主的东亚贸易区，占婆（今越南南部）和扶南（今柬埔寨）等国的东南亚贸易区，以及以印度为主的南亚贸易区。

在公元 13—14 世纪，由于陆路和海路运输通道的发展，东方的亚洲与西方的欧洲之间的贸易进一步成长。陆上通道主要是原来的“丝绸之路”，此时正值中国元朝时期，元帝国三次西征，疆界扩至黑海南北两岸和波斯湾地区，打通了从中国直至欧洲的通道。海上通道则主要从地中海，经红海和印度洋到印度，或从波斯湾经阿拉伯海到印度。欧洲从东方进口的商品主要有中国的丝绸、瓷器、茶叶，印度的珠宝、蓝靛、药材、地毯，以及东南亚的香料，这些商品在欧洲人的消费中占据了越来越重要的地位，但欧洲能向东方出口的产品却不多，除了出口羊毛、呢绒和金属制品外，不得不支付大量的黄金与白银。

2. 地理大发现时代的世界贸易

“地理大发现”产生于 15 世纪末。此前，欧洲城市的兴起和农业手工业生产力的提高促进了生产分工，也进一步促进了商品市场的发展，而商品经济的发展又需要更大规模的贸易。14 世纪末到 15 世纪这段时间里，由于土耳其奥斯曼帝国的崛起和其对小亚细亚、巴尔干半岛和埃及的占领，从欧洲通往波斯、印度和中国的商路几乎中断了，面对这一局面，欧洲国家不得不努力寻找新的贸易通道。同时，随着经济的发展，欧洲的技术也获得了很大的进步，尤其是在造船及其他航海设备方面。在 13 世纪到 16 世纪，欧洲已能生产 600 ~ 800 吨的圆体帆船，中国的火药和指南针技术也传到了欧洲，欧洲人已能在舰船上装载火炮，还能生产罗盘仪和象限仪，绘制航海图。传播上帝福音的宗教动力、通过贸易牟利的强烈欲望、开辟新通道的迫切需要，加上新的航海设备与技术，欧洲人在 15 世纪末至 16 世纪初的“地理大发现”也就成为自然的结果。

欧洲人最早的远洋探险大约是在 1431 年。当时有一个名叫维尔和（Velho）的葡萄牙航海家成功地到达了大西洋东北部的亚速尔群岛并返回了葡萄牙；此后，通过一系列的远洋探险，意大利人哥伦布率领的西班牙船队于

1492年发现了美洲新大陆；达·迦马率领的葡萄牙船队于1497年绕过好望角，到达南亚西海岸，打通了欧洲通往印度的新航路；麦哲伦率领的西班牙船队在1519年经过大西洋，经南美海峡进入太平洋到达亚洲的菲律宾群岛。随后，欧洲国家又陆续开辟了一系列新航道，发现了大片前所未有的新土地。"地理大发现"的结果，实际上是把原来各自发展的各国联系起来了，真正意义上的世界贸易或全球贸易也由此发展起来。

"地理大发现"对欧洲经济进而对世界贸易发展的影响主要包括以下两个方面：

第一，使欧洲的经济发生了巨大的变化，出现了商业革命。所谓的商业革命表现为商业性质、经商技术以及商业组织方面的巨大变化。"地理大发现"后，大量外来商品如咖啡、烟草、可可等出现在欧洲市场上，与此同时，欧洲的产品也被推广到更广大的市场。贸易的扩大促进了交换生产的专业化分工，各国不同的产品价格所造成的巨大利润进一步推动了为牟利而进行的国际贸易。为了适应新的大规模的贸易，欧洲建立起专门在全世界从事贸易活动的新型合股公司，这种合股公司将投资与经营的职责分开，从而有利于运用大量闲散的资本从事种种商业投机。这些公司中最著名的有荷兰、英国的东印度公司和荷兰、法国的西印度公司。至此，国际贸易已成为一个以牟利为目的的巨大产业。

第二，"地理大发现"引发了长达两个世纪的殖民扩张和殖民贸易，推动了洲与洲之间的贸易。从15世纪中期开始，葡萄牙就由南向西非沿海扩张，到15世纪末，葡萄牙已占领了非洲西海岸的大批土地，大肆抢夺黄金、象牙和黑人奴隶。哥伦布发现美洲新大陆后，葡萄牙又占领了巴西，随着达·迦马于1497年绕过好望角后，又占领了非洲的南端和整个东海岸，然后，葡萄牙人又东进印度、锡兰、马六甲海峡，甚至占领了中国澳门。在很长一段时间里，葡萄牙通过它的殖民统治，垄断了东方贸易，他们将一些小日用品如小镜子、小刀、帽子、葡萄酒、腌鱼、乳酪等运到殖民地，然后将殖民地的产品运往欧洲，牟取暴利。这些商品包括非洲的黄金、象牙、钻石、丁香、樟木，印度锡兰的珠宝、胡椒、肉桂、大米和印尼的胡椒、丁香、豆蔻、白檀木等。

在葡萄牙之后的另一个殖民大国是西班牙。从15世纪开始到16世纪中期，西班牙先后用武力占领了除巴西和圭亚那之外的整个南美洲。西班牙殖民者一方面掠夺美洲现有的金银财富，另一方面使用奴隶进一步开采金银，由于西班牙殖民者对美洲土著居民的杀戮，造成美洲种植园劳动力短缺，于是西班牙又大量从事奴隶贸易，将非洲黑人贩运到美洲从事劳动。

在葡萄牙占领非洲、西班牙占领美洲后，荷兰于 15 世纪末 16 世纪初也加入了殖民扩张的行列。荷兰主要从葡萄牙人手中争夺殖民地，到 16 世纪中期，荷兰基本上占领了原来葡萄牙的殖民地，其势力甚至超过了西班牙、葡萄牙两国。为了垄断殖民地贸易，荷兰成立了规模巨大的“商业公司”，其中最著名的是荷兰的东印度公司和西印度公司，这些公司依仗着政府授予的特权，从殖民地获得大量珍贵物产，然后运到欧洲以高价出售，获得暴利。当时的东印度公司在支付庞大的军事行政开支之后仍能分给股东 20% ~160% 的红利。

继葡萄牙、西班牙、荷兰之后成为殖民大国的是英国和法国。英国人从 16 世纪末开始远征印度，贸易中的惊人利润强烈地刺激了英国政府与商人，从而也开始了疯狂的殖民扩张。到 18 世纪中期，英国先后战胜了葡萄牙、西班牙、荷兰以及法国，占领了北美、西印度群岛、亚洲和非洲的大片土地，成为世界上最大的殖民帝国。

英国和法国分别于 1600 年和 1664 年建立了“东印度公司”，从事在亚洲的殖民贸易。法国还同时建立了“西印度公司”从事在北美的殖民掠夺。英国从印度大量收购香料、棉织品、丝织品以及其他贵重物产和农副产品，然后运回欧洲高价出售，同时在北美建立奴隶制种植园，专门生产烟草、大米、蓝靛和棉花，为英国提供粮食和原料。北美的奴隶大量来自于非洲。英国从 1562 年就开始贩卖奴隶，1588 年，英国又成立了“皇家非洲开发者贸易公司”，专门经营大量猎捕黑人运往美洲作为奴隶的贸易。仅在 1680 年后的 100 年里，英国运往其在北美殖民地的奴隶就超过 200 万。这种殖民贸易给英国带来了巨大的利益，据统计，在 17 世纪末，英国贸易所得年利润平均为 200 万英镑，其中种植园贸易 60 万，与非洲、远东、欧洲的贸易 60 万，有将近 2/3 的利润来自于殖民贸易。

“地理大发现”极大地推动了洲与洲之间的贸易，从而初步形成了一个以西欧为中心的世界市场。当时的贸易流向基本是：（1）欧洲向美洲出口制造品，主要是纺织品、金属制品、家庭用具、酒和其他消费品。（2）从非洲输往美洲的主要是奴隶。奴隶贸易不仅使欧洲人获得巨额利润以购买美洲和亚洲的商品，也为在美洲生产商品和原料提供了大量的廉价劳动力。（3）从美洲流向欧洲的商品主要是在殖民地开采的黄金和白银，生产的烟草、棉花、粮食、海洋产品和糖等。（4）欧洲从亚洲及东方各国进口的主要产品仍然是香料、丝织品、茶和咖啡等。17 世纪后，远东的纺织品成为欧洲大量进口的商品之一。

3. 工业革命后的世界贸易

从16世纪到18世纪，随着殖民扩张和各洲之间贸易的发展，西欧各国经济发生了很大的变化。从18世纪60年代开始，欧美国家逐渐形成了资本主义的生产关系，并先后发生了工业革命。工业革命可以分为两个阶段：第一阶段大约从1770年到1870年，主要发生于英国。当时的英国是全世界最大的殖民帝国，在殖民地的贸易以惊人的速度增长。强烈的需求增长激发了一系列工业发明，包括阿克赖特的水力纺纱机（1769年）、哈格里夫斯的多轴纺纱机即珍妮机（1770年）、克郎普顿的走锭纺纱机（1779年）、瓦特的蒸汽机（1782年）、德尔比父子的煤与焦炭混合石灰炼铁法（1735年）、科特的搅拌炼铁术（1783年），以及凿井机、曳运机、蒸汽抽水机等。纺织、冶金、煤炭成为英国工业革命中建立起来的三大支柱产业。纺织机、蒸汽机和冶金新技术则代表这一时期在工具、动力和材料上的技术革命。

工业革命的第二阶段，约从1870年到20世纪初，主要发生在德国和美国，也包括其他欧洲国家。这一阶段的主要特点有两个，一是科学指导下的技术革命在工业生产中发挥了重要作用，二是大批量生产的技术得到了改善和运用，因此，人们也常把这一时期称为“第二次技术革命”。

工业革命以后，欧美发达国家的生产力大大提高，经济体制和经济结构发生了巨大的变化。到1914年第一次世界大战爆发时，欧洲、北美、日本和澳大利亚都先后完成了工业化过程，从自然的农业手工业经济过渡到资本主义工业经济。整个世界形成了以欧美国家为主的现代工业经济为一方和其他国家组成的农业、手工业等传统经济为一方的格局。

工业革命对世界贸易的影响主要表现在三个方面：第一，工业革命大大提高了劳动生产力，促进了生产。人们在满足了本国、本地区的消费需求外，还可以有大量的剩余产品与别国交换。工业化的欧洲需要为他们的剩余制造品获得市场，最终改变了与亚洲贸易长期处于逆差的地位。第二，工业革命大大促进了交通的发展。铁路、轮船、汽车以及电报、电话的应用将整个世界连接成一体，国际贸易变得更加迅捷和方便。第三，工业革命使世界从单一的农业社会转向以工业生产为主的现代经济。与农产品和其他初级产品不同，工业产品的种类千千万万，变化无穷无尽，且随着科技的不断进步而日新月异。任何一国都不能自己生产全部的工业产品，都不可能达到农业社会时的那种“自给自足”，各国都只能生产一部分产品，然后用自己的产品与别国的产品进行交换。国际范围内的分工和交换，即国际贸易逐渐成为现代经济中必不可少的一部分。

工业革命以后，国际贸易出现了前所未有的大发展。此前从 18 世纪初到 19 世纪初的将近 100 年里，世界贸易总额仅增长了 1 倍多。然而，在 19 世纪的前 70 年（1800—1870 年）中，世界贸易就增长了 6.7 倍，平均年增长率超过 9%。如果扣除价格下跌的因素，实际贸易量增长了 9.6 倍。从 1870 年到第一次世界大战前的 1913 年，尽管除英国以外的主要欧美国家开始实行了“贸易保护主义”的政策，并先后出现了几次经济衰退，世界出口总额仍然从 51.3 亿美元增加到 184 亿美元，增长了将近 2.6 倍，年平均增长率仍达 6%。

工业革命使得欧洲各国的经济结构发生了很大的变化，农业在国民经济中的比重迅速下降，工业的比重大大增加。工业的发展不仅使大量的制成品需要寻找市场，也需要进口更多本国没有或不足的原料（如棉花、橡胶、石油、各种矿产资源），因此，国际贸易越来越成为欧美工业国家经济中不可缺少的重要部分。从 1840 年到 1870 年，英国的出口占国民生产总值的比重从 9% 进而上升到 16%，法国和德国也都从原来的 7% 增加到 16%，在 30 年中增加了 1 倍多。

工业革命还改变了世界贸易中的产品结构。在“地理大发现”和西欧殖民扩张以前，世界贸易中的主要产品是各国的特产和手工业产品，如香料、丝绸。殖民开发以后，增加了许多殖民地奴隶种植园中生产的大宗消费品，如蔗糖、咖啡、可可、茶叶等，但工业原料和制造品在国际贸易中仍不是主要的。而工业革命以后，国际贸易的商品结构和流向都发生了重大变化。主要表现在：

第一，机器纺织品特别是棉纺织品成为欧洲最重要的大宗出口产品，并以低廉的价格和良好的质量取代了印度、中国等国的手工纺织品，成为 19 世纪国际贸易中最主要的工业制造品。

第二，大宗工业原料成为殖民地和半殖民地国家的主要出口产品。棉花、黄麻、生丝、烟草以及矿产原料逐渐取代香料、茶叶等成为 19 世纪初级产品贸易中的重要商品。

第三，机器设备和金属制成品在国际贸易中的地位迅速上升。随着英、法等国的殖民扩张和资本输出，铁轨、机车、蒸汽机、矿山机械等机器设备成为重要的贸易产品。

第四，农产品特别是谷物贸易大大增加。农产品作为初级产品，各国都能生产，在以互通有无为主的自然经济的贸易中，农产品的进出口量并不是很大。工业革命的结果使得欧洲各国农产品的相对成本和价格都大大提高，美国、加拿大和澳大利亚的大规模农业生产又大大降低了成本。作为比较优势和专业化分工的结果，农产品贸易占世界贸易的比重也增加了。

经过工业革命，世界日益成为一个经济整体，并形成了一个以西欧、北美国家生产和出口制成品，其余国家生产和出口初级产品并进口欧美制成品的国际分工和世界贸易格局。世界贸易的基础已不仅仅是各国的天然资源，各国生产技术不同而产生的成本差异成为决定贸易模式的重要因素。

4. 两次世界大战以来的世界贸易

从1914年第一次世界大战爆发到1945年第二次世界大战结束，是世界经济和国际贸易波动和萧条的一段时间。两次世界大战和几次大的世界性经济衰退，大大削弱了欧洲各国的经济和军事实力，也极大地影响了世界贸易。第一次世界大战后，国际贸易缩减了40%，直到1924年才略超过战前水平。紧接着是1929年至1933年大萧条，世界贸易量又一次大幅度下降，加上这一时期各国实行的贸易保护政策，国际贸易一直处于萎缩状态。到第二次世界大战爆发前的1937年，世界出口总额也只有254.8亿美元，尚未恢复到1929年的水平（327.5亿美元），甚至仍低于1924年的水平（275.95亿美元），这种状态直到第二次世界大战结束后才得到改变。

第二次世界大战后，世界经济又一次发生了巨大变化，国际贸易再次出现了飞速增长，其速度和规模都远远超过19世纪工业革命以后的贸易增长。从1950年到2006年近60年中，全世界的商品出口总值从约610亿美元增加到120 845.82亿美元①，增长了将近200倍，远远超过了工业革命后乃至历史上任何一个时期的国际贸易增长速度；而且，世界贸易实际价值的增长速度（年平均增长6%左右）超过了同期世界实际GDP增长的速度（年平均增长3.8%左右），这意味着国际贸易在各国的GDP中的比重在不断上升，国际贸易在现代经济中的地位越来越重要。

“二战”后世界贸易飞速发展的原因是多方面的，主要包括：

(1)“二战”后较长的和平时期。两次世界大战后，各国通过建立联合国以及各种多国政治经济和军事联盟以减少世界大战的危险。尽管在战后长达四十年的时间里仍然存在着东西方两大阵营的对立，但冷战毕竟不像军事战争那样对经济产生直接的破坏作用，东西方的经济竞争对经济发展也具有一定的推动作用。从20世纪50年代到80年代，西方工业国家的出口在世界总产值中

① 数据来源：世界银行网站（http://www.worldbank.org）.

的比重从7.7%增加到26.8%，前苏联及东欧国家的比重也从4.6%增加到9.3%。20世纪90年代初冷战结束后，各国之间的政治经济关系进一步得到改善，有利于经济与贸易的发展。

（2）“二战”后出现的第三次科技革命和20世纪90年代信息产业革命。第二次世界大战后，以美国为先导出现了以原子能、电子、合成材料、航天技术和生物技术为代表的新的技术革命，这场新的科技革命又产生了一系列新的产业，包括原子能工业、半导体工业、石油工业、化学工业、电子工业、宇航工业、生物工业等。新产业在发达工业国家的产生和发展，一方面意味着大量新的工业产品的出现，制造品越来越成为国际贸易中的主要产品；另一方面也意味着国际分工的日益扩大和深入。随着新产业的不断出现，任何一国都不可能在所有的产业上都具有比较优势，从而国际贸易更加成为必要。进入20世纪90年代以后，以互联网为代表的现代信息技术革命又进一步推动了这场规模大、范围广、影响深的技术革命。信息技术革命不仅创造了另一个新的产业，还为现代贸易提供了新的信息交流和交易方式。

（3）经济发展带来的收入增长促进了消费结构的变化。“二战”后的和平环境和科技革命使世界经济出现了空前迅速的发展。经济快速增长不仅反映了一国生产能力的增加，也表现为人们收入的增加。从“二战”后到20世纪末，大多数工业国家和新兴工业国家的人均收入成倍增长，而收入的增长则促进了人们消费结构的变化。在满足了基本生活品以外，人们对制造品包括耐用消费品等的需求欲望和购买能力都大大提高，对高质量和不同品种的新产品的需求也大大刺激了各国之间的贸易尤其是工业制成品的贸易。

（4）“二战”后国际经济秩序的改善。从19世纪末到第二次世界大战，西方各国为了争夺资源，保护国内利益集团纷纷实行“贸易保护主义”，不断出现的关税战、汇率战和贸易战不仅大大影响了经济与贸易的发展，甚至还引发了战争。战后各国痛定思痛，决心建立国际经济新秩序，以布雷顿森林协定为基础的国际货币体系相对稳定，有利于国际贸易发展。在《关税与贸易总协定》（GATT）框架下的一轮又一轮降低关税的谈判以及1995年世界贸易组织（WTO）的建立，不仅大大降低了各国的贸易壁垒，还建立了一个多边的解决贸易纠纷的机制，为国际贸易提供了一个相对稳定、公正和自由的环境。

与工业革命后的世界贸易相比，两次世界大战以来国际贸易有以下变化：

（1）国际贸易中工业制成品的比重大大增加。1950年，工业制成品出口占世界全部商品出口价值的34.9%；20世纪60年代，这一比例增加到50%以上；70年代世界能源价格上涨，使得工业制成品的比重在50%～60%之间徘徊；80 年代中期以后，工业制成品在贸易中的比重又开始攀升；到 2000 年，国际贸易中 74.85% 的商品是工业制成品。

在工业制成品贸易中，曾经在工业革命后处于重要地位的纺织品、服装等轻纺工业产品和钢铁等金属工业产品的地位逐渐下降，取而代之的主要是包括汽车在内的交通和机器设备、电子产品以及化工产品。

（2）服务贸易迅速发展，成为国际贸易中重要组成部分。战后，由于科技的发展，发达国家劳动生产率大大提高，不仅农业和其他初级产品在生产中使用的劳动力越来越少，制造业的就业比重也逐渐由上升转为停滞或下降。与此同时，人们的收入不断提高，在主要耐用消费品得到满足后，人们对服务的需求越来越大，服务业在各国经济中的比重越来越大，服务贸易也相应地得到了发展。战后初期，服务贸易在世界贸易中几乎没有引起重视，但从 20 世纪 70 年代开始，服务贸易日益成为国际贸易中的一个组成部分。1970 年世界服务业出口总值为 800 多亿美元，1980 年增加到 4 026 亿美元，1990 年又翻了一番，为 8 962 亿美元，2007 年达到 65 170 亿美元。服务贸易已上升到与货物贸易同等重要的地位，“服务贸易总协定”、“关税与贸易总协定”和“与贸易和投资有关的知识产权协定”成为 WTO 的三个主要协议。

（3）发达国家之间的贸易成为主要的贸易流向，“北北贸易”取代“南北贸易”成为主要的贸易模式。从“地理大发现”开始，到工业革命后很长一段时间，世界贸易的模式是发达国家出口工业制成品，发展中国家出口矿产和原料等初级产品，即所谓的“南北贸易”。

战后随着制造品贸易的数量和种类的增加，工业发展国家之间的贸易量和占世界贸易的比重也都在不断提高。20 世纪 60 年代初，北美、西欧和日本相互之间的贸易量约占当时世界总贸易量的 40%。80 年代初（1983 年）这一比重增加到 41%；90 年代初（1993 年）为 47% 左右；到了 2000 年，世界贸易总额的将近 50% 发生在欧美发达国家和日本之间。如果把新加坡、韩国等新兴工业国家算上，这一比例则更高。1999 年，全部工业国家 73% 的出口产品销往其他工业国家，有 68% 的产品从其他工业国家进口。

（4）区域性自由贸易迅速发展。战后尤其是 20 世纪 90 年代以来，各种形式的区域性经济合作越来越多，其中最多的是自由贸易区，包括欧洲自由贸易组织（EFTA），北美自由贸易区（NAFTA），南美共同市场（MERCOSUR），东南亚国家的自由贸易区（AFTA），东南非洲自由贸易区（COMESA）等。合作程度稍高的有关税同盟、共同市场以及经济同盟，如欧盟，几乎所有的关税总协定/世贸组织成员国都参加了一个或数个区域性自由贸易协定。从 1948

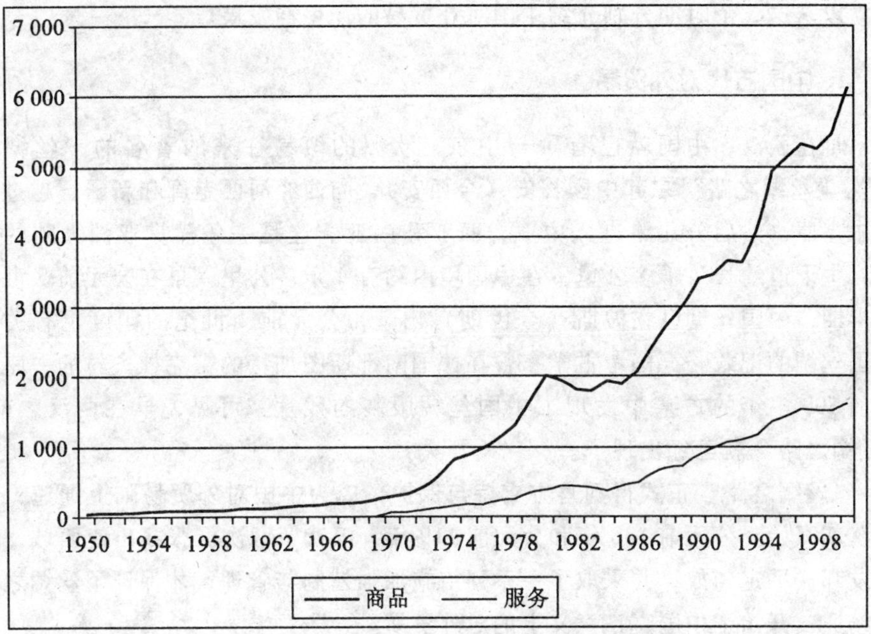

图1-1　“二战”后50年世界贸易（出口）发展情况（1950—2000年，10亿美元）

数据来源：世界贸易组织（www. wto. org）、国际货币基金组织（www. imf. org）。

年到1994年的26年中，关税总协定成员国共签订了124项区域性自由贸易协议，而1995年世贸组织成立到2000年的6年中，世贸组织已收到了100项成员国参加区域自由贸易的通知，区域性或局部性自由贸易发展迅速。

总之，第二次世界大战结束以来，世界经济发生了翻天覆地的变化。科技革命、制度变迁和经济发展使得世界各国的经济日益融为一体，经济全球化已成为20世纪以来的主要趋势。作为经济全球化的基础，国际贸易与投资的自由化在20世纪末得到了很大的发展，并将继续成为21世纪世界经济发展的主要方向。

1.1.2　中国对外贸易的产生与发展

从一个国家的角度看国际贸易就是对外贸易（Foreign Trade）。对外贸易是指一国（地区）同其他国家（地区）所进行的商品、技术和服务的交换活动。因此，研究对外贸易时必定要以特定的国家为基点来进行，研究中国对外贸易就必定要研究中国与世界其他国家（地区）间的贸易情况。我们对中国对外贸易历史的介绍，同样将采取纵向形式，从中国古代、中国近代、新中国成立以来这3个时期分别介绍中国对外贸易的产生与发展。

1. 中国古代对外贸易

早在西汉，中国就已有了与中东、欧洲的贸易往来的著名的“丝绸之路”。“丝绸之路”东起中国长安（今西安），向西经河西走廊和新疆，越过帕米尔高原，然后分几路进入中亚、西亚和南亚。这是一条横贯亚洲大陆的商路，主干道约长7千多公里，在中国境内约有4千多公里。早在公元前5世纪后半期，中国丝绸已在波斯（今伊朗）出现，公元前4世纪的印度也有关于中国丝绸的记载。德国考古学家曾在德国南部斯图加特的霍克杜夫村的一座公元前500多年的古墓中发现了中国丝绸服装的残片。可见，早在西汉之前，“丝绸之路”就已经出现了。

“丝绸之路”正式得到官方支持与保护，成为中国对外贸易陆上通道，是从汉朝开始。公元前138年和公元前119年，汉武帝两次派张骞出使西域，结交友邦，平定匈奴，并采取了一系列措施加强控制与管理，才保证了丝绸之路的畅通，开始了中国真正意义上的对外贸易。

当时对外贸易的主要动机是“互通有无”，中国汉代的主要出口商品是丝绸、铁器、漆器、纤维纸，还有肉桂、生姜、谷子、高粱等。主要的进口商品有印度的香料、犀角、象牙、宝石；罗马的金银、玻璃、亚麻布、铜、锡；缅甸的宝石、翡翠、木棉；朝鲜的兽皮以及中亚和西亚的毛皮、马匹、葡萄、苜蓿、石榴、胡麻、胡豆、胡桃等。

中国汉代和西方之间的丝绸贸易曾经繁荣一时，达到相当大的规模。中东和罗马的商人专门开通陆路和海路以从事中国和罗马之间的丝绸贸易，因此，汉代开始的对外贸易不仅是中国贸易史的开端，也是世界贸易史中的辉煌篇章。中国第二个外贸辉煌时期是唐朝。虽然从汉到唐之间对外贸易仍在继续，但其间因王朝更迭，南北分裂，纷争不已，战乱不断，整个社会经济受到极大影响，对外贸易也难以有大的发展。与此同时，罗马帝国崩溃，波斯帝国也出现王朝更迭，古印度出现了小国林立的局面，各国的政治动荡冲击了中西方之间的贸易关系，直到公元六七世纪开始的隋唐盛世才又开始了一个新的繁荣阶段。

唐代的陆路贸易基本上沿原有的“丝绸之路”进行，但政府采取了一系列政策加强了保护和管理，包括在西域建立完整的军政机构，沿途设置驿馆，继续执行“过所制度”（相当于许可证制度）等，在丝路沿线的主要城镇关口还驻有军队以保证丝路安全。

由于隋、唐两代都建都长安，长安不仅是政治文化经济中心，也由于丝绸之路而成为连接东西方的商业都会。当时出口西域各国的丝绸等商品都先由江南中原等地水运到洛阳，然后由陆路经长安运到波斯、东罗马各国。从欧洲及中亚、南亚、西亚进口的商品也经长安再运达各地。当时在长安从事商贸活动的波斯人、阿拉伯人、东罗马人等外国人多达数千，整个长安东、西两市商人云集，商货充溢。长安一度成为世界上最大的商业中心。

唐代还发展了海路贸易。当时的海路贸易主要通过两条航线，一条是东向到朝鲜日本，另一条是南下西向，经印度支那半岛、马来半岛、马六甲海峡、印度半岛，最终与阿拉伯半岛和东非沿岸连接。当然，海路贸易并非从唐代才开始的。早在春秋战国时期中国就与日本、朝鲜有了往来，汉代时又打通了中国南海与印度的海上航线，并连接上从印度到西方的海上通道，但到了隋唐时期，中国不仅延长了航线的距离，还大大增强了海路贸易的能力。

唐代进行海路贸易的主要港口有广州、明州（今宁波）、扬州、交州等，其中广州更是唐代海路通商的主要集散地。当时与广州通航贸易的国家有数十个，在广州经商的外国人（主要是阿拉伯人）有数万名。

唐代主要出口产品仍是丝绸锦缎。从公元8世纪开始，唐代的瓷器开始大量出口，无论是细腻精巧的青釉瓷，还是色彩绚丽的唐三彩，都颇得各国青睐，以至于西方国家称中国为“CHINA”（瓷器），意为“瓷器之国”，此名沿用至今，成为中国的正式英文名称。此外，中国还出口茶叶、漆器、纸笔；进口商品主要是来自东南亚、印度和阿拉伯的香料、药材、奇珍异宝，还有中国没有的农产品，如胡椒、菠菜、无花果等。由于中国在财富和技术上的优势，中国的出口往往大于进口，西方国家的金银不断流入中国。

中国唐代对外贸易繁荣的原因主要是当时经济技术的发达，同时与唐朝政府推行的开放政策也密切相关。唐太宗李世民主张对内励精图治，对外怀柔绥抚，尊重外国习俗，允许各种宗教在中国存在，同时实行了一系列自由开放的商业与贸易政策。唐代皇朝减免商税，放松对主要商品的控制，鼓励自由经商。在对外方面还实行了严禁重征、滥征外商税赋，保护外商遗产，惩治外贸中的贪官污吏等措施，鼓励外商与中国的贸易。应当说在中国古代历史中，唐代是一个比较开放的社会，是中国经济与文化发展的一个高峰时期，也是中国对外贸易的一个繁荣阶段。

唐代开始的鼓励对外贸易的政策在宋朝得以继续推行，其中有两点发展值得特别提出。第一是积极主动地吸收外商招徕贸易，实行“招诱奖进”的外贸政策。宋太宗执政期间，朝廷派遣官方使团前往南海各国进行招商，同时通过外国使节、僧人等鼓励外国商人来华从事贸易。第二是敢于聘用外籍人员任职管理海外贸易。南宋政府曾聘任阿拉伯人后裔任泉州提举市舶司，管理泉州贸易事务。在宋朝，已有不少中国商人开始侨居国外，开始了中国的海外移民史。同时，也有许多外商留居中国，娶妻生子，甚至通过考试进入中国的官僚机构。

宋代的贸易结构与汉唐相比没有什么大的变化，中国仍是以丝绸、瓷器为主要出口产品，同时进口香料、象牙以及新的植物品种。宋代贸易的主要变化是，贸易通道从以陆路为主变成了以海路为主。由于当时中东及西域各国的分割与战争，包括宋王朝与北方金国的战争，使得通往西方国家的陆路交通受到了阻塞，中西陆路贸易由此处于衰落状态。但也正是因为如此，宋朝的海上贸易得到了很大的发展，尤其到了南宋，通过海路与中国进行贸易的国家和地区已达50多个。

元朝的对外贸易也在宋朝的基础上继续发展，并跃上一个新的台阶。由于元帝国在政治和军事上实力强大，成吉思汗及其后裔征服了欧亚大陆的大部分领土，欧亚之间一度出现了无疆界的状况，使得因长期战争动乱而萎缩的东西方陆路贸易又得到了很好的恢复和发展。当时，有许多欧洲人通过陆路到中国旅行，除了牧师外，还有许多商人，其中最著名的是遍游中国并在元朝政府中任职十几年的意大利人马可·波罗。

与历代王朝相比，元朝政府更重视商业，这在很大程度上与蒙古族的游牧经济有关。游牧经济商品单一，大量的生活用品甚至粮食、瓜果都需要通过交换获得，因此，在忽必烈入侵中原建立元帝国之前，中国北方各民族之间，蒙古游牧部落与西方各国之间的通商已很普遍。作为游牧民族，元朝统治者并不受制于中国历史上“重农抑商”的理念，而是改变了宋代禁官下海的政策，允许权贵官吏从事海路贸易，还组织大规模的官方贸易。元代不仅在经济技术上，而且在理念上大大推动了中国对外贸易的发展。

元朝的贸易中心是元大都（今北京）。元朝政府建立了以大都为中心的陆路驿站交通网络，远至中亚、西亚，甚至欧洲，与此同时，元朝政府疏通整修从元大都到杭州的大运河，保证了南北水运的畅通。因此，各国商人通过元大都进行大量的贸易活动，元大都成为各国货物的集散地。

元代的海路贸易港口主要是泉州、广州和庆元（即唐宋时期的明州，今宁波）。泉州港于南宋末年已超过广州成为中国吞吐量最大的海港，到了元代又继续发展，成为闻名中外的贸易与政治文化交流的枢纽。当时的亚历山大港是西方最大的海港，而马可·波罗认为泉州比之更为发达。

元朝时同中国进行贸易的国家大大增加。据元朝陈大震的《大德南海志》记载，同元代进行海路贸易的就有一百四十多个国家和地区，遍及欧洲，东亚、南亚、西亚及东南亚。当时中国的主要出口商品为纺织品、陶瓷器、金属和金属器皿、日常生活用品（如木梳、雨伞、席帘、漆器等）、文化用品（文具、乐器等）和经过加工的食品。进口的商品主要是珍宝（包括象牙、犀角、珍珠、珊瑚等）、贵重香料、布匹、皮货、木材、药材等。

明朝之前的各个朝代在维持自力更生、自给自足的小农经济的同时，都实行了鼓励对外贸易的开放政策。与各个朝代同时期的世界各国横向比较，中国可以称作一个较发达、较开放的经济体，但是，这一状况到了明、清两朝时发生了变化。

首先是明朝初期实行了“海禁”与“朝贡贸易”。1371年，明朝刚刚建立四年，明太祖朱元璋为了巩固政权，削弱海外反明势力，下令全面禁海，禁止任何私人出海贸易。《明史》中具体描述这一政策为“片板不许入海”、“海滨居民不许与外洋番人贸易”，这项闭关自守政策一实行就是将近200年，直到1567年隆庆皇帝宣布开禁。期间政策的具体执行虽然有松有紧，但毕竟抑制了正常的海外贸易。与此同时，由于蒙古帝国的崩溃，中国通往中西亚和欧洲的陆路贸易通道又被穆斯林封锁占领，曾经异常繁荣的中国对外贸易到了明朝顿时变得冷落起来。

在实行“海禁”的同时，明王朝积极推行“朝贡贸易”。所谓“朝贡贸易”实际上不是商业上的等价交换，而是天子对臣国或蛮夷的一种恩赐行为。每次由各国的贡使带来本国特产作为“贡品”，朝廷则回赠大大超过“贡品”价值的礼物，并且免费为贡使提供食宿交通，还授予他们一些贸易特权，以体现天国上朝的气度与实力。这种“贸易”虽然造成了一种“万国来朝”的盛世景象，但实际上并不是正常的贸易发展，而且，这种“贸易”的结果不仅不会促进中国的生产和消费，反而对明朝经济和政府财政造成沉重的负担。

明朝最著名的海外开拓是“郑和七下西洋”。从1405—1433年，明政府七次派郑和率领庞大船队，载无数宝物，远涉重洋，遍访亚非三十六国，在人类航海史上写上了辉煌的一页。当时中国的船队有大小船只二百余艘，人员两万多，声势浩大，气势磅礴，一般的船宽150尺，长370尺，最大的船宽180尺，长444尺，船只之多之大都远远超过了哥伦布半个世纪后航行美洲时的规模，哥伦布航海时最大的旗舰也只宽25尺，长120尺。郑和的船队不仅到达了东南亚，经过马六甲海峡抵达印度，还越过阿拉伯半岛抵达非洲东海岸，再沿东海岸到达东非各国，最远达到今天的莫桑比克，而当时的葡萄牙人才刚刚开始沿非洲海岸寻找航路。然而，这些远航的主要性质仍是“宣威异域”的“朝贡贸易”，并没有对中国的开放拓展和对外贸易有实质性的推动。

尽管“郑和七下西洋”极大地加强了中国与其他国家的交往，开辟了中国与亚非国家的海上交通网络，但这次远航本身不是经济行为，也不表示明朝时期中国的对外开放思想和对贸易利益的追求。这就是为什么当时浩浩荡荡的海上探险后来说停就停的原因，也是为什么中国最早具有这样的探险能力而没有最早发现新大陆并为中国带来利益的主要原因。

到明朝后期，由于“朝贡贸易”的衰落和海上走私的发展，迫使明王朝放弃闭关自守的政策开放了海禁，恢复了对外贸易。明朝后期的对外贸易有了很快的发展，尤其是与欧洲国家的贸易。但是，这一段时期也正是哥伦布发现新大陆，达·迦马绕过好望角，麦哲伦环球航行，整个欧洲疯狂向海外扩张的时候。

与蓬勃兴起的欧洲对外贸易相比，中国已变得被动落后。从明朝后期开始，中国与欧洲国家的贸易并非是中国主动去发展的，而多为欧洲人推动的。葡萄牙商人于1514年到达广州，1553年又占领了中国澳门，并以澳门为基地从事中国、日本、印度、东南亚之间的贸易，而且还控制了中国与欧洲的主要贸易。

到了16世纪末17世纪初，荷兰人和英国人也来到了中国，并向葡萄牙对中国贸易的垄断提出挑战。荷兰人占领了台湾地区，以台湾地区为基地从事对华贸易，荷属东印度公司和英属东印度公司分别于1604年和1637年抵达广州。在欧洲的殖民扩张下，中国的对外贸易不再成为中国人自己的行为，开始成为欧洲国家通过贸易进行资本原始积累的一个组成部分。

在欧洲不断扩张，逐步赢得对亚洲海上贸易的控制权时，中国的政府却仍在积极反对海外贸易，执行闭关自守的政策。明朝的闭关锁国政策到了清朝又不时得到沿袭。为了巩固刚刚建立的政权，清朝初期顺治皇帝和康熙皇帝都多次实行了“禁海”政策，直到雍正五年（1727年）才真正开始开禁；在西方国家积极向海外移民扩张开辟殖民地时，康熙却于1712年下令禁止中国人去东南亚经商和定居；在面对与外国的贸易纠纷时，乾隆采取的政策是缩减通商口岸，由多口通商变为一口（广东）通商并受到行商制度和海关制度的严格管理。尽管与明朝相比，清朝已相对开放得多，但世界形势发生了巨大的变化，一个生气勃勃的欧洲正在兴起，止步不前或缓慢前进的中国就必然变得落后。

整个清代的对外贸易可以分为三个阶段：

第一阶段是从1684年康熙开海贸易后至18世纪中叶。这段时间的贸易基本延续了中国自汉代以来的基本模式，但在规模、商品种类和贸易国家数量上都大大扩增了。这段时间中国出口的仍然主要是丝绸、瓷器、茶叶、手工艺品，进口的主要是金银、毛织品、棉花、大米及各种杂货，与欧洲各国的贸易中，中国仍然保持着大量的出超。

第二阶段是从18世纪中叶到19世纪中叶鸦片战争爆发前。这一时期的中国贸易模式发生了巨大的变化。一方面，欧洲发生了工业革命，英国的纺织工业得到了空前发展，其廉价的棉纱、洋布，大量出口中国，中国的进口产品中，棉花、棉布和呢绒分别上升到前三位；另一方面，英美开始大量向中国走私鸦片。据统计，从1795年至1838年中国的鸦片输入量约为451 260箱，年均1万箱。到1833年时，非法的鸦片贸易已达年值1 500万美元。

这段时间中国对外贸易的最大变化有三点：一是中国与外国的贸易从“互通有无”为主变成了由成本优势决定的利益行为和现代贸易模式。中国进口的产品不再只是本国没有的奇珍异宝、皮毛、香料，而包括大量自己也能生产的棉纱、棉布。传统的自给自足小农经济开始受到市场经济的冲击。二是中国开始由贸易顺差变成贸易逆差。自汉朝以来，中国向西方出口产品，回流的主要是金银，但自19世纪初开始，中国出现了黄金白银的净流出。从1807年到1834年，中国白银净流出值达23 034 357两。三是与中国进行贸易的国家由亚洲和阿拉伯国家为主变成与欧美国家为主。中国从英国、荷兰、法国、美国以及俄国进口的商品（包括鸦片）成为中国的主要进口商品，同时中国不得不向欧美出口大量的茶叶、生丝、绸缎、土布以弥补贸易赤字。

第三阶段是1840年的鸦片战争之后到清朝灭亡。这段时间的中国实际上是从闭关自守到被迫打开大门的过程。经过1840年和1856年两次鸦片战争和1894年的中日甲午战争，中国基本上失去了对贸易的控制权，不仅中国的对外贸易基本上由欧美商人垄断，连中国的通商口岸海关等也都受到西方列强的控制，甚至关税的变动都要经外方同意。到19世纪末20世纪初，中国自明清开始的闭关锁国政策在西方列强的炮舰下土崩瓦解。

2. 中国近代对外贸易

鸦片战争以中国失败告终，而战争失败的结果，除了清政府割地赔款之外，最重要的是不得不对英国实行自由贸易和全面开放。1842年签订的《中英江宁条约》（即《南京条约》）规定开放广州、厦门、福州、宁波、上海五个通商口岸并可自由贸易；规定中英贸易关税必须“双方共同议定”；取消原来由政府控制贸易的行商制度；并用“最惠国待遇”来保证英国以后可以享受任何其他国家所获得的贸易特权。中国从此开始逐渐失去了对贸易的控制权。

此后，随着西方列强对中国的一系列侵略战争和清政府的一系列失败，随着中美《望厦条约》（1844 年）、中法《黄埔条约》（1844 年）、第二次鸦片战争后中国与英、法、美、俄的《天津条约》（1856 年）、中国与英、法、俄的《北京条约》（1860 年）、中英《烟台条约》（1874 年）以及中日《马关条约》（1895 年）等一系列不平等条约的签订，到 19 世纪末 20 世纪初清王朝灭亡前，中国的大门被西方列强彻底打开，中国的对外贸易成为西方资本主义世界市场的一个组成部分。

这一阶段中国进口的产品除了鸦片以外，主要是棉制品、棉花、煤油、糖类、粮食、钢铁等西方国家具有生产技术绝对优势或比较优势的产品，其中棉纱和棉布的进口量大大增加。1842 年，在中国的进口产品中，鸦片为第一位，占 55.2%；棉花为第二位，占 20%；棉制品为第三位，占 8.4%。到了 1885 年，棉制品（棉纱棉布）以 35.7% 的比重超过鸦片（28.8%）而跃居第一，这一地位一直保持到 20 世纪 20 年代。

中国出口商品中仍然主要是初级产品为主，其中丝、茶仍处主要地位，两项加起来占出口总值的 50% ~90%。但是，棉花、豆类、糖类的出口增长也很快，从 19 世纪 70 年代到 90 年代，棉花与豆类每年的出口量分别增长了 33% 和 12%。棉花和豆类的出口主要满足日本棉纺工业和化学工业日益增长的需求。

鸦片战争以后的将近四十年中，中国对外贸易时有逆差，但也有许多年处于顺差地位。但到了 1878 年以后，西方各国输入中国的产品日益增多，中国出口增长缓慢，出现连年逆差。

1840 年后中国的贸易政策基本上被控制在西方列强手中，实行对外的全面开放。在列强的要求下，中国开放了从广州、福州、上海等沿海城市到伊犁、张家口、重庆等内陆城市共二十多个通商口岸，在许多通商口岸设立大量的租界，允许外国人居住通商并享有特权。中国的海关也基本由外国人掌握，在很长一段时间里，中国的海关主管由英国人充任，从总税务司到各海关的税务司及其他高级职员，清一色是外国人。中国的关税税率无权由中国政府单独决定，必须与西方列强协定，其结果是税率大幅度下降，平均只有 5% ~6%。一些英国向中国大量出口的产品如白洋布等从原来的 30% ~33% 降到了

6.95%，主要白布税率只有 2.6%。

更重要的变化是，鸦片战争后，外国资本开始进入中国。从 1840 年到 1894 年甲午战争前，西方各国在中国的投资约二三亿美元，到了 1902 年，各国在中国的总投资超过 15 亿美元，到了清王朝灭亡后的 1914 年，外国投资有将近 23 亿美元，而这些投资主要来自于英国、俄国、德国、日本、法国等。

1911 年辛亥革命推翻了清王朝后，民国政府经过多年努力，于 1930 年前后收回了关税自主权，并将进口关税从当时的 4% 左右逐渐提高到 30 年代的 27% 左右。但从中华民国建立到 1949 年中华人民共和国成立，中国仍然受到西方列强的控制，对外贸易基本保持了开放的状况。进口产品主要是棉布、棉纱、钢铁、面粉、煤油、糖、机器及工具等，出口产品仍主要是茶、丝、豆类及其他农产品和矿产品。这段时间里，随着美国、德国和日本的崛起，中国的主要贸易伙伴则逐渐从英国和法国变成了美国、日本和德国。

3. 新中国的对外贸易

从明清后的一段漫长历史时期中，中国的对外贸易一直处于停滞徘徊的状态。面对西方的经济扩张，中国一直禁闭大门，中国的大门最终是在 19 世纪中叶被欧美各国的大炮强行轰开的，到了 1949 年中国摆脱了列强的控制后，又把大门关上了。

当然，这一时段的闭关锁国并非完全是中国政府的选择，“二战”后尤其是朝鲜战争爆发以后，以美国为首的西方国家对中国实行了长时期的经济封锁和贸易禁运。1950 年 12 月 2 日，美国下令管制对中国内地的物质运输，此后日本、英国、加拿大、法国、比利时等国也先后宣布对中国一系列产品的禁运。1951 年 5 月 18 日，联合国通过美国关于对中国和朝鲜实行贸易禁运的提案。1952 年，美国控制下的西方 15 国“巴黎统筹委员会”专门成立了一个“中国委员会”来制定对中国实行禁运的清单。在美国的压力下，到 1953 年 3 月时，对中国实行贸易禁运的国家达 45 个。

整个 20 世纪 50 年代，中国的主要贸易伙伴是苏联和其他东欧社会主义国家，与社会主义国家的贸易约占中国对外贸易的 70% 左右。同时，中国也和一些亚非拉国家建立了经济贸易关系，但当时对外贸易是作为国家计划经济中的一个补充部分，主要指导思想是“互通有无，调节余缺”，整个贸易量并不是很大。

然而，还没等到中国摆脱西方国家的贸易禁运，20 世纪 60 年代初中苏关系的恶化使得中国更加封闭。1960 年，中苏贸易额比上一年下降了 85%，与东欧各国的贸易也下降了近70%。从1959年到1969年的10年中，中国的对外出口从22.61亿美元下降到22.04亿美元，贸易总额从43.81亿美元减少到40.29亿美元。与此同时，世界出口总额则从1 145亿美元增加到2 742亿美元，中国出口在世界上的比重也从1.9%下跌到0.8%。到了1978年，占世界人口近1/4的中国，出口总额只有97.5亿美元，在世界出口总额中的比重进一步跌到0.74%。毫无疑问，从20世纪60年代初一直到70年代末，中国基本上处于一个与世隔绝的状态，这一段时间也是中国近代史上最封闭的时期。

战后中国经历了将近三十年的闭关锁国，有许多外部的因素，也有许多内在的原因。当时从思想上继承了中国几千年来自力更生、自给自足的传统，而社会主义革命和中央集权的计划经济又在理论上强调了政府对国际贸易和外商投资的控制，使冷战造成的"闭关锁国"这个迫不得已的状况变成经济建设的根本方针。在一段时间里，极左派控制的政府更把开放和利用外资上升到是否"崇洋媚外"和"西方化"的政治高度来讨论，把进口技术看成是"爬行主义"，把出口资源说成是"卖国行为"，结果是正常的贸易被限制，外商投资被排斥，经济发展受阻碍。到了"文化大革命"结束时的1976年，中国经济基本处于崩溃的边缘。

从1978年改革开放以来，中国的对外贸易开始了一个迅速增长的阶段。从1978年到2007年三十年中，中国的年对外贸易总额从206.4亿美元增加到21 738.3亿美元，其中出口总额从97.5亿美元增长到12 180.16亿美元，① 增长了近124倍。

中国在世界贸易中的地位，在1976年为世界第34位，自1992年后，进出口总额进入世界第11位，1999年成为世界第10大贸易国，2000年中国的进出口总额跃为世界第7位，2001年排名第6。

2001年12月11日，中国正式加入WTO，这为中国对外贸易的发展带来新的契机。根据WTO2008年4月公布的2007年全球商品贸易情况排名，中国在全球商品贸易出口排名中已经超越美国，位居德国之后列世界第二。2007年，中国的商品贸易出口总额高达1.218万亿美元，占到了全球商品出口贸易的8.8%，较上一年增长了26%。而在2007年全球商品贸易进口国排名中，中国以9 560亿美元的商品贸易进口总额排名世界第三，较上年增长了21%，占到了世界商品贸易进口额6.7%的份额，而美国和德国依然位居前两名，商品贸易进口额分别为2.017万亿美元和1.059万亿美元。

---

① 数据来源：中华人民共和国海关（http://www.customs.gov.cn）.

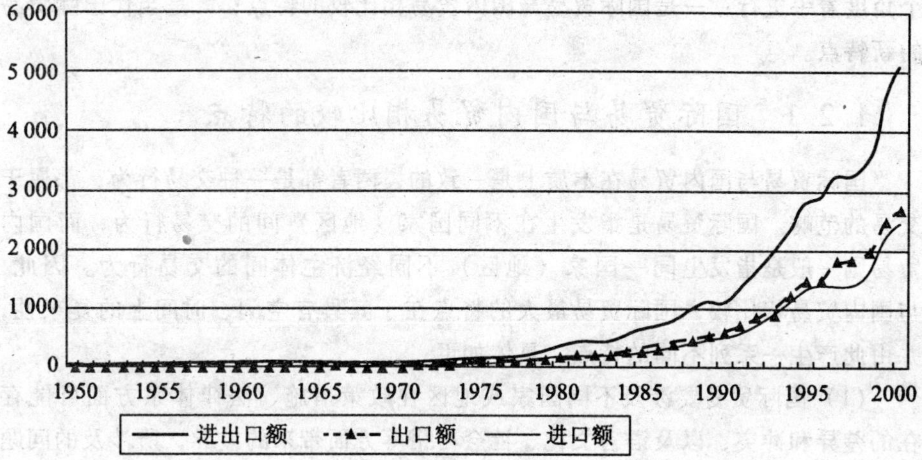

图 1-2 新中国 50 年对外贸易的发展情况（1950—2001 年，亿美元）
数据来源：中华人民共和国海关(http://www.customs.gov.cn),《中国对外经济贸易年鉴》。

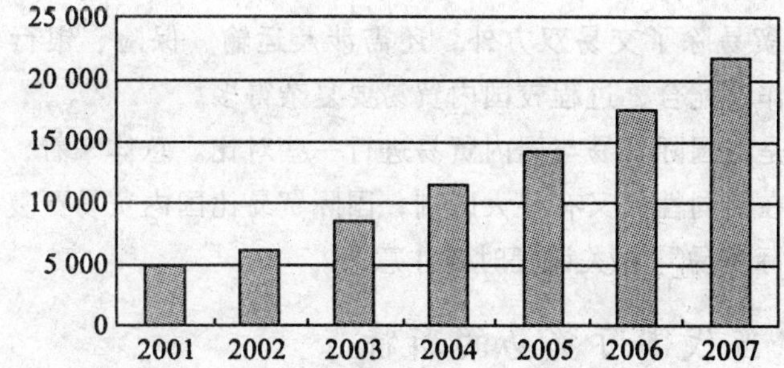

图 1-3 中国加入 WTO 以来对外贸易的发展情况（2001—2007 年，亿美元）
数据来源：中华人民共和国海关（http://www.customs.gov.cn）。

1.2 国际贸易的特点

事物的特点是指该事物区别于其他事物的明显标志，一个事物的特点可以从不同角度来进行描述，至于到底从哪个角度来进行描述，则要根据相比较事物的具体情况以及所想要强调的方面而定。因此，同一事物与不同事物相比较时，其所表现出来的特点是不完全相同的。本节对国际贸易特点的描述将从两个角度着手进行：一是国际贸易与国内贸易相比较的特点；二是当代国际贸易的新特点。

1.2.1 国际贸易与国内贸易相比较的特点

国际贸易与国内贸易在本质上是一致的，两者都是一种交易行为，都属于交易的范畴。国际贸易是指发生在不同国家（地区）间的交易行为，而国内贸易则一般是指发生同一国家（地区）不同经济主体间的交易行为。因此，与国内贸易相比较，国际贸易最大的特点在于其具有空间、时间上的复杂性，并由此产生一系列不同的特点。具体如下：

（1）国际贸易要涉及不同国家或地区在政策措施、法律体系方面可能存在的差异和冲突，以及语言文化、社会习俗等方面带来的差异，所涉及的问题远比国内贸易复杂。

（2）国际贸易的交易数量和金额一般较大，运输距离较远，履行时间较长，因此交易双方承担的风险远比国内贸易要大。

（3）国际贸易容易受到交易双方所在国家的政治、经济变动、双边关系及国际局势变化等条件的影响。

（4）国际贸易除了交易双方外，还需涉及运输、保险、银行、商检、海关等部门的协作、配合，过程较国内贸易要复杂得多。

以上主要是将国际贸易与国内贸易进行一些对比。总体来看，国际贸易与国内贸易既存在共同性，又有很大区别，国际贸易比国内贸易更复杂。这是我们在学习“国际贸易”相关课程时要注意的。

1.2.2 当代国际贸易的新特点

纵观本章第一节的内容不难发现，不同时期的国际贸易所表现出的特点是不同的。由于交通工具、通信手段、交易对象等的变化，近一二十年来的国际贸易，与古代、近代时期相比较，表现出了一些完全不同的新的特点。具体如下：①

（1）以知识、信息技术为代表的新兴产业重新整合国际贸易模式，并且开始彻底改变工业经济时代留下的传统国际贸易的影响与规则。当代国际贸易

① 参见吴汉嵩．当代国际贸易的特点及我国的战略对策．对外经贸实务，2007（1）；彭红斌．当代国际贸易发展的特点探析．桂海论丛，2007（7）．

的组织方式、往来方式、交易条件、支付手段以及国家之间的产业联系方式与分工方式都发生巨大变化，在当代国际经贸活动中，电子商务的出现使所有信息的传递、加工、处理都可以在因特网上进行，从而大大缩小了地球的时空界限。当代国际经济贸易活动中，商业过程的高度自动化和网络化将国际贸易中的分销移植到因特网，实现了真正虚拟贸易（网络分销）。网络分销渠道缩短了生产与消费之间的距离，节省了商品在流通中经历的诸多环节，消费者通过因特网就可完成购买行为，并将成为国际贸易发展的必然趋势。

（2）在突破时空限制的基础上重新整合世界资源，更能优化资源配置。工业经济阶段传统的国际贸易方式受到时空的限制，信息传递的非均衡性造成资源与要素流动的不完全。同时，由于贸易保护主义的影响，使得各个国家与地区要想跨越信息传递的限制，就必须首先跨越国家与地区主权范围内制定的贸易壁垒。不同国家的贸易保护政策扭曲了国际贸易的初衷和国际分工的本来面目，极大地妨碍了市场机制对资源配置与生产跨国流动的调节作用。由于信息网络终端进入了家庭，信息产业成为当代国际贸易的先导产业，并整合了国际经贸往来的中介机构，在最大范围与空间上优化配置资源。市场机制充分展示它在世界资源配置上的最优作用，国际经贸往来的时空差异性“缺口”得到整合，市场机制的作用得到空前释放。

（3）有形商品贸易向无形商品贸易转化渐成趋势，知识经济在国际贸易中的竞争优势逐渐显现。20世纪末以高新技术设备为主的有形商品贸易逐渐向以信息技术软件、服务产品等无形商品贸易为主。制造业在世界范围内正在朝着更高知识密集度的方向增长，低知识密集度产业的贸易正在萎缩，高知识密集度产业贸易的上升诱发当代知识贸易。知识不再是生产要素，而是一种重要的资源，在价值创造活动中正逐渐显示其核心地位，日益成为企业参与国际竞争所必要的战略资源。当代资源知识化的结果是具有创新能力和知识资源才是竞争的优势，企业拥有知识就等于拥有财富。

（4）更重视产品的附加值提升，边际效益呈递增趋势。工业经济时代，由于物质和能源资源的有限性和稀缺性、技术进步的相对稳定性、国际市场容量的饱和性，供给和需求满足于边际递减规律。随着国际贸易量的扩大，投入的增加，贸易的边际报酬也呈递减趋势；但当代国际贸易，知识要素取代传统的资源要素、劳动要素和资本要素，作为贸易的主要动力，因生产率的提高而实现效益递增。因为在当代贸易中，传统生产要素资源、资本、劳动力等，将更多地作为不变生产要素看待，而技术、信息、服务等知识要素则被看成可变生产要素，转化到贸易品中。知识不但可以替代自然资源、减少生产成本、消除环境污染，产生溢出效应，而且不可再生资源得到保护，使贸易品的边际效益呈递增趋势。

（5）绿色浪潮的兴起，赋予国际贸易新的内涵。近年来，在全球范围内，以保护环境为主题的绿色浪潮声势日高，绿色贸易也应运而生。绿色贸易的表现为：第一，绿色消费构成了绿色贸易基础。20世纪90年代以来，随着社会经济的发展，人们的价值观念、行为方式以及消费心理都发生了深刻的变化，重视环保、崇尚自然、追求健康的绿色消费之风蔚然兴起。环保因素早已开始渗透于人们的日常消费之中，绿色消费构成了国际贸易发展的基础。第二，绿色产品优化了国际贸易的商品结构，主要表现在三个方面：一是绿色产品在国际贸易商品结构中所占的比重日益增大；二是初级产品在国际贸易商品结构中所占的比例进一步下降；三是伴随着知识经济前进的步伐，环保新技术和新工艺将被日益广泛地采用，产品的技术知识含量将不断提高，从而使国际贸易商品结构由劳动密集型、资源密集型向技术（知识）密集型绿色产品转变。另外，绿色壁垒正在构成新的国际贸易保护网，环保法律法规已经融入国际贸易的规则中，总之，绿色浪潮渗透到国际贸易的各个方面。可以这么说，绿色贸易代表着国际贸易未来的发展方向。

（6）技术壁垒成为当代贸易保护主义的新手段。贸易技术壁垒是指进口国家针对有关工业产品或消费品的某些特性所制定的强制性或非强制性的标准和法规，以及检验商品合格与否的评定程序而形成的一种贸易障碍。贸易技术壁垒的具体形式有以下几种：一是复杂多变的技术标准。二是名目繁多的技术法规。三是繁琐苛刻的商品包装和标签规定。四是复杂的认证制度。贸易技术壁垒产生与盛行，与其本身所固有的特性是分不开的。贸易技术壁垒具有形式上的灵活性、名义上的合法性、内容上的广泛性以及对发展中国家的不公平性等特点，这些特点，使技术壁垒更容易成为关税和直接非关税壁垒的一种更高明的“替身”，成为21世纪影响国际贸易发展的最重要因素。

1.3 国际贸易分类

对国际贸易可以根据不同的标准进行分类，理解并掌握国际贸易的不同分类对于学习国际贸易知识是十分必要的，也是我们进一步研究国际贸易问题的基础。本节将分别以商品移动方向、商品的形态、生产国和消费国在贸易中的关系、统计边界的不同为标准对国际贸易进行分类。当然，需要说明的是，对国际贸易进行划分的标准远不止以上4种，并且随着国际贸易的发展，今后可能会出现的对国际贸易的划分将会越来越丰富。

1. 以商品移动的方向为标准对国际贸易的分类

以商品移动的方向为标准，国际贸易可以分为进口贸易、出口贸易、过境贸易。(1) 进口贸易（Import Trade)，是将外国的商品或服务输入本国市场销售。(2) 出口贸易（Export Trade)，是将本国的商品或服务输出到外国市场销售。(3) 过境贸易（Transit Trade)，是指贸易国之间的商品交易需通过第三国国境。比如内陆国与不相邻的国家之间的商品交易，就必须通过第三国国境，对第三国海关来说，就会把这类贸易归入过境贸易，不过如果这类贸易是通过航空运输飞越第三国领空的话，第三国海关不会把它列入过境贸易。由于过境贸易对国际贸易的阻碍作用，目前，WTO 成员国之间互不从事过境贸易。

2. 以交易标的物的特征为标准对国际贸易的分类

以交易标的物的特征为标准，国际贸易可以分为有形贸易和无形贸易。(1) 有形贸易（Visible Trade or Tangible Trade)。这种贸易的标的物是物质产品，如粮食、原材料、机器、车辆、船舶、飞机等，这些标的物具有可触摸、可看见的、外在的物理特性。传统意义上的国际贸易就是指有形贸易，海关对进出口的监管和征税措施也是针对这类贸易的。一般报刊、网站等媒体上发布某国对外贸易增长多少或下降多少，如果没有其他特别的说明，通常就是指有形贸易。(2) 无形贸易（Invisible Trade or Intangible Trade)。又称国际服务贸易，这种贸易的标的物没有实物形态，如专利使用权的转让、旅游、金融保险企业跨国提供服务等都是没有实物形态的商品。各国海关统计通常不包括无形贸易或服务贸易，而且对这类贸易的统计数据不那么精确。不过，随着生产力的发展，第三产业在整个经济中的比重不断提高，这类服务在现代国际经济关系中的地位也不断上升，因此，1995 年 WTO 正式成立之后，把国际服务贸易也纳入到其管辖范围之中。

3. 以生产国和消费国在贸易中的关系为标准对国际贸易的分类

以生产国和消费国在贸易中的关系为标准，国际贸易可以分为直接贸易和间接贸易。(1) 直接贸易（Direct Trade)，指商品生产国与商品消费国不通过第三国（地区）进行买卖商品的行为。贸易的出口国方面称为直接出口，进口国方面称为直接进口。(2) 间接贸易（Indirect Trade)，指商品生产国与商品消费国通过第三国（地区）进行买卖商品的行为，间接贸易中的生产国称为间接出口国，消费国称为间接进口国，而第三国（地区）则是转口贸易国，因此，对第三国（地区）来说，所从事的就是转口贸易（Entrepot Trade）。这里有必要强调一下转口贸易与过境贸易的区别，在转口贸易中，商品的所有权先从生产国出口商那里转到第三国（地区）商人手中，再转到最终消费该商品的进口国商人手中；而在过境贸易中，商品所有权无需向第三国商人转移。

4. 以统计边界为标准对国际贸易的分类

以统计边界为标准，国际贸易可以分为总贸易和专门贸易。(1) 总贸易(General Trade)。在对外贸易统计时，若以国境为界，凡进入国境的商品算作进口，离开国境的商品算作出口，则一定时期内的进出口额之和便为该国的总贸易。(2) 专门贸易（Special Trade）。若以关境为界，凡运入关境的商品算作进口，运出关境的商品算作出口，则一定时期内的进出口额之和便为该国的专门贸易。有的国家采用总贸易概念统计对外贸易，有的国家采用专门贸易概念统计对外贸易。美国采用专门贸易与总贸易两种概念分别统计其对外贸易，中国则采用总贸易概念统计对外贸易。

1.4 国际贸易研究的常用术语

本节所指研究国际贸易的“常用术语”与《2000年国际贸易术语解释通则》(INCOTERMS 2000）中的“贸易术语”（Trade Terms）并非同一个概念，不可混淆。国际贸易术语，又叫“价格术语”、“交货条件”，是在国际贸易实践中逐渐形成的用以确定买卖标的物的价格、买卖双方各自承担的费用、风险、责任范围的以英文缩写表示的专门术语。研究国际贸易的“常用术语”则是指为了对国际贸易进行理论研究（如定性分析、定量分析）的方便而人为设定的、赋予一定内涵的、不易引起歧义的专用名词。学习、掌握、使用这些“常用术语”，将使我们对国际贸易现象进行的理论分析更为精练化、规范化与科学化。囿于篇幅的限制，以下仅仅列举其中一部分。

1.4.1 贸易额和贸易量

贸易额（Value of Trade）就是用货币表示的贸易的金额，贸易额又可分为对外贸易额与国际贸易额。(1) 对外贸易额（Value of Foreign Trade)，就是一个国家在一定时期内的进口总额与出口总额之和。一般用本国货币表示，也可用国际上习惯使用的货币表示，联合国发布的世界各国对外贸易额是以美元表示的。各国在统计有形商品时，出口额以FOB价格计算，进口额以CIF价格计算；无形商品不报关，海关没有统计。(2) 国际贸易额（Value of International Trade)，是以货币表示的世界各国对外贸易值的综合，又称国际贸易值。它等于一定时期内世界各国用FOB价格计算的出口贸易额之和。

贸易量（Quantum of Trade)。贸易量原意是指用数量、重量、长度、面积、容积等计量单位表示的反映一定时期内贸易规模的指标。就一种商品来说，用计量单位表示是十分容易的；但是，由于参加贸易的商品种类繁多，计量单位的标准各不相同，价值有大有小，差别很大，无法统一衡量，用计量单位来统计对外贸易或国际贸易的规模是不现实的。因此，为了反映贸易实际规模的发展变化，只能剔除价格变动的影响，以一定时期的不变价格来计算贸易量，以达到不同时期的可比较性。由此可知，贸易量是指以固定年份为基期而确定的进出口价格指数去除报告期的进出口额而得出的按不变价格计算的贸易额，以反映贸易实际规模的发展变化。

1.4.2　贸易差额

贸易差额（Balance of Trade)，是指一个国家在一定时期内（通常为一年）出口总额与进口总额之间的差额。贸易差额可以分为贸易顺差、贸易逆差、贸易平衡3种具体情况。(1) 贸易顺差（Favorable Balance of Trade)，中国也称它为出超（Excess of Export over Import)，即一定时期的出口额大于进口额。(2) 贸易逆差（Unfavorable Balance of Trade ），中国也称它为入超(Excess of Import over Export)、赤字，即一定时期的出口额小于进口额。(3) 贸易平衡，就是一定时期的出口额等于进口额。

一般认为贸易顺差可以推进经济增长、增加就业，所以各国无不追求贸易顺差。但是，大量的顺差往往会导致贸易纠纷。例如日美汽车贸易大战等。

1.4.3　国际贸易条件

国际贸易条件（Terms of International Trade）是出口商品价格与进口商品价格的对比关系，又称进口比价或交换比价。它表示出口一单位商品能够换回多少单位的进口商品，很显然，换回的进口商品越多，越为有利。贸易条件在不同时期的变化通常是用贸易条件指数来表示，贸易条件指数是出口价格指数和进口价格指数的比值，计算公式是：出口价格指数除以进口价格指数，再乘以100（假定基期的贸易条件指数为100）。

报告期的贸易条件指数大于100，说明贸易条件较基期改善；报告期的贸易条件指数小于100，说明贸易条件较基期恶化。

1.4.4 贸易的商品结构

贸易的商品结构（Composition of Trade）就是各类商品在贸易总值中所占的比重。这里涉及一个商品分类的问题，一般有两种分类方法：（1）联合国秘书处的《国际贸易标准分类》（SITC）：把有形商品依次分为10大类，其中0~4类商品称为初级品，把5~8类商品称为制成品，第9类为没有分类的其他商品。初级产品、制成品在进出口商品中所占的比重就表示了贸易的商品结构。（2）按生产某种商品所投入的生产要素进行分类，可分为劳动密集型商品、资本密集型商品等某种生产要素密集型商品。

1.4.5 贸易的地理方向

贸易的地理方向分为对外贸易地理方向和国际贸易地理方向。（1）对外贸易地理方向（Direction of Foreign Trade），是指该国进口商品原产国和出口商品消费国的分布情况，它表明该国同世界各地区、各国家之间经济贸易联系的程度。如2007年中国前十位进口来源地分别是日本、欧盟、东盟、韩国、台湾地区、美国、澳大利亚、俄罗斯、巴西、沙特；2007年中国前十位出口市场分别是欧盟、美国、香港地区、日本、东盟、韩国、俄罗斯、印度、台湾地区、加拿大。由此而确定的2007年中国前十大贸易伙伴（根据进出口总额确定）为欧盟、美国、日本、东盟、香港地区、韩国、台湾地区、俄罗斯、澳大利亚、印度。①（2）国际贸易地理方向（Direction of International Trade），是指国际贸易的地区分布和商品流向，也就是各个地区、各个国家在国际贸易中所占的地位。通常用它们的出口额（或进口额）占世界出口贸易总额（或进口贸易总额）的比重来表示。如2007年世界商品出口前十位的国家和地区是德国、中国、美国、日本、法国、荷兰、意大利、英国、比利时、加拿大；2007年世界商品进口前十位国家和地区是美国、德国、中国、日本、英国、法国、意大利、荷兰、比利时、加拿大。②

---

① 数据来源：中华人民共和国商务部综合司（http：//zhs.mofcom.gov.cn/tongji2007.shtml）.

② *WORLD TRADE* 2007，*PROSPECTS FOR* 2008，http：//www.wto.org，2008-04-17.

1.4.6 对外贸易依存度

对外贸易依存度（Foreign Dependence Degree）是衡量一个国家（或地区）国民经济外向程度大小的一个基本指标，它是指对外贸易额在该国国民收入或国民生产总值中所占的比重。对外贸易依存度的数学公式为：

对外贸易依存度 =（出口额 + 进口额）/国内生产总值 =（E + M）/GDP

对外贸易依存度还可以分解为出口依存度（Export Dependence Degree）和进口依存度（Import Dependence Degree）。二者的数学公式如下：

出口依存度 = 出口额/国内生产总值 = E/GDP

进口依存度 = 进口额/国内生产总值 = M/GDP

◎本章小结

本章介绍了对外贸易或国际贸易的含义，对外贸易产生的条件和发展；国际贸易的分类和国际贸易常用的术语。根据授课对象，本章编写的目的是让学生从体系上了解国际贸易课程的内容，为以后的学习奠定基础。

◎关键术语

贸易额和贸易量　　贸易差额　　国际贸易条件　　贸易的商品结构
贸易的地理方向　　对外贸易依存度

◎思考题

1. 第二次世界大战以来世界贸易迅速发展的主要原因有哪些？除了本章中列举的因素以外，你还有哪些补充？

2. 比较15世纪初中国明朝的郑和下西洋和15世纪末16世纪初西欧哥伦布、达·迦马、麦哲伦等远洋探险的不同结果，探讨产生这些不同结果的原因。

3. 与国内贸易相比较，国际贸易的特点有哪些？

4. 国际贸易的分类标准有哪些？你认为还可以根据什么标准对国际贸易进行分类？

5. 计算2008年上半年中国对外贸易依存度，并分析对外贸易依存度是否越大越好？为什么？

第2章 国际分工

2.1 国际分工的含义与发展

2.1.1 国际分工的含义与作用

国际分工（International Division of Labor）是指世界各国之间的劳动分工。它是社会分工发展到一定历史阶段，国民经济内部分工超越国家界限而形成的国家之间的分工，其表现形式是各国货物、服务等商品的交换。

国际分工是各国对外贸易的基础，各国参与国际分工的形式和格局决定了该国对外贸易的结构，对外贸易地理方向和贸易利益等。与此同时，各国对外贸易又是国际分工利益实现的途径和枢纽，各国对外贸易的模式与措施促进了国际贸易的发展，由此，国际分工与国际贸易二者相辅相成，互为因果关系。

国际分工，作为一般社会分工在世界范围内扩大和加深的结果，对世界经贸的发展起着巨大的推动作用。

首先，国际分工是在世界范围内发挥各国的比较优势，包括其自然的和社会经济的优势，形成各国之间的优势互补。它必然从世界总体上，更大地促进生产水平和生产率的提高，以及产品质量的改进，这是任何一个国家，哪怕是大国的国内生产都不可比拟的。

其次，国际分工有可能使各国在其具有相对优势的部门或产品上，扩大生产规模，形成规模经济，取得规模效益。例如，一个国家的某种生产，如果具有优势，则在国际分工中，可以以世界市场为对象，重点发展这种生产，扩大其生产规模，从而发挥规模经济效益。这比各国从事以本国市场为对象的小规模生产，效率自然要高得多。

再次，国际分工、国际贸易、国际市场都意味着国际竞争，国际竞争与国内市场竞争相比，如果说有什么不同，那就是可能更激烈。激烈的竞争，对各国企业来说，是一种巨大的外部压力，迫使它们提高技术，改进经营管理，以提高生产率，降低成本，改善产品质量，不断推出新产品。而在国内，这种强制的外在力量要小得多，特别是在国家实行劳动保护政策的情况下，就更是如此。

最后，国际分工、国际贸易、国际市场要求在世界范围内和世界规模上，实行生产要素的流动，包括资金、技术、劳动力、人才、原材料、能源、信息、知识等的流动。这也就意味着资源有可能在流动中接近最有效的配置，从而有利于生产效率的提高、资源的节约和生产的发展。

总之，国际分工的形成和发展，对促进世界生产力和世界经济的发展，促进生产现代化和人类社会的进步，具有无可比拟的巨大积极作用，成为国际贸易发展的基础。

2.1.2　国际分工的产生与发展

国际分工的产生和发展，不是一蹴而就的，它经历了漫长的历史发展过程，大致可以分为以下几个阶段：

1. 国际分工的萌芽阶段（16—18 世纪中叶）

在资本主义以前的各个社会经济形态中，由于自然经济占主导地位，生产力水平低，商品经济不发达，各个民族、各个国家的生产方式和生活方式差距不大，因此只存在着不发达的社会分工和不发达的地域分工。

随着生产力的发展，11 世纪欧洲城市兴起，手工业与农业逐步分离，商品经济有了较快的发展。特别是在 15 世纪末到 16 世纪上半期的“地理大发现”和随后的殖民地开拓，使市场大大地扩展了，并促进了手工业向工场手工业的过渡，这种过渡也体现了社会分工水平的进一步提高，从此，资本主义进入了资本原始积累时期。在这个时期里，一方面加强了对本国人民的剥削；另一方面，用暴力和超经济的强制手段，掠夺亚、非、拉美殖民地的人民。他们开发矿山，建立甘蔗、烟草等农作物的种植园，为本国生产和提供本国不能生产的农作物原料，同时扩大本国工业品的生产和出口，出现了宗主国和殖民地之间最初的分工形式。

2. 国际分工的形成阶段（18 世纪 60 年代到 19 世纪 60 年代）

这个阶段发生的第一次工业革命，使国际分工进入到发展与形成的新阶段。工业革命首先发生在英国，接着迅速扩展到其他国家。所谓工业革命，又叫产业革命，是以大机器工业代替工厂手工业的革命，随着工业革命出现的是资本主义的现代工厂制度。工业革命的完成，标志着资本主义经济体系的确立，它加快了商品经济的发展，社会分工的发展，也促进了国际分工的形成。这个时期国际分工有以下特点：

（1）机器工业的建立为国际分工的发展奠定了物质基础。首先，大机器生产使生产能力不断增强、规模迅速扩大，源源不断地生产出的大批商品使国内市场饱和，需寻求新的市场。同时，生产力革命带来的生产的急骤扩大，引起原料供应的紧张，要求开辟大量而稳定的原料来源，而这些要求都是依靠本国生产和市场无法满足的。因此，机器大工业日益脱离了本国的基地，完全依赖于世界市场、国际贸易和国际分工。由于工业革命在英国最早发生并完成，英国经济实力大大增强，成为"世界工厂"，而其他落后国家则成为英国的销售市场和原料供应地。

其次，大机器工业生产的物美价廉的商品成为英国资产阶级征服国外市场的武器，使其他国家不得不按照英国的生产和消费的需要改变他们的产业结构，而成为原料产地和商品销售市场。

再次，大机器工业改革了运输方式，提供了电报等现代化的通信工具，使国际分工成为可能，把原料生产国家和工业品生产国家联系在一起。

最后，大机器工业成为开拓市场的"重炮"，它轰掉手工业脚下的民族基础，消灭了古老的民族手工业，打破了以往地方和民族的自给自足和闭关自守的市场，把各类型的国家卷入到世界市场上。

（2）英国成为国际分工的中心。由于英国首先完成了工业革命，它的生产力和经济迅速发展，竞争力大大加强，在国际经济中处于绝对优势地位。英国的资产阶级放弃了长期推行的"重商主义"政策，开始转向自由贸易政策。通过强大的经济力量和贸易实力，将亚、非、拉美国家落后的农业经济逐步纳入到国际分工和世界市场的漩涡中。对当时英国在国际分工中的地位，马克思描述道，英国是农业世界伟大的中心，是工业太阳，日益增多的生产谷物和棉花的卫星都围着它运转。

（3）随着国际分工的发展，世界市场上交换的商品种类发生了变化。那些满足地主贵族阶级需要的奢侈品，已被国际贸易中的大宗商品所代替，这些商品有小麦、棉花、羊毛、咖啡、铜、木材等。在19世纪中期以后，这些大宗商品在世界市场上的流转额迅速增长。

3. 国际分工的发展阶段（19 世纪中叶到第二次世界大战）

这个时期，发生了第二次产业革命，机械、电气工业发展迅速，石油、汽车、电力、电器工业的建立，交通运输工具的发展，特别是苏伊士运河（1869 年）和巴拿马运河（1913 年）的开凿，电报、海底电缆的出现，都大大促进了资本主义生产的迅速发展，促进了新的国际分工体系的迅速发展。在这个时期，垄断代替了自由竞争，资本输出成为主要的经济特征之一。过去，亚、非、拉美国家只被卷入国际商品流通，而现在则被纳入世界资本主义生产，从而使宗主国同殖民地、工业品生产国同初级产品生产国之间的分工日益加深，形成了国际分工新体系。这个阶段，国际分工的特点主要有：

（1）亚、非、拉美国家变为畸形的片面的单一经济，其主要作物和出口商品只限于一两种或两三种初级产品，而这些初级产品绝大部分被销售到工业发达国家的市场上去。因此，造成了亚、非、拉美国家的两种依赖性：一是社会经济生活对少数几种初级产品的依赖性；二是对世界市场，特别是对工业发达国家市场的高度依赖。

（2）分工的中心国家从英国扩大到一组发达国家。发达国家之间也形成了互为市场、在经济部门之间的国际分工关系。例如，挪威专门生产铝，比利时专门生产铁和钢，芬兰专门生产木材和木材加工产品，芬兰和丹麦专门生产农产品（主要是肉类和乳品），美国成为谷物的生产大国。

（3）生产和消费变成世界性。随着国际分工体系的形成，参加国际分工的每个国家都有许多生产部门首先是为世界市场而生产的，而每一个国家所消费的生产资料和生活资料，全部或部分包括许多国家劳动者的劳动，其结果是加强了世界各国间的相互依赖关系，加强了对国际分工的依存性。国际贸易在各国经济中的地位越来越重要了，不管是工业国，还是农业国，都依赖于国际贸易和国际分工。

2.2 “二战”后国际分工的发展

2.2.1　第二次世界大战以来国际分工发展的背景

第二次世界大战以来，世界经济和政治发生了重大变化。

第一，发生了第三次科技革命，出现了电子、信息、服务、宇航、生物工程等新型产业，产业分工出现细化。

第二，发达国家通过“工厂外迁”等方式，进行经济结构的调整和优化，促使国际资本流动加速，跨国公司兴起，形成全球性的生产和流通体系。

第三，“二战”前的殖民地体系瓦解，殖民地和落后国家取得政治独立，开始发展民族经济，需要国外的资本和技术。

第四，20 世纪 90 年代以后，冷战结束，世界各国重视经济的发展和合作。

第五，市场经济成为世界经济和各国经济体制的主流，为各国市场的相互融合和分工提供了基础。

第六，多边贸易体制的建立与加强。1947 年关贸总协定建立，1995 年世贸组织建立，取代关贸总协定成为多边贸易体制的组织和法律基础，使多边贸易体制得到加强。关贸总协定的八轮回合多边贸易谈判和世贸组织的运行，促进了世界范围的贸易自由化。

2.2.2 第二次世界大战后国际分工的特点

1. 发达国家之间的分工居于国际分工的主导地位

第二次世界大战前的国际分工是以经济结构不同、技术水平不同的工业国与农业国间的分工为主导，其次才是经济结构相似、技术水平接近的工业国间的分工。但是，战后科学技术和经济的迅速进步和发展，改变了战前的国际分工的格局，国际分工在工业国家之间得到迅速发展。传统的以自然资源为基础的分工逐步发展为以现代化技术、工艺为基础的分工，形成了以工业国之间分工占主导地位的国际分工。

2. 产业内部分工逐步增强

第二次世界大战前，在工业国之间的分工中，占主导地位的是各国之间不同工业部门之间的分工。例如，在钢铁、冶金、化学、机械制造、汽车、造船、造纸、纺织等工业部门间的分工。第二次世界大战后，随着科学技术的进步和社会分工的发展，原来的生产部门逐步划分为更多的部门，在越来越多的生产领域中，以国内市场为界限的生产已经不符合规模经济的要求。因此，在一国国内产业部门之间的分工向部门内部分工发展的同时，越来越多地跨越国界形成国际间工业部门内部的分工。这种部门内部的分工，主要有以下几种形式：

（1）不同型号、规格产品的专业化分工。一般说来，同样产品往往具有不同的型号和规格，不同国家对同一类产品按不同型号或规格进行分工，从事专业化生产，以适应国内外市场的需要。例如，拖拉机，大体上美国着重发展大功率的轮式和履带式拖拉机；英国发展中型轮式拖拉机；德国生产小功率的轮式拖拉机。

（2）零、配件和部件生产的专业化分工。由于各国科技和工艺水平的差异，一国对某一种零配件或部件的生产具有优势，别国对另一种零配件或部件的生产具有优势，因此就产生了零配件或部件的专业化生产。战后，这种形式的专业化生产，在许多产品的生产中得到了广泛的发展，例如，在喷气式飞机、原子能发电站设备、电子计算机、汽车、拖拉机、收音机、电视机等大批量生产时所需的各种零配件或部件往往在不同国家中进行专业化生产。

（3）工艺过程的专业化分工。这种分工是指不同国家对生产过程的不同阶段进行专业化生产，例如，在化学工业方面，某国一些工厂专门生产半成品，然后出口这些半成品供给设在其他国家的化工厂去生产各种化学制成品。举世闻名的德国“拜耳”公司以它所生产的中间产品提供给世界各地的化工厂，制造各种化学成品，就属于“工艺过程”。

3. 发达国家与发展中国家的分工形式发生变化

第二次世界大战前，殖民主义宗主国主要从事工业制成品的生产，而殖民地、附属国和落后国家则主要从事以自然条件为基础的农业或矿业的生产。战后的科技革命和跨国公司的经营活动，某些工业产品的生产从发达国家向发展中国家或地区转移，加上许多发展中国家或地区工业的初步发展，在二者之间的工业上出现了分工，其主要表现形式如下：

（1）发达国家高新的复杂的加工工业与发展中国家简单的加工工业（如食品工业、胶合板工业、工艺品工业、农矿原料的初步加工工业等）的分工。

（2）发达国家资本技术密集型制成品生产与发展中国家劳动密集型制成品生产的分工。

（3）发达国家资本技术密集型零部件生产或工艺与发展中国家劳动密集型零部件生产或工艺之间的分工。

4. 区域性经济集团内部分工加强

战后，区域性经济集团化的进程明显加快。经贸集团内部通过贸易和投资等的自由化，通过各种计划，协调成员内部产业之间的分工。

5. 从垂直型分工向水平型分工发展

按照参加分工的各国经济发展水平，国际分工可分为如下三种类型。

（1）垂直型国际分工（Vertical International Division of Labor）。它是经济发展水平不同的国家之间的纵向分工，主要指发达国家与发展中国家之间制造业与农业、矿业的分工。19 世纪形成的国际分工就属于垂直型分工，当时少数欧美国家是工业国，而绝大多数亚非拉地区的国家是殖民地、半殖民地和落后国家，经济非常落后，只能生产初级产品，如农产品和矿产品，二者之间的分工是垂直型的。第二次世界大战后，随着发展中国家的经济发展，这种类型的分工有所削弱，但仍然是发达国家与新兴工业化以外的发展中国家之间的一种主要的分工类型。

（2）水平型国际分工（Horizontal International Division of Labor）。它是指经济发展水平基本相同的国家之间的横向分工，主要指发达国家之间在工业部门上的分工。从历史上看，工业化的发达国家之间的工业发展有先有后，技术水平不一，从而形成了这种类型的分工。第二次世界大战后，由于科技进步与产业的迅速发展，这种类型分工进一步发展，而且从发达国家之间延伸到发达国家与部分发展中国家之间。

（3）混合型国际分工（Mixed International Division of Labor）。它是指垂直型与水平型混合起来的国际分工，例如，德国曾是典型的混合型国际分工的代表，它对发展中国家是垂直型分工，而与其他发达国家则进行水平型的分工。

第二次世界大战后，科技进步和产业发展促进了世界产业内部分工的深入发展，使水平型国际分工成为主要的国际分工形式。

6. 国际服务分工逐步形成

20 世纪 80 年代以后，国际分工从有形商品领域向服务业领域扩展，并出现了相互结合、相互渗透的趋势。在服务业的国际分工中，出现了两个特点。第一，发达国家居于国际服务业分工的主导地位。发达国家的服务业相当发达，在国内生产总值中，服务业所占比重已高达 70% 以上，而发展中国家服务业占国内生产总值的比重不到 50%。第二，在服务业的国际分工中，发达国家以高新技术、金融、信息和资本密集型的服务参与服务业国际分工，而一些发展中国家以建筑工程承包、劳务输出等劳动密集型服务参加服务业国际分工。

7. 国际分工的基础发生变化

从第二次世界大战后到 20 世纪 80 年代末以前，按社会制度和经济体制来分，出现了两种分工，一种是历史继承下来的以资本主义制度和市场经济为主形成的国际分工，它们居于国际分工的主导地位；另一种是以前苏联为首的实行计划经济的“经互会”国家之间的“社会主义国际分工”。随着东欧国家的巨变和冷战的结束，后者不复存在，余下的社会主义国家，如中国坚持改革开放政策，积极参与世界性的国际分工。

8. 国际分工格局出现多层次

（1）在国际分工中心国家和外围国家之间出现了介于二者之间的国家。第二次世界大战以前，在国际分工的格局中，发达国家处在国际分工的中心位置，而殖民地、附属国和落后国家处在国际分工的外围。第二次世界大战以来，随着世界性产业结构的重组和新兴工业化国家的出现，后者已开始摆脱外围地位，向中心国家靠拢。

（2）地区性区域分工在加强。如日本在汽车业的生产中，形成了日本与东南亚国家之间的分工，例如在日本丰田汽车部件中，印度尼西亚和泰国集中生产柴油机、踏脚和电动设备；菲律宾生产传动系统；马来西亚生产驾驶连杆和电动设备；新加坡办事处协调和管理各种交易。

（3）以跨国公司的全球商品链形成国际分工。商品链把全球性的劳动力和生产过程交织成网，它的最终结果是成型的商品。跨国公司依据它的区位优势、规模优势、科技优势和管理优势等，根据不同的产品构筑成不同的生产网络。以服装部门为例，跨国公司通过外包的方式形成全球性的服装生产网络，这种方式使业务关系稳定，信息传递渠道顺畅，可以提供详细的市场状况与规格要求信息。在这种以合同关系为基础的公司间网络中，标准化产品的大零售商和产品的名牌经销商成为关键。标准化产品的大零售商实行全盘分包，通常利用全球生产网络，根据有关协议从当地生产商购买最终产品；而名牌经销商则采用组装分包办法，通常是创立区域生产网络，由总公司向分包商提供半成品，然后购回成品。①

2.2.3　国际分工的发展规律

1. 被纳入国际分工体系的国家和地区不断增多

依据国际分工而得以实现的国际贸易和世界市场，在地区上不断扩大，从

① 联合国贸易与发展会议．2002 年贸易和发展报告（中文本）．第 97 页．

欧洲少数先进国家开始，并以它们为中心，不断扩大。首先，先进的资本主义国家增加，从英国扩大到欧洲大陆的法国、德国，以及新大陆的美国，还有横跨欧亚的俄国和亚洲的日本，它们都成了国际分工和世界市场的中心。其次，更多的殖民地、附属国和落后国家，也都先后被卷入国际贸易的旋涡中，参与国际分工，成为外围国家。第二次世界大战以后，殖民地和附属国政治上取得独立，成为发展中国家，继续参与国际分工；20 世纪 90 年代以后，社会主义国家也积极参与国际分工，出现了世界性的分工。

世界各国随着市场经济的发展，国内市场和国外市场同时在开拓，二者互相促进。在经济结构不断优化和重新配置的推动下，在需求不断增加的情况下，更多的产品进入世界市场，进入国际交换领域，对外贸易发展速度超过生产发展速度。传统产业从发达国家转向发展中国家和地区，发达国家成为高新技术部门产品的出口地，服务业随之进入国际分工体系。

2. 国际分工形式多样化

在国际分工的初级阶段，国际分工采取垂直型，第二次世界大战后，从垂直型为主的国际分工演变为水平型的国际分工为主。20 世纪 80 年代以后，随着资本的国际化，产业内部分工（网状分工）得到巨大发展，此外，服务业进入国际分工，又形成一些新的国际分工形式。

2.2.4 构筑国际分工的纽带在增加

维系国际分工的纽带最初是货物贸易，其后，资本输出和国际信贷迅速发展起来。它们一方面促进了资本主义生产方式在全世界的扩张和普及，同时，也比货物贸易更有力地促进国际分工体系的扩大和深化。

第二次世界大战以后，国际金融，尤其是国际直接投资大大发展起来，对国际分工的发展与深化起着更大的直接作用。由跨国公司进行的全球直接投资和全球经营活动，把世界各国都罗织在它们编制的国际经济关系网络之中。

2.3 国际分工发展的制约因素

在国际分工产生和发展过程中，自然因素和社会因素起重要作用。布哈林指出："国际分工需有两种前提：一种是由于各生产机体生存和自然环境不同所决定的自然前提，另一种是由于各国文化程度不同，经济结构不同与生产力发展水平不同所决定的社会前提。”① 这两种前提共同决定着一个国家生产什么商品，发展何种产业。随着世界政治、经济等方面的变化，这些前提内容在不断丰富。

2.3.1 自然条件的因素

自然条件是国际分工产生和发展的基础。自然条件是一切经济活动的基础，没有一定的自然条件，进行任何经济活动都是困难的，如矿产品只能在拥有大量矿藏的国家生产和出口。自然条件包括气候、土地、水流、自然资源、地理位置和国土面积等。它们对各国产业结构的影响是显而易见的，只有地处热带的国家，才能生产热带作物，如巴西生产咖啡，古巴生产甘蔗，加纳生产可可等；那些地处寒带的国家，就不可能生产这些产品，要得到这些产品，只有通过交换。同样，只有拥有某种矿藏的国家，才能开采出这些矿物，如南非是世界上最大的黄金生产国；中东地区和墨西哥、委内瑞拉、印度尼西亚是主要石油生产国；而智利和赞比亚则是铜的重要产地。同样，只有富有水利资源的国家，才能开发水利，发展水电；只有森林多的国家，才能生产木材和发展木材加工业；只有沿海且渔业资源丰富的国家，才有可能发展海洋渔业和养殖业。

国土面积的大小，对一个国家的产业结构，也有重大影响。国土面积小的国家，受自然因素的限制较大。可能只拥有一种或两种或少数几种自然资源，也就只能以有限的自然资源，发展一种或某几种产业。相反，国土辽阔的大国，如俄罗斯、美国、中国、印度和巴西等国，国内各地区自然条件具有多样性，自然资源也很丰富，为发展多种产业和建立相对完整的工业生产体系，提供了必要的自然条件。

地理位置对经济的发展也有重要影响。一个内陆国家，没有出海口，对外交通不便，自然会影响到该国的经济发展；同样，一个孤悬于大洋的岛国，与其他地区和国家相距甚远，交往困难，也会影响经济的发展。

自然条件是国际分工产生和发展的重要基础，但并不是绝对的，自然条件的优劣，能促进或限制一个国家发展某种产业，但这种促进或限制的作用不是决定性的。因为人类的生产力，即人类利用和开发自然的能力在不断提高，随着社会生产力的发展，自然因素的作用在逐渐下降，建立在自然条件上的国际分工的意义也随之减弱。

---

① 布哈林．世界经济和帝国主义．中国社会科学出版社，1983：2.

2.3.2 社会生产力的因素

社会生产力是国际分工形成和发展的决定性因素。

1. 国际分工是生产力发展的必然结果

生产力的增长是社会分工的前提条件。一切分工，其中包括国际分工，都是社会生产力发展的结果，它突出地表现在科学技术的重要作用上。迄今为止出现的三次科学技术革命，都深刻地改变了许多生产领域，不断地改善生产技术、工艺过程和生产过程，使社会分工和国际分工随之发生变革。

2. 各国的生产力水平决定了其在国际分工中的地位

历史上，英国最早完成产业革命，生产力得到巨大发展，使其成为“世界工厂”，英国在国际分工中便居于主导地位。继英国之后，欧美资本主义国家产业革命相继完成，生产力迅速发展，它们便与英国一起成为国际分工的中心国家与支配力量。第二次世界大战以后，原来的殖民地半殖民地国家在政治上取得独立，努力发展经济，生产力得到较快的发展，出现了一些新兴的工业化国家，它们过去在国际分工中的不利地位得到逐步改善。

3. 生产力水平决定着国际分工的形式、广度和深度

随着生产力的发展，各种经济类型的国家都加入到国际分工行列，国际分工已把世界各国紧密地结合在一起，形成了世界性分工。随着各国生产力的发展，各国参加国际分工的形式从“垂直型”向“水平型”过渡；从国际货物分工向国际服务业分工延伸；从单一类型的国际分工向多层次的国际分工形式发展。

4. 生产力水平决定了国际分工的产品内容

随着生产力的发展，国际贸易中的工业制成品、高精尖产品不断增多；中间产品、技术贸易大量出现；服务部门分工也出现在国际分工中。

5. 科学技术在生产力中的地位日益重要

科学技术对国际分工的影响日益加重。人类的生产活动，越来越多地依赖于自身的能力，特别是自身的智力，而科学技术则是人类智力劳动的成果，因此，相对于自然条件，科学技术对国际分工的作用不断加强。

第一，科学技术具有不断创新的潜力和可能性，它不断发展，不断进步，而自然条件相对变化不大。

第二，人类掌握科学技术，并把它应用于自然资源的勘探和开发上，自然资源才得以为人利用。如中东地区丰富的石油资源，只有在 20 世纪初，人类掌握了油田勘探开发技术和原油炼制技术后，那里的石油工业才能发展起来。

第三，随着科学技术的发展，一部分天然原材料得以用人工合成原材料所代替。如人造纤维代替棉麻等天然纤维，人造橡胶代替天然橡胶，塑料代替木材、钢铁，光导纤维代替铜线，等等。

第四，新科学技术成果应用于生产而形成的新产业、新产品，其科技含量不断提高，而原材料含量则不断降低。如目前生产的芯片，其价值的 98% 是科学技术，原材料只占 2%。

第五，随着科学技术的进步，生产工艺也日益改进，单位产品的原材料和能源的消耗日益减少。

目前，世界正进入知识经济时代，以高科技为核心的知识作为一种要素，在生产中的作用更是大大超过了自然资源，使各国的经济活动在更大程度上依靠科学技术和人的智力，使国际分工向高层次发展。

2.3.3 人口与生产规模因素

人口、生产和市场影响国际分工的规模。

1. 人口分布的影响

人口分布的不均衡，会使分工和贸易成为一种需要。人口稀少、土地广阔的国家往往偏重发展农业、牧业、矿业等产业；而人口多、资源贫乏的国家往往大力发展劳动力密集型产业。于是，在国家间就有分工和交换产品、进行国际分工与国际贸易的必要。

2. 生产规模影响

现代大规模的生产，使分工成为必要的条件，这种分工跨越了国界，就产生了国际分工。随着劳动规模越来越大，分工就越来越细，任何一个国家都不可能包揽所有的生产，必须参与国际分工。

3. 市场条件的影响

国际分工的发展史是同国际商品交换的发展史并进的。市场经济发展程度高、生产力发展较快、社会分工比较细密的国家，总是世界商品市场的中心。国际商品市场的规模取决于投入交换的商品数量，有支付能力的人口密度和交换距离。

在一个国家和地区，人口愈是稠密，每个人的支付能力愈高，市场就愈大，从而分工的实现程度就愈高；同样，交换距离也制约着世界市场规模，间接地影响着国际分工。交换距离如果太远，一则使不易保存的商品难以到达市场，再则体积大而价值小的商品要付出高额的运费；反之，如果距离市场很近，那么几乎所有商品都能进入市场。在商品交换的其他条件相同的情况下，一个国家和地区的运输条件愈好，交换距离越近，运费越低，市场规模就越大，该国参加国际分工和发展国际分工的可能性也就越大。

2.3.4 资本国际化因素

资本国际化是国际分工深入发展的关键，资本国际化促进了国际分工的迅速发展。自19世纪末以来，资本输出就成为世界经济中的重要的经济现象。第二次世界大战后，跨国公司迅猛发展，发展中国家对外资的欢迎态度，都大大加速了资本的国际化进程，使国际分工向深化和广化发展，出现世界性的分工。第一，跨国公司通过国外直接投资，把子公司所在国纳入国际分工体系，发挥这些国家和地区的比较优势。这些产品可能是为满足当地市场需求而生产的，也有的不过是在不同国家分别生产某种产品的某种零部件，然后把这些中间产品运往某地，进行组装；还有可能只是在各国完成某一产品的不同工序，直到成为最终产品，这些产品成为“国际产品”，如大型计算机，喷气客机、卫星、火箭等高度复杂的产品，都是由多国、多个公司共同生产的。第二，跨国公司通过承包方式构造世界性的生产和营销体系。如美国波音公司于1994年组装第一架波音飞机，其最大承包商是日本，其他部件由意大利、澳大利亚、韩国和加拿大等国的公司提供。这种承包方式在汽车、家用电器、机器设备、纺织品、鞋类和服装行业被广泛运用。

2.3.5 生产关系因素

生产关系影响着国际分工的性质和作用。

国际分工是生产力发展的结果，同时它也受到生产关系的制约。既然国际分工是社会分工超出国家界限的结果，因此，社会的生产关系也会超出国界而形成国际生产关系。

国际生产关系主要包括：生产资料所有制形式、各国在国际分工中的地位、以及它们在国际分配、国际交换和消费中的各种关系，它是国内生产关系的延伸。

各国国内的生产关系对生产力的发展产生两种影响。如果生产关系适应生产力的发展，就会推动生产力的发展，促进市场经济和新兴生产部门的迅速发展，使产业结构不断优化，积极扩大和参与国际分工；反之，则制约和阻碍生产力的发展，扼杀新兴产业部门，延缓产业结构的更替，惧怕国际分工，对国际分工采取消极态度。

现代的国际生产关系是复杂的，既包括资本主义生产关系，也包括社会主义生产关系；即包括了世界各国的国内生产关系，也包括国际生产关系，还有一些其他的形式。但总的看来，在当代国际分工中，资本主义的生产关系居支配地位。

因此，迄今为止的国际分工的性质具有两重性。一方面，它节约了社会劳动，使世界各国人力资源和物质资源得到合理利用，有利于发挥分工国家的比较优势，并把这种优势转化为世界范围的巨大社会生产力，促进了先进国家和后进国家生产力的提高和经济发展。另一方面，它又带有资本主义的劣根性，即国际分工的利益不能平等地、合理地为分工国家享受，并形成了经济发展上的片面性和依附性。

2.3.6　经济贸易政策因素

经济贸易政策可以推进和延缓国际分工的形成和发展，一国经贸政策对国际分工具有重要的影响。各国国内的经济政策是参与国际分工的基础，这些经济政策包括宏观经济政策、微观经济政策、地区经济发展政策、国内产业政策等，如在产业政策上，各国如何按照该国国际市场需求和本身国情，选定该国优先发展的产业。20 世纪 80 年代以后，发达国家开始重点发展高科技产业，而在高科技产业中，各国所选定的重点又各有不同；发展中国家在产业发展中，是走发达国家的老路，还是采取跳跃式的发展道路，上述各项政策对各国的比较优势的培育和参与国际分工的方式与利益，均会产生根本性的影响。

各国比较优势又决定了它们对外的经贸政策。如实行对外开放政策，还是实行闭关锁国政策；是实行自由贸易政策，还是实行保护贸易政策；是积极参与国际经济组织，还是置身局外；是积极参与经济全球化，还是抵制经济全球化；是与别国经济主动组织经贸集团，还是“单干”；是主张建立新的国际经贸秩序，还是坚持旧的经贸秩序等，它们无不对该国参与国际分工的方式、程度和利益产生重要的作用。

2.4 国际分工理论

国际分工问题一直受到西方经济学家的关注，提出各种理论予以分析，形成了各种学派，与此同时，马克思主义的经典作家也对国际分工进行了深入的研究。这些国际分工理论从不同的侧面研究国际分工的现象，涉及国际分工产生的历史原因与现实原因，国际分工的利益等。下面按照历史顺序解析这些国际分工的理论。

2.4.1 亚当·斯密的绝对优势说

亚当·斯密（Adam Smith，1723—1790），英国人，是资产阶级经济学古典学派的主要奠基人之一，也是国际分工和国际贸易理论的创始者。他生活在英国从手工制造业开始向大机器工业过渡时期，其代表作《国民财富的性质和原因的研究》（中译本为《国富论》）中，提出了“国际分工与自由贸易”的理论，并以此作为他反对重商主义的贸易差额论和保护贸易政策的重要武器，对英国资本主义的发展直接产生了重大的促进作用。

亚当·斯密首先分析了分工的利益，他认为分工可以提高劳动生产率，“有了分工，同数劳动者就能完成比过去多得多的工作量，其原因有三：第一，劳动者的技巧因专业而日进；第二，由一种劳动转到另一种工作，通常须损失不少时间，有了分工，就可以免除这种损失；第三，许多简化劳动和缩减劳动的机械的发明，使一个人能够做许多人的工作”①。他认为，国家之间也应该进行专业化的分工，为此他指出：“如果外国能比我们自己制造还便宜的商品供应我们，我们最好就用自己的产业生产出来的物品的一部分向他们购买。国家的总劳动既然总是同维持它的产业的资本成比例，就决不会因此减少，正如上述工匠的劳动并不减少一样，只不过听其随意寻找最有利的用途罢了。”② 为此，他主张世界各国都应该分工生产成本费用绝对低廉的产品，以绝对优势的产品的一部分换回自己生产成本绝对高的产品，形成国际分工。因此，斯密这个理论也称为绝对优势理论，实现这种国际分工的前提是实行自由

① 亚当·斯密．国民财富的性质和原因的研究．郭大力，王亚南译．商务印书馆，1972：8.

② 亚当·斯密．国民财富的性质和原因的研究．郭大力，王亚南译．商务印书馆，1972：8.

贸易政策。

2.4.2 大卫·李嘉图的比较优势说

大卫·李嘉图（David Ricardo，1772—1823），英国人，是英国工业革命深入发展时期的经济学家和政治活动家，也是古典学派的代表人物。其代表作是 1817 年出版的《政治经济学及赋税原理》，提出按比较优势进行国际分工的理论。

1. 比较优势说的产生

1815 年英国政府为维护土地贵族阶级利益而修订实行了"谷物法"。"谷物法"颁布后，英国粮价上涨，地租猛增，它对地主贵族有利，而严重地损害了产业资产阶级的利益。昂贵的谷物，使工人货币工资被迫提高，成本增加，利润减少，削弱了工业品的竞争能力；同时，昂贵的谷物，也扩大了英国各阶层的吃粮开支，减少了对工业品的消费。"谷物法"还招致外国以高关税阻止英国工业品对他们的出口。总之，"谷物法"大大伤害了英国产业资产阶级的利益。出于发展资本，提高利润率的需要，英国产业资产阶级迫切要求废除"谷物法"，从而与土地贵族阶级展开了激烈的斗争。

为了废除"谷物法"，工业资产阶级在全国各地组织"反谷物法同盟"，广泛宣传"谷物法"的危害性，鼓吹谷物自由贸易的好处；而地主贵族阶级则千方百计维护"谷物法"，他们认为，既然英国能够自己生产粮食，根本不需要从国外进口，反对在谷物上自由贸易，这时，工业资产阶级迫切需要找到谷物自由贸易的理论依据。李嘉图适时而应，他认为，英国不仅要从外国进口粮食，而且要大量进口，因为英国在纺织品生产上所占的优势比在粮食生产上优势还大，故英国应专门发展纺织品生产，以其出口换取粮食，取得比较利益，提高商品生产数量。为此，李嘉图在进行废除"谷物法"的论战中，提出了比较优势理论（Theory of Comparative Advantage）。

2. 比较优势理论的主要内容

李嘉图的比较优势理论是在亚当·斯密绝对优势理论的基础上发展起来的。根据斯密的观点，国际分工应按地域、自然条件所形成的绝对的成本差异进行，即一个国家输出的商品一定是生产上具有绝对优势、生产成本绝对低于他国的商品。李嘉图进一步发展了这一观点，他认为每个国家不一定要生产各种商品，而应集中力量生产那些利益较大的商品，然后通过国际交换，在资本和劳动力不变的情况下，生产总量将增加，如此形成的国际分工对贸易各国都有利。

他以英国和葡萄牙各生产酒和毛呢的比较优势形成的分工，说明国际分工的利益。他指出："英国的情形可能是生产毛呢需要100人一年的劳动；而如果要酿制葡萄酒则需要120人劳动同样长的时间。因此英国发现对自己有利的办法是输出毛呢以输入葡萄酒。葡萄牙生产葡萄酒可能只需要80人劳动一年，而生产毛呢却需要90人劳动一年。因此，对葡萄牙来说，输出葡萄酒以交换毛呢是有利的。即使葡萄牙进口的商品在该国制造时所需要的劳动虽然少于英国，这种交换仍然会发生。虽然葡萄牙能够以90人的劳动生产毛呢，但它宁可从一个需要100人劳动生产毛呢的国家输入，因为对葡萄牙来说，与其挪用种葡萄的一部分资本去制造毛呢，还不如用资本来生产葡萄酒，因为由此可以从英国换得更多的毛呢。"① 根据李嘉图的表述，以表2-1进行如下演绎。

表2-1　　按比较优势说进行国际分工的利益

国家		酒产量（单位）	劳动人数（人/年）	毛呢产量（单位）	劳动人数（人/年）
分工前	英国	1	120	1	100
	葡萄牙	1	80	1	90
合计		2	200	2	190
分工后	英国			2.2	220
	葡萄牙	2.125	170		
合计		2.125	170	2.2	220
国际交换	英国	1		1.2	
	葡萄牙	1.125		1	

从表2-1可以看出，葡萄牙生产酒和毛呢，所需劳动人数均少于英国，从而英国在这两种产品的生产上都处于不利地位。根据斯密的绝对优势理论，英

① 彼罗·斯拉法．李嘉图著作和通信集（第一卷）．郭大力，王亚南译．商务印书馆，1997.

国需放弃两种产品的生产，均从葡萄牙进口，在两种产品上不会进行相互分工；而李嘉图认为，葡萄牙生产酒所需劳动人数比英国少 40 人，生产毛呢只少 10 人，即分别少 1/3 和 1/10，显然，葡萄牙在酒的生产上优势更大一些，虽然它在毛呢生产上也具有优势，英国在两种产品生产上都处于劣势，但在毛呢生产上劣势小一些。根据李嘉图的比较优势理论，英国和葡萄牙应以“两利取重，两害取轻”原则进行分工。即英国虽都处于绝对不利地位，但应取其不利较小的毛呢生产，葡萄牙虽都处于绝对有利地位，但应取有利更大的酒生产。按这种原则进行国际分工，两国产量都会增加，再通过贸易进行交换，两国都会得利。从表 2-1 可见，分工后投入的劳动人数虽没有变，但酒的产量却从 2 单位增加到 2. 125 单位，毛呢从 2 单位增加到 2. 2 单位。如果英国以 1 单位毛呢交换葡萄牙 1 单位酒，则两国都从这种国际分工中得利了，因此，这种国际分工和国际贸易对两国都是有利的。李嘉图认为，在资本与劳动力在国际不能自由流动的情况下，按照比较优势理论进行国际分工，可使劳动配置更合理，可增加生产总额，对贸易各国均有利，但其前提必须是完全的自由贸易。他说：“在商业完全自由的制度下，各国都必然把它的资本和劳动用在最有利于本国的用途上，这种个体利益的追求很好地和整体的普遍幸福结合在一起。由于鼓励勤勉，奖励智巧，并最有效地利用自然所赋予的各种特殊力量，它使劳动得到最有效和最经济的分配；同时，由于增加生产总额，它使人们都得到好处，并以利害关系和互相交往的共同纽带把文明世界各民族结合成一个统一的社会。”“但最能保障整体利益的莫过于把总资本做最有利的分配，也就是实行普遍的自由贸易。”①

3. 李嘉图的比较优势理论的历史地位

李嘉图的比较优势理论，揭示了在完全自由贸易条件下，从世界主义的角度而构筑的高度抽象化的国际分工的依据。李嘉图的比较优势理论或为英国工业资产阶级推行自由贸易政策，形成以英国为中心的国际分工格局，进而使资本主义生产方式成为世界的主要生产方式，促进世界生产力的高度发展，起了重要的作用，完成了时代赋予李嘉图的历史使命。李嘉图的比较优势的理论体现了英国工业资产阶级提高利润率的要求，体现了市场经济的发展方向和价值

① 彼罗 · 斯拉法 . 李嘉图著作和通信集（第一卷）. 郭大力，王亚南译 . 商务印书馆，1997.

规律在国际上的作用。但在形成以英国为中心的国际分工格局中，是在发动商业战争，强迫它国接受自由贸易政策，通过殖民统治和价廉物美的激烈竞争实现的。这种国际分工的格局使英国成为国际分工的中心，其他国家成为它的外围国家；英国经济得到高速的发展，而外围国家却形成单一的片面的经济。这种国际分工并非像李嘉图所描述的那样“使人们都得到好处，并以利害关系和互相交往的共同纽带把世界各民族结合成一个统一的社会”。因此，就李嘉图以比较优势理论形成国际分工而言，忽视了资本主义生产方式的内在规律，带有非历史、超国家和超阶级的观点，美化了以英国为中心的国际分工形成的实际。但不能因此而否定根据比较优势理论进行国际分工，通过国际贸易实行优势互补，促进相互发展的“合理内核”。

2.4.3 马克思和恩格斯的生产方式说

马克思（1818—1883 年），德国人，是马克思主义的创始人。恩格斯（1820—1895 年）德国人，是马克思主义的创始人之一，是马克思最亲密的战友。《资本论》是马克思的代表作。在《资本论》第一卷中，他周密地研究了资本主义社会的经济结构；在《资本论》第二卷中，他从资本运动来阐明资本主义生产关系的本质；在《资本论》第三卷中，他研究了资本主义生产的总过程；在《资本论》第四卷中，他对剩余价值学说史作了考察。《资本论》第二卷和第三卷手稿是由恩格斯精心整理出版的。

在资本主义生产方式下，随着市场经济的发展，形成了以英国为中心的垂直型的国际分工。根据资本主义发展的需要，亚当·斯密和大卫·李嘉图都提出了以绝对优势和比较优势构筑国际分工的理论，成为自由贸易政策的理论基础。而马克思和恩格斯在《资本论》等著述中，从历史唯物主义的高度对以英国为中心的国际分工做了考察与研究，提出从社会生产方式演变中分析国际分工产生和发展的现象，从而揭示了资本主义国际分工的二重性和它的内在实质。

1. 马克思反对抽象地研究国际分工

在研究国际分工这一社会现象时，马克思主张要把它们纳入到一定的历史条件下进行研究，以明确它们的性质与影响。他在与蒲鲁东就分工问题进行论战时，明确地指出：“在蒲鲁东先生看来，分工是一种永恒的规律，是一种单纯而抽象的范畴。……历史的进程并不象范畴那样死板绝对……即使只拿分工的这一方面来说，情况也各不相同；这里是古代的共和国，那里则是基督教的封建制度；这里是古老的英国和它的贵族，那里则是现代的英国和它的棉纱王。14、15 世纪中殖民地尚未出现，对欧洲说来美洲还不存在，同亚洲的交往只有通过君士坦丁堡一个地方，贸易活动以地中海为中心，那时候分工的形式和性质，与 17 世纪西班牙人、葡萄牙人、荷兰人、英国人和法国人已在世界各处拥有殖民地时的分工完全不同。市场的大小和它的面貌所赋予各个不同时代的分工的面貌和性质，单从一个“分”字，从观念、范畴中是很难推论出来的。”① 因此，资本主义生产方式下的国际分工与以前的分工的性质与作用不同。

2. 资本主义国际分工来源于社会分工的发展

马克思认为，资本主义国际分工是资本主义社会分工发展的深化过程，他以工场手工业分工的发展说明社会分工发展的深化过程。马克思指出：“因为商品生产和商品流通是资本主义生产方式的一般前提，所以工场手工业的分工要求社会内部的分工已经达到一定的发展程度。相反地，工场手工业分工又会发生反作用，发展并增加社会分工。随着劳动工具的分化，生产这些工具的行业也日益分化。一旦工场手工业的生产扩展到这样一种行业，即以前作为主要行业或辅助行业和其他行业联系在一起、并由同一生产者经营的行业，分离和互相独立的现象就会立即发生。一旦工场手工业的生产扩展到某种商品的一个特殊的生产阶段，该商品的各个生产阶段就变成各种独立的行业。”② 在资本主义商品经济下，各种不同的经济单位建立起来，单独的经济部门的数量日益增多，执行同一经济职能的经济单位的数量日益减少，专业化过程在加速。这种专业化过程，把产品的各种加工过程彼此分离开来，创立了越来越多的工业部门和农业部门。由于机器与蒸汽机的应用，分工的规模使大工业脱离了本国基地，完全依赖于世界市场、国际交换和国际分工，因此，资本主义国际分工的动力来自资本主义首先进行产业革命国家的内在要求。

3. 资本主义国际分工初级阶段的形式与形成因素

15 世纪和 16 世纪早期的地理大发现，开通了东西方通商的渠道，有力地促进了国际贸易和世界市场的扩大，加速了西欧资本原始积累的进程，从而为

① 马克思恩格斯全集（第 4 卷）. 人民出版社，1958：159-160.

② 资本论（第一卷）. 人民出版社，1975：391.

资本主义早期国际分工的产生提供了条件。马克思指出："美洲和环绕非洲的航路的发现，给新兴的资产阶级开辟了新的活动场所。东印度和中国的市场，美洲的殖民化，对殖民地的贸易，交换资料和一般商品的增加，给予了商业、航海业和工业空前未有的刺激，因而也就促进了崩溃着的封建社会内部所产生的革命因素的迅速发展。"①

18世纪中叶，英国发生了产业革命，出现了大机器工业，促进英国国内分工的迅猛发展，要求形成以英国为中心的国际分工。马克思指出："机器对分工起着极大的影响，只要一种物品的生产中有可能用机械制造它的某一部分，生产就立即分成两个彼此独立的部门。"② 这种国内分工的发展，要求扩大市场，形成以英国为中心的国际分工。恩格斯曾形象地予以描述："英国应当成为'世界工厂'；其他一切国家对于英国应当同爱尔兰一样，成为英国工业品的销售市场，同时又供给它原料和粮食。英国是农业世界的伟大的工业中心，是工业太阳，日益增多的生产谷物和棉花的卫星都围着它运转。"③ 其结果，使地球的一部分主要从事农业的生产地区服务于另一部分主要从事工业的生产地区。例如东印度被迫为英国生产棉花、羊毛、大麻、靛蓝等，形成了以英国为中心的垂直型的国际分工。随着西欧国家产业革命的相继发生，资本主义迅速发展，这些国家也在英国之后成为国际分工的中心国家。这些国家工业所加工的，已经不是本国的原料，而是来自极其遥远地区的原料，它们的产品不仅供给本国消费，而且同时供给世界各地消费，即工业国与农业国和矿业国之间的垂直型国际分工。

资本主义初级阶段的国际分工是在以下因素基础上形成的。首先，工业发达国家的生产力的巨大发展。以英国为首的西欧国家的产业革命，使它们的生产力的发展超过其他国家。这种发达的生产力，使得它们生产工具先进，生产效率高，商品不仅价格低廉，而且物美，使它能够摧毁生产力落后国家的手工业；这种发达的生产力，使得西欧国家产业结构优化，劳动生产率提高，使得工人不断"过剩"，促进了向落后国家的移民；这种发达的生产力，使得工业国家的军事装备和军队作战能力大大提高。工业国家依靠高度发达的生产力摧毁了落后国家，使未开化和半开化的国家从属于文明的国家，使农民的民族从属于资产阶级的民族，使东方从属于西方。其次，通过殖民统治，强迫殖民地

① 马克思恩格斯全集（第4卷）. 人民出版社，1958：467.
② 马克思恩格斯全集（第4卷）. 人民出版社，1958：169.
③ 马克思恩格斯全集（第22卷）. 人民出版社，1965：375.

生产工业国（宗主国）需要的原料，销售工业国（宗主国）生产的消费品，进行不平等贸易。再次，发动商业战争，依靠先进的武器、铁舰打败落后国家，签订不平等条约，使它们沦为工业国家的原料来源地和消费品的销售市场。

因此，马克思对当时流行的古典派的自由贸易学说和地域分工学说提出了批评，他辛辣地讽刺道："有人对我们说，自由贸易会引起国际分工，并根据每个国家优越的自然条件规定出生产种类。先生们，你们也许认为生产咖啡和砂糖是西印度的自然秉赋吧。二百年以前，跟贸易毫无关系的自然界在那里连一棵咖啡树、一株甘蔗也没有生长出来。也许不出五十年，那里连一点咖啡、一点砂糖也找不到了，因为东印度正以其更廉价的生产得心应手地跟西印度虚假的自然秉赋作竞争。而这个自然秉赋异常富庶的西印度，对英国人说来，正如有史以来就有手工业织布天赋的达卡地区的织工一样，已是同样沉重的负担。"①

4. 资本主义国际分工的二重性

马克思认为，资本主义国际分工具有两重性。一方面，它具有进步性。资本主义国家国内分工和国际分工促进资本主义生产力的发展，使生产方式和交换方式国际化，打破了民族国家闭关自守状态，消除了民族隔阂，并且用国际分工、国际交换和其他各方面相互依赖的纽带，把各个国家、各个民族在经济上联合起来。同时，没有抽象的国际分工，国际分工永远是和一定的国际生产关系联系在一起的。资本主义的国际分工体现着资本主义的生产关系，其结果，这种国际分工又影响着"卫星"国家和地区经济的全面发展，呈现出不平等性。

第一，分工推动了资本主义生产力的巨大发展。这是因为，分工可以提高劳动生产率，提高劳动熟练程度，促进生产专业化。社会分工成为用同量劳动生产更多商品，从而使商品更廉价，加速了资本的积累。

第二，资本主义国家分工加强了各国的专业化。专业化可以节约世界社会劳动，提高世界生产力的水平。

第三，资本主义国际分工普及了资本主义的先进的生产方式和现代化文明。

第四，资本主义国际分工带来了社会劳动的节约，但生产效率提高的好处

① 马克思恩格斯全集（第 4 卷）. 人民出版社，1958：457-458.

被不平等地分配，使国际分工中的“卫星”国家和地区的经济畸形单一，又影响了这些国家的发展，甚至带来灾难。马克思曾举出这样一个例子，1861年以来，由于棉花需要量大增，东印度某些人口稠密的地区，靠缩小稻米的生产来扩大棉花的生产，结果部分地区发生了饥荒，因为缺乏交通工具以及由此产生的缺乏物资交流，使一个地区稻米的不足不能由另一个地区的供应来弥补。①

2.4.4 赫—俄生产要素禀赋说

古典学派的国际分工和国际贸易理论在西方经济学界一直占支配地位。到了20世纪30年代，才受到两位瑞典经济学家的挑战，他们就是赫克歇尔（Eil Filip Heekseher，1879—1952）和他的学生俄林（Beltil Gotthard Ohlin，1899—1979）。俄林的代表作是《域际和国际贸易》，他曾于1977年获诺贝尔经济学奖。由于他的理论采用了其师赫克歇尔的主要观点，创立了比较完整的生产要素禀赋学说（Factor Endowment Theory），因此又叫做赫克歇尔—俄林原理（The Heckscher-OhlinTheorem），或简称赫—俄原理（H—O原理）。

1. 赫—俄生产要素禀赋理论的一些假定

（1）在各个域际或国家内部，生产诸要素是完全自由流动的；但在区域和国家之间，它们是不能自由流动的；

（2）假定货物流通中的一切限制都不存在；

（3）假定只有商品贸易，贸易是平衡的，出口恰恰足以支付进口；

（4）假定生产诸要素是完全可以分割的，单位生产成本不随着生产的增减而变化，因而没有规模经济的利益；

（5）假定只有两个区域或两个国家；

（6）假定两国技术水平相同，生产函数相同。

2. 生产要素禀赋论的主要内容

生产要素禀赋说有狭义和广义之分。所谓狭义的生产要素禀赋说是指生产要素供给比例说，它通过对相互依存的价格体系的分析，用不同国家的生产诸要素的丰缺解释国际分工和国际贸易产生的原因和一国进出口商品结构的特点。所谓广义的要素禀赋说，除了生产要素供给比例说外，还包括生产要素价

① 资本论（第1卷）. 人民出版社，1975：391.

格均等化说。该学说研究国际贸易对生产要素价格的反作用，说明国际贸易不仅使国际商品价格趋于均等化，还会使各国生产要素的价格趋于均等化。

（1）生产要素供给比例说

俄林的生产要素供给比例说是从商品价格的国际绝对差开始逐层展开的，其内容如下：

第一，价格的国际绝对差。俄林认为，各国所生产的同样产品的价格绝对差是国际贸易的直接基础或直接原因，即国际贸易之所以产生是由于价格的不同。当两国间的价格差别大于商品的各项运输费用时，则从价格较低的国家输出商品到价格较高的国家是有利的。在许多情况下，一些国家可以生产出与进口货的质量同样好的货物，但必须付出高昂的代价。例如，美国可以生产咖啡、香蕉，英国也可以种植葡萄，但生产成本要比进口货高得多，另一些情况是，有一些国家缺乏资源，如日本为发展工业必须进口石油。

第二，成本的国际绝对差。俄林认为价格的国际绝对差来自成本的国际绝对差，同一种商品的价格的国家之间的差别，主要是成本的差别。所以，成本的国际绝对差是国际贸易发生的第一个原因。

第三，不同的成本比例。俄林认为国际贸易发生的第二个条件是在两国国内各种商品的成本比例不同。举例说明，假定只有两个国家、两种商品，成本比例如表 2-2：

表 2-2　　**成本比例**　　单位：美元

	美国	英国
小麦单位成本	1.00	3.00
纺织品单位成本	2.00	1.00

从表 2-2 可知，小麦和纺织品的成本比例，在美国是 1∶2，在英国是 3∶1。如果美国输出小麦，输入纺织品，英国输出纺织品，输入小麦，就有了相互有利的贸易关系。

第四，相同的成本比例。俄林认为，如果两国的成本比例是相同的，一国的两种商品成本都按同一比例低于另一国，则两国间只能发生暂时的贸易关系，见表 2-3：

表 2-3　　　　　　　　　　**成本比例**　　　　　　　　　　单位：美元

	美国	英国
小麦单位成本	1.00	2.00
纺织品单位成本	2.00	4.00

在这种情况下，只能是美国的小麦和纺织品都单方向向英国输出，而英国没有任何产品可输出，故美国对英国贸易出超，英国入超。英国需大量买入美元来补偿，则美元汇价就会上升，英镑就会下降。美元汇价的上升意味着以英镑计价的美国商品价格的上涨，就会抑制美国的出口。在汇率达到一定水平时，双方的进口值恰好会等于出口值，这就建立了贸易平衡。但在两国成本比例相同时，两国间均衡汇价就会按美元（或英镑）计算，美国商品的单位成本完全等于英国的单位成本，因此，将不会再有贸易关系产生。此例中，美元汇价上涨一倍就会使两国两种商品的单位成本完全相等，由此可见，俄林认为比较成本差异是国际贸易的重要条件。

第五，生产诸要素的不同的价格比例。为什么存在着比较成本的差异呢？即不同国家有不同的成本比例呢？俄林认为是因为各国国内的生产诸要素的价格比例不同，不同的商品是由不同的生产要素组合生产出来的。在每一国，商品的成本比例反映了它的生产诸要素的价格比例关系，也就是工资、地租、利息、利润之间的比例关系。由于各国的生产要素价格不同，就产生了成本比例的不同，那么，每种生产要素的价格是如何决定的呢？它们是由供给和需求决定的，对一种要素的需求是来自对其产品的需求。因此，对汽车的需求增加，对工人、原料、资本的需求也会增加。既然每种生产要素的价格是由供求决定的，那么两国的生产要素的价格的不同比例关系，也就是两国诸生产要素的供给与需求存在着不同的比例关系。

第六，生产诸要素的不同的供求比例。各国在生产要素的供给方面是不相同的，即各国所拥有的各种要素的数量、种类和质量是不同的。国际贸易就是建立在各个国家各种生产要素的多寡不同和价格的高低不同的基础上。另外，即使生产诸要素的供给比例是相同的，对这些生产要素不同的需求也会产生生产诸要素的不同的价格比例，从而为国际贸易提供一个基础。

第七，国际分工和国际贸易的基础和利益。俄林从价格的国际绝对差出发，分析了成本的国际绝对差，又探讨了不同国家内不同的成本比例，进而探讨了生产诸要素的不同的价格比例，最后分析了生产诸要素的不同的供给和需求比例。

他认为，在这个链条中，供给比例是最重要的环节，但没有一个单一的环节是国际贸易的最终的基础。各个环节之间的互相依赖的关系决定了每一个国家的价格结构。而各个国家的价格结构决定了它们在国际分工和国际贸易体系中的比较利益，同时这也就构成了国际分工和国际贸易的基础。国际分工和国际贸易最重要的利益是各国能更有效地利用各种生产要素。在国际分工条件下，各种生产要素的最有效的利用将会比在闭关自守的情况下得到更多的社会总产品。

俄林还认为国际生产要素不能充分流动使生产达不到理想结果，但是商品的流动在一定程度上可以弥补国际生产要素缺少流动性的不足，即通过国际贸易可以部分解决国际要素分配不均的缺陷。

(2) 要素价格均等化说

赫克歇尔和俄林，不仅认为不同国家的不同的要素禀赋是国际贸易发生的原因，而且还进一步论述了国际贸易将会导致各国生产要素的相对价格和绝对价格的均等化，即所谓要素价格均等化说（Factor—Price Equalization Theory）。美国经济学家萨缪尔逊（P. A. Samuelson）发展了这个理论。他认为，国际要素价格均等化不仅是一种趋势，而且是一种必然。由于他对赫—俄原理的引申，因此这个理论又称为赫—俄—萨原理。按照这种理论，虽然生产要素在国际不能自由流动，但在国际商品的自由流动将会导致这两个国家的工人取得同等的实际工资，资本获取同样的利息，土地获得同等的地租。这是因为两国在实行分工和发生贸易之后，各自经常大量使用本国的丰裕要素进行商品生产，从而使这类要素价格日趋上涨；同时，由于各自不断进口本国稀缺要素生产的外国产品，将使本国这类要素价格不断下跌。这样，通过国际贸易导致了两国间的工资差异和利息差异的缩小，并使要素价格趋向均等化。

但是，俄林认为要素价格完全相同几乎是不可能的，要素价格均等只是一种趋势，其主要原因有以下几点：第一，影响市场价格的因素复杂多变，而不同地区的市场又存在差别，价格水平难以一致；第二，生产要素在国际不能充分流动，即使在国内，生产要素从一个部门移向另一个部门，也不是充分便利的；第三，产业对几个要素的需求往往是“联合需求”，而且它们的结合不能任意改变，这种整体性和固定性的结合，影响了要素价格的均等；第四，集中的大规模生产必然使有些地区要素价格相对高点，而另一些地区要素价格相对低点，从而阻碍了生产要素价格完全均等。

但是，萨缪尔逊针对这个问题作了进一步推论。他认为，国际贸易将使不同国家间生产要素相对价格和绝对价格均等化，这种均等化不是一种趋势，而是一种必然。他认为，国际贸易会导致各种要素相对价格的完全均等化，是由于在多种要素相对价格有差异的情况下，贸易仍将持续扩大和发展；而贸易的扩大和发展将会减少两国间要素价格的差异，直到两国国内各种商品的相对价格完全均等化为止，这时就意味着两国国内的要素相对价格也完全均等化了。他还进一步论证了两国要素的绝对价格均等化问题。在要素的相对价格均等化、商品市场和要素市场存在着完全的自由竞争以及两国使用同样的技术等条件下，国际贸易将会导致要素绝对价格完全均等化。他的这一理论企图说明，国际贸易不仅可以合理配置资源，调整贸易的经济结构，而且还可以“改善”各国收入分配不均，缩小彼此的经济差距。因此，这个理论又称为要素报酬均等化理论。

3. 生产要素禀赋理论的主要结论

（1）每个区域或国家利用它的相对丰富的生产诸要素（土地、劳动力、资本等）从事商品生产，就处于比较有利的地位，而利用它的相对稀少的生产诸要素从事商品生产，就处于比较不利的地位。因此，每个国家在国际分工和国际贸易体系中生产和输出前面那些种类的商品，输入后面那些种类的商品。

（2）区域贸易或国际贸易的直接原因是价格差别，即各个地区间或国家间商品价格不同。

（3）商品贸易一般趋向于（即使是部分地）消除工资、地租、利润等生产要素收入的国际差别，导致国际商品价格和要素价格趋于均等化。

（4）为实现根据生产要素禀赋进行国际分工的利益，应实行自由贸易政策。

4. 生产要素禀赋理论的贡献与不足

（1）对比较优势理论的发展

第一，李嘉图用比较优势理论确定国际分工的格局，而俄林用生产要素禀赋的差异分析比较优势的来源。第二，俄林把李嘉图的个量分析扩大为总量的分析，不再比较两个单位产品的成本差异，而直接比较两国生产要素总供给和总需求的差异。第三，俄林把国家之间的分工扩大到地区之间的分工，开拓了新的研究领域。第四，这一理论为各国依据生产要素的情况，合理使用和分配本国资源，建立符合国情的产业结构，提高经济效益，参与国际分工提供了依据。马克思在《资本论》第三卷曾指出："如果一个国家的工资和土地价格低廉，资本的利息却很高，因为那里资本主义生产方式总的说来不发展，而另一个国家的工资和土地价格名义上很高，资本的利息却很低，那末，资本家在一个国家就会使用较多的劳动和土地，在另一个国家就会相对地使用较多的资本。在计算两个国家之间这里可能在多大程度上进行竞争时，这些因素是起决定作用的要素。"①

（2）生产要素禀赋理论的不足

第一，俄林的生产要素禀赋理论是静态的。它舍弃技术的差别与经济条件的差别，又假定各种生产要素本身的生产效率是相同的，从而把比较优势和生产要素的禀赋差别看成是绝对的和不变的，忽视了世界各国生产力和生产关系的动态变化。第二，俄林假定自由竞争、自由贸易，排除垄断和国家对外贸的干预，也是不现实的。

2.4.5 "里昂惕夫之谜"(The Leontief Paradox)与释"谜"

1. "里昂惕夫之谜"的提出

美国经济学家里昂惕夫（W. Leontief)，1906 年在俄国出生，1930 年定居美国，成为哈佛大学教授，由于他的投入—产出分析法对经济学的杰出贡献，获得了 1973 年诺贝尔经济学奖。他的主要著作有《投入—产出经济学》、《生产要素比例和美国的贸易结构：进一步的理论和经济分析》等。

里昂惕夫对赫—俄原理确信无疑，按照这个理论，一个国家拥有较多的资本，就应该生产和输出资本密集型产品，而输入在本国生产中需要较多使用国内比较稀缺的劳动力要素的劳动密集型产品。基于以上的认识，他利用投入—产出分析方法对美国的对外贸易商品结构进行具体计算，其目的是对赫—俄原理进行验证。他把生产要素分为资本和劳动力两种，对 200 种商品进行分析，计算出每百万美元的出口商品和进口替代商品所使用的资本和劳动量，从而得出美国出口商品和进口替代商品中所含的资本和劳动的密集程度。其计算结果

① 马克思恩格斯全集（第 25 卷）. 人民出版社，1974：988-989.

见表2-4：

表2-4　美国出口商品和进口替代商品对国内资本和劳动的需要量

	1947年		1951年	
	出口	进口替代	出口	进口替代
资本（美元）	2 550 780	3 091 339	2 256 800	2 303 400
劳动（人/年）	182.313	170.004	173.91	167.81
人平均年资本量	13 991	18 184	12 977	13 726

从表2-4可以看出，1947年平均每人进口替代商品的资本量与出口商品的资本量相比是18 184/13 991＝1.30，即高出30%，而1951年的比率为1.06（13 726/12 977），即高出6%。尽管这两年的比率的具体数字不同，但结论基本相同，即这两个比率都说明美国出口商品与进口替代商品相比，前者更接近劳动密集型。据此可以明确认为，“美国的出口商品具有劳动密集型特征，而进口替代商品具有资本密集型特征”。这个验证结论正好与赫—俄生产要素禀赋得出的结论相反。根据以上验算结果，里昂惕夫得出的结论是：“这些数字表明，当我们以平均价值100万美元的国内出口去置换相同数额的竞争性进口品的时候，出口品含有的资本要少得多，而劳动则相对多一些。因此，美国参与国际分工是以劳动密集型高而不是以资本密集型高的生产专业化为基础的。换句话说，这个国家进行对外贸易是为了节约它的资本并解决其劳动力过剩问题。”①

这样一个根据验证资料经过数学演算得出的结论，与在逻辑上似乎十分严密的赫—俄生产要素禀赋所推导的结论大相径庭，使西方经济学界大为震惊，称它为“里昂惕夫之谜”，并掀起了一个验证、探讨和解释“里昂惕夫之谜”的热潮，相继引申出一些新的分析美国贸易结构的观点和理论。

2. 对“里昂惕夫之谜”的解释及有关的学说

对于“里昂惕夫之谜”，西方经济学界提出了各种各样的解释，并在一定程度上带来了第二次世界大战后国际分工和国际贸易理论的发展。有代表的学

① 里昂惕夫．国内生产与对外贸易：美国资本状况的检验．载《美国哲学学会会议录》，1953（9）．

说主要有以下几种。

(1) 劳动熟练说（Skilled Labor Theory）

劳动熟练说又称人类技能说（Human Skill Theory）和劳动效率说。最先是里昂惕夫自己提出的，后来由美国经济学家基辛（D. B. Keesing）加以发展。他们用劳动效率和劳动熟练或技能的差异来解释“里昂惕夫之谜”和影响进出口商品结构的理论。

里昂惕夫认为，“谜”的产生可能是由于美国工人的劳动效率比其他国家工人高所造成的。他认为，“美国工人的劳动生产率大约是其他国家工人的三倍，因此，在劳动以效率单位衡量的条件下，美国就成为劳动要素相对丰富、资本要素相对稀缺的国家”。这是他本人对这个“谜”的解释。为什么美国工人的劳动效率比其他国家高呢？他说这是美国企业管理水平较高、工人所受的教育和培训较多、较好以及美国工人进取精神较强的结果。这些论点可以看做是熟练劳动或人类技能说的雏形，但是，一些人士认为里昂惕夫的解释过于武断，一些研究表明实际情况并非如此。例如，美国经济学家克雷宁（Krelnin）经过验证，认为美国工人的效率和欧洲工人相比，最多为 1.2～1.5 倍，因此，里昂惕夫本人的解释，通常不为人们所接受。

后来，美国经济学家基辛对这个问题进一步加以研究。他利用美国 1960 年的人口普查资料，将美国企业职工区分为熟练劳动和非熟练劳动两大类。熟练劳动包括科学家、工程师、厂长或经理、技术员、制图员、机械工人、电工、办事员、推销员、其他专业人员和熟练的手工操作工人等；非熟练劳动指不熟练和半熟练工人。他还根据这两大分类对 14 个国家的进出口商品结构进行了分析，得出了资本较丰富的国家倾向于出口熟练劳动密集型商品，资本较缺乏的国家倾向于出口非熟练劳动密集型商品的结论。例如，在这 14 个国家的出口商品中，美国的熟练劳动比重最高，非熟练劳动比重最低；印度的熟练劳动比重最低，非熟练劳动比重最高。在进口商品方面，正好相反，美国的熟练劳动比重最低，非熟练劳动比重最高；印度的熟练劳动比重最高，非熟练劳动比重最低。这表明发达国家在生产含有较多熟练劳动的商品方面具有比较优势，而发展中国家在生产含有较少熟练劳动的商品方面具有比较优势。因此，熟练劳动程度的不同是国际分工和国际贸易发生和发展的重要因素之一。

(2) 人力资本说（Human Capital Theory）

人力资本说是美国经济学者凯南（P. B. Kenen）等人提出的。他们以人力投资的差异来解释美国对外贸易商品结构，其结论又符合赫—俄生产要素禀赋的理论。他们认为，劳动是不同质的，这种不同质表现为劳动效率的差异，这种差异主要是由劳动熟练程度所决定，而劳动熟练程度的高低，又取决于对劳动者进行培训、教育和其他有关的开支，即决定智力开支的投资。因此，高的熟练效率和熟练劳动，归根到底是一种投资的结果，是一种资本支出的产物。凯南认为，国际贸易商品生产，所需的资本应包括有形资本和无形资本，即人力资本。人力资本主要是指一国用于职业教育、技术培训等方面投入的资本；人力资本投入，可以提高劳动技能和专门知识水平，促进劳动生产率的提高。由于美国投入了较多的人力资本，而拥有更多的熟练技术劳动力，因此，美国出口产品含有较多的熟练技术劳动。如果把熟练技术劳动的收入高出简单劳动的部分算作资本并同有形资本相加，经过这样处理之后，美国仍然是出口资本密集型产品。这个结论是符合赫—俄生产要素禀赋理论的，从而把“里昂惕夫之谜”颠倒过来，这就是所谓人力资本说。

但是这种解释的困难在于，难以具体衡量人力资本的真正价值，因此，并非为经贸学术界普遍接受。但凯南将里昂惕夫和基辛的观点进行深化，对熟练劳动说起到了一定的补充解释的作用。

(3) 技术差距说（Theory of Technological Gap）

技术差距说又称技术间隔说，是美国经济学家波斯纳（M. Posner）提出，格鲁伯（W. Gruber）和弗农（R. Vernon）等人进一步论证的。他们认为技术领先的国家，具有较强开发新产品和新工艺的能力，形成或扩大了国际的技术差距，而有可能暂时享有生产和出口某类高技术产品的比较优势的理论。波斯纳认为，人力资本是过去对教育和培训进行投资的结果，因而可以将其作为一种资本或独立的生产要素；而技术是过去对研究与发展进行投资的结果，也可以作为一种资本或独立的生产要素。但是，由于各国对技术的投资和技术革新的进展不一致，因而存在着一定的技术差距，这样就使得技术资源相对丰裕或者在技术发展中处于领先的国家，有可能享有生产和出口技术密集型产品的比较优势。为了论证这个理论，格鲁伯和弗农等人根据1962年美国19个产业的有关资料进行了统计分析，其中5个具有高度技术水平的产业（运输、电器、工具、化学、机器制造）的科研和发展经费占19个产业全部科研和发展经费总数的89.4%；5个产业中的技术人员占19个产业总数的85.3%；5个产业的销售额占19个产业总销售额的39.1%；5个产业的出口量占19个产业总出口量的72%。这种实证研究表明，美国在上述5个技术密集型产品的生产和出口方面，确实处于比较优势，因此可以认为，出口科研和技术密集型产品的国家也就是资本要素相对丰裕的国家。按照上述统计分析的结果衡量，美国就是这种国家，从这个意义上说，技术差距论是完全可以与赫—俄生产要素禀赋理论一致的。

（4）产业内贸易说（Intra-industry Trade Theory）

美国经济学家格鲁贝尔（H. Grubel）克鲁格曼（P. Krugman）等人在研究共同市场成员国之间贸易量的增长时，发现发达国家之间的贸易并不是按赫—俄生产要素禀赋理论进行，即工业制成品和初级产品之间的贸易，而是产业内同类产品的相互交换。因而对产业内贸易进行研究，提出了产业内同类产品贸易增长特点和原因的理论。

他们认为，从当代国际贸易中的产品结构上，大致可分为产业间贸易和产业内贸易两大类。前者是指不同产业间的贸易，后者是指产业内部同类产品之间的贸易，即一个国家同时出口和进口同类产品，或者说，贸易双方交换的是同一产业所生产的产品，例如美国和日本之间相互输出汽车。一般说来，产业内贸易具有以下几个特点：

第一，它与产业间贸易在贸易内容上有所不同。它是产业内同类产品的相互交换，而不是产业间非同类产品的交换。

第二，产业内贸易的产品流向具有双向性。即同一产业内的产品，可以在两国之间相互进出口。

第三，产业内贸易的产品具有多样化。这些产品中既有资本密集型，也有劳动密集型，既有高技术产品，也有标准技术产品。

第四，产业内贸易的商品必须具备两个条件：一是在消费上能够相互替代；二是在生产中需要相近或相似的生产要素投入。

产业内贸易形成的原因和主要制约因素比较复杂，大体上有以下几点：

第一，同类产品的异质性是产业内贸易的重要基础。他们认为，从实物形态上，同类产品可以由于商标、牌号、款式、包装、规格等方面的差异而被视为异质产品，即使实物形态相同，也可以由于信贷条件、交货时间、售后服务和广告宣传等方面的差异而被视为异质产品。这种同类的异质性产品可以满足不同消费心理、消费欲望和消费层次的消费需要，从而导致不同国家之间产业内部的分工和产业内部贸易的发生与发展。

第二，规模经济收益递增是产业内贸易的重要成因。他们认为，生产要素比例相近或相似国家之间能够进行有效的国际分工并获得贸易利益，其主要原因是其企业规模经济的差别。一国的企业可通过大规模专业化生产，取得规模节约的经济效果，其成本随着产量的增长而递减，使生产成本具有比较优势，打破各生产企业之间原有的比较优势均衡状态，使自己的产品处于相对的竞争优势，在国际市场上具有更强的竞争力，扩大了该产品的出口，这样，产业内部的分工和贸易也就形成了。战后日本汽车、彩电进入美国和欧洲国家市场，就是有力的见证。

第三，经济发展水平是产业内贸易的重要制约因素。他们认为，经济发展水平越高，产业部门内部异质性产品的生产规模也就越大，产业部门内部分工就越发达，从而形成异质性产品的供给市场。同时，经济发展水平越高，人均收入水平也越高，较高人均收入层上的消费者的需求会变得更加复杂、更加多样化，呈现出对异质性产品的强烈需求，从而形成异质性产品的需求市场。当两国之间人均收入水平趋于相等时，其需求结构也趋于接近，产业内分工和贸易发展的趋向就越强。

2.4.6　协议国际分工理论

日本一桥大学教授小岛清在考察经济共同体内部分工的理论基础以后，在其代表作《对外贸易论》（1950 年出版）中，提出了协议性国际分工的理论。该书中译本 1978 年由南开大学出版社出版。

小岛清认为，传统自由贸易理论均假设贸易各国的国际分工是通过自由竞争的市场机制来完成的。无论是李嘉图的比较优势理论，还是赫—俄的生产要素禀赋理论，都将私人厂商的自由竞争作为国际分工形成的依据。他认为，随着经济一体化的出现，对于在规模经济条件下生产的商品，完全可以通过国际政府的协商和调节机制确立国际分工，发展国际贸易；而且，建立在国家协调基础上的国际分工，会有效地配置国家之间的资源，增加贸易利益。光靠以完全自由竞争为基础的比较优势和生产要素禀赋分工的理论不可能完全实现规模经济的好处，还可能导致各国企业的集中和垄断，影响分工的和谐和贸易的稳定发展。

各国为了互相获得规模经济的好处，国家间实行国际分工是非常有利的。但是，放任价格竞争是不能达到这个目的的，要有某种协议，即必须实行协议性国际分工。那么，达成这种协议的条件是什么呢？

第一，必须是两个（或多数）国家的资本、劳动禀赋比率没有多大差别、工业化水平和经济发展阶段大致相等，协议性分工的对象商品在哪个国家都能进行生产。在这种状态之下，在互相竞争的各国之间扩大分工和贸易，既是关税同盟理论所说的贸易创造效果的目标，也是协议性国际分工理论的目标。而在要素禀赋比率和发展阶段差距较大的国家之间，某个国家可能单方面的完全专业化或比较成本差距很大，这时，应该遵循价格竞争原理（比较优势原理），并不需要建立协议性的国际分工。

第二，作为协议分工对象的商品，必须是能够获得规模经济的商品。因此会产生出如下的差别，即规模经济的获得，在重工业中最大，轻工业中较小，而在第一次产业中几乎难以得到。

第三，不论对哪个国家，生产 x 商品或生产 y 商品的利益都应该没有很大差别，也就是说，本身实行专业化的产业和让给对方的产业之间没有优劣之分，否则就不容易达成协议。这种利益或产业优劣主要决定于：其一，规模扩大后的成本降低率；其二，随着分工而增加的需求量及其增长率。

从第三个条件（没有优劣之分的产业容易达成协议）可以得出如下的结论：协议性分工是同一范畴商品内更细的分工。

上述三个条件表明，在发达国家之间，可以进行协议性分工的商品范畴范围较广，因而利益也较大。另外，生活水平和文化等方面类似、互相接近的地区，容易达成协议，并且容易保证相互需求的均等增长。

◎本章小结

国际分工是国际贸易的基础，而国际贸易是国际分工的表现。本章系统地分析了国际分工产生的基础，国际分工的新发展，制约国际分工发展的各种因素和各种国际分工理论，目的是了解、掌握国际分工与国际贸易的相互关系。

◎关键术语

国际分工　　比较成本说　　禀赋分工学说　　里昂惕夫之谜
赫—俄生产要素　　协议性国际分工

◎思考题

1. 什么是国际分工？
2. 国际分工与国际贸易是什么关系？
3. 第二次世界大战以来国际分工的特点有哪些？
4. 制约国际分工发展的因素是什么？
5. 李嘉图比较成本说的主要内容是什么？
6. 赫—俄生产要素禀赋分工学说的主要内容是什么？
7. 什么是“里昂惕夫之谜”？
8. 协议性国际分工的条件是什么？

第3章 世界市场与世界市场价格

3.1 当代世界市场的构成与发展

市场是商品和服务的交换领域，也是商品生产顺利进行的必要条件。哪里有社会分工和商品生产，哪里就有市场，市场的容量与社会分工和社会劳动专业化程度密切相关。随着社会分工和商品生产的发展，市场也逐步地发展起来。① 市场与社会分工的发展是相辅相成的，社会分工是基础，市场是社会分工的产物，社会分工随着科学技术的进步与发展而不断发展，因此，市场的发展也是没有止境的。

3.1.1 世界市场的形成与发展

1. 世界市场的形成

世界市场是在地方市场和民族市场形成与发展的基础上产生的。它是由世界范围内通过国际分工联系起来的各个国家国内市场与国家之间的市场组合而成的。

在自然经济占主导的社会中，社会分工不发达，商品生产只在有限的范围内进行，产品种类单一，这个时期的市场以地方市场为特征。随着生产力和商品生产的发展，自然经济逐步走向解体，在封建社会末期，由于社会分工的发展，使地域之间的经济联系产生并加强，经过漫长的过程，最终促成民族市场的形成。18～19 世纪，大约花了 200 年的时间，欧洲、北美、日本相继建成了民族市场。

世界市场的形成和发展与国际分工的形成和发展相呼应。世界市场是随着

① 姚曾荫．国际贸易概论．人民出版社，1987：125.

地理大发现而萌芽，随着第一次产业革命而发展，伴随着第二次产业革命后国际分工体系的建立而最终形成的。

15 世纪末到 16 世纪初的地理大发现将隔绝的大陆、大洲通过贸易手段联系起来，使得国家之间的交换扩展到更广阔的地理范围，从而使世界市场进入萌芽阶段。马克思、恩格斯曾经指出："美洲的发现，绕过非洲的航行，给新兴的资产阶级开辟了新的活动场所。东印度和中国的市场、美洲的殖民化、对殖民地的贸易、交换手段和一般商品的增加，使商业、航海业和工业空前高涨。"① 民族经济开始融合，基本独立的、区域性的市场逐步发展成为初步相互关联的、具有"世界"概念的市场。15 世纪末至 18 世纪中叶前，随着国家之间贸易的发展和世界市场的发展，直接服务于商品交易的新的商业机构陆续出现，如银行、股份公司、交易所、保险公司等，推动着国际贸易向规范化、成熟商业化运作发展。

第一次产业革命确立了机器大工业生产的基础，它对世界市场的发展与形成起着决定性作用。机器大工业需要一个不断扩大的产品销售市场。② 需要一个不断扩大的生产原料来源；机器大工业使工业和人口向城市集中，形成众多的工业中心和生活消费品中心，通过逼迫小生产者破产和海外移民补充来增大劳动力供给；机器大工业为各国经济的密切联系提供和改善了交通运输和通信工具。总之，机器大工业本身的欲求和产生的客观结果，导致国家之间的商品交换从地域范围到商品范围都发生根本的改变，越来越多的国家和地区被纳入国际分工与交换的范畴，相关国家的国内市场相互连接，其经济都不同程度地与外部世界发生着联系。

在这一时期，世界市场上的主要经济贸易联系存在于发达国家与落后国家之间，发达国家用工业制成品去交换落后国家的食品与工业原料是世界市场主要的商品交换方式，这时期的工业制成品主要是纺织品和钢铁制品。1850—1870 年，英国输出产品的 80% 是纺织品和钢铁制品。

这一时期机器大工业虽然在西欧少数发达国家占据统治地位，但对于世界绝大部分地区，包括欧洲大部分国家，仍然是以农业为主或属于纯粹的农业经济，只有英国是典型的工业经济。也就是说，这一时期的世界市场中，自然经

---

① 马克思，恩格斯．共产党宣言．人民出版社，1964：24-25.

② 19 世纪的世界经济史证明，每一次新的工业高涨，都与一个新的国外市场的开辟，也就是世界市场的扩大同时发生。参见：姚曾荫．国际贸易概论．人民出版社，1987：135.

济还没有被完全打破，商品经济、商品交换还没有成为绝大多数国家经济的必然组成部分，资本主义生产方式、资本主义制度的国际性质还没有真正确立，世界市场还没有形成，但是国家之间的经济联系正在变得密切起来。

19世纪末20世纪初，第二次产业革命发生，新的产业建立，西欧与北美发达国家完成了工业化过程，工农业生产发展，交通运输工具的革命，铁路和轮船的出现和发展意味着世界经济代替了国民经济，国际分工进一步发展。同时，资本主义从自由竞争走向垄断，资本输出成为资本主义国家的重要经济特征。资本输出深化了旧有的国际分工格局，最终国际分工体系得以确立，统一的世界市场也随之形成。因而，世界工农业生产的增长、交通运输工具的革命和资本输出联合作用的结果，就是在世界历史上第一次实现了把世界各国都联系起来的一个统一的世界市场的诞生。①

世界市场形成的标志可以表述为以下几个方面。

(1) 多边贸易和多边支付体系的形成

多边贸易的早期形式可以追溯到西欧、西印度群岛和北美，以及西印度群岛、北美和非洲之间的三角贸易。但直到19世纪末20世纪初，一个复杂的多边贸易与支付体系才建立起来，它基本囊括了所有国家的贸易差额和支付差额。

在多边贸易与支付体系下，各国不再需要保持与每一个贸易对手国家的贸易平衡，而是寻求对一些国家的贸易顺差来冲抵对另一些国家的逆差，最终保持总贸易量基本平衡。如英国，从西欧和北美新兴工业国家进口工业制成品，对这些国家贸易常年处于入超状态，英国虽然也从经济不发达国家大量进口食品与工业原料，但英国也是不发达经济的工业制成品的主要提供国，英国对不发达经济的贸易常年处于出超状态，因而，英国就可以利用与不发达经济的贸易出超冲抵与西欧、北美诸国的贸易入超。同时，英国海外投资的大量收入也成为冲抵入超的主要来源之一。以1910年的国际支付为例，该年度英国对印度有6 000万英镑的顺差，对中国有1 300万英镑顺差，这些顺差加上英国对日本、澳大利亚、土耳其的贸易顺差才可以冲抵英国对美国、西欧大陆和加拿大为数达到12 000万英镑的贸易逆差。

多边贸易与支付体系为所有贸易参加国提供购买货物的支付手段，同时使国家间债权债务的清偿、利息与红利的支付能够顺利完成，由此可见，多边贸

---

① 到1900年，世界上各个国家被卷入世界市场的过程基本完成，统一的世界市场形成。参见：姚曾荫．国际贸易概论．人民出版社，1987：153.

易与支付体系的建立加强了世界市场上国家之间的经济联系，使商品交易与金融交易紧密联系，共同促进了各国及世界经济的顺利发展。

(2) 国际金本位制度和世界货币的形成

世界市场的发展与世界货币的发展是相互促进、相辅相成的关系。世界市场越是发展，货币也就越需要摆脱它的地方的、民族的特殊形态，而回到天然最适宜担当一般等价物的商品，那就是贵金属。世界货币的早期形态是黄金与白银，后来是黄金。国际金本位制度是 1914 年前世界多边贸易与支付体系发挥作用的重要基础。它的作用主要体现在两个方面：一是为世界上各国货币的价值提供一个相互比较的尺度，并能使各国货币汇价保持稳定；二是为世界各国商品价格提供一个相互比较的尺度，从而使各国商品以同一货币标价时，价格基本相同，有利于将各国的商品生产与交换更紧密地联系在一起。

国际金本位制度的建立顺应了世界市场形成的要求，世界货币的产生是各国生产与交换国际化的表现与结果。在形成的世界市场上，世界货币发挥着价值尺度、支付手段、流通手段、贮藏手段的职能，其中最重要的是作为支付手段平衡国际收支差额。

(3) 形成了比较完备的世界市场运作机制

①世界市场价格形成机制。世界市场价格的统一性是世界市场形成的重要标志。1914 年前，同一商品的世界价格趋于一致的倾向是在市场竞争过程中形成的，是自发的，没有政府干预，不存在商品的国际协定和任何形式的双边或多边安排。

同一时期，世界市场价格不受销售地区的影响，只受商品异质性的影响，由异质商品的国际价值决定。受国际价值规律作用，商品从价格低的地方流向价格高的地方，商人根据地域和时间的不同低价买入高价卖出，最终致使同一商品在世界市场上的价格趋同。

世界市场上商品价格是波动的，其变化主要受供求关系影响，所有影响供求关系的因素都会影响相应商品的世界市场价格，如生产厂商数目的变化、预期的影响、经济周期的影响、消费者需求的变化等。

在 1914 年以前，对于大多数商品来说已经存在一个世界市场和一个统一的世界市场价格，例如，芝加哥、布宜诺斯艾利斯、伦敦、汉堡的小麦价格除去运费和关税，只有微小的差别。①

世界市场价格形成机制的建立和运行说明各国的国内市场已经成为世界市

---

① 参见：姚曾荫．国际贸易概论．人民出版社，1987：175.

场的有机组成部分，统治各国国内市场运行的价值规律已经演化为国际价值规律，并在世界市场上发挥作用。世界市场价格取代了国内市场价格，竞争过程在世界范围的扩展使得同一商品在世界市场上趋于拥有同一的价格。

②固定的商品市场、专业的商业机构、完备的运输设施。在这一时期，大型固定的商品交易场所建立并获得极大的发展。各类大宗贸易商品的专业性交易所和综合交易所、国际拍卖市场、国际博览会和展销会纷纷建立；各种专业性机构，如运输、保险、银行等机构都与一个世界范围的销售过程程度不同地发生联系；固定的航线，建设完好的港口、码头设施，所有的一切都使世界市场能够有效率地运行。

（4）商品种类的多样化和大宗贸易的增长

随着先进国家工业化过程的完成，在国际贸易中，机器大工业制成品最终取代了手工业制成品，大批量、统一标准的工业制成品进入世界市场。同时，生产规模的急剧扩张，引发对食品、工业原料需求的扩张，致使一些大宗贸易的商品的世界市场开始形成。远洋货轮的定期行驶、铁路运输的畅通、运费的下降，为大宗贸易商品迅速发展提供了物质技术条件，煤炭、铁矿石、粮食、肉类、纤维等大宗货物成为世界市场交易的主要商品。（如此大数量的食品和生产原料交易在之前是不可能的，一是许多矿藏没有开发出来，即使开发出来也承担不起昂贵的运输费用，二是机器工业的规模和使用范围还没有发展到能够充分利用这些原料的程度）。根据 F. Hilgerdt 在国际联盟（League of Nations）的研究报告中所列举的世界市场上交易的商品，1938 年世界出口额在 1 亿美元以上的商品达到 24 种，依照出口额的大小排列，它们是：棉花、煤炭、原油、小麦、羊毛、汽油、烟草、糖、铜、黄油、煤气和燃料油、橡胶、咖啡、牛肉、羊肉、玉米、猪肉、茶叶、大米、铁矿石、面粉、锡、柑橘类。①

在大宗贸易商品成为世界市场交易的主角的同时，世界市场上商品的多样化程度也在迅速提高，除去传统贸易商品外，大量新的产品进入国际交换领域。工业制成品除传统的棉纺织品、金属制品外，大量的机器设备、钢轨、机车等产品从产地运输到世界其他地方；食品和生产原料的种类更加繁多，大量的锡、石油、橡胶等在世界市场买卖，以适应新兴的汽车行业发展的要求；不同国家各类食品鲜蔬也在世界市场上进行着交易，成为不同国家民族共同享用的生活用品。

① 参见：姚曾荫．国际贸易概论．人民出版社，1987：167.

值得注意的是，世界市场形成后，虽然制成品贸易增长速度很快，但初级产品仍然居于主导地位，初级产品贸易的增长仍然是国际贸易增长的主要因素。

2. 当代世界市场的构成与运行

(1) 交易对象

世界市场的交易对象分为有形商品（货物）和无形商品（服务）两大类。有形商品依照《联合国国际贸易标准分类》共分为 10 大类、67 章、261 组、1 032个分组、3 188 个基本项目。服务依照国际货币基金组织和世界贸易组织等国际机构的分类，划分为运输服务（Transportation)、旅游服务（Travel)、通信服务（Communication Services)、建筑服务（Construction Services)、保险服务（Insurance Services)、金融服务（Financial Services)、计算机与信息服务（Computer and Information Services)、特许与许可服务（Royalties and License Fees)、其他商务服务（Other Business Services)、个人、文化与娱乐服务（Personal，Cultural and Recreational Services）大类。

(2) 参与国家

对于参加世界市场活动国家的分类，目前采用比较多的是 UNCTAD 的分类。它的做法是将所有国家分为发达国家、发展中国家、东南欧和独联体国家。2004 年，各类国家在世界货物总出口中所占比重分别为：发达国家 63.07%、发展中国家 33.46%、东南欧和独联体国家 3.47%；在世界服务总出口中的比重分别为 74.86%、22.67% 和 2.47%。①

(3) 订约人

世界市场的订约人依照活动的目的和性质可以划分为以下四类：

①企业与企业主联合组织。企业是指以商业盈利为目的，从事生产、服务性经济活动的单位。企业依照不同的划分标准，有各种各样的类型。依照所有制标准，企业可以划分为国有企业、私有企业、混合拥有企业；依照对企业债务承担的法律责任，公司可以分为有限责任公司、无限责任公司，等等。

企业主联合会是企业家联合组织，它们多数为民间组织，通常以联盟、协会的形式存在，如日本经团联。它们代表企业，往往是某一行业企业的利益，游说政府以形成对其有利的政策和措施。同时它们服务于企业，为企业生产、采购、销售、出口等提供信息及咨询服务。它们定期组织各种类型的形势研讨会，商讨企业对策，协调企业利益，组织集体行动。如日本的一些同业行会在

① 参考 UNCTAD，Handbook of Statistics，2005.

产品出口方面行使协调的职能，主要是价格方面的协调，避免提供同类产品的企业在同一市场展开过于激烈竞争，从而有损日本企业的利益。

②政府机构。世界市场上的政府机构可以分为三种类型。一是作为直接的采购方，在世界市场采购货物与服务，属于政府采购范围，或直接作为卖方提供商品与服务，如通过商品输出的方式提供的军事或经济援助。二是政府专门设立的干预机构，通过在世界市场上买进与卖出商品调整市场供求关系，最终以影响市场价格。三是政府设立的促进出口机构，其一部分职能是帮助企业获取市场信息，甚至直接帮助企业达成交易。

③国际机构。国际机构在这里主要指诸如世界银行、国际货币基金组织、联合国等机构，他们日常运转需要消耗大量物品和服务，如办公设备、办公材料，是世界市场上诸多商品和服务的大买家，他们的大宗采购主要采取在成员国范围内招标的方式进行。

④其他机构。其他机构是指以不同形式或身份介入世界市场交易的各种类型的机构，如国际商品协定下设的干预基金。有些国际商品协定对参与国家的权利与义务的规定，采取设立缓冲存货的做法，也就是由出口国家提供实物，进口国家提供资金，建立就某种商品的干预基金，并就该种商品设立最高、最低限价。当世界市场价格高于最高限价时，为保护参加协定进口国家的利益，干预基金在市场上抛售该产品，抑制价格上升，将价格压到最高限价以下；当世界市场上价格低于最低限价时，为保护参加协定出口国家的利益，基金在市场上大量收购该产品，促使价格升至最低限价以上。如国际天然橡胶协定设立的机构就属于此种机构。

（4）国际商品市场形式

①商品交易所。商品交易所是一种典型的具有固定组织形式的市场。它是在指定的地点、按照规定的程序和方式，由特定的交易人员（一般为会员经纪人）进行大宗商品交易的专业市场。最早的商品交易所是建于荷兰阿姆斯特丹的粮食交易所。

在商品交易所进行交易的商品往往具有同质性，即品质相同，如有色金属、谷物、原料、油料、橡胶等。目前主要通过交易所交易的商品大约有50多种，占世界商品流通额的15%～20%。世界性的商品交易所，如芝加哥商品交易所建于1848年，主要交易玉米、燕麦、大豆、豆油、小麦等，芝加哥商业交易所建于1874年，主要交易猪肉、生牛、生猪、存栏牛等。每天的开盘、收盘价格及全天的最高、最低价格均被刊登在世界重要的报刊上，作为市场价格的指示器，因此，世界性商品交易所的价格一般被公认为是世界市场价格的重要参考数据，对世界市场价格产生着建设性的影响。

交易所运作一般采取会员制，只有交易所的会员才可以在场内交易。会员的场内交易分为两类：一是自营，即利用自有或自筹资金进行商品买卖交易；二是充当经纪人，代理非会员的个人、企业或机构进行商品交易，并收取佣金。在交易所中进行的商品交易分为现货交易和期货交易两种。现货交易是实际或当期商品买卖活动，以卖方交货，买方付款为完成合约的标志，具有即期交割性质。期货交易合约是买卖双方签订的在将来一个确定时间按照确定的价格买卖某商品的协议。下面我们以芝加哥商品交易所（CBOT）交易的玉米期货合约来说明期货交易的达成。

假定现在是 3 月份，在纽约的一位投资者指示他的经纪人买入 7 月份（期货合约每年有固定的几个到期日，只有在到期日才可以实施交割）交割的 5 000蒲式耳玉米的期货合约（注意：在期货合约中，一份合约交易的数量或金额都是标准化的，不同商品的期货合约规定的标准交易数量和金额都是不同的，投资者买或卖的数量或金额只能是标准交易数量或金额的倍数），经纪人立即将指令传递给在 CBOT 交易场内的某个交易员。同时，在加州的一位投资者指示他的经纪人卖出 7 月份到期的 5 000 蒲式耳玉米的期货合约，这个指令也被传递给 CBOT 交易场内的某个交易员。两个交易员“相遇”，协商 7 月份到期 5 000 蒲式耳玉米的价格，最后达成交易。交易的价格也决定于供求关系，如果卖出的 7 月份玉米数量多于买入数量，7 月份玉米期货的价格就会下降，如果卖出 7 月份玉米的数量少于买入数量，那么，7 月份交割的玉米价格就会上涨。

商品期货交易只能按照交易所规定的品质标准进行交易，这种标准在交易所被称为基本品级。如在芝加哥商品交易所，小麦期货共有“2 号软红小麦”、“2 号硬冬小麦”等 7 个基本品级。在交易中，交易双方无须出示、验看样品，只需按照基本品级进行交易即可。

期货交易合约属于远期交割，但实际上，只有少数期货合约到期后执行商品实物交付，多数合约在到期前就已经平仓（持有一个与初始交易头寸相反的头寸。如投资者在 3 月买入 5 份 7 月份到期的玉米期货合约，他可以在 6 月 3 日卖出 5 份 7 月份到期的玉米期货合约进行平仓。如果投资者在 3 月卖出 5 份 7 月份到期的玉米期货合约，他可以选择在 6 月 5 日买入 5 份 7 月份到期的玉米合约进行平仓）。目前，商品交易所进行的交易中 80% 属于期货交易。

目前，商品交易所交易的专业化程度非常高，不同商品的大宗交易集中于不同的交易所。谷物交易主要集中在芝加哥、伦敦、利物浦、温尼伯、鹿特丹、安特卫普、米兰等地的交易所；有色金属交易主要集中在纽约、伦敦、新加坡等地的交易所；天然橡胶交易主要集中在新加坡、伦敦、纽约、吉隆坡等地的交易所；棉花交易集中在新奥尔良、芝加哥、利物浦、亚历山大、圣保罗、孟买等地的交易所；生丝交易集中在横滨、神户等地的交易所。

②拍卖市场（Auctions）。拍卖至今已有几百年的历史了，它是一种在规定的时间和场所，按照一定的规章和程序，通过公开叫价竞购，把事先经买主验看的货物逐批或逐件卖给出价最高者的过程。以拍卖方式进入国际市场的商品，大多数为品质不容易标准化、不易存储、生产厂家众多、产地分散或难以集中交易的商品，如毛皮、茶叶、古玩艺术品、地毯等。一些国家的政府和海关在处理库存和罚没的物品时也常采取拍卖的方式。

拍卖交易具有以下几个特点：

第一，在拍卖中，买卖双方不直接洽谈生意，而是通过专营拍卖业务的拍卖行或拍卖公司进行，拍卖行（公司）设有专门的拍卖场所，拥有专业人员和设备。

第二，拍卖是一种单批、实物的现货交易，具有当场公开竞购、一次成交的性质。拍卖货物在拍卖前是经有购买意向的买主验看过的，拍卖结束后，卖方和拍卖行（公司）对商品的品质不承担赔付责任。

第三，拍卖交易对买方要求很高，买方必须对货物的质量和价值有鉴别力。按质论价的特点在拍卖中尤为突出。

英式拍卖：拍卖商向众多的潜在买家征求一个初始报盘，或者宣布一个卖者的底价。任何递价，一旦为拍卖商认可就成为不可回撤的立定递价（standing bid）。任何新的递价，当且仅当它高于立定递价才被认可。当拍卖商再也不能得到新的更高的递价时，拍卖物就以等于递价金额的价格，拍板成交给最后和最高的递价竞买者。

荷式拍卖：在荷式拍卖过程中，价格在开始时被定在一个被认为高于任何买者所愿意支付的水平上，随后拍卖商就由高至低喊价，直到有第一个买者通过喊“我的”而接受这一价格为止。

第一价格拍卖：这是一种普遍的“密封”或书面投标拍卖竞买者对拍品单独出价，其中出价最高的竞买者以等于全额投标出价的价格得到拍卖物品。

第二价格拍卖：这是一种密封投标拍卖，其中出价最高的竞买者将以等于第二高竞买价的价格得到拍卖物品。这种拍卖形式多用于邮票拍卖，其他情况很少使用。

目前，在世界市场中，主要通过拍卖成交的商品都有固定的拍卖地：

羊毛：伦敦、利物浦、开普敦、墨尔本、悉尼。

毛皮：纽约、伦敦、蒙特利尔、哥本哈根、奥斯陆、斯德哥尔摩、彼得堡。

茶叶：伦敦、加尔各答、科伦坡、科钦。

烟草：纽约、阿姆斯特丹、不来梅、卢萨卡。

③博览会、展览会。博览会是一种定期在同一地点、在规定的期限内举办的有众多国家、众多厂商参加产品展销的国际市场，举办博览会的目的是使参展者展示科技成果和商品样品，以便洽谈业务，促成贸易。

展览会一般是不定期举办的，它与博览会的区别是只展览不销售，通过产品展示，促成会后的交易。

从商品和举办的范围来看，博览会和展览会大致可以分为以下几种：①

A. 样品国际博览会：这是一种看样成交的集市、博览会举办期间，参加国家的厂商和参展商品样品很多，规模很大。国际上较大的莱比锡博览会、里昂博览会的正式名称就是样品集市（Sample Fair）。

B. 综合性国际博览会：这是一种由许多国家和厂商参加的，涉及各行各业产品展示的国际集市。通常规模很大，如米兰国际博览会。

C. 消费品国际博览会：这类博览会以日常或耐用消费品及工艺装饰品为展销内容的博览会，如原联邦德国的家庭用品集市、英国理想家庭博览会等。

D. 主要工业产品国际博览会：这种博览会行业性较强，一般集中在新兴的高新技术产业，如每年在世界各地举办的航空航天、电子、自动化设备、汽车博览会都属于这一类型。

E. 一般工业产品博览会：这类博览会规模可大可小，一般展品多为劳动密集型的生活用品，如玩具、衣帽鞋类、照相机等。

F. 国别展览、展销会：一般是一个国家在另一个国家举办的综合性或专业性展览会或展销会。

G. 独家公司展览、展销会：指大型企业自行举办的展览、展销会。

除了有固定组织形式的国际商品市场外，通过其他方式进行的国际商品交易都可以纳入非固定的国际商品市场，这些交易基本可以划分为两类，一是单纯的商品买卖交易，二是与其他内容相结合的商品交易。这些内容将在世界市场交易方式中予以解释。

（5）国际商品销售渠道

---

① 参考陈同仇，薛荣久．国际贸易．对外经济贸易大学出版社，1997：88-89.

销售渠道是指商品从生产者到消费者要经过的路线，常见的国际销售渠道类型如表 3-1 所示。

表 3-1　　**国际商品销售渠道**

	出口国	进口国
1	出口企业	国外用户
2	出口生产企业—出口商	进口商—国外用户
3	出口生产企业—中间商—出口商	进口商—零售商—国外用户
4	出口生产企业—中间商—出口商	批发商—零售商—国外用户
5	出口生产企业—中间商—出口商	进口商—批发商—零售商
6	出口生产企业—中间商—出口商	零售商—国外用户
7	出口生产企业	零售商—国外用户

（6）国际运输与信息网络

①运输网络。运输网络是由铁路运输、公路运输、水路运输、航空运输、管道运输（如石油、天然气跨境交易）共同组成。

②信息网络。国际贸易中各种商业信息获取源包括企业内部信息网络和企业外部信息网络。企业外部信息网络是由诸多的结点构成，这些结点包括：商业性信息提供机构、政府设立的贸易促进机构（如美国的中小企业出口促进机构）、政府部门（如使馆商务处）、各种媒体、互联网等。

3.1.2　世界市场的交易方式

世界市场上的交易方式多种多样，本书将介绍一些主要的交易方式，包括单纯的商品买卖交易、固定市场交易、包销、代理、寄售、招标与投标、加工贸易、补偿贸易等。

1. 单纯的商品买卖交易

相当一部分的有形商品交易和绝大部分服务交易都属于单纯的商品买卖交易，它是买卖双方通过单独洽谈达成交易的。这种方式的通常做法是买卖双方自由选择交易对象，对商品的品质、规格、数量、价格、支付条件、商检、装运、保险、索赔、仲裁等方面一一进行谈判予以确定，最后在意见一致的基础上签订交易合同。单纯的商品买卖交易方式是世界上最基本、最普遍的国际商品、服务交易方式。

2. 固定市场交易

固定市场交易包括交易所交易、拍卖交易等方式，相关内容见第一节中固定商品市场部分。

3. 包销

包销（Exclusive Sales）又称独家经销，在国际贸易中是指出口人（供货商）通过包销协议把某种或某类货物在某一地区和期限内的独家经营权给予国外商人（进口商或包销商）的做法。包销方式使买卖双方在包销协议下建立起稳定的商品或服务的购销关系。

在包销交易方式下，供货人和包销人之间是一种售定性质的关系，即供货人是卖方，包销人是买方，货物由包销人购买、销售并自负盈亏。它与逐笔销售方式的区别在于包销人在规定区域和时限内的独家经营权。

在包销交易方式下，供货人可以利用包销人的资金和销售能力，在特定区域开发出一个稳定的产品销售市场；而对包销人来说，这种方式避免了多头竞争，在对商品未来销售前景有比较准确预测的前提下，可以保证利润的获得。

包销协议是包销交易方式的关键，它通过在包销货物范围、包销地区、包销数量或金额、包销专营权、作价方法、包销期限等方面进行规定，确立供货人和包销人在以包销交易方式进行贸易过程中的权利和义务。

4. 代理

代理的种类繁多，作为国际贸易交易方式的代理是指销售代理。

在代理交易方式下，出口商（委托人）与国外的代理商达成协议，由出口商作为委托人，授权代理人推销其产品、代理委托人签署买卖合同。代理人在出口商授权范围内行事，不承担销售风险和费用，不需要垫付资金，通常依照帮助委托人达成交易的数额提取佣金，而无论交易盈亏与否。

代理方式下，委托人可以利用代理人对当地市场的熟悉和已建立起来的销售渠道销售自己的产品，而代理人可以通过选择品质好、价格合理、市场定位准确的商品和确定合适的佣金比率来确保其获得较好的收益。

在国际贸易中，根据出口人对代理人授权的不同，代理可以划分为以下几类。

(1) 总代理

总代理（General Agent）是出口商在指定区域的全权代表，可以代表出口商从事产品销售以及代理范围内的其他商务活动。

(2) 独家代理

独家代理（Exclusive Agent）是在代理协议规定的时间、区域内对指定产品享有专营权的代理，即使委托人自行在规定时间和区域内与购买者达成交易，代理人也有权从中提取佣金。

(3) 一般代理

一般代理（Agent）与独家代理的唯一区别是前者在规定的时限和区域内对相关产品不享有专营权。在出口商初试某些区域性市场时，多采用一般代理的做法，根据代理的实际业绩支付佣金，这样可以调动多个代理人的市场资源和积极性。

5. 寄售

在国际贸易中，寄售（Consignment）是一种跨国委托代售的做法。是指寄售人（Consigner）先将货物运往国外的寄售地，委托当地的代销人（Consignee）按照寄售协议规定的条件，替寄售人进行销售，货物销售后，由代销人与寄售人结算货款，并依照协议规定收取相应的报酬。

在寄售方式下，寄售人与代销人之间是代销关系，而非买卖关系。货物的所有权一直属于寄售人，货物的风险仍由寄售人承担，除非是由代销人的过失所造成的损失。货物售出后，代销人根据协议规定扣除相关费用和佣金后，把货款汇给寄售人。

在寄售方式下，寄售人可以利用代销人的市场资源拓展自己的海外市场。对于代销人和寄售人的权利义务都规定在寄售协议中，寄售协议涉及的主要内容包括：寄售商品的价格（一般有三种做法，即规定最低限价、随行就市、销售前征得寄售人的同意）、佣金、货款的收付等。

6. 招标与投标

在世界市场上，一些国际机构、政府机构、国有企业在进行大规模物资采购以及国际工程承包时，通常采取招标形式，招投标更多地用于国际工程承包。

招标是指招标人发布招标公告，说明计划采购的商品或服务的名称、规格和数量，或是计划兴建项目的标准与要求，邀请投标人按照一定程序在规定时间、地点进行投标，最后选择对招标人最有利条件达成交易的行为。

投标是指供应商或工程承包公司根据招标条件在规定的时间向投标人递价的行为。

从定义上可以看出，招标与投标是同一交易的两个方面，因而通常统称为招投标。招投标主要有以下三种形式。

（1）国际竞争性招标

指招标人邀请多个投标人参加投标，通过多个投标人竞争，招标人可以选择其中对其最有利的投标人达成交易。在国际竞争性招标中，投标人的投标行为具有竞卖的性质。

（2）谈判招标

谈判招标又称议标，它是非公开的，由招标人直接物色几家供应商或工程承包商进行谈判，谈判成功后即达成交易，是一种非竞争性招标。事实上谈判招标不属于典型意义上的招标。

（3）两段招标

两段招标是无限竞争招标和有限竞争招标的结合形式，它的做法是，先是由招标人邀请有资格的法人或组织参与投标，即公开招标，而后以投标邀请书的方式邀请特定的法人或组织进行投标，即选择性招标方式，实际招标活动分两个阶段进行。

招标与一般贸易做法所不同的是，在招标中，双方当事人没有磋商过程，不存在讨价还价，而是由投标人同时报价，成交与否取决于投标人价格的竞争力。

招投标的基本程序为：招标前准备—发布招标公告—投标—开标—评标—定标—签署交易或承包合同。

7. 加工贸易

加工贸易是指企业从境外保税进口全部或部分原材料、零部件、元器件、包装材料等，经加工和装配后，将半成品或成品复出口的交易形式。

加工贸易有下面两种基本形式。

（1）来料（件）加工

来料加工是指由外国企业免费提供全部或部分原材料、辅料、零部件、包装材料等，由加工方依照外国企业的要求进行加工和装配，成品交由外方销售，加工方只收取加工费的交易形式。

(2) 进料加工

进料加工是指加工方自行进口原材料、辅料、零部件、包装材料等，经加工成半成品、成品后再度出口的做法。

8. 补偿贸易

补偿贸易是商品贸易、技术贸易与信贷的三位一体。补偿贸易是国内企业在国外企业提供信贷的基础上取得项目建设和产品生产所需要的机器设备、原材料、生产技术及其他商品和服务等，在项目建成投产后，主要用引进技术和设备生产出的产品或双方商定的其他产品去偿还贷款本息的一种贸易方式。

补偿贸易最主要的特点是：贸易与信贷结合，出口与进口结合，企业在信贷的基础上进口，又缘于进口举债出口。

3.2 世界市场价格的基础

商品的国际价值是其世界市场价格的形成基础。

3.2.1 国际价值的形成

1. 商品国际价值形成的基础

商品的国际价值是在国别价值的基础上形成的。任何国家所生产的商品的价值内容，都是由抽象的社会劳动决定的。当商品交换变成世界性交换的时候，社会劳动便具有普遍的国际性质。

2. 商品国别价值和国际价值质的同一性和量的差别性

商品的国别价值和国际价值作为一般人类劳动的凝结物，在本质上是完全相同的，而在量上则是不同的。国别价值量是由该国生产该商品的社会必要劳动时间决定的。商品的国际价值量是由世界劳动力的平均单位决定的，这个平均的劳动力单位就是在世界经济的一般条件下生产某种商品时所需要的特殊的社会必要劳动时间。二者在表现形式上不同，商品的国别价值是以该国货币表示的；而在世界市场上，商品普遍地展开它们的价值。因此，商品的国际价值形态是直接以世界货币（如黄金）表示的。

3. 影响国别价值量和国际价值量的主要因素

各国在同一时间里生产的国际价值不相等。一国经济发展水平愈高，国民劳动的强度和劳动生产率也愈高；反之，则愈低。由于各国经济发展水平的悬殊，有的国家的国民平均劳动强度和平均劳动生产率高于国际水准，有的则低于国际水准。因此，不同国家在同一劳动时间内所生产的同种商品的不同量，有不同的国际价值，从而表现为不同的价格。

3.2.2 影响国际价值量变化的各种因素

1. 国际价值量与劳动生产率

国际价值量随国际社会必要劳动时间的变化而变化，因为商品的国际价值量是由生产这种商品的国际社会必要劳动时间决定的。国际社会必要劳动时间是随着世界各国的社会必要劳动时间变化而变动的；而各国生产商品的社会必要劳动时间是随着劳动生产率的改变而改变的。劳动生产率越高，单位时间内生产的商品越多，则生产单位商品所需要的社会必要劳动时间便越少，单位商品的价值量便越小。反之，劳动生产率越低，单位时间内生产的商品越少，则生产单位商品所需要的社会必要劳动时间便越多，单位商品的价值量便越大。因而，劳动生产率和劳动创造的价值成反向变化。

2. 国际价值量与劳动强度

国际价值量还受各国劳动强度的影响。劳动强度是指劳动的紧张程度，也就是指同一时间内劳动力消耗的程度。劳动强度与价值量成正向变化。假若所有国家的劳动强度同时均等地增进了，新的较高的强度就会成为普通的社会标准强度，从而也影响国际上的标准强度，影响国际价值量。

3. 国际价值量与贸易参加国的贸易量

国际社会必要劳动时间的形成与参加国际贸易国家的商品量有密切关系。如果绝大多数国际贸易商品是在大致相同的正常的国家社会必要劳动时间下生产出来的，国际社会必要劳动时间就是该商品各个国家的社会必要劳动时间。在这种情况下，商品国别价值量与国际价值量基本上是一致的。

假定投放到国际市场上的该商品的总量不变，然而在较差条件下生产的商品的国别价值，不能通过较好条件下生产的商品的国别价值来平衡，以至于较差条件下生产的那部分商品，无论与中间生产条件生产的商品相比，还是与最好条件下生产的商品相比，都构成一个相当大的量，那么，国际价值量就由较差条件下生产、出口的大量商品的国别价值量来调节。

假定在高于中等条件下生产的商品的出口量，大大超过在较差条件下生产的商品的出口量，甚至同中等条件下生产的商品的出口量相比也构成一个相当大的量，此时，国际价值量就由在最好条件下生产的那部分商品的国别价值量来调节。

3.2.3 世界市场价格

1. 国际价值是世界市场价格变动的基础和中心

（1）国际生产价格是国际价值的转化形态

商品的国际价格是商品国际价值的货币表现，商品的国际价值是商品国际价格变动的基础和中心，但是在资本主义世界市场上，国际商品交换不是按照国际价值而是按照国际生产价格来进行的。

在资本主义生产方式建立以前，国内商品是按照价值进行交换的，价值一直是价格运动的中心。随着资本主义的发展，资本主义国内市场的形成，利润转化为平均利润，商品价值转化为生产价格。在以各国市场组成的世界市场上，随着商品国别价值向国际价值的转变，世界市场上的商品交换不再以国际价值而是以各国平均生产价格的国际生产价格进行交换。商品的国际生产价格成为国际商品价格变动的基础和中心。

国际生产价格虽然是国际价值的转化形态，但从各个国家来看，决定生产价格变动的因素，与决定国际价值变动的因素并不完全相同。商品的国际价值取决于生产商品时所消耗的国际社会必要劳动时间，而国际生产价格则取决于各国商品的生产成本和各国平均利润之和。

（2）世界市场价格围绕着国际生产价格上下波动

商品在世界市场上，按照国际生产价格出售，不是对价值规律的否定，而只是价值规律起作用的形式发生了变化。国际生产价格的变动，归根到底取决于商品国际价值的变动，而且两者的变动方向是一致的。如果生产商品所耗费的社会必要劳动时间减少，商品的国际价值降低，商品的国际生产价格也会随之下降；反之，如果生产商品所耗费的国际社会必要劳动时间增加，商品的国际价值增大，商品的国际生产价格也会随之提高。商品价值（商品生产价格）是商品价格变动的中心。价值规律要求商品交换依据商品的价值来进行，但这并不是说，在每一次商品交换时，世界市场价格都是与国际价值（国际生产价格）相一致。这是因为，商品的价格虽然是以价值为基础，但是，商品的供给和需求是经常不平衡的，因而使商品世界市场价格经常高于或低于国际价值（国际生产价格）。当商品的供给超过需求时，世界市场价格会低于国际价值（国际生产价格）；反之，当商品的需求大于供给时，价格就可能上涨到价值（生产价格）以上。但是，价格本身的变动，又会反过来影响供给和需求的变化，使它们逐渐趋于平衡，从而使世界市场价格接近国际价值（国际生产价格）。

垄断价格的出现没有也不可能使世界市场价格长久地背离国际价值。这是由于垄断没有消灭竞争，反而使竞争更加激烈。首先，由于任何一个国家的生产部门都不可能被完全垄断，总有个别或少数企业不参加垄断组织而成为局外企业。所以无论垄断组织的力量如何强大，总有局外企业作为竞争者而存在，力图破坏其垄断价格。其次，一个生产部门也不可能只有一个垄断组织存在，垄断组织之间的竞争也会导致垄断价格的破坏。最后，不同生产部门之间的竞争也会破坏垄断价格，例如，人造橡胶的出现使橡胶的供求关系在原有基础上发生变化，从而对原自然商品——天然橡胶的垄断价格起到了破坏作用。

2. 世界市场价格与供求关系

(1) 世界市场的供求关系确定世界市场价格

商品世界市场价格是围绕着国际价值（国际生产价格）上下波动的。但是商品的世界市场价格停留在什么水平，位于国际生产价格的什么位置，是由世界市场上的供求关系决定的，即由买主、卖主及双方之间的竞争关系决定的。这种竞争包括三个方面，即卖主之间的竞销、买主之间的竞买、买主和卖主之间的竞争。各方竞争的结果，使一切已知的同一种类和品质的商品逐步取得同一的世界市场价格，使世界市场价格接近国际生产价格。

(2) 影响供求关系的因素

①垄断。垄断组织为了获取最大限度利润，采取各种办法控制世界市场价格。主要包括以下两种方法：其一，直接实施垄断价格。利用企业对市场的控制力，利用企业作为买方或卖方的垄断地位实施垄断价格；通过控制原料来源达到控制原料价格的目的。其二，控制供求，间接影响价格。例如，限制商品生产数量、限制出口数量、限制矿产开采进度、阻碍新工厂的建立，在市场上收买“过多”商品并出口“剩余”产品等。

②经济周期。经济发展的历史证明，经济发展过程具有明显的周期性。周期内，供求关系在有规律地发生变化，一般经历危机、萧条、复苏、高涨四个阶段。在危机期间，产品供应量远远大于需求量，供求关系脱节，商品价格迅速下降。在经历缩减生产、强制性调整与需求关系的萧条阶段后，需求开始恢

复，生产开始扩张，经济发展进入复苏阶段，产品价格开始恢复性增长，生产与消费需求的进一步膨胀引导经济发展进入高涨期，价格急速上涨，导致生产的进一步扩张，直至供求关系失衡，并再度陷入危机。

③各国政府采取的政策措施。第二次世界大战后，各国采取许多政策措施，如支持价格政策、出口补贴政策、进出口管制政策、外汇政策、战略物资储备政策等，它们都对世界市场的价格产生了重大影响。

④商品的质量与包装。一般而言，在国际市场上，都是按质论价，好质好价，次质次价，名牌优价。但如果没有良好的包装装潢，按质论价也会受到影响。

⑤与商品销售相关的各种因素。这些因素包括付款条件、支付货币、运输条件、销售季节、成交数量、客户的爱好、地理位置、广告宣传、服务质量等。

⑥自然灾害、政治动乱及投机等。

3. 世界市场价格的种类

商品世界市场价格按其形成原因、变化特征可以分为以下几种类型：

(1) 世界“自由市场”价格

世界“自由市场”价格是指在国际间不受垄断或国家垄断力量干扰的条件下，由独立经营的买者和卖者之间进行交易的价格。国际供求关系是这种价格形成的客观基础。“自由市场”是由较多的买主和卖主集中在固定的地点，按一定的规则，在规定的时间进行交易的场所。尽管这种市场也不可避免地会受到国际垄断和国家干预的影响，但是，由于商品价格在这里是通过买卖双方公开竞争而形成的，所以，它通常能够比较客观地反映商品供求关系的变化。联合国贸易发展会议所发表的统计数据中，把美国谷物交易所的小麦价格、玉米（阿根廷）的英国到岸价格、大米（泰国）曼谷离岸价格、咖啡的纽约港交货价格等36种初级产品的价格列为世界“自由市场价格”。

(2) 世界“封闭市场”价格

世界“封闭市场”价格和“自由市场”价格不同，它是买卖双方在一定的特殊关系下形成的价格。在这种情况下，商品在国际间的供求关系，一般对价格不会产生实质性的影响。世界封闭市场价格主要包括以下几种类型：

①调拨价格，也称转移价格，是指跨国公司为了在国际化生产与经营中最大限度地减轻税赋，逃避东道国的外汇管制，扶植幼小的海外子公司等目的，在公司内部进行交易时采用的价格。调拨价格一般不受世界市场供求关系的影

响，由公司上层管理者制定。

②垄断价格。垄断价格是指国际垄断组织利用其经济实力和对市场的控制力制定和实施的价格，它有买方垄断价格与卖方垄断价格两种形式。但垄断组织在国际间实施垄断价格是有约束条件的。部门内部企业竞争状况、产品的价格需求弹性和替代弹性的大小以及国际经济和政治形势等，都对垄断价格能否实施以及垄断价格水平产生影响。

③区域性经济贸易集团内部价格。第二次世界大战后，许多区域性的经济贸易集团成立。在这些经济贸易集团内部，形成了区域性经济贸易集团内部价格，如欧洲经济共同体共同农业政策中的农产品统一价格。

④国际商品协定下的协定价格。一些商品协定通常采用最低价格和最高价格等办法来稳定商品价格。当有关商品价格降到最低价格时，就减少出口，或用缓冲基金收购商品；当市场价格超过最高价格时，通过扩大出口或抛售缓冲存货的办法平抑价格上升的趋势。

3.3 贸易条件

3.3.1 贸易条件的定义与类型

1. 贸易条件的定义

贸易条件指一个国家出口商品价格与进口商品价格的比率，应该注意的是，这里的贸易条件是指所有出口商品价格与所有进口商品价格之间的比率。贸易条件的计算一方面需要知晓进出口商品的平均价格，同时还要考虑基期的选择问题。现实中一般采用出口商品价格指数与进口商品价格指数的比率反映贸易条件。

2. 贸易条件的类型

在国际贸易中，贸易条件主要有以下几种形式。

(1) 商品贸易条件

商品贸易条件只考虑进出口商品价格变化对一国进口能力产生的影响，它是以一国一定时期的出口商品价格指数与同期进口商品价格指数的比率来反映。计算方法为：

$$N = (Px/Pm) \times 100\%$$

式中：

N：商品贸易条件；

Px：出口商品价格指数；

Pm：进口商品价格指数。

例1：假定某国以1990年价格为基期，1995年出口商品价格指数为70%，进口商品价格指数为120%，那么该国1995年商品贸易条件为：

$$N1995 = 70\% / 120\% \times 100\% = 58.3\%$$

在例1中，在以1990年价格为基期的条件下，出口商品价格的平均变化相对于进口商品价格的平均变化处于不利的地位，出口商品价格总体在下降，平均下降幅度达到30%，进口商品价格总体在上涨，涨幅达到20%。计算的商品贸易条件为58.3%说明，每单位出口商品换得的进口商品的数量在减少。在这种条件下，该国若想保持原有的进口规模，只能依靠扩大出口。

例2：假定某国以1990年价格为基期，1995年出口商品价格指数为120%，进口商品价格指数为70%，那么该国1995年商品贸易条件为：

$$N1995 = 120\% / 70\% \times 100\% = 171\%$$

在例2中，在以1990年价格为基期的条件下，出口商品价格的平均变化相对于进口商品价格的平均变化处于有利的地位，出口商品价格平均上涨20%，进口商品价格平均下浮30%。商品贸易条件为171%说明，每单位出口商品换得的进口商品的数量在增加，因而，该国在保持原有出口规模不变的条件下可以增加进口。

因而，我们可以得出以下结论：

商品贸易条件大于1，说明该国出口商品价格上升幅度超过进口商品价格的上升幅度；或出口商品价格下降幅度小于进口商品价格下降幅度（即出口商品价格相对于进口商品价格在上涨）；或出口商品价格在上升，而进口商品价格在下降。这三种情况下，该国的贸易条件都得到改善，有利于该国进口能力的提高。

商品贸易条件小于1，说明该国出口商品价格上升幅度低于进口商品价格的上升幅度；或出口商品价格下降幅度大于进口商品价格下降幅度（即出口商品价格相对于进口商品价格在下降）；或出口商品价格下降，进口商品价格上涨。这些情况下，该国的贸易条件都会恶化，进而进口能力受到削弱。

（2）收入贸易条件或购买力贸易条件

收入贸易条件共同考虑出口规模的变化与进出口商品价格相对变化对一国

进口能力的影响。计算方法为：

$$I = (Px/Pm) \times Qx \times 100\%$$

式中：

I：收入贸易条件（购买力贸易条件）；

Px：出口商品价格指数；

Pm：进口商品价格指数；

Qx：出口商品数量指数。

例 3：假定某国以 1990 年的价格、出口商品数量为基期，1995 年出口商品价格指数为 70%，进口商品价格指数为 120%，出口商品数量指数为 200%，那么该国 1995 年商品贸易条件为 58.3%，收入贸易条件为：

$$I = 70\% / 120\% \times 200\% \times 100\% = 116.7\%$$

虽然商品贸易条件计算结果表明，在以 1990 年价格为基期的条件下，出口商品价格的平均变化相对于进口商品价格的平均变化处于不利的地位，即每单位出口商品换得的进口商品的数量在减少，贸易条件对该国而言恶化了，但是由于出口规模扩张了一倍，因而不仅可以扭转出口商品价格相对于进口商品价格变化所处的不利局面，而且还使该国的进口能力提高了 16.7%。

例 4：接续上例，如果出口商品数量指数是 120%，而不是 200%，结果会怎样？收入贸易条件的计算结果将变为 70%。这说明单纯从商品贸易条件上看，该国由于进口商品价格上升，出口商品价格下降导致进口能力削减 41.7%，但由于出口商品数量增加了 20%，从而可以部分抵消由于进出口商品价格相对变化对该国进口能力带来的消极影响，使进口能力削减的幅度从 41.7% 降低到 30%。

例 5：如果出口商品数量指数是 80%，又会怎样？收入贸易条件计算的结果是 46.7%。这说明出口规模的萎缩与进出口商品价格相对不利变化共同对该国进口能力产生不利的影响，也就是说出口规模的萎缩进一步强化了该国进口能力的下降，使得进口能力的下降幅度从 41.7% 上升到 53.3%，贸易条件继续恶化。

(3) 单因素贸易条件

单因素贸易条件是在商品贸易条件的基础上，考虑出口商品劳动生产率的变化对该国贸易利益的影响。计算方法为：

$$S = (Px/Pm) \times Zx \times 100\%$$

式中：

S：单因素贸易条件；

Px：出口商品价格指数；

Pm：进口商品价格指数；

Zx：出口商品劳动生产率指数。

例6：我们仍然以1990年为基期，1995年某国的进出口商品价格指数分别为120%和70%，出口商品劳动生产率指数为150%，计算的结果，该国商品贸易条件为58.3 %，单项因素贸易条件为87.5%，这说明尽管商品贸易条件在恶化，但由于此期间出口商品劳动生产率的提高，抵消了一部分出口商品价格变化相对于进口商品价格变化的不利，使单项因素贸易条件向好的方向发展。

（4）双因素贸易条件

双因素贸易条件不仅考虑到出口商品劳动生产率的变化，而且考虑到进口商品劳动生产率的变化，其计算公式为：

$$D=(Px/Pm)\times(Zx/Zm)\times 100\%$$

式中：

D：双因素贸易条件；

Px：出口商品价格指数；

Pm：进口商品价格指数；

Zx：出口商品劳动生产率指数；

Zm：进口商品劳动生产率指数。

假定例6中的进出口商品价格指数不变，出口商品劳动生产率指数不变，进口商品劳动生产率指数为170%，则双因素贸易条件等于51.47%。结果说明虽然出口商品劳动生产率的提高可以抵消部分出口商品价格变化相对于进口商品价格变化的不利，但是进口商品的劳动生产率也在提高，并且进口商品价格不但没有下降，却在上涨，而且上涨幅度还超过出口商品价格上涨幅度，从而导致出口国的贸易条件进一步恶化。在这种条件下，只有出口商品的劳动生产率指数高于进口商品劳动生产率指数，方可缓解出口商品价格相对于进口商品价格变化的不利而对该国贸易条件带来的不利影响。

由上述各例，我们可以发现，任何一种贸易条件形式，其结果大于1时，表明该国贸易条件得到改善，小于1时，则表明该国的贸易条件恶化。

3.3.2 贸易条件与国际交换比价的确定

贸易条件计算的结果主要取决于一国进出口商品价格的变化方向与程度，

那么进出口商品价格是由什么因素决定的，商品之间的交换比价又是由谁决定的呢？下面介绍几种具有代表性的理论或观点对上述问题进行解释。

1. 穆勒的相互需求法则

由于李嘉图对劳动认识不充分，认为支配一个国家中商品相对价值的规则不能支配两个或更多国家间相互交换商品的相对价值，即等量劳动相交换的原则在国家间贸易时行不通，因而其比较优势说未能揭示出国际商品交换所依据的规律。

李嘉图认为国内商品交换应依照等量劳动相交换的原则，虽然其比较优势论只是从供给的角度说明两国依据比较利益原则进行分工，通过交换，双方都可以享受到分工与贸易的利益，没有说明贸易利益如何在参与分工与交换的国家间进行分配。但是我们却可以依照其理论的前提条件与论述，逻辑性地推出李嘉图理论中隐含的关于国际交换比价的一个重要观点，即国家间进行商品交换的比价应介于两国国内交换比价之间。由于他忽视了需求方面的研究，因而具体停留在哪个点上，由什么因素决定、如何确定却没有论及，因而无法确定具体的交换比价。

英国经济学家约翰·穆勒在其《政治经济学原理》（1848 年）中提出相互需求原理，并以此解释国家间商品交换比价的确定。在经济理论中，约翰·穆勒坚持李嘉图的观点："我不知道在《政治经济学原理》一书中是否有什么见解（关于政治经济学理论）不是李嘉图学说的推论。"①

约翰·穆勒在正式阐述其相互需求原理前，一改李嘉图不同国家生产同一产品生产成本不同的假定，而是以劳动生产率的另一种表述形式做出假定：两国所投入的生产成本相同，所生产的产品数量有差异，也就是说其理论是以两个国家等量劳动投入而产出品数量不同作为研究论述的起点。

约翰·穆勒认为，国家间商品的交换比价是由两国间的相互需求决定的。例如，有两个国家，英国和德国，各自生产 A、B 两种产品。在同一劳动投入量的条件下其产出品的数量如表 3-2 所示。在没有分工和贸易的条件下，英国国内 A、B 两种产品交换比率为 1∶1.5，德国的交换比率为 1∶2。从表 3-2 中可以发现，德国生产 B 产品具有比较优势，英国生产 A 产品有比较优势。

---

① 参见．新帕尔格累夫经济学大辞典（第三卷）．经济科学出版社，1996：506.

表 3-2　　英、德在同一劳动投入下 A、B 产品的产出量

	A	B
英国	10 码	15 码
德国	10 码	20 码

如果英国和德国之间 A、B 两种产品的交换比率大于 1∶1.5，也就是说 1 单位 A 产品可换得 1.5 单位以上的 B 产品，对英国有利。那么，对德国只要以少于 2 单位的 B 产品去换得 1 单位的 A 产品就比在国内交换有利。因而英国与德国两国间 A、B 两种产品交换的比率界限应位于 1∶1.5～1∶2 之间，是由各自国内的交换比率所决定的，在这个界限内可以产生出许多可以发生贸易关系的交换比率。

假定：英、德之间 A、B 两种产品的交换比率为 1∶1.7，在这个交换比率水平上：

英国对德国 B 产品的需求为：800×17 码（1 码 =0.914 4 米）

德国对英国 A 产品的需求为：1 000×10 码

德国对 A 产品的需求超过英国对 B 产品需求 200×10 码，在这种条件下，德国必须要以更高的价格来购买 A 产品，从而使 A、B 产品的交换比价变成 1∶1.8。在新的比价下，英国对 B 产品的需求增加到 900×18 码，而德国对 A 产品的需求则下降到 900×10 码。此时，英国对 B 产品的需求，恰好等于德国为换取 A 产品而愿意提供的 B 产品的数量；德国对 A 产品的需求量也恰好等于英国为获得 B 产品愿意提供的 A 产品的数量。此时，英德两国间 A、B 产品的交换比价 1∶1.8 就成为均衡的交换比价。

如果英国与德国之间 A、B 产品的交换比率为 1∶1.8，在这个交换比率上：

英国对德国 B 产品的需求为：1 200×18 码

德国对英国 A 产品的需求为：900×10 码

德国对 A 产品的需求少于英国对 B 产品的需求 300×18 码，在这种条件下，英国必须要以更高的价格来购买 B 产品，从而使 A、B 产品的交换比价变成 1∶1.6。在新的比价下，英国对 B 产品的需求减少到 1 000×16 码，而德国对 A 产品的需求则会增加到 1 000×10 码。此时，英国对 B 产品的需求，恰好等于德国为换取 A 而愿意提供的 B 产品的数量；德国对 A 产品的需求量也恰好等于英国为获得 B 产品愿意提供的 A 产品的数量。此时英德两国间 A、B 产品的交换比价 1∶1.6 就成为均衡的交换比价。

因而，约翰·穆勒得出结论：在由比较成本所决定的国际交换比价界限内，两国之间具体的商品交换比率是由两国对彼此商品的需求强度决定的。

从以上的分析论述中，我们可以了解到，李嘉图和约翰·穆勒认为，决定商品的国内价值的因素与决定商品的国际价值的因素是不同的。李嘉图认为，在一国国内，商品的价值是由生产商品所耗费的劳动量来决定的，商品国内交换比价是由本国商品生产成本的比率决定的。至于商品的国际价值，李嘉图只是提出了一个由比较成本所决定的比价范围。约翰·穆勒则进一步指出在这个比价范围内，国家间商品的具体交换比价是由两国间对彼此商品的相互需求决定的。交换比价或贸易条件是否有利，应视贸易双方彼此对另一国出口商品需求程度的强弱而定。只有在相互需求均衡，一国输出商品数量恰好等于另一国输入商品数量时，所形成的交换比价才体现商品的国际价值。

约翰·穆勒的相互需求原理还说明：由于两个国家对彼此商品相互需求的强度不一样，由此确定的均衡交换比价或贸易条件对这两个国家的有利程度也不一样。约翰·穆勒认为，一个国家以它的产品和另一个国家的产品进行交换，它对另一个国家产品的需求和另一个国家对它的产品需求的数量及需求增加的程度比较，外国对其商品的需求越是超过它对外国商品的需求，贸易条件就对它越有利，贸易条件越是接近外国国内的两种商品的交换比价，它的一定数量的本国生产的商品就可以换回更多外国生产的商品。

穆勒的相互需求原理将两个国家国内商品交换比价确定为互惠贸易的范围，用两个国家对彼此产品相互需求强度解释交换比价或贸易条件的变动，进而说明贸易利益的分配。穆勒的相互需求原理以比较优势为基础，也可以说是从供给的角度阐明国家之间产品交换比率范围的确定过程，同时强调需求因素对具体国际交换比价确定的决定性作用，第一次从供给与需求两个方面探讨国际交换比价的确定问题。

虽然相互需求原理可以解释国际交换比价或贸易条件的确定，但它只能应用于双方经济规模相当且需求对市场价格有着显著影响的情况。如果两个国家经济规模相当悬殊，小国的相对需求强度远远小于大国的需求强度，在这种条件下，大国的国内交换比率就是国家间商品的交换比率。

2. 提供曲线

相互需求原理虽然能够解释均衡贸易条件的确立，但仍然属于一般性阐述，英国著名经济学家马歇尔 Alfred Marshall（1842—1924），其巨著《经济学原理》出版于1890 年，多年来一直被奉为英国经济学的“圣经”。马歇尔对国际贸易理论的主要贡献是运用提供曲线对两国贸易的均衡和稳定性进行了著名的几何分析。在穆勒相互需求原理之上，运用相互需求曲线来确定两国进行贸易的均衡贸易条件，对均衡贸易条件的确立过程进行了清晰的解析。

相互需求曲线又称提供曲线，它是用来表示在各种贸易条件或交换比价下，一国愿意为换取或进口一定数量外国商品而提供或付出的本国商品的数量。因而提供曲线可以看做是供给曲线与需求曲线的交合，也就是说它既反映该国对进口商品的需求，同时也反映在不同交换比价下该国愿意提供的本国生产的产品的数量。提供曲线表明，出口产品的数量将随着相对价格的上升而有所增加，从另一个角度看，则表明进口产品的数量将随着相对价格的降低而有所增加。在这里，一种产品的相对价格是以它所交换到的另一种商品的数量来表示的，它与穆勒相互需求原理中的产品价格的概念是一致的。一种商品相对价格的上升意味着它所能交换到的另一种商品的数量增加，一种商品相对价格的下降则意味着它所能交换到的另一种商品数量的减少。

提供曲线的形状受产品边际效用递减规律作用。一般而言，一国在总投入水平和结构、技术水平不变的条件下，其可用于出口的产品可以视作给定的，因而一国随着用于交换进口商品的出口商品数量的增多，该国国内可消费的国内生产产品的数量就会减少，从而对本国国民而言，本国产品的边际效用将会提高，只有随着本国产品的相对价格不断提高的条件下，本国国民才会继续增加出口。从另一方面讲，随着国内进口商品数量的增加，对本国国民而言，进口产品的边际效用在降低，因而只有进口商品的相对价格继续不断地降低，本国才会继续进口。归结起来，实际上它表明了一国出口或进口商品的数量是与交换比价或两国的贸易条件密切关联的，随着贸易条件的改善，一国将会增加产品的出口或进口，随着贸易条件的恶化，一国将逐步削减其出口或进口商品的数量。

马歇尔认为，需求变化导致提供曲线位置的移动，从而贸易条件发生变化。这一结论与穆勒的相互需求强度决定交换比价的论点相同，只是理论上的推导使结论具有更强的说服力。

提供曲线同时也证明了贸易条件越接近对方国家国内交换比率，本国分享的贸易利益就越大，它是通过等量本国商品换取的外国商品数量不断增多来体现的。

综上所述，世界市场是在地方市场和民族市场形成与发展的基础上产生的。它由世界范围内通过国际分工联系起来的各个国家国内市场与国家之间的市场组合而成。

第二次产业革命发生后，西欧与北美发达国家完成了工业化过程，工农业生产发展、交通运输工具的革命、铁路和轮船的出现和发展意味着世界经济代替了国民经济，国际分工进一步发展。同时，资本主义从自由竞争走向垄断，资本输出深化了国际分工格局，最终国际分工体系得以确立，统一的世界市场也随之形成。因而，世界工农业生产的增长、交通运输工具的革命和资本输出联合作用的结果，就是在世界历史上第一次实现了把世界各国都联系起来的一个统一的世界市场的诞生。

当代世界市场由交易对象、参与国家、订约人、国际商品市场、国际商品销售渠道、国际运输与信息网络构成。

国际价值是世界市场价格变动的基础和中心。世界市场的供求关系确定世界市场价格。世界市场的价格分为两类，自由市场价格和封闭市场价格。

贸易条件即一国进出口商品的交换比价，一般以出口商品价格指数与进口商品价格指数的比值表示。贸易条件根据考虑因素的不同包括商品贸易条件、收入贸易条件、单因素贸易条件、双因素贸易条件等几种形式。

穆勒的相互需求原理以比较优势为基础，从供给的角度阐明国家之间产品交换比率范围的确定过程，同时强调需求因素对具体国际交换比价确定的决定性作用，认为在由比较成本所决定的国际交换比价界限内，两国之间具体的商品交换比率是由两国对彼此商品的需求强度决定的。相互需求原理第一次从供给与需求两个方面探讨了国际交换比价的确定问题。

英国著名经济学家马歇尔在穆勒相互需求原理基础之上，运用相互需求曲线来确定两国进行贸易的均衡贸易条件，他的几何分析方法使得均衡贸易条件的确立过程更为清晰。

◎本章小结

国际分工具体表现为参加国际分工的国家和地区在世界市场上的交换活动。通过本章学习，要求学生了解当代世界市场的构成与运行，掌握世界市场价格形成的基础和世界价格的主要形式，并对国家之间商品交换比价，即贸易条件决定的代表性理论或观点能够系统地把握。

◎关键术语

世界市场　　世界市场价格　　贸易条件　　马歇尔曲线

穆勒需求法则

◎思考题

1. 结合前面两章的学习，从历史发展的角度分析国际分工、国际贸易、世界市场之间的关系。

2. 世界市场形成的标志是什么？

3. 世界市场价格形成的基础是什么？

4. 什么是贸易条件？它有哪几种主要形式？

5. 穆勒的相互需求法则如何阐释国家之间交换比价的形成？

6. 马歇尔提供曲线与穆勒的相互需求法则之间存在什么关系？

第 4 章 国际服务贸易

《上海证券报》2007 年 1 月 31 日报道：中国正成为美国服务贸易增长的支撑点。报告估计，2005 年，对华服务贸易给美国至少创造了 3.7 万个高薪就业岗位；到 2010 年，平均每个美国家庭将从对华服务贸易出口中获得 500 美元的收益；到 2015 年，对华服务贸易将给美国服务业新增 24 万个高薪就业岗位。

国际贸易包括三大方面：货物贸易、服务贸易和技术贸易。直到 20 世纪 90 年代以前，服务贸易占国际贸易的比重都比较小，所以并未受到足够的重视。自 20 世纪 90 年代以来，随着世界经济全球化的加速发展，国际服务贸易的发展速度也越来越快，其增长速度在某些年份还超过了货物贸易的增长速度。实际上，国际服务贸易在各国国民经济中的比重日益上升，其重要性日益强化，已经成为衡量一国经济现代化的重要标志。但是国际服务贸易壁垒重重，严重地阻碍了国际服务贸易的发展。WTO 的前身“关税与贸易总协定”的乌拉圭回合谈判中所达成的《服务贸易总协定》（GATS）是第一个有关服务贸易的全球性法律协议，为消除国际服务贸易的壁垒、解决服务贸易纠纷设立了比较完整的法律框架。直到今天，GATS 仍旧是各国发展服务贸易共同遵守的准则。

进入 21 世纪以来，我国的服务业的发展也非常迅速。2007 年，我国服务贸易总额为 2 560 亿美元，比上一年增长 33.5%，远远高于同年货物贸易 23.5% 的增速。服务贸易已经成为我国参与国际竞争与合作的重要领域，所以，研究国际服务贸易的基本规则以及我国在加入 WTO 之后在国际贸易中的权利和义务具有非常重要的意义。

4.1 关于服务与服务业的基本知识

在了解服务贸易的概念之前，首先要搞清楚什么是服务以及服务业的界定。

4.1.1 服务与服务业的基本概念与特性

1. 服务的含义

服务这个词在《高级汉语词典》中的解释是“履行职务，为大家做事”，在《美国传统词典》中对“服务（service）”的解释是“被别人雇佣而任职或工作，尤指被政府雇佣”。实际上，“service”这个词源自于拉丁语“servitium”，这个拉丁词的意思是“奴隶身份，奴隶制度”。可见，从词源上来说，服务就意味着为别人提供劳务。

在现实生活中，人们对于服务这个词的运用是非常随意的，如为别人理发是服务，为别人修车是服务，为别人提供餐馆是服务，等等。但是，这些服务都是一些传统的服务项目，以居民服务和社会服务为主，面向最终的消费者。现代服务已经延伸到了生产领域，如运输业、通信业、银行业、保险业等，公共部门的活动也属于服务，这些服务都是更高形态的服务。

从经济学的角度对服务下一个定义，却并不是很容易。亚当·斯密在其著作《国富论》中就注意到了服务的可消失性特征，他还发现，服务是不能储存的，也不能进一步交易，故服务具有“随生随灭”的特性，这正是我们下面要谈到的服务的重要特性。但是他错误地认为服务“不能带来价值，也不能留下任何价值物”，这是不符合现代经济学观点的，所以亚当·斯密对于服务没有作深入的研究。进入新古典经济学时代后，经济学的研究工具从劳动力价值转向了效用，认为货物和服务都是能给人们带来效用的，但是新古典经济学把货物和服务混为一谈，没有对服务进行专门的研究。直到1977年，英国经济学家希尔（T. P. Hill）才提出了经济学界第一个公认的定义“服务是指人或隶属于某经济单位的物在该人或该经济单位实现与其他经济单位进行约定的情况下，因其他经济单位的活动所引起的自身状况的变化①”。这里包含两层含义：其一，服务是一种契约关系；其二，服务必须是对他人的行为。

当今，关于服务，比较容易理解的定义是：“服务是相对于产品的一个经

① T. P. Hill. On Goods and Services. Review of Income and Wealth, Vol. 23, December, 1977: 315-338.

济学概念，是指以提供活劳动形式满足他人某种需要并取得报酬的活动。”① 这里所说的“活劳动”是相对于物化为有形产品的劳动而言的，而服务因为具有生产和消费的同时性，所以是“活”的。“活劳动”正是服务的最大特性。

2. 服务的特性

(1) 无形性

传统商品（货物）都是有形的，而服务与之不同，是无形的。一般说来，服务提供者不能向潜在顾客展示服务样品；而服务的消费者在购买服务之前，一般也无法感知服务的作用和质量。不过，随着电脑和网络技术的发展，很多服务也可以通过电脑做展示，使客户在购买服务之前得到一定的体验。如很多游戏公司在网上发布的 Demo（试用）版，都是免费的，这些免费的 Demo 版游戏其实是服务的展示。

此外，值得注意的是，有些服务虽然本身是无形的，但是它们却有有形的载体。如电脑软件服务、音像服务的有形载体就是光盘。一张正版的刻有好莱坞大片的一张 DVD 的价格大约是人民币 200 多元，而其实一张 DVD 盘片本身的价值只有一两元人民币。为什么刻上了好莱坞大片就值 200 多元？因为消费者买的不是 DVD 光盘本身，而是记录在光盘上的电影，200 多元正是电影的零售价格。

(2) 生产和消费的不可分离性

有形商品的生产、流通和消费一般是在不同时间，不同地点进行的，即具有时空的分离性；与此相反，一般说来，服务的提供者和消费者必须在同一时空才能保证服务的提交和完成，如理发服务、擦皮鞋服务等。

但是这也不是绝对的，进入电脑网络时代之后，很多服务都具有时间上的不完全同步性和空间上的分离性。如网上购物就具有时间上的不完全同步性，而电脑远程教学则具有空间上的分离性。

(3) 不可储存性

储存是指一种商品在生产出来之后，在进入消费领域之前的一种暂时状态。除音像服务和电脑软件服务之外，一般说来，服务没有可以储存的介质，也无法物化为有形的商品，所以服务生产出来之后一般都无法进行储存，需要

① 黄晓玲．中国对外贸易概论．对外经济贸易大学出版社，2003.

立刻被消费。如理发师在给顾客理发时，顾客同时就在享受理发的服务，不可能把这个理发的服务储存起来，以后再用。这就是亚当·斯密所说的“随生随灭”。如果有提供服务的条件，而没有被消费，就既不能给生产者带来利润，也不能给消费者带来效用，会造成服务资源的浪费。如火车上的座位是具备提供服务条件的，但如果是没有人坐的空座位，就没有创造价值或带来效用。

服务的不可储存性并不意味着服务不可被运输传递，如电力供应一般是不可储存的，但是它显然是可以传递的。还要注意的是，有的服务虽然不可储存，但是消费过程会很长，如终生保修的电器，消费者所享受的售后服务是相当长的。

这样看来，服务不可储存不是因为其时间短暂，而是由于服务的过程中包含着很多变化。所以服务的不可储存不是物理性质上的不可能，而是逻辑上的不可能。

(4) 异质性

异质性指相同的服务产品在提供质量上可能存在差异，具有可伸缩性。一般来说，有形的商品，按照同一工序生产出来后，其质量是稳定的，如同一品牌同一型号的汽车、数码相机等，在功能上是完全相同的。但是服务的消费效果的质量感知往往存在着很大的差异，这就是服务的异质性。

服务的异质性是因为服务提供者的素质的不同，如治疗同一种病，高明的医生和庸医所提供的服务就有天壤之别。另一方面，这服务的异质性可能是因为服务的消费者的原因，因为不同的服务消费者对同一服务的满意程度是大不相同的。如在同一家影楼拍摄同一类型的婚纱照，有的新人感觉很满意，而有的新人却觉得大失所望。

4.1.2 服务业的定义与分类

1. 服务业的概念

以往，在国民经济核算的实际工作中一般将服务业视同第三产业。在国民经济行业分类中包括除了农业、工业、建筑业（国民经济行业分类细分为(1) 农业；(2) 采矿业；(3) 制造业；(4) 电力、燃料及水的生产和供应业；(5) 建筑业等五大实物商品生产部门）之外的所有其他十五个产业部门。

一般认为，服务业是生产或提供各种服务的经济部门或各类企业的集合。按照上文对“服务”的定义，服务业可以被定义为提供活劳动并取得相应报酬的产业。“服务业”这一概念由美国经济学家 Clark 在 20 世纪 50 年代提出，他认为服务业的概念应取代经济学家费雪在 20 世纪 30 年代提出的“第三产业”的提法。事实上，近年来，“第三产业”这个词汇用得越来越少，逐渐被“服务业”这个词汇所代替。

2. 第三产业与服务业的辨析

第三产业概念的界定使用剩余法，即无法包含在第一、二产业中的所有经济活动统称为第三产业；服务业的界定则有明确的标准，即提供活劳动并取得相应报酬的产业。三次产业划分思想的出发点是经济体系的供给分类，体现高层次产业单向依赖低层次产业产品的观点；服务业是以经济系统的需求分类为思想基础，强调服务业与其他产业之间的相互依赖关系。

3. 我国对服务业（第三产业）的细分

1985 年 4 月，国家统计局制定了我国三次产业的划分标准，第一次产业：农业，包括农作物种植业、林业、牧业、渔业等。第二次产业：工业和建筑业，包括采掘业、制造业、自来水、电力、蒸汽、热水、煤气等行业。第三次产业：交通运输、商业、文化教育等行业。见表 4-1：

表 4-1　**1994 年《国民经济行业分类》对三次产业的细分**

三次产业分类	《国民经济行业分类》（GB/T 4754-1994）		
类别	门类	大类	类别、名称
第一产业	A		农、林、牧、渔业
第二产业	B		采矿业
	C		制造业
	D		电力、燃气及水的生产和供应业
	E		建筑业
第三产业	F		地质勘查业、水利管理业
	G		交通运输、仓储及邮电通信业
	H		批发和零售贸易、餐饮业
	I		金融、保险业
	J		房地产业

续表

三次产业分类	《国民经济行业分类》（GB/T 4754-1994）		
类别	门类	大类	类别、名称
第三产业	K		社会服务业
	L		卫生、体育和社会福利业
	M		教育、文化艺术及广播电影电视业
	N		科学研究和综合技术服务业
	O		国家机关、政党机关和社会团体
	P		其他行业

到了2002年，新的《国民经济行业分类》对三次产业进行了一定的调整，见表4-2：

表4-2　**2002年《国民经济行业分类》对三次产业的细分**

三次产业分类	《国民经济行业分类》（GB/T 4754-2002）		
类别	门类	大类	类别、名称
第一产业	A		农、林、牧、渔业
第二产业	B		采矿业
	C		制造业
	D		电力、燃气及水的生产和供应业
	E		建筑业
第三产业	F		交通运输、仓储及邮政业
	G		信息传输、计算机服务和软件业
	H		批发和零售业
	I		住宿和餐饮业
	J		金融业
	K		房地产业
	L		租赁和商务服务业
	M		科学研究、技术服务和地质勘查业
	N		水利、环境和公共设施管理业
	O		居民服务和其他服务业

续表

三次产业分类	《国民经济行业分类》（GB/T 4754-2002）		
类别	门类	大类	类别、名称
第三产业	P		教育
	Q		卫生、社会保障和社会福利业
	R		文化、体育和娱乐业
	S		公共管理和社会组织
	T		国际组织

可见，新的国民经济行业分类法中，对交通运输、仓储及邮政业、水利、环境和公共设施管理业、教育等进行了重新划分。

4.2 国际服务贸易含义与分类

4.2.1 国际服务贸易的含义

狭义的国际服务贸易指发生在国家之间的服务输入和输出活动。广义的包括有形的劳动力的输出、输入和无形的提供者与使用者在没有实体接触的情况下的交易活动。

但是，在国内学术界对国际服务贸易（International Service Trade）这个概念的定义纷繁复杂，难以统一。有经济学家认为“一般都将无形贸易划分为要素服务贸易和非要素服务贸易，在无形贸易中扣除要素服务贸易即为通常意义的服务贸易”。① 但这只是对国际服务贸易的解释，并没有直接讲清楚什么是国际服务贸易。杨圣明认为“国际服务贸易是指服务在国家之间的等价交换过程，换言之，服务在国家之间的有偿流动过程”。但这个定义只是服务贸易的现象，没有提示本质。薛荣久认为“国际服务贸易是指国家之间相互提供的作为劳动活动服务的特殊作用价值”。② 这个定义提示了国际服务贸易的本质，即相互提供活劳动。

目前，对于“国际服务贸易”这个概念，被普遍接受的、比较容易理解的是“国际服务贸易是指通过跨境交付（自一成员领土内向任何其他成员领

① 陈宪．国际服务贸易．立信会计出版社，2000.

② 薛荣久．论国际服务贸易．国际贸易问题，1993（8）.

土提供服务)、境外消费、商业存在（商法人或者商人)、自然人流动等形式跨越中华人民共和国国境提供服务的贸易”。这就涉及下面一个问题：国际服务贸易的方式。

4.2.2 国际服务贸易的方式

按《服务贸易总协定》(GATS) 的定义，一般认为国际服务贸易有四种方式：

(1) 跨境提供（Cross-board supply)，也称跨境交付，即在一个成员方境内向任何其他成员方境内提供的服务。如在中国境内向美国人提供的金融、电信、邮递服务等。

(2) 境外消费（Consumption abroad)，即在一个成员方境内向任何来自其他成员方的服务消费者提供的服务。如境外旅游、船舶的境外维修、教育服务等。

(3) 商业存在（Commercial presence)，即一个成员方的服务提供人在任何其他成员方境内以商业到位来为后者境内的消费者提供的服务。所谓“商业到位”指的是设立商业机构或专业机构。商业存在的典型形式是通过设立分支机构或代理机构提供的银行、保险、证券承销、法律咨询等方面服务。

(4) 自然人流动（Movement of natural person)，即一个成员方的服务提供人在任何其他成员方境内以自然人的身份来提供的服务，如教师、运动员、医生、钢琴家在境外提供的服务。

4.2.3 国际服务贸易的分类

1. 以“移动”与否进行划分

按生产者和消费者“移动”与否，可以组合出四种分类，如表 4-3 所示：

表 4-3　按“移动”与否划分的国际服务贸易

		生产者：不移动	生产者：移动
消费者	不移动	1. 跨境贸易 （分离式服务）	2. 要素收益贸易 （消费者定位服务）
	移动	3. 当地贸易 （生产者定位服务）	4. 第三国贸易 （流动的服务）

(1) 跨境贸易

跨境贸易或称分离式服务贸易，特点是服务生产者与消费者在国与国之间不需要移动，不引起人员或资本的移动，而只是借助国内信息手段实现的服务。这种国际服务贸易与 GATS 中的“跨境提供”方式极为类似。

(2) 要素收益贸易

要素收益贸易是一种只有生产者移动而消费者不移动的服务贸易，或称消费者定位服务。生产者为了在消费国进行生产，必须将生产中所需要的生产要素（劳动力、资本等）从生产者所在国移动到消费者所在国。事实上，这种国际服务贸易与 GATS 中的“商业存在”和“自然人移动”方式存在一定的重合。

(3) 当地贸易

当地贸易是指服务的生产者在本国国内为外籍居民和法人提供的服务，由于生产者不移动，故又称生产者定位服务。旅游观光与出国留学是最具代表性的当地贸易。

(4) 第三国贸易

第三国贸易是生产者和消费者共同移动到第三国而提供的服务。例如：美国的执业医生在新加坡为日本患者提供心脏移植手术。第三国服务贸易要求服务的生产者和消费者存在不同程度的资本和劳动力等生产要素的移动。

2. 以服务贸易与商品贸易的关系划分

国际贸易服务按服务贸易与商品贸易的关系划分可以分为追加服务贸易和核心服务贸易两种。

(1) 追加服务贸易

追加服务贸易，指伴随商品贸易而发生的服务贸易，二者相辅相成。国际追加服务贸易实际上是分配服务的国际化延伸，它本身并不向消费者提供直接的、独立的服务效用，而是作为货物核心效用的派生效用。所以，国际追加服务贸易市场的需求和供给都是属于派生的需求和供给。

这类追加服务又可大致分为产前服务、产中服务和售后服务三个阶段。产前服务主要包括产品设计、市场调研、信息收集与可行性研究等；产中服务主要有质量控制与检验、设备维护与保养、财务会计、人事管理、安全卫生等；而售后服务则包括广告宣传、运输、安装调试、维修、退货索赔等。

从国际商品贸易涉及的跨国货物流动看，最主要的国际追加服务项目仍是运输业（海运、空运、陆运）。随着国际贸易、运输方式的发展，国际货运代理已渗透到国际贸易的每一领域，成为国际贸易中不可或缺的重要组成部分。

国际货运代理的基本特点是受委托人的委托或授权，代办各种国际贸易、运输所需服务的业务，并收取一定报酬，或作为独立的经营人完成并组织货运、保管等业务，因而被认为是国际运输的组织者、设计者和国际贸易的桥梁。此外，作为国际运输服务体系的基本要素，原属于生产者服务的保险服务、银行服务及信息服务也日益渗入到国际商品贸易，成为国际追加服务的一个组成部分。

(2) 核心服务贸易

核心服务贸易是指与商品货物的生产与销售无关，是由生产者单独提供、消费者单独购置的服务。在国际服务贸易市场上，这类服务本身是市场需求和市场供给的核心对象。

国际核心服务贸易按供给者与需求者的接触形式分为两种——“远距离型”和“面对面型”。“远距离型”核心服务是指无需提供者和需求者的实际接触而跨国界交易的服务。由于这种服务可以像有形商品那样进行交易而无需人员的移动，因而被视作比较纯粹的国际服务贸易。“远距离型”核心服务得以传递，需通过一定的媒介体：国际通讯，Internet等电信技术。“面对面型”核心服务则需要供给者与需求者的实际接触。这种实际接触方式，可以是供给者流向需求者，或者是需求者流向供给者，也可以是两者之间的双向流动。但无论是哪一种实际接触方式，通常都伴随着人员或生产要素的跨国界流动。

以服务的国内分类为依据，国际核心服务贸易又可以划分为生产者服务贸易和消费者服务贸易，其中前者构成国际核心服务贸易的主体。

消费者服务进入国际贸易领域，在逻辑上是由于国内消费者服务业的供给（生产）能力的增长和国外对该国消费者服务需求的扩大，在实践上则是由于随着科技的发展、社会的进步，世界各国人民的交往日益频繁。各国人民对于外国消费者服务的需求，一方面取决于自己的收入水平，另一方面取决于服务的相对价格。

在科技革命的推动下，富有人力资本、知识资本和技术资本的国家，把经济信息、生产知识、技术诀窍和科学管理作为同他国进行交易的服务项目，涉及市场、交通、能源、金融、投资、通信、建筑、矿业、农业、经营等同生产有关的一切领域，使得生产者服务成为国际核心服务贸易的主体。生产者服务是作为其他商品和服务进一步生产的中间投入，是人力资本、知识资本和技术资本进入生产过程的桥梁。生产者服务贸易的扩大必然会全面提高世界各国的总生产力。生产者服务贸易形式主要有金融服务贸易、企业管理知识与技能服务贸易、国际咨询、国际技术贸易和国际人才交流与培训等。

3. 以涉及的部门（行业）角度划分

（1）国际货币基金组织贸易收支统计中的分类

国际货币基金组织（IMF）按照国际收支统计将服务贸易分为民间服务、投资收益、其他政府服务和收益、不偿还的转移这四大类。

① 民间服务。民间服务又称商业性服务，是指 1977 年国际货币基金组织编制的《国际收支手册》中的货运，其他运输、客运、港口服务等，旅游，其他民间服务和收益。进一步分类如下：

货运：运费、货物保险费及其他费用；

客运：旅客运费及有关费用；

港口服务：船务公司及其雇员在港口的商品和服务的花费及租用费；

旅游：在境外停留不到一年的旅游者对商品和服务的花费（不包括运费）；

劳务收入：本国居民的工资和薪水；

所有权收益：版权和许可证收益；

其他民间服务：通信、广告、非货物保险、经纪人、管理、租赁、出版、维修、商业、职业和技术服务。

一般把劳务收入、所有权收益、其他民间服务统称为其他民间服务和收益。

② 投资收益。指国与国之间因资本的借贷或投资等所产生的利息、股息、利润的汇出或汇回所产生的收入与支出。

③ 其他政府服务和收益。指不列入上述各项的涉及政府的服务和收益。

④ 不偿还的转移。指因属单方面的（或片面的）、无对等的收支，即意味着资金在国际间移动后，并不产生归还或偿还的问题，因而，又称单方面转移，一般指单方面的汇款、年金、赠与等。根据单方面转移的不同接受对象，又分为私人转移与政府转移两大类。政府转移主要指政府间的无偿经济技术或军事援助、战争赔款、外债的自愿减免、政府对国际机构缴纳的行政费用以及赠与等收入与支出。

私人转移主要指以下几类：

汇款：包括侨民汇款、慈善性质汇款、财产继承款等。主要指侨民汇款，如长期在外国居住的侨民汇回本国的款项；居住在本国的外国侨民，从本国汇出的款项等。

年金：指从外国取得或对外国支付的养老金、奖金等。

赠与：指教会、教育基金、慈善团体对国外的赠与，以及政府的无偿援助等。

(2) 服务贸易总协定（GATS）关于服务贸易的分类

GATS 将国际服务贸易归结成四种形式，但是现实生活中的服务门类却纷繁复杂，所以才有上述各种复杂的划分。按照 WTO 组织统计和信息系统局提供的国际服务贸易分类表，将服务贸易的部门分为 12 大类 142 个服务项目，这 12 大类是：

① 商业性服务（包括专业服务、计算机服务、研究与开发服务、不动产服务、设备租赁服务、其他商业服务）；

② 通信服务（包括邮政服务、快件服务、电信服务、视听服务和其他通信服务）；

③ 建筑及有关工程服务；

④ 销售服务；

⑤ 教育服务；

⑥ 环境服务；

⑦ 金融服务（包括保险服务、非保险金融服务和其他金融服务）；

⑧ 健康与社会服务；

⑨ 旅游及相关服务；

⑩ 娱乐、文化与体育服务；

⑪交通运输服务（包括海运、内河航运、空运、空间运输、铁路运输、公路运输、管道运输和其他相关辅助服务）；

⑫ 其他服务。

4.3 国际服务贸易产生与发展

4.3.1 国际服务贸易产生

国际服务贸易发展的历史结构是同国际服务贸易发展的逻辑结构相统一的。换句话说，国际经济关系发展的历史形态是先有商品贸易，后有跨国投资，再有服务贸易的。而国际商品贸易以及国际投资在逻辑上是国际服务贸易形成的前提。

1. 国际商品（货物）贸易

国际成规模的货物贸易是从 15 世纪末欧洲重商主义经济思想形成时期开始的。当时欧洲各国都把拥有贵金属货币（金币和银币）的多寡视作区分富国与穷国的标准，认为除了开采金矿银矿之外，唯一能够增加国内贵金属储备的方法就是发展对外贸易。这样，当时各国在对外贸易中所遵循的原则就是多卖少买，多收入少支出，目的就是形成贸易顺差，从而形成贵金属货币积累。重商主义的观点支配欧洲各国的外贸行为近两个世纪，各国出口商提供到国外市场的货物主要是羊毛、粮食、皮革、香料、锡、铁皮等具有资源优势或成本优势的产品，换回的是黄金和白银。真正具有世界性质的国际货物贸易是伴随着资本主义工业革命开始的。18 世纪中叶至 19 世纪中叶，英国和其他欧洲国家相继发生的工业革命，空前地推动了世界的商品生产发展，国际货物贸易额有了迅速的增长。直到 100 多年以后的今天，国际经贸关系的这一领域始终保持着基础的地位。

2. 国际直接投资

出于对国际市场的争夺和比较利益的推动，在工业革命时期形成了一种新的国际经济关系形式，即跨国投资或国际投资。现代意义的国际投资分为直接投资和间接投资，直接投资形成对投资企业的管理和控制，而间接投资只考虑投资报酬，不涉及管理和控制。早期的直接投资是所谓的反向垂直投资，即制造业投资于矿业或农业，以保障其原材料的供应。在此之后，产业水平相似的国家之间发觉彼此的产品更容易为市场所接受，因此发达资本主义国家的厂商之间开始了平行投资，即在对方国家投资生产同类产品。直到 20 世纪 30 年代，英国一直是世界上最大的海外投资者。1914 年第一次世界大战爆发时，全世界国际直接投资存量约 143 亿美元，其中英国占 45.5%，美国 18.5%，法国 12.2%，德国 10.5%。从当时国际直接投资的区域分布来看，美国和德国大多局限于在周边国家进行生产经营，而英国则在北美、西欧以及澳大利亚和新西兰等相对发达的国家都有投资。第一次世界大战后，英国的对外直接投资开始衰退。相反，由于汽车、电器、化学工业等大规模生产行业的诞生，使得美国的海外投资有所增长。到 1938 年，全球直接投资存量约有 263.5 亿美元，英国所占份额已下降为 39.8%，而美国增长为 27.7%。第二次世界大战以后，美国倚仗其雄厚的经济和科技实力，迅速向海外扩张。在国际投资领域里占据了支配地位。到 1960 年，全球直接投资存量约 660 亿美元，而美国在其中约占一半。然而自80年代以来，欧洲和日本等传统工业化国家，以及一些新兴工业化国家和地区，如亚洲四小龙等，都迅速地加大了对外直接投资的步伐，而美国海外直接投资的速度则有所减缓。所以，从总体上看，美国在世界海外直接投资中的支配地位有所下降。

整个90年代后期国际直接投资都将继续保持规模不断扩大和增长持续提高的趋势。国际直接投资仍将是带动全球经济发展的主要动力之一。据联合国关于世界投资的报告，无论是从相对数看还是从绝对数看，这都显示了国际直接投资在现代国际经济关系中的重要意义。

3. 国际服务贸易

在国际经济学的文献中出现“国际服务贸易”的概念只是最近20多年的事情。有关“无形贸易项目”的观念也只是到了20世纪60年代才开始引起人们重视的。所以，国际服务贸易在国际经贸关系中的地位迅速提升应该说就是最近二三十年的事情。到70年代末80年代初，国际经贸关系中这一迅速崛起的领域才开始真正引起国际工商界和政治家们的高度重视，从而推动学术界对这个新的国际经济领域的问题进行探讨。作为国际经贸关系的新领域，这里我们准备先就国际服务贸易同国际商品贸易和国际直接投资的关系及其在国际经贸关系中的定位做一些说明。

从历史发展的角度看，国际服务贸易的历史起源是从属于国际货物贸易的。越是古老的国际服务贸易项目就越是同国际货物贸易紧密相联。比如国际运输服务就贯穿了整个国际服务贸易的历史，并且直到现在也仍然是国际服务贸易中最主要的项目之一。其他如进出口商品的国际结算、运输机械的跨国维修和保养等，都是古老的直接由于货物贸易而产生的国际服务贸易项目。在逻辑上，这些原始的直接由于货物贸易而产生的国际服务贸易，是现代各类国际服务贸易的历史起点，它们伴随国际货物贸易额的增长而增长。

相对独立于货物贸易的国际服务贸易项目是近几十年来服务贸易额大幅增长的主要领域。这种发展的主要推动力来源于国际投资。这可以从3个方面来考虑：其一，在产业结构的层次上，国际投资带动了各国相关的服务业的发展，从而扩展了国际服务贸易的范围和内容。如由传统的直接投资发展到各种形式的间接投资，必然要求各国的金融服务业有较快和较完善的发展。国际投资的发展还要求信息、咨询、租赁、劳务输出与输入等各种相关的服务项目有高效率的发展。其二，跨国投资加强了各国经济间的依存度，相互对对方服务产业的需求也增加了。其三，国际投资（直接投资和间接投资）所形成的净收益本身构成广义服务的一项内容（资本要素服务）。根据 1986 年各国决定推动服务贸易多边谈判时国际货币基金组织的统计，当年该组织成员国的国际服务贸易额达 4 049 亿特别提款权，相当于当年世界贸易总额的 25%，而资本报酬（各种投资的净收益）约占其中的 11.7%。把国际服务贸易的发展放在货物贸易和国际投资的历史发展背景中来考察，我们能够看到这样一幅清晰的历史发展图卷，即在国际经贸关系发展的历史进程中，最先出现并充分发展的是货物贸易，接着产生和发展起来的是国际直接投资，而国际间接投资和国际服务贸易则是在最近这几十年伴随着新科技革命和世界经济飞跃发展而迅速崛起的，它们代表着世界经贸关系的新趋势。

4.3.2　国际服务贸易的发展

1. 二战后国际服务贸易的发展阶段

（1）作为货物贸易附属地位的服务贸易阶段（20 世纪 70 年代之前）

这一时期，世界各国还未意识到服务贸易作为一个独立实体的存在，在实际经贸活动中，服务贸易基本上是以货物贸易附属的形式进行。如：仓储、运输、保险等服务。因此，当时尽管事实上存在着服务贸易，但它却独立于人们的意识之外，所以对服务贸易缺乏具体的数量统计。

（2）服务贸易快速增长阶段（1970—1994 年）

这一时期，服务贸易从货物贸易附属地位逐渐开始独立出来，并得到快速发展。根据国际货币基金组织统计，从 1970—1980 年间，国际服务贸易年均增长率为 17.8%，与同期货物贸易的增长速度大体持平。80 年代后，服务贸易开始超过货物贸易的增长速度。1980—1990 年间，国际服务贸易年均增长率为 5.02%，而同期货物贸易年均增长率只有 3.69%，这一势头一直持续到 1993 年。

（3）服务贸易在规范中向自由化发展阶段（1994 年以来至今）

1994 年 4 月，规范服务贸易的多边框架体系《服务贸易总协定》（GATS）签署后，服务贸易的发展进入了一个新的历史时期。但服务贸易在高速发展的同时又有一些反复。1994—1995 年，服务贸易的增长速度分别为 8.03% 和 13.76%，比同期货物贸易的增长速度低。但从 1996 年以来，服务贸易和货物贸易几乎处于同步增长并略高于货物贸易的增长速度。

2. 国际服务贸易迅猛发展的原因

当代国际服务贸易迅速发展的根本原因在于世界经济结构发生了历史性的变化。20世纪60年代起步的新科技革命加速了这种历史演变的进程，从而导致世界贸易结构和人们社会生活方式的改变。具体来说，当代国际服务贸易的发展主要有以下几个方面的原因：

第一，世界产业结构的重心向服务业偏移。按照发展经济学的经济增长阶段论的说法，随着国家经济能力的增长，该国的产业结构将依次提升，逐步由农业经济过渡到工业经济，再由工业经济发展到服务经济。20世纪60年代初，主要西方工业化国家都已完成了本国的工业化进程，开始步入后工业化的发展阶段，即国内经济重心向服务业偏移。新科技革命的介入为这种经济结构的转型提供了杠杆，从而加速了这一进程。由各国经济能力增长所带动的产业升级使得世界产业结构发生大规模的调整。在这一过程中所形成的新的世界经济结构不平衡，导致了对国际服务的更大规模的需求。与此相适应，全球服务性产业的贸易总额才有了高速增长的潜力。另外，服务产业的发展也越来越专业化，规模也趋于扩大。规模的扩大和专业化程度的提高提升了服务业的生产率，从而刺激向国外输出，增加了国际市场的服务的供给。服务业高速发展，表现出经济服务化的特点，特别在发达国家，服务业成为国民经济的主导产业部门。宏观上表现为一国服务业产值占GDP的比重以及就业人口占一国总就业人数的比重超过50%，且这两项比重仍在继续增长；从微观上看，经济结构中服务业的投入和成分比重加大，服务业与基础产业和制造业相互渗透。

第二，商品贸易和国际投资增长的带动。同国际货物贸易直接关联的传统服务贸易会随着世界商品贸易的增长和自由化而在规模上扩大并在数量上增加，而国际投资的迅速扩大和形式多样化，同样会使得广义服务贸易项目的投资收益（股息、利息、利润）流量加大。

在战后关贸总协定组织的贸易自由化原则的带动下，世界各国通过双边和多边的国际协调和谈判，逐步形成了有序运行的国际商贸体系，为各国的商品贸易和投资提供了良好的国际市场环境，推动了贸易和投资的迅速增长。战后半个多世纪以来，除了最初的几年各国都处于战后经济恢复状态之外，自20世纪50年代起，国际商品贸易流量就开始不断扩大。在商品贸易高速增长的带动下，同货物进出口直接关联的传统服务贸易项目如国际运输服务（海运、陆运和空运）、国际货物保险、国际结算服务等，都相应地在规模上和数量上成倍地增长。

第三，新科技革命的有力推动。新科技革命，特别是 20 世纪 60 年代以来的信息技术革命，有力地推动了国际服务贸易的迅猛发展。其一，高新技术的发展广泛应用到了服务产业，使许多原先“不可贸易”的服务转化成“可贸易”的服务，从而使国际服务贸易的种类增加，范围扩大，例如一些传统的教育服务、健康服务一向被认为是“不可贸易”的服务，现今可被储存在磁盘或软件中进行买卖。信息技术和通信的发展，促使银行、保险、商品零售等得以在全球范围内开展业务。由于交通条件的改善，工业组织和劳动市场得以改组，为跨国界提供服务带来了机遇。新信息技术使得日益一体化的跨行业公司能够分散其生产基地，刺激服务的专业化生产，并从中享受规模经济效益。其二，科学技术革命加快了劳动力和科技人员的国际流动，因为每一次科技革命必然更进一步推动生产的自动化、机械化，这就促进了专业科技人员和高级管理人才向其他国家流动，使国际服务贸易的流量扩大。其三，随着科技的进步，发达国家的产业结构逐渐向电子、航天技术及生物工程等高科技产业转移，把劳动密集型产业转移到新兴工业化国家和地区，再转移到我国内地、马来西亚、印度尼西亚等国，使这些国家和地区能够利用本地区丰富廉价的劳动力资源，赚取外汇服务收入，形成大规模的境内服务输出。所以，科技革命带来了国际服务贸易变革性的发展。

第四，社会生活国际化的促进。由于战后持久的和平和经济的发展，世界各国人民的生活水平和收入水平都有大幅度的提高，冷战后意识形态的对立也有所缓和，加之交通、通信工具的便利，使得现代人的社会生活越来越国际化了。出国旅游、接受教育以及聘请专门人才，即使对于发展中国家的民众来说也不是可望而不可即的了。在过去的 40 年间，旅游业成为国际上发展得最快的行业之一，许多发展中国家也通过发展旅游业而赚取大量的外汇收入。当然，社会生活国际化最大的赢家还是西方国家。随着各国经济的进一步发展，同社会生活国际化相关的服务贸易将会有更长足的发展。

3. “二战”后国际服务贸易发展的主要特点

(1) 国际服务贸易发展迅速

20 世纪 70 年代以来，国际服务贸易发展迅速，规模不断扩大，这种迅速发展的趋势一直延续至今。据世界贸易组织统计，1970 年世界服务贸易额 640 亿美元，1980 年达到 3 830 亿美元，增长了 5 倍；1990 年 8 490 亿美元，翻了一番多；1992 年首次突破万亿美元；2000 年达到 14 354 亿美元；2004 年达到 2.1 万亿美元。服务贸易在整个国际贸易中所占比重，在 70 年代和 80 年代约占五分之一，进入90年代后则增至四分之一。在今后20~30年间，服务贸易在整个国际贸易中的比重大约每年提高一个百分点，预计到21世纪30年代，服务贸易的比重将与货物贸易的比重大体相当，甚至超过货物贸易的比重，成为国际贸易的主要对象和主要内容。这是当代国际服务贸易发展的首要特征。

(2) 服务贸易地区发展不平衡

国际服务贸易的格局随着经济，科技的发展不断变化。世界经济的不平衡性决定了服务贸易的不平衡性，美国是当今世界最大的服务贸易国。从单个国家来看，自1981年起，美国的服务贸易出口取代法国跃居世界首位，并一直保持至今。2002年，美国服务贸易出口额达2 726亿美元，占世界服务贸易出口总额的17.4%，服务贸易进口额为2 056亿美元，占世界服务贸易进口总额的13.3%。

按国家类型来看，服务贸易大国都是发达国家，出口前10位的几乎都是发达国家（2004年中国服务贸易额为1 286亿美元，居世界第9位）。从1997—2003年世界各地区服务贸易出口在世界服务贸易出口的比重可以看出，西欧占据了世界服务贸易的一半左右，是世界服务贸易出口的主体，且其比重呈不断上升的趋势，从1997年占世界服务贸易出口比重的45.6%，上升到2003年占世界服务贸易总额的51%。而世界其他地区除非洲出现了小额增长外，北美、拉美均出现了下降趋势。

(3) 国际服务贸易的结构发生重大变化

国际服务贸易结构由劳动密集型服务日益向资本、信息、技术密集型服务倾斜，服务业内部也存在产业结构升级的现象。由于技术进步而产生的新型国际服务贸易的发展远快于传统形式的服务贸易项目。通信、广告、设计、咨询、技术信息等新型服务贸易的发展速度远远超过旅游、运输等传统型服务贸易。特别是信息技术，网络等新兴产业的出现，更大大促进了新型服务贸易的发展。2004年，通信服务、建筑服务、保险服务、金融服务、计算机和信息服务以及特许权使用和许可专业服务等现代服务贸易约占到整个服务贸易的一半。

(4) 发达国家生产性服务贸易增长较快，发展中国家劳务贸易发展较快

如发达国家的金融服务、通信、知识产权贸易等发展迅速，而发展中国家建筑工程承包、劳务输出发展迅速。在发达国家，生产性服务业在整个服务业的比重要超过60%，其发展速度也明显快于消费性服务业，特别是金融、保险、物流、运输、信息、商务服务发展最快，1980—2004年，全球服务贸易规模从3 600亿美元扩大到21 000亿美元，增长了近5倍，增长的主要是生产性服务业。

4.3.3 我国服务业的发展现状

改革开放以来，我国的服务业得到较快的发展。20 世纪 80 年代，服务业每年以 10.9% 的平均速度增长，超过同期国民生产总值年平均 8.9% 的增长速度。90 年代以来，我国的服务业有了更加快速的增长，目前我国服务业的增加价值已超过国民生产总值比重的 30%，接近发展中国家的平均水平。不过，从总体水平上看，我国服务业产值所占 GNP 的比重仍是相当低的。当今世界上的高收入国家服务业产值占 GNP 的比重和总就业人数的比重一般都在 65% 以上，中等收入的国家也占 50% 左右，而我国仅接近于一般低收入国家的平均水平。

当然，目前我国服务业的统计无论是在范围上，还是在指标体系上，都很不健全，存在着许多遗漏的情况，有一部分企业内部服务不能计入统计，因此统计数字可能低于实际情况。但不可否认的是，我国的服务业由于长期受计划经济体制的抑制，在生产和发育的各个方面都是相当不完善、相当落后的，是一个在社会主义市场经济体制下应当重点发展的产业。尽管我国服务业的发展起步较晚，但由于最近 10 多年来的加速发展，在行业结构和所有制结构上也呈现出了多样性的产业群体。

从总体上看，我国服务业的发展不仅总体水平较低，而且其行业结构也属于明显的低发展阶段结构，其基本特征是，劳动密集型服务业企业居主导地位，技术和知识密集型服务业企业所占比重较低，以至于人们习惯于把服务业就业视作解决企业富余人员的渠道，其实这是我国服务业行业水平低给人们造成的误解。尽管如此，我国服务业在某些部门也具有一定的优势，如在航运、卫星发射服务、工程建设服务等部门都有着相当的优势和发展潜力。如何在国际服务贸易这一新兴领域充分利用我国的现有优势，是我国政府和学术界应当认真研究的问题。

1. 我国加快发展服务业具有重大战略意义

服务产业加快发展是生产力提高和社会进步的必然结果。在我国，经济发展从国内转向国际、从计划经济过渡到市场经济的过程中，为弥补服务产业过去发展的不足，改善国内的产业结构，推动以出口为导向的外向型经济，加速发展服务业，提高服务业的总体水平有着重要的战略意义。这主要表现在：

第一，加快发展服务业，可以促进市场充分发育，提高服务的社会化、专业化水平，增强社会保障能力，有利于劳动、工资、价格、企业经营机制和流通体制等一系列改革顺利实施，有利于经济进一步国际化，更多地吸引外资，有利于精简机构，提高效率，逐步改变机关、企业和事业单位办社会的状况，为改革开放在更广阔的领域向纵深发展创造更好的条件。

第二，我国工业经济效益差，农业市场化率低，流通不畅，财政收支困难，严重地制约了国民经济的进一步发展。产生这些问题的一个重要原因是经济的产业结构不合理。经济结构的不合理主要表现在服务业不适应第一和第二产业发展的需要，投入少。见效快、社会效益好，加快发展服务业，既可以调整三次产业的比例关系、优化国民经济结构，又是缓解经济生活中深层次矛盾和促进经济更快发展的一个有效途径。

第三，我国每年都将有大批新成长的劳动力和从第一产业、第二产业转移出来的劳动力需要安置，服务业在吸纳劳动力就业方面具有很大的潜力，如行业多、门类广、劳动密集、技术密集、知识密集的行业并存，能够吸收大量的和不同层次的各类人员，特别是可以容纳大量的科技、专业人才。加快发展服务业是缓解我国日益严峻的就业压力的主要途径。

第四，随着经济的发展和收入的提高，人民群众不仅在衣、食、住、行、通信、卫生和生活环境等物质生活的各个方面提出了更多、更高的要求，而且在文化娱乐、广播电视、图书出版、体育保健、旅游休闲等精神生活方面也提出了更多、更高的要求。只有加快发展服务业，才能适应人民群众日益增长的物质和文化生活的需要，以促进社会主义物质文明和精神文明的建设。

第五，服务业的全球市场正在迅速发展，而且变得越来越复杂了。除了服务与商品之间的传统区别外，服务业之间的区别也越分越细，尤其在发达国家和地区更是如此。计算机、信息、电报电传和电子邮递等业务同传统电信服务的界限变得日益模糊。服务业的这种向高新技术水平发展的趋势，既给我国服务业的发展带来了挑战，同时也带来了机遇。加入国际贸易组织是我国既定的经济国际化目标，在国际服务贸易总协定的原则下同他国实现平等互利的服务贸易往来是我国的基本国策。我们愿意承担相应的国际义务，同时也应享受协定所赋予的经贸权利。这显然意味着对于我国服务业的发展战略的设想，应该放在国际产业竞争的总体环境下进行思考。

2. 我国服务业应积极参加国际服务贸易

20 世纪 90 年代以来，世界经济格局的演变，为我国实行改革开放、利用多边贸易体制来促进我国的经济发展提供了良好的机遇。从世界各国经济发展的历史经验来看，经济国际化是一个国家或地区步人经济现代化的重要标志，也是一个国家或地区实现经济现代化发展的必经阶段。由于服务贸易是国际经贸关系中最有发展潜力的新领域，服务业在世界经济和贸易中发挥着越来越重要的作用，因此，积极参与世界服务贸易对于促进我国经济的国际化有着十分重要的意义。

一般来说，服务性产业有两个重要的特点：（1）市场需求有广泛的世界性，产业发展在满足国内市场需求的同时也满足国际市场的需求，换句话说，国内市场和国际市场往往是合二为一的，像旅游业、金融服务业、保险业、咨询服务业等服务产业的市场属性本身就是国际化的；（2）服务性产业的国际竞争比较优势主要是技术、知识和管理，而不是传统意义上的生产成本，这就是说，服务性产业是知识密集型的高新技术产业。这种知识密集型的产业在目前经济国际化的进程中受到的制约少，可以为发达国家和发展中国家同时接受。正是由于服务性产业的这两个特殊的经济属性，世界上经济发展比较高的国家和地区，在把第一产业、第二产业不断向外转移的背景下，却大力提升自己的服务性产业的经济比重和质量水平，以期在国际产业竞争中保持竞争优势。由于长期受计划经济思想的影响，我国经济理论界和实际的经济部门普遍对服务业存在着一些认识上的偏差，不能认识到服务业的高度发展同经济国际化之间的关系，仅仅满足于抓第一产业、第二产业的外向型经济，而不能够从世界经济结构和贸易结构演变的高度透视我国服务业高质量、高水平的加速发展，积极参与国际服务贸易竞争对于提高我国经济总体发展水平的重要战略意义。

从总体上看，我国的服务业比较落后，但某些部门在国际上也占有一定的优势，如在航运、卫星发射服务、工程建设和劳务输出等部门就有相当的优势和发展潜力。改革开放以来的对外经贸实践证明，有条件地开放我国的市场，可以为我们提供一个吸收国外技术、资金和管理经验的机会。服务业的对外开放，参与国际竞争，必将对我国经济和人民的生活产生巨大的、具有深远意义的影响。同时，要参与国际服务贸易竞争，享受各种贸易优惠和保障，就必须承担相应的义务。因此，应根据我国的具体情况，选择部分有国际竞争力的服务业市场对外开放。自参加“乌拉圭回合”的《服务贸易总协定》的谈判以来，我国根据现行的政策法规，就航运、专业服务、银行业、广告、旅游、近海石油勘探等6个服务部门的逐步开放作出了承诺，目的是引进外部竞争的压力，促进我国服务业的发展和竞争力的提高，以便最终确定我国的服务业在全球服务贸易中的国际地位和份额。

2008年4月17日，世界贸易组织（WTO）发表的《贸易快讯》依据初步统计数据综述了2007年世界经济与世界贸易的发展情况，并对2008年的形势进行了展望。

WTO 的初步估计数据显示，2007 年世界经济实际增长率由上年的 3.7% 放缓至 3.4%，同期全球贸易增长明显减速，世界货物贸易量增长率为 5.5%，低于 2006 年 8.5% 的较高水平。若按名义价格计算，2007 年世界货物贸易额增长 15%，比上年低 1 个百分点，出口总额达到 13.57 万亿美元；世界服务贸易额增长 18%，比上年高 6 个百分点，出口总额达到 3.26 万亿美元。在 2000—2007 年间，世界货物贸易与服务贸易出口额保持同步增长，年均增长率都为 12%（见表 4-4）。

表 4-4　**2000—2007 年世界货物贸易和服务贸易的增长情况**

	贸易额（10 亿美元）	年增长率（%）			
	2007 年	2000—2007 年	2005 年	2006 年	2007 年
货物贸易	13 570	12	14	16	15
服务贸易	3 260	12	12	12	18

资料来源：WTO 秘书处。

2007 年，世界服务贸易额增长明显快于上年增幅，并且超过了货物贸易额的增速。而在过去的 4 年，世界服务贸易出口增速一直低于货物贸易。无论是服务贸易的三大类别，还是在世界的主要地区，2007 年的服务贸易出口均呈现明显加速的态势。这种情况的产生在很大程度上是由于汇率的变化以及运输燃油成本的提高。其中，美元汇率的变化起到了更大的作用，其对服务贸易的影响要大于货物贸易，因为欧洲地区在世界服务贸易中所占份额远大于货物贸易，而在 2007 年欧元对美元汇率明显升高。

在服务贸易中，运输、旅游和其他商业服务（主要包括通信服务、建筑服务、保险、金融、计算机和信息服务、专有权利使用和特许、咨询、会计、法律、广告及文体娱乐服务等）是最重要的三大类别。其中，其他商业服务是世界服务贸易中贸易额最大、增长最快的类别，它在过去 7 年中持续快速增长，目前已占世界服务贸易出口总额的一半以上。2007 年，其他商业服务增长 19%，依然快于运输和旅游，贸易额为 1.65 万亿美元。较高的燃油成本造成以美元计价的运输服务在 2007 年实现了 18% 的高增长，旅游服务出口增长率为 14%。在 2000—2007 年间，其他商业服务年均增长率达到 14%，运输服务年均增长率为 11%，并且高于旅游服务年均 9% 的增幅。运输服务增长高于旅游服务，主要是由近年来世界货物贸易增长和运输成本大幅提升共同作用的结果，而增长速度的差异导致世界服务贸易总体结构发生变动。2007 年，运输、旅游和其他商业服务三大类别占世界服务出口总额的比重分别为 22.8%、26.5% 和 50.7%（见表 4-5，表 4-6）。

表 4-5 **2000—2007 年世界服务贸易（分类别）的增长情况**

	贸易额（10 亿美元）	年增长率（%）			
	2007 年	2000—2007 年	2005 年	2006 年	2007 年
服务贸易	3 260	12	12	12	18
运输	742	11	13	9	18
旅游	862	9	7	9	14
其他商业服务	1 653	14	14	15	19

资料来源：WTO 秘书处。

表 4-6 **2000—2007 年世界主要地区服务贸易进出口情况**

单位：10 亿美元

	出口额	出口年均增长率（%）				进口额	进口年均增长率（%）			
		2000—2007	2005	2006	2007		2000～2007	2005	2006	2007
世界	3 260	12	12	12	18	3 060	11	11	11	16
北美洲	533	7	11	9	13	440	7	9	9	9
中南美洲	91	10	20	13	16	97	8	22	15	18
欧洲	1 662	13	10	10	19	1 434	12	9	9	17
独联体	64	20	22	23	25	90	21	18	17	29
非洲	84	15	13	19	21	97	15	21	14	19
中东	79	13	17	16	15	125	14	20	19	17
亚洲	745	13	15	17	19	778	11	12	14	17

资料来源：WTO 秘书处。

由于世界各国经济和服务业发展严重不平衡，各国对外服务贸易水平及在

模式。在这种情况下，实践中区分服务业直接投资与服务贸易的标准主要是直接投资利润收入来源于外国股权所带来的收益（与服务贸易的不同在于，服务贸易仅与接受服务者支付的销售额、佣金、使用费有关①）。按这一标准，可以将许可证和管理合同等服务业广泛使用的投资方式包括在直接投资的范围内。因为这类方式虽然不涉及控股权，也没有实施交易内部化，但由于其收入是以国外被许可方或管理合同买主利润收入的百分比计算的，所以应算作服务业直接投资。

服务领域国际直接投资的发展与国际服务贸易的发展趋势是相一致的。20世纪70年代初，服务业只占世界对外直接投资总量的1/4，这之前，国际直接投资主要集中在原材料、其他初级产品以及以资源为基础的制造业领域。80年代以后，服务业的跨国直接投资不断升温，跨国投资逐渐成为服务业国际竞争的一种主要形式，在全球跨国投资总额中所占份额日益增多。发展中国家由于经济发展阶段的局限，服务产业的对外开放和国际化过程明显慢于发达国家。进入20世纪90年代以后，服务领域的国际直接投资在全球直接投资总额中一直呈占据半壁江山以上的格局。

在服务业跨国投资的发展中，一个突出特点就是跨国并购的大发展，成为直接投资的主要形式。尤其是20世纪90年代以来，贸易和投资自由化和经济全球化的发展，促使全球经济结构调整和竞争加剧，也促进着全球服务市场的整合和服务业跨国公司之间的并购和重组，跨国并购浪潮一浪高过一浪。

(2) 服务业跨国投资发展对世界经济的影响

服务产业跨国投资的发展对世界经济产生着多重效应，主要表现在：

第一，对全球服务产业的发展起着重要的促进作用。这主要从3个方面表现出来：一是促进全球服务产业的资源优化配置与重组，从而扩大各国服务产业发展的市场空间，各国服务企业可以在规模经营和国际化经营的基础上，增加服务产品的生产和供给。二是加剧各国服务业竞争，竞争直接带来产业效率的提高，促进服务企业的生产和交易成本下降以及消费者福利的增进，同时也促进着服务方式创新、服务质量的提高。航空运输和某些电信服务的价格大幅度下降就是全球服务市场竞争加剧的直接成果。三是有利于新技术、新产品、新的管理方法在全球的扩散。

第二，加剧了全球服务业的市场整合与企业重组，在相当多的领域，大型服务跨国公司的垄断地位越来越强，呈现出寡头结盟垄断的局面。从行业分析

① 卢进勇．国际服务贸易与跨国公司．对外经济贸易大学出版社，2002：131.

看，金融与信息业的市场与企业整合尤为激烈。通过跨国投资与兼并，大型或超大型金融垄断企业不断在竞争中产生，金融企业的国际竞争力出现此消彼长的格局。在电信、传媒业的并购中，近年来最著名的是，2000 年美国在线收购时代—华纳，成为美国历史上乃至世界上最大的一宗兼并案。两家公司合并之后，成为一家集电视、电影、杂志和因特网为一体的超级媒体公司，它将时代—华纳旗下的世界级大众传播、娱乐、新闻及先进的宽带传输系统与美国在线的互联网产业及基础设施（包括商标、网上社区、电子商务）紧密结合在一起，在行业内形成强大的竞争优势。服务领域跨国投资与并购的发展，使服务跨国公司得到快速发展。在美国《财富》杂志每年一度的“全球 500 强”评比中，服务业公司在绝对数量和相对比重上都有了较大的增长，其所占比重超过了工业、农业跨国公司份额的总和。

第三，服务产业国际投资成为推动经济全球化发展的重要力量。从经济全球化发展的历史来看，服务产业的国际化或全球化的发展晚于农业与工业的全球化发展进程，20 世纪 80 年代以来国际服务贸易与服务业国际投资增长，意味国际资本在农业、工业和服务业 3 个产业领域向国际市场全面渗透。服务业的跨国投资发展，不仅是经济全球化的主要内容，而且成了促进全球化的重要条件。通过服务业的国际投资，在全球范围形成一个更大的服务交易网络，这有助于跨国公司内部分工和专业化的进一步发展，以提高他们的竞争力。例如，全球化中国际竞争的加剧，使制造业需要更为廉价而又可靠的联结全球的通信和运输网络以维持出口业绩；同时，由于更短的产品生命周期和“及时”生产的采用，国外厂商购买产品对时间的要求日益紧迫，只有高效率的通信与运输系统才能满足这种要求。服务业的国际化经营，促进了发达国家跨国公司在更大范围、更多层面上的扩张，带给更多的企业（尤其是中小企业）进入国际市场的机会。以电信、运输和金融服务业为代表的现代服务技术的进步，已卓有成效地降低了国际服务链的相对成本，跨国生产所需的最小规模变得越来越小，使得不同生产规模的厂商都可以利用国际服务链进行高效分散的生产，更多的企业参与跨国化的生产经营活动。全球跨国公司数量的快速增长，就是一个明证。

第四，进一步调整着发达国家与发展中国家在国际分工中的利益分配。服务业国际化经营促进了国际分工的深化，在发达国家与发展中国家之间，首先是强化了它们的垂直分工，即发达国家高新技术制造业和知识技术密集型服务业与发展中国家劳动密集型制造业和服务业的分工；同时，正在强化它们之间一种新的分工形式——加工工序与生产服务的分工。这使发展中国家在整个国际分工中处于更加不利的地位，将导致世界财富向服务业竞争力强的发达国家进一步积聚。在发达国家与发展中国家生产服务与加工工序的分工中，发展中国家充当的是发达国家的生产加工基地，影响产品价值链的诸多重要的生产服务环节，如产品设计、新产品、新工艺开发和海外市场的拓展、原材料的采购供应、资金的筹集调度和财务控制等高附加价值的业务，都由发达国家掌握。这种分工，虽然能够为发展中国家带来就业、产出增加等效应，但在总体利益分配上，发展中国家只能分配到极少的一部分产品加工所得。而且作为发达国家制成品的生产加工基地，发展中国家还要付出环境恶化的代价。在国内服务市场开放中，发展中国家虽然可以通过引进外资、外国先进技术促进服务业发展，但由于国内服务企业与跨国公司竞争力相差悬殊，本国服务企业的成长空间会受到严重挤压。同时，由于金融、通信、信息、数据处理等服务部门涉及国家主权、机密和安全，国家经济安全也会受到威胁。1997 年亚洲金融危机的发生，充分表明了金融开放与金融风险的关联性。特别是信息技术和互联网的发展，使全球置身于一个全球性的统一网络中，也在不断加大着发展中国家经济所面临的外来风险。需要正视的是，由市场开放所引发的外来风险的袭击，是目前发展中国家自身的管理与调控能力所难以控制的。

4.4 国际服务贸易壁垒与自由化

4.4.1 国际服务贸易壁垒的含义

贸易壁垒（Trade Barrier）又称贸易障碍。对国与国间商品劳务交换所设置的人为限制，主要是指一国对外国商品劳务进口所实行的各种限制措施。一般分关税壁垒和非关税壁垒两类。就广义而言，只要是正常贸易受到阻碍，市场竞争机制作用受到干扰的各种人为措施，均属贸易壁垒的范畴。如进口税或起同等作用的其他捐税；商品流通的各种数量限制；在生产者之间、购买者之间或使用者之间实行的各种歧视措施或做法（特别是关于价格或交易条件和运费方面）；国家给予的各种补贴或强加的各种特殊负担以及为划分市场范围或谋取额外利润而实行的各种限制性做法等。关税及贸易总协定所推行的关税自由化、商品贸易自由化与劳务贸易壁垒，尽管在关税方面取得较大进展，在其他方面却收效甚微。某种形式的贸易壁垒削弱了，其他形式的贸易壁垒却加强了，各种新的贸易壁垒反而层出不穷。

4.4.2　国际服务贸易壁垒的种类

1. 开业权壁垒

这方面的壁垒同服务业的市场准入原则有联系，即是否允许外国服务提供者以商业存在的形式进入本国服务市场。目前对服务提供者的开业权壁垒主要有以下几种形式：不允许外国服务提供者在特定服务领域设立经营机构；限制外国服务提供者在本国设立的企业形态；限制外国服务提供者在企业中的股份、权益和投票权；对外国公司的活动进行限制，等等。如禁止外国服务提供商进入某些行业或者地区设立机构或者提供服务，或者对某些行业实行政府垄断，或者禁止外国服务人员进入本国从事职业服务工作等。可见，开业权方面的壁垒是开展国际服务贸易的最大阻碍。

2. 人员流动壁垒

人员流动壁垒主要是通过各种措施对外国劳动力进入本国工作或就业进行限制。例如：对国内企业雇佣外籍人员规定苛刻的条件和标准；对国外劳务人员和移民的签证进行严格的控制；对国外颁发的学历证书、学位证书、技术资格证书、执业许可证书等不予承认；对国外服务提供者在本国的工作期限、报酬等进行各种限制。

3. 资本流动壁垒

资本流动壁垒指的是服务进口国通过外汇和投资管制等措施对外国服务提供者进行限制。例如：通过外汇管制，限制外国服务提供者在本国所设企业的收入来源、外汇的兑换和汇出；通过汇率，增加经营者的经营成本，或者削弱消费者的购买力，使外国服务成本不再具备竞争性，等等。

4. 服务产品移动壁垒

服务进口国为外国服务产品进入本国设置重重障碍，规定服务进口的最高限度，或当外国供应者提供的服务超过此限度时，进口国完全阻止外国服务产品进入本国市场。例如，有的国家规定刊登的广告必须在本国境内制作和拍摄；有的国家规定禁止在本国应用国外处理的数据；有的国家还限制外国数据通信的进口等。这些都会影响服务产品的移动和消费者的购买。

5. 与服务贸易相关的货流转壁垒

虽然一般的服务都是无形的，但是有很多服务要借助一定的有形物体（即货物）来完成和体现，于是有些国家通过对这些货物流转进行限制，从而达到对外国服务销售设置障碍的目的。例如，如果某国限制外国原版电影光盘进口到国内，则可以削弱外国电影在国内的销售量和影响力。

4.4.3 国际服务贸易壁垒的特征

有别于有形的货物贸易，服务贸易标的的无形性、不可储存性、生产与消费的同步性等特点，决定了服务贸易壁垒主要有以下几方面特点：(1) 以国内立法或政策为主的非关税形式施行；(2) 较多对“人”（自然人、法人及其他经济组织）的资格与活动进行限制；(3) 由国内各个不同部门掌握制定、庞杂繁复，缺乏统一协调；(4) 灵活隐蔽，选择性强，保护力强；(5) 除了保护商业贸易的利益外，还强调以国家的安全与主权利益等作为政策目标。

目前涉及国际服务贸易壁垒的政策措施可分为两类：一是直接为限制国外企业进入国内服务领域而颁布的政策与法规。如限制国外银行在国内的业务范围、经营品种等。另一种是为了国内其他政治、经济目标而颁布的政策与法规，这些政策与法规在实施过程中，间接地限制了国际服务贸易。如严格的出入境管理规定等。

4.4.4 发达国家和发展中国家服务贸易政策取向

众所周知，获得低成本优势和寻求产品差异性是提高服务贸易竞争力的基础，而服务资源、服务技术、服务管理、服务市场、服务资本与服务产品等六要素是构成这一竞争力基础的基石。因此，不同发展程度的国家由于竞争优势不同，开放服务贸易对国家利益的影响将有很大的差别，对服务贸易所采取的政策取向也有很大区别。

1. 发达国家服务贸易政策取向

自20世纪60年代，世界经济结构的重心开始转向以服务业为主以来，发达国家占领先机服务贸易发展迅猛。目前，在国际服务市场上，欧美等发达国家已成为国际服务贸易的主体，占有绝对的优势。以2004年为例，世界十大服务贸易国中，美、英、德、法、日雄踞榜首，其中仅美国即占有全球约30%贸易份额。

而且以美国为首的发达国家的贸易结构不断走向高级化。在国际服务贸易增长最快、最具有增值空间的生产性服务领域，如电信服务、保险服务、金融服务、计算机和信息服务以及特许权使用和许可、专业服务等现代服务领域，其服务贸易额，已占据全球服务进出口总额的75%以上，由此在高新服务贸易领域掌握了绝对主导的地位。凭此优势，近年来发达国家尤其是美国，积极主张服务贸易自由化，其国内的服务贸易壁垒也呈现逐步降低的趋势，但其主要目的是为了扫清各国存在于服务贸易的壁垒，便于其打开世界服务市场。

因此，目前发达国家的服务贸易自由化政策“因国而异”，对发展中国家开放本国服务市场的条件是以服务换商品，即发展中国家以开放本国服务市场为交换条件，要求发达国家开放其商品市场。近期欧美与中国在纺织品等货物贸易摩擦与争端的不断升级，有关专家即认为这是发达国家试图通过挤压中国货物贸易市场空间，迫使中国加速开放金融等服务贸易领域市场。而对同等的发达国家与地区，则是互相开放本国服务市场，实现“服务贸易补偿论”。此外，出口管制则是发达国家服务贸易保护最常用的手段。发达国家为其自身利益，常以维护国家安全和竞争优势为借口，对部分尤其是具有“创新的独特能力”的服务出口采取严格的管制政策。对此，发展中国家必须提高警惕，并恰当地采取应对措施。

2. 发展中国家服务贸易的政策取向

近年来，大多数发展中国家在资源、劳动密集型服务贸易领域中发展较快，具有一定的优势，但在资本、技术密集型的现代服务行业中，与发达国家相比明显滞后，一般不具有竞争优势。从服务贸易结构上看，发展中国家主要在普通劳动力输出、建筑工程承包及部分旅游服务业等领域占有较大的优势，如马来西亚、泰国等国的国际航运方面较有优势，旅游收入也有较大的增长；一些技术、经济实力较强的发展中国家也开始发展技术层次较高的服务贸易，如印度、印度尼西亚、菲律宾、墨西哥等国正着力推进通信业、信息业的建设，泰国正努力将曼谷变为区域性金融中心等。然而，与欧美等发达国家相比，大部分发展中国家和地区服务业尚不发达，服务贸易规模仍较小。更为严重的是，对于维护国家经济与文化安全、提高国家经济竞争力发挥决定作用的现代服务项目，大部分发展中国家和地区不具有竞争优势。

因此，对广大发展中国家而言，由于其拥有国际服务贸易竞争优势普遍较弱，尽管它们迫切需要进口大量包含先进技术信息的现代服务，但出于保护国家主权、利益与国家经济安全等的考虑，大部分国家一般均实行分层次、渐进型自由化的服务贸易政策。即对不具备竞争优势的服务行业进行保护，对外国服务业进入做出各种限制性规定；但另一方面，在经济全球化促进下，为了引进外资和先进的服务，许多国家不仅开放某些服务项目，还常常实施多种优惠政策，鼓励外国先进服务业的进入。

从总体上看，由于国际服务贸易不同于货物贸易的特殊性，以及服务贸易对一国的经济安全和社会稳定影响，所以服务贸易的自由化程度受到了多种因素的影响，以国内立法、各种非关税壁垒的形式出现的贸易保护主义将愈来愈成为服务贸易政策的主流。虽然目前在多边贸易体制的推动下，服务贸易壁垒有逐步降低趋势：一方面各贸易参与国为顺应这一趋势不断调整国内经济政策，积极推动服务贸易的自由化，部分发达国家还率先削减本国服务贸易壁垒。如美国，在具有竞争优势的电信领域已允许100%的外国股权；一些新兴的工业化国家和地区也在具有竞争优势的领域，如新加坡的航空运输业、韩国的建筑承包业、泰国的国际旅游业等降低壁垒，以引进一定数量的外国服务和服务提供者，为其新兴服务业发展提供必要的资金和技术支持。但另一方面，国际服务贸易的保护在某些方面却存在着变相提高的隐忧。即各国纷纷从本国利益出发，对本国处于劣势的服务部门，通过国内立法或非关税壁垒的形式，对国际服务贸易设置障碍。

因此，在目前还没有一个国家愿意完全开放本国服务市场，也没有一个国家倾向于执行严格的服务进口替代政策，服务贸易自由主义与保护主义政策将交替、混合在各国的法律法规等形式规定中。

4.4.5 国际服务贸易自由化

国际服务贸易自由化是指一国政府在对外贸易中，通过国内立法和国际协议，逐渐减少政府对服务以及与服务有关的人员、资本、货物、信息等在国家间的流动的行政干预，放松对外贸易管制的过程，其目的是实现资源的合理、优化配置和获取最佳的经济效益，是政府对服务贸易逐步放松管制的一种状态。

1. 服务贸易自由化的可能性

国际服务贸易总的趋势是从封闭化、壁垒化走向自由化，因为自由的、不受贸易壁垒制约的服务贸易有着难以抗拒的好处，主要表现在以下几个方面：

在世界范围内配置资源，从中获得比较收益（或价值增值）；

从市场上增加的服务种类和质量获益（使用价值）；

刺激服务提供者通过改良技术和创新保持竞争力；

来自服务贸易价格下降的收益；

来自规模生产导致成本降低的收益。

不可否认，目前各国多多少少都设置了服务贸易的壁垒，但是自由的服务贸易是具有可能性的，这是因为：

(1) 很多服务产品本身就具有国际性，如电信、旅游、海运、空运。相关的信息服务业具有国际性，如跨国旅行信息、旅店预约等。原来仅仅在国内提供的服务，随着国际依赖的增强和通信手段的改进，跨国服务需求也大幅增加，如教育、管理、会计、律师、翻译等。

(2) 更多的国际标准和规则通过双边和多边谈判制定了出来，为进行跨国服务贸易提供了游戏规则和平台。

(3) 在服务贸易方面过多的限制会在货物贸易上陷入被动。一些国家在货物贸易方面经常处于逆差状态，如美国、英国、法国等，它们希望别国开放服务贸易领域。服务贸易有逆差的国家，如日本、德国，也希望更多地涉足服务贸易领域。

2. 服务贸易自由化

(1) 服务贸易自由化的确定

按照《服务贸易总协定》(GATS) 对服务贸易自由化的确定，服务贸易自由化可以理解为：一是服务贸易自由化必须具有有效的、自由的和公平的市场进入；二是在互利的基础上，服务贸易自由化必须是权利和义务全面平衡；三是服务贸易自由化的实现最终取决于发展中国家的政策目标和部门发展水平。

实现服务贸易自由化必然涉及国家经济政策自主权的部分让出问题，大部分国家不会为了实现国际目标而放弃政策的自主权。所以，在国际贸易政策协调过程中，要在涉及国家政策自主权方面予以保留。

(2) 服务贸易自由化的两种主张

一种是无条件的服务贸易自由化，亦即对所有的外国服务及服务提供者开放本国服务市场；另一种服务贸易自由化则是采取所谓对等原则，亦即根据每个国家给予本国服务和服务提供者的待遇来决定本国给予该国服务和服务提供者的待遇，若某个国家对本国的服务及服务提供者开放服务市场，本国则给予该国服务和服务提供者同等开放。

很显然，对等原则实际上是无条件的最惠国待遇原则的退步。但近来在许多国家（特别是发达国家）无条件的自由化原则逐渐为对等原则所代替，例如美国国会1995年通过一项《金融服务公平贸易法案》，决定按别国对美国金融业的开放程度决定美国对该国金融业的态度。欧盟也在考虑拟定类似的法案。

(3) 货物贸易自由化和服务贸易自由化的关系

货物贸易自由化已成为国际贸易的主导趋势，自由化的思想已得到广泛传播，对服务贸易领域产生了极大影响。

对商品的国际贸易来说，服务贸易自由化也是十分重要的，许多服务是追加在商品贸易中的。如国际运输、广告、维修服务、经销服务等都是与商品的国际贸易密切相关的。另外还有一些服务（如金融、保险、技术、交通运输、电力、保管等）则属于商品生产不可缺少的投入。因此，服务贸易自由化会提高这些部门的效率，降低其成本，从而促进国际商品贸易的发展。

商品贸易自由化的程度，是各国处理服务贸易关系的筹码。当一个国家在服务领域对另一个国家开放程度很低时，这个国家可以通过保护性商品贸易措施加以限制对方。因此，商品贸易自由化必然要求在服务贸易政策上实行相应自由化，否则，商品保护贸易就会有所抬头，甚至加剧。

(4) 发达国家和发展中国家的不同态度

发达国家是服务贸易自由化的积极倡导者。由于来自各方面的对服务贸易的限制，构成了对以美国为首的发达国家服务出口，尤其是高技术性服务出口的严重威胁，成为通向世界服务贸易自由化道路的难以逾越的障碍，美国国会在其《1974年贸易法》中授权总统就服务贸易问题与其他国家进行多边谈判以寻求“更公平的贸易”。美国认为服务贸易的自由化将和商品贸易的自由化一样，对所有国家都有好处，从而对全世界都有好处。

然而，发展中国家对服务贸易自由化持谨慎态度。当美国开始提出服务贸易问题时，绝大多数发展中国家都坚决反对进行服务贸易多边谈判。理由是：第一，服务业中的许多部门，如银行、保险、通讯、信息、咨询、法律事务、数据处理等，都是资本—知识密集型行业，在发展中国家里，这些行业是非常脆弱的，不具备竞争优势。第二，发展中国家的服务部门尚未成熟，经不起发达国家激烈竞争的冲击，过早地实行服务贸易自由化会毁坏和断送其不断增长的服务业前程。因此它们坚决主张在本国的“幼稚服务业”没有获得竞争力以前，决不会开放它们的服务市场。第三，有些服务行业还涉及国家主权、机密和安全。

随着发达国家在进行服务贸易谈判问题上的认识逐渐统一，发展中国家不愿意谈判的立场也有了改变。一些新兴的发展中国家和地区因在某些服务业已经取得相当的优势，如韩国的建筑工程承包业就具有相当强的国际竞争力；新加坡的航空运输业在资本、成本和服务质量上也具有明显的优势。这些国家和地区的态度是希望通过谈判来扩大本国优势服务的出口。

另外，大部分发展中国家，一方面迫于来自发达国家的压力，另一方面也认识到如果发展中国家不积极参与服务贸易的谈判，将会形成由发达国家制定服务贸易规则的局面，这是极其被动的，且在谈判可能产生具体规则的情况下不参加谈判，也可能会损害已取得的货物贸易利益。因此，其他发展中国家也先后表示愿意参加服务贸易的谈判。

3. 服务贸易自由化的表现

（1）多边服务贸易体制的形成

《服务贸易总协定》通过最惠国待遇、透明度、发展中国家更多参与、一体化以及商业管理等原则，运用市场准入、国民待遇等具体承诺及执行条款，使得各缔约方逐步削减和降低贸易壁垒。多边性国际公约或协定的签署，大部分属于国际服务贸易的技术性规范，而且主要集中在国际运输部门。

（2）各国政府作出了开放市场的具体承诺

截至 2008 年 5 月 16 日，随着乌克兰加入 WTO，WTO 已经有 152 个成员国，加入 WTO 的成员也要接受 GATS 条款，大多对本国的服务市场做出了承诺，同意按照承诺表开放或有条件开放本国的各个服务市场。

（3）各国服务贸易壁垒有所降低

经济全球化极大地促进了资源在全球范围内的合理流动和配置，为服务贸易发展提供了广阔的空间和丰富的渠道。尤其是世界贸易组织等国际经济组织推进服务贸易自由化的谈判进程，各国政府在此基础上逐渐放松了对服务贸易的管制，从政策上为国际服务贸易的发展创造了有利条件。

4.4.6　国际服务贸易总协定

1986 年的“乌拉圭回合”谈判将服务贸易纳入谈判议题。经过长达 7 年的谈判，到 1993 年 12 月“乌拉圭回合”谈判结束时，终于达成了《服务贸易总协定》（General Agreement on Trade of Services，简称 GATS，本章中也简称“总协定”），服务贸易至此被正式纳入多边贸易体制的管辖范围。

1. 服务贸易总协定的主要内容

《服务贸易总协定》是世界贸易组织管辖的一项多边贸易协议。《服务贸易总协定》由三大部分组成：一是本文（Framework Agreement），又称为框架协定，二是附件（Annexes to the Framework），三是各成员的市场准入承诺表（Schedules of Commitments of Members）。

《服务贸易总协定》本文条款由序言和六个部分29条组成。前28条为框架协议，规定了服务贸易自由化的原则和规则。

第29条为附件（共有8个附件）。主要内容包括：范围和定义、一般义务和纪律、具体承诺、逐步自由化、机构条款、最后条款等，其核心是最惠国待遇、国民待遇、市场准入、透明度及支付的款项和转拨的资金的自由流动。《服务贸易总协定》适用于各成员采取的影响服务贸易的各项政策措施，包括中央政府、地区或地方政府和当局及其授权行使权力的非政府机构所采取的政策措施。

具体承诺表是根据《总协定》第20条的规定，成为该协议的重要组成部分。它明确了各参与方在双边谈判的基础上承担的关于国民待遇和市场准入的义务。

2.《总协定》的宗旨和主要原则

《服务贸易总协定》的宗旨是在透明度和逐步自由化的条件下，扩大全球服务贸易，并促进各成员的经济增长和发展中国家成员服务业的发展。协定考虑到各成员服务贸易发展的不平衡，允许各成员对服务贸易进行必要的管理，鼓励发展中国家成员通过提高其国内服务能力、效率和竞争力，更多地参与世界服务贸易。根据上述宗旨，《总协定》为各成员方规定的在国际服务贸易中的行为准则主要有：

(1) 最惠国待遇原则

GATS第二条对最惠国待遇原则作了规定："有关本协议的任何措施，每一缔约方给予任何其他缔约方的服务或服务提供者的待遇，应立即无条件地以不低于前述待遇给予其他任何缔约方相同的服务或服务提供者。"

最惠国待遇不仅适用于服务产品，而且还包括服务的提供者。这是由于通常情况下，服务与服务的提供者不可分离。《服务贸易总协定》关于最惠国待遇的规定属于"一般义务"，即最惠国待遇原则适用于服务贸易的各个部门，不论成员方是否将某个服务贸易部门对外开放，在采取有关的管理措施时，都必须遵循最惠国待遇原则。

GATS 在规定最惠国待遇原则的同时，也规定了一些例外或豁免条款。

例外条款：由于服务贸易的特殊性使得服务与服务的提供者不可分离。GATS 也规定了最惠国待遇责任的若干例外与免除，也就是讲 WTO 成员在特定情况下，经 WTO 允许可以对最惠国待遇实行暂时的例外，即暂时在某些特定的服务领域，WTO 成员间可以不履行最惠国待遇的义务。

所谓豁免则是允许成员方在特定条件下维持某些与最惠国待遇原则不一致的管理措施。

服务贸易领域的最惠国待遇原则有其独到之处。它允许各成员方在进行最初承诺的谈判中，将不符合最惠国待遇的措施列入最惠国待遇例外清单，附在各自的承诺表之后。比如，在基础电信、金融服务和海运服务方面，在其他成员方市场遇到市场关闭的情况下，已经放宽市场准入的成员方可以提出最惠国待遇的登记免除。

（2）透明度义务

透明度义务，指任何成员除非在紧急情况下，应立即并最迟在其生效前，公布所有有关或影响 GATS 执行的相关措施。GATS 成员也应公布其签署参加的有关或影响 GATS 的国际协议。

透明度义务要求各成员国应至少一年一度地对本国新法规或现存法规的修改做出说明介绍，并对其他成员国的询问做出迅速的答复。

任何成员方如认为某一些成员采取的措施影响 GATS 的实施，可通知服务贸易理事会。按照规定，各国政府必须公布所有与服务贸易有关的法律和规定，并且必须在 WTO 成立后两年内，在政府机构中建立咨询点。这样，外国企业和政府便可利用这些咨询点，获得有关任何服务部门的法律法规信息。

透明度一个例外附则是，对于任何一参加方的那些一旦公布即会妨碍其法律的实施，或对公共利益不利或将损害具体企业的正当商业利益的机密资料，可以不予公布。

（3）国民待遇原则

GATS 对国民待遇（National Treatment）的要求，是作为具体承诺列入特定义务的承诺表中的，而不像关贸总协定那样作为一般义务，这主要是考虑到发展中国家的利益。

GATS 第 17 条规定，各成员国在其提交的具体承诺的部门内，应依照承诺表中的条件和资格，给予其他成员国相应的待遇，而且应该与给予本国的待遇相同，否则即认为对其他成员国不利。

这一待遇不仅包括设立商业存在时的同等待遇，也包括设立之后商业存在所享受的待遇。

（4）市场准入原则

市场准入（Market Access）指成员方以其承诺清单中所列举的服务部门及其准入条件和限制为准，对其他成员方开放其本国的服务市场。每一成员给予其他成员的服务和服务提供者的待遇不应低于其承担义务计划安排中所承诺的期限、限制和条件。

市场准入是一种经过谈判而承担的义务，实施对象既包括服务也包括服务的提供者。市场准入是GATS中的关键性条款，而其中的承诺表是各国在谈判的基础上达成开放市场的承诺。

GATS法律框架下的市场准入的实施与最惠国待遇的实施是不同的，市场准入是具体的承诺义务，是通过谈判，适用于各成员在承诺表具体承诺范围的服务部门，而最惠国待遇是一种普遍的义务，适用于所有服务部门。

市场准入是作为GATS的具体承诺而出现的，要求每一成员给予其他成员的服务和服务提供者的待遇，应不低于提交的承诺表中所同意的规定期限、限制和条件。除非在承诺表中明确规定，各成员国不得采用数量配额、垄断和专营服务提供者的方式、或要求测试经济需求的方式，以限制服务提供者的数量。

（5）发展中国家更多地参与

通过协商承担义务使发展中国家能更多地参与，包括促进其商业技术获取、销售渠道和信息网络改善，以及有利的提供出口方式。发达国家应为发展中国家企业获得有关市场资料提供方便，包括商业和技术服务，登记、认可和提供服务的条件，获得服务技术的可能性。

（6）国内管制

成员的有关措施应合理、客观和公正，应有相应的司法、仲裁、行政手段和程序，对有关行政决定及时审议和补救。有关资格条件和程序、技术标准和许可证要求不应构成贸易障碍。

（7）承认

成员之间可以通过多边协议或其他安排相互认可对方服务提供者的教育水平、经验、符合资格条件的经营许可证和其他证明，不应实施歧视，认可应尽可能基于国际上认同的标准。

（8）垄断及专营服务提供者

垄断服务提供者不应滥用其垄断地位进行与其承担义务不相一致的行动。

成员也不应只批准或建立少量的服务提供者，或阻止服务提供者进行竞争。

(9) 政府采购

最惠国待遇、市场准入和国民待遇条款不适用于约束政府机构采购服务的法律、法规及要求。

(10) 一般例外和安全例外

在不构成不公正的歧视或对贸易变相限制的条件下，成员可以采取措施，来维持公共道德和公共秩序，保护个人资料，保证国家安全利益等。不得要求成员提供与国家安全有关的资料，不得阻止成员直接或间接地为军事机构提供服务，以及战时或国际关系紧急等情况下采取的行动。

(11) 补贴

应举行谈判来制定反补贴程序，同时应确认补贴在发展中国家发展计划中的作用，考虑到发展中国家在这领域的灵活性需要，但有关国家应提供其补贴的资料。

为维护非歧视、自由、透明和公平竞争的多边贸易秩序，协议从性质、目标和数量上是否具有贸易扭曲效应出发，将政府补贴分为被禁止的补贴、可起诉的补贴和不可起诉的补贴三大类，仿照交通规则的原理，三类条款分别被称为“红灯条款”、“黄灯条款”和“绿灯条款”。

3.《总协定》的意义

在服务贸易总协定出现以前，关于服务贸易并没有一个通用的国际准则，《总协定》的出现，改变了无法可依的状态，在很大程度上解除了国际服务贸易中的壁垒，使服务贸易中的人员、资金、技术、信息自由流动，使服务贸易在增强透明度和不断自由化的条件下发展。尽管它只在目前提出了服务贸易自由化的框架，但是它的影响是深远的。这主要表现在以下几个方面：

(1)《总协定》确定了服务贸易成员方共同遵守的国际规则

在 GATS 出现以前，尽管服务贸易迅速发展，但并没有形成一个统一的、各贸易方共同遵守的国际规则，缺乏针对性的约束机制。以往各国服务贸易政策和规则发生冲突时，一般要通过双边或多边协调及行业协调进行解决。这显然不适应国际服务贸易发展的要求，也妨碍了国际服务贸易的全面自由化。GATS 的签署，使各成员方终于有了一个共同承认和相互遵守的国际规则，从而使国际贸易体制更加完善。

(2)《总协定》为服务贸易自由化提供了法律基础

由于国际服务贸易的壁垒比货物贸易壁垒要复杂得多，更容易引起法律纠纷，所以需要一个多边的国际性法律为依据，才能规范、协调、管理各成员方在服务贸易中的行为。这样一旦发生纠纷，可以依据《总协定》进行解决。这也为国际服务贸易自由化提供了法律依据和体制上的保障，从而推动了服务贸易的自由化。

（3）促进发展中国家和地区国际贸易的发展

发展中国家的服务贸易向来都大大落后于发达国家，为了保证发展中国家成员在服务贸易领域的更多参与，《总协定》考虑到了发展中成员服务贸易的现状和国内经济发展的实际情况，给予了发展中国家在服务贸易自由化方面很多保留和例外，规定发展中国家可以享受一些特别待遇和一些特殊利益。例如：允许发展中国家成员根据国内政策目标和服务业发展水平，逐步实现服务贸易自由化；允许发展中国家成员对外国服务和服务提供者进入本国市场制定限制性条件，逐步扩大市场的开放度；给予发展中国家更宽松的市场准入条件；发达国家要向发展中国家提供技术援助；发展中国家可以将一般义务与具体承诺的义务分开，等等。这些优惠性规定非常有利于发展中国家发展国际服务贸易。近年来，印度的服务业的高速发展正印证了这一点。

（4）有利于国际投资的发展

如上文所述，国际投资促进了国际服务贸易的发展，与服务贸易联系紧密。据资料显示，在美国的对外投资中，2003 年服务业的比重已达 2/3，在美国对亚太地区的直接投资中，服务业所占比重也达到 60%①。《总协定》所涉及的服务贸易范围十分广泛，除了规范服务业国际交易的基本原则外，还规定了成员方关于商业存在方式服务的措施。这些措施大部分与投资措施有关，有效地减少了国际投资中的障碍，如电信、海运、航空等服务的过度保护措施，从而使这些行业中的投资和国际合作更加广泛地开展，有力地加速了这些行业的发展。所以，在很大程度上，GATS 是国际投资和国际经济一体化的催化剂。

◎本章小结

在国际货物贸易发展的基础上，出现了国际服务贸易，成为国际贸易的重要部分。本章系统分析了国际服务贸易的产生与发展，国际服务贸易的特点，国际服务贸易迅速发展的原因，有关服务贸易的壁垒与国际服务贸易自由化。

① 柴敏．美国对华直接投资及其原因分析．亚太经济，2003（5）

目的是了解与掌握国际服务贸易的发展趋势，国际服务贸易的重要性，国际服务贸易自由化的进程与特点。

◎关键术语

国际服务贸易　　服务贸易壁垒　　国际服务贸易自由化

◎思考题

1. 国际服务贸易是如何产生的？
2. 与国际货物贸易相比，国际服务贸易有什么特点？
3. 第二次世界大战后，国际服务贸易迅速发展的原因是什么？
4. 当代国际服务贸易发展有哪些特点？
5. 服务贸易壁垒产生的原因是什么？有哪些类型的服务贸易壁垒？
6. 世界范围内，服务贸易自由化是如何进行的？

第5章 跨国公司与国际贸易

5.1 外国直接投资的发展

5.1.1 外国直接投资发展的特点

外国直接投资是指一个公司在外国直接投资建立新的设施以生产或营销某一产品。外国直接投资的具体方式包括：在东道国开办独资企业，收购或兼并国外企业，与东道国的企业合资开办企业，对国外企业进行一定比例以上的股权投资，利润再投资。由于科学技术的迅速发展和新技术革命的兴起，生产国际化的发展和世界市场竞争的加剧，发展中国家和转型国家的对外开放和市场经济的发展，跨界兼并和收购，导致外国直接投资迅速发展。20 世纪 80 年代以来，外国直接投资出现了几个特点。

1. 外国直接投资快速增长，对经济发展的影响力大幅度上升

外国直接投资的流量和存量都有显著的增长。世界年均外国直接投资流出量从 1980 年的 547 亿美元增加到 2000 年的 12 707 亿美元，增加 13 倍，同期，世界货物出口贸易额从 20 312 亿美元增加到 63 265 亿美元，只增加 3 倍。

2. 发达国家在外国直接投资中居于主导地位

在世界外国直接投资中，发达国家外国直接投资流出量一直占世界外国直接投资流出总量的绝大比重，1980 年为 96.8%，1995 年为 86.1%，2000 年为 90.1%；而发展中国家同期为 3.1%，13.8% 和 8.6%。在世界外国直接投资流入量中，发达国家 1980 年占 89.8%，1995 年为 61.4%，2000 年为 79.1%；同期，发展中国家各为 2.0%，34.2% 和 18.9%；此外，外国直接投资高度集中在发达国家之间。2000 年，71% 的世界外国直接投资流入额和 82% 的世界外国直接投资的流出额发生在欧盟、美国和日本之间。1999 年，发达国家吸引了 6 360 亿美元的直接外资，约占世界总额的 3/4。

3. 美国在外国直接投资来源中的首席地位动摇

美国在世界外国直接投资中一直占据主要地位，但不稳定。首先，美国在 20 世纪 80 年代初从净债权国变成净债务国，90 年代中期又变成净债权国，2000 年又变成净债务国。20 世纪 90 年代后期，欧洲开始逐渐取代美国成为外国直接投资的最大来源地。1999 年和 2000 年，英国连续两年名列世界对外直接投资的第一位。其中，2000 年英国对外直接投资总额达到 2 498 亿美元，法国为 1 725 亿美元，远远高于美国的 1 302 亿美元。

4. 发展中国家在外国直接投资中的地位上升，但很不稳定

发展中国家在世界外国直接投资流入总量中的比重 1980 年只占 2%，20 世纪 90 年代中期，由于发达国家经济陷入衰退，加上部分发展中国家经济结构调整和经济改革取得了明显的效果，世界外国直接投资流入量开始增加，使发展中国家 1995 年的外国直接投资流入量占世界外国直接投资流入总量的 34.2%，但这种趋势在 1997 年亚洲金融危机发生后出现逆转。外国直接投资流入量占世界外国直接投资总量的下降，2000 年占 18.9%。同时期，发展中国家在世界外国直接投资流出量中的比重分别为 3.1%、13.8% 和 8.6%。

5. 中国成为发展中国家外国直接投资的重点国家

在 20 世纪 90 年代初期，中国作为发展中国家和地区，在外国直接投资流入量所占的比重中约占 1/3，此后下降。中国占发展中国家和地区外国直接投资的比重，从 1980 年的 0.6% 上升到 1990 年的 9%，1994 年的 31.9%，2000 年的 16.6%。但仍然是发展中国家和地区外国直接资本流入最多的国家。

5.1.2 外国直接投资的种类

1. 按股权比例分类

(1) 独资企业

独资企业是指投入企业的资本完全由一国的投资者提供，投资者对投资企业的股权拥有的比例在 95% 以上的企业。独资企业包括设立分支机构、附属机构、子公司等，它可以采取收买现有企业或建立新企业的方式来进行。

（2）合资企业

合资企业是指两国或两国以上的投资者在一国境内根据投资所在国的法律，通过签订合同，按一定比例或股份共同投资建立、共同管理、共享利润、分担亏损和风险的股权式企业。合资企业可分为股份公司、有限责任公司或企业、无限共同责任公司，并具有法人地位，至于采取何种合资方式则由投资各方商定。

从投资者的角度看，合资企业有以下几点好处：

①可利用合资对象的销售网和销售手段进入特定地区市场或国际市场，开拓国外市场；

②合营各方可以在资本、技术、经营能力等方面相互补充，增强合资企业自身的竞争力；

③有利于获得当地的重要原料、资源或生产基地；

④可以吸收对方的经营管理技能，获得有经验的技术人员、管理和销售人员；

⑤有助于投资者进入某一新的业务领域，取得新技术；

⑥可以扩大企业的生产规模，较迅速地了解国外市场信息和满足国外市场的需求变化；

⑦可获取税收减免等优惠待遇；

⑧分散或减少国际投资中的风险；

⑨可更好地了解东道国的经济、政治、社会和文化，有助于投资者制定正确的决策；

⑩有当地资本投入，可能会避免被东道国政府征收或被排挤的影响，减少或克服差别待遇和法律障碍；

⑪有助于缓解东道国的民族意识和克服企业文化差异带来的经营困难。

当然，合资企业也有一些不利因素，主要表现在投资各方的目标不一定相同，经营决策和管理方法上的不一致，市场意向和销售意向方面可能产生分歧，投资的长、短期利益难以统一，等等，因而导致投资者之间的摩擦。所以，合资企业经营的成功往往取决于投资者各方的共同意愿和共同努力。

2. 按投资组建方式分类

（1）收购方式

收购方式是指一个企业通过购买另一个现有企业的股权而接管该企业的方式。这种方式的好处如下：

①快速进入市场。投资者能以最快的速度完成对目标市场的进入，特别是对制造业，这一优势更为明显，它可以省掉建厂时间，迅速获得现成的管理人员、技术人员和生产设备，迅速建立国外产销据点，抓住市场机会。

②有利于投资者得到公开市场上不易获取的经营资源。这主要表现在以下三个方面：首先，收购发达国家的企业，可获得该企业的先进技术和专利权，提高公司的技术水平；收购发展中国家的企业，可获得适合当地市场状况的中间性技术和适用性技术。如中国首都钢铁公司 20 世纪 80 年代收购了美国麦塔斯工程咨询公司，购入时，该公司拥有的未过期专利达 40 多项。其次，收购方式无需重新设计一套适合当地情况的经营管理制度，而直接利用现有的管理组织、管理制度和管理人员，这样可以避免对当地情况缺乏了解而引起的各种问题。再次，通过收购方式，收购企业可以利用被收购企业在当地市场的分销渠道以及被收购企业同当地客户多年往来所建立的信用，迅速占领市场，并且还可以把公司其他子公司的产品引入该市场。

③可以廉价购买资产。在以下三种情况下，企业可以低价收购外国现有企业。首先，从事收购的企业有时比目标企业更知道它所拥有的某项资产的实际价值，如已折旧的不动产实际价值；其次，低价购买不盈利或亏损的企业，利用对方的困境压低价格；再次，利用股票价格暴跌乘机收购企业。

④迅速扩大产品种类。如果潜在收购对象同收购企业的产品种类差别很大时，收购方式可以迅速增加收购企业的产品种类，尤其是收购企业欲实行多样化经营时，如果缺乏有关新的产品种类的生产和营销方面的经验，采取收购方式更为妥当。

⑤风险小。收购方式对经营带来的不确定性和风险小，能较快地取得收益乃至收回投资。此外，由于收购方式具有较小的不确定性，企业也便于融通资金；这一方式也可作为资金外逃以避免政治风险的手段。

但是，这种投资方式也存在如下的不足：

①价值评估困难。这是企业收购过程中最复杂的难题。其主要原因有三个：其一，不同的国家有不同的会计准则。有些目标企业为了逃税漏税而伪造财务报表，有时财务报表存在这样或那样的问题，这些因素都增加了收购时价值评估的困难。其二，有关国外市场的信息难以搜集，可靠性也差，因此对收购后该企业在当地销售潜力和远期利润的估计也较困难。其三，企业无形资产如商业信誉，其价值评估也比较困难。

②不易控制。被收购企业与收购企业在经营思想、管理制度和方法上可能存在较大的差异，当投资企业缺乏合格且能胜任的管理人员时，可能无法对被

收购企业实行真正的经营控制，甚至造成兼并失败。

③不利于长期发展。被收购企业的产品、工艺、技术乃至规模和地理位置等，可能同收购企业的战略意图、经营经验不完全符合，如果收购企业缺乏经营调整能力，被收购企业可能会妨碍其长期发展。

（2）创建方式

创建方式是指建立新企业，特别是新工厂，或对其他实际资产进行投资。这种方式具有如下的好处：

①体现意图。企业可选择适当的地理位置进行投资，按照自己所希望的规模筹建新企业，妥善安排工厂布局，对资本投入和支出实施完全的控制。

②易于管理。从组织控制的角度，创建方式风险小。伴随着新企业的建立，可以实施一套全新的适合采用技术水准和投资企业管理风格的管理制度，这样既便于推行新的信息和控制程式，使派出管理者易于适应，又可以避免收购企业原有管理人员、职工对外来管理方式的抵制。

③获取多种利益。投资企业可以机器设备、原材料、技术、工业产权等投资入股，这样，既能带动投资企业的商品输出，又能使市场转让风险较大的信息、技术得以充分使用。

但是这种方式也存在如下不足：

①进入目标市场缓慢。创建方式除了要组织必需的资源外，还要进行工厂选址、建造厂房、安装设备，安排管理人员、技术人员和工人。在国际市场变化很快的情况下，由于创建方式周期长，可能会出现市场对投产产品需求量和品质要求都发生变化的情况，从而使企业受到损失。

②经营风险大。由于市场争夺激烈，经营风险加大。通过创建方式建立的企业要占据一个市场份额会涉及市场的重新分配，必然会加剧竞争，可能会招致其他企业的报复，经营的风险性加大。

（3）合作经营

合作经营是指国外投资者根据投资所在国法律，与所在国企业通过协商签订合作经营合同而设立的契约式企业，也称为合作企业或契约式合营企业。签约各方可不按出资比例，而按合同条款的规定，确定出资方式、组织形式、利润分配、风险分担和债务清偿等权利、义务。

3. 按投资动机分类

（1）资源导向型

资源导向型是指为了开发油田、矿产等自然资源以及林业、水产资源，在当地投资，建立企业。

（2）市场导向型

市场导向型是指以扩大商品销售，占领市场为目的而建立的企业。这一类型的投资有三种情形：第一，利用当地各种廉价资源，降低成本生产，在当地销售；第二，实现规模经济，降低单位产品成本，提高产品的竞争力；第三，绕过东道国的贸易壁垒，开拓市场。

（3）生产要素导向型

生产要素导向型是指在生产要素中，由于劳动力的流动受到限制，土地等自然资源没有流动性，为利用这些资源就必须到拥有这些资源的国家去投资。

（4）地缘导向型

这种投资以地理位置、空间距离来决定投资，建立企业。这种情况多发生在工业较为发达，并具有向外辐射功能的地区。例如，美国对墨西哥及某些拉美国家的投资，西欧国家对西欧和东欧的投资。

（5）宗主国导向型

宗主国导向型，是指殖民国家为了控制殖民地或附属国的政治经济，对殖民地或附属国投资，建立企业。在近代史上，一些发达国家往往采用这种方式进行投资。例如，英国在北美、印度、澳大利亚、中国香港和新加坡的投资，法国在北非的投资。第二次世界大战后，殖民时代已经结束，但历史上留下来的经济与文化纽带仍然在起作用。例如，法国又重新回到越南进行投资建厂。

（6）全球战略导向型

全球战略导向型是指企业为了实现其全球发展战略，取得最佳经营效果进行投资，建立企业，是跨国公司进行全球扩张的一种经营战略。

跨国公司将其全球范围的经营活动视为一个整体，依据资源和市场的分布情况在世界范围内进行灵活、有效和统一的经营，有计划地对生产、销售和技术开发等方面进行直接投资。一般说来，这种类型是国际直接投资发展到较高层次的体现。

4. 按投资部门结构分类

（1）垂直型对外直接投资

垂直型对外直接投资又分为两种，一种是一国投资者为了在生产过程的不同阶段实行专业化而将生产资本直接输出到另一国进行设厂或建立企业的投资活动。这种对外直接投资在资源的开采、提炼、加工和制成品制作过程中使用较多。另一种是把劳动密集型产品的某些生产阶段采用投资的方式转移到劳动力成本较低的国家或地区进行。这种投资方式，在发达国家或一部分新兴工业化国家与地区进行产业结构调整时经常采用。如电子元器件和产品的设计、制造由美国或日本的电气公司完成，而将其运到中国香港、韩国或中国台湾地区的附属公司进行组装。这种类型的垂直型对外直接投资一般是依据每一生产阶段的不同特点和要求，利用有关国家或地区的资源、加工条件、优惠措施等进行的。

（2）水平型对外直接投资

水平型对外直接投资是指一国的公司或企业作为投资者将生产资本输出到另一国，在投资东道国建立子公司，根据当地情况从事某种产品的设计、规划、生产和销售等全部经营活动。

5.1.3 外国直接投资进入东道国的决定因素

（1）研究与发展密集度低的企业更有可能通过收购从国外获得技术能力，而那些拥有较强技术优势的企业则更加偏好新建投资。

（2）多样化程度高的企业更有可能通过收购进入新的市场。

（3）大的跨国公司比小的跨国公司更倾向于进行收购。

（4）广告密集度高会引起更多的收购，在东道国当地企业可以提供进入当地市场分销网络的机会和更广泛的当地市场知识时，会使收购倾向性加强。

（5）大多数并购集中在具有相似文化与商业环境的发达东道国与母国。因此，母国与东道国之间的文化与经济差距越大，收购的可能性越低。

（6）资本市场不完全所导致的公司资产被低估或经济危机引起资产价格普遍急剧下降，都会促进收购活动。

（7）在东道国已经建立子公司的跨国公司更有可能采取收购方式在同一国进行扩张，以避免增加当地新的生产能力并加剧竞争。

（8）在发展中国家，并购的好处很少是为了获得专有技术与技能，更多的是为了迅速进入市场，获得当地市场知识、现成的分销体系以及与政府、供应商或客户的联系渠道。

（9）对于想利用并购而不是新建投资方式进入市场的企业，必须有合适的目标企业可供收购，这在发展中国家一般不易找到。

（10）企业所在行业增长缓慢时，它倾向采取并购办法。20 世纪 90 年代末以来，许多跨国并购交易发生在一些生产能力过剩、价格下降与增长缓慢的行业。在这种环境下，企业可能不愿增加新的生产能力，否则，将使局面进一步恶化。这种行业包括以原料为基础的行业，如纸浆与造纸、钢铁、金属采矿、石油工业、军用设备和汽车工业。①

5.2 跨国公司的发展

5.2.1 跨国公司的定义与实现形式

1. 跨国公司的定义

跨国公司（Transnational Corporation），又称多国公司（Multinational Corporation）、国际公司（International Enterprise）和宇宙公司（cosmo-corporation）等。1974 年联合国经济与社会理事会第 57 次会议对跨国公司的定义内涵进行限定，此后，联合国统一使用“跨国公司”这一名称。

联合国经济及社会理事会在 1978 年的文件中对跨国公司的定义为：“跨国公司是在作为其基地的国家之外拥有或控制生产或服务设施的企业。这类企业并不一定是股份化或私有的；它们也可以是合作制或国家所有制的实体。”②

1977 年联合国出版物对跨国公司的内涵作出更为明确的表述：“跨国公司是股份制的或非股份制的企业，包括母公司和它们的子公司。”母公司的定义为一家在母国以外的国家控制着其他实体的资产的企业，通常拥有一定的股本。股份制企业拥有 10% 或者更多的普通股或投票权者，或者非股份制企业拥有等同的数量（资产）者，通常被认为是资产控制权的门槛。子公司是家股份制的或非股份制的企业，在那里一个其他国家的居民的投资者对该企业管理拥有可获得持久利益的利害关系。③

跨国公司在国外的附属企业中，有子公司（Subsidiary）、联合企业（Association）和分支机构（Branch）。子公司通常界定为要有 50% 以上的投票权；联合企业要有 10% 以上的投票权；分支机构是指在国外的独资或合资公司。根据以上的定义可知，只要是在国外有控制权的企业的大公司就叫跨国公司。

2. 跨国公司对外直接投资的实现形式

跨国公司对外直接投资的方式多种多样。它已由最早的建立国外子公司，

---

① 联合国贸易与发展会议 . 2000 年世界投资报告（中译本）. 中国财经出版社，2001：163.

② 联合国经济及社会理事会 . 世界发展中的跨国公司（英文版）. 1978：158.

③ 联合国 . 1997 年世界投资报告（英文版）.

发展到建立合资企业、合作企业、合同协议、交钥匙工程等。

(1) 建立国外子公司

建立国外子公司是跨国公司对外直接投资最典型的形式。建立国外子公司需要资源和权利的跨国界转移，包括资本、技术、各种权利（如生产权、销售权、开发产品权、在母公司支持下的集资权等）转移，这种转移是在公司内部进行的。建立国外子公司基本上采取两种形式：一种是创建新企业，也叫绿地投资（Greenfield Intestment）；另一种形式是收购兼并（Merger & Acquisition）。跨国公司向发达国家的东道国投资时，收购兼并是主要方式，而向发展中国家的东道国投资则以创建新企业为主要形式。

(2) 建立合资企业

与东道国企业进行联合投资举办合资企业，是20世纪80年代以后许多跨国公司选择的进入东道国的方式，这种方式在发展中国家更为流行。

合资企业的建立是合资双方从各自的情况出发，共同选择的最有利于降低成本和增加利润的合作方式。在决定建立合资企业之前，双方要考虑三个问题：一是这种方式比相互进行贸易的好处；二是这种方式比各自兴办一个独立企业的好处；三是这种方式比兼并一个企业的好处。

关于第一种考虑，跨国公司可能认为进行贸易虽然风险较小，但它所特有的优势，如技术创新、知识和窍门等则不能得到有效的发挥，而建立合资企业则可以较好地克服这个缺陷。东道国企业则会认为用贸易方式不如建立合资企业，可以比较容易地把技术与管理经验学到手。采用联合经营，则可达到两利的目标。

关于第二种考虑，跨国公司可能认为各自举办一家独立企业虽然能更好地保护知识产权，但不能达到其他目的，比如通过合资而获得许多在当地经营所必须拥有的知识，以及利用当地企业所熟悉的重要销售渠道等。在东道国企业方面则可能认为只有用合资企业形式，才更有利于充分利用外国合作者在国外已开辟的市场。基于这些考虑，举办合资企业双方可以达到优势互补的目的。

关于第三种考虑，兼并可能是跨国公司更愿意采取的方式，因为这种方式可以实现公司的统一领导，避免合作者之间在决策上的分歧，等等。然而，兼并方式并不是所有东道国企业都愿意接受的。在一些国家，特别是在发展中国家，出于维护经济独立的考虑，不愿意外国公司在本国企业中拥有百分之百的股权。在此情况下，如果跨国公司要在东道国兴办企业就只能选择合资方式。在东道国方面，则认为采取合资方式，是既可以达到吸引外资的目的，又可以不伤害自主权的好办法。

当然，在建立合资企业中，合资双方都有一些矛盾，如如何分享专有知识窍门，对合资企业如何控制，在产品设计上的共同意愿，研究与开发规划的制定等。

从发展中国家同发达国家建立合资企业的经验看，当外国投资者对东道国的情况处于陌生阶段时，跨国公司是愿意建立合资企业的。但随着经验的丰富与积累，为了减少合作中可能出现的上述各种困难，则更趋向于建立独资子公司。因此，合资办企业在发展中国家带有过渡性质。

(3) 其他合作形式

诸如许可证转让，经营合同和交钥匙工程等。

5.2.2　跨国公司的形成与发展

1. 跨国公司的起源与发展

19 世纪 60 年代，发达资本主义国家的一些大型企业通过对外直接投资，在海外设立分支机构和子公司。如 1865 年，德国弗里德里克·拜耳化学公司在美国纽约州的奥尔班尼开设一家制造苯胺的工厂；1866 年，瑞典制造甘油、炸药的柯佛列·诺贝尔公司在德国汉堡开办炸药工厂；1867 年，美国胜家缝纫机公司在英国的格拉斯哥建立缝纫机装配厂；美国的威斯汀豪斯电气公司、爱迪生电气公司、伊斯特曼·科达公司以及一些大石油公司也都先后到国外活动。英国的尤尼莱佛公司、瑞士的雀巢公司、英国帝国化学公司等都在这一时期先后到国外投资设厂，开始跨国性经营，成为现代跨国公司的先驱。

两次世界大战期间，由于战争和经济危机，跨国公司发展速度缓慢。但仍有一些大公司进行海外直接投资。美国海外直接投资的地位在逐渐上升，跨国公司的发展比较迅速。1913 年，美国 187 家制造业大公司在海外的分支机构有 116 家，1919 年增至 180 家，1929 年为 467 家，1939 年为 715 家。

第二次世界大战后，对外直接投资的迅速发展直接促进了跨国公司的迅速发展，跨国公司的对外直接投资占主要发达国家对外投资的 70% 以上。1968—1969 年，主要发达市场经济国家拥有的跨国公司家数为母公司 7 276 家，分公司、子公司 27 300 家以上。1978 年，子公司为 82 266 家，1980 年，子公司为 98 000 家。1987 年母公司约 2 万家，分公司、子公司 10 万家以上。1992 年母公司为 37 300 家，分公司、子公司近 21 万家，其中 90% 的母公司以发达国家为基地。

值得注意的是，第二次世界大战后，美国跨国公司在数目、规模、国外生产和销售均居世界首位。1978 年，世界最大的 429 家跨国公司中，美国占 50.3%，欧洲经济共同体占 27.7%。美国高速发展的技术、巨大的不断增长的国内市场、政府的积极推动，这些因素都有助于增强美国公司在国际市场上的竞争力。

20 世纪 80 年代以来，跨国公司的发展出现了一些新特点：

第一，美国成为世界上最大的直接投资东道国。1985 年，美国接受了全球对外直接投资的 29%，超过西欧（28.9%）和日本（17.1%）。同年，美国海外资产总额为 1.25 万亿美元，其他国家在美国的资产总额为 1.79 万亿美元，美国成为净债务国。

第二，服务业跨国公司迅速发展。到 80 年代中期，对服务业的直接投资占世界对外直接投资总额的约 40%，1985 年，对服务业的直接投资占当年对外直接投资流量的 1/2 以上。这里的服务业主要包括与贸易、金融有关的商业、运输、财务、保险、电讯、广告、银行、咨询、信息等以及与工商业公共行政有关的房地产、研究与开发、管理；与社会有关的教育、卫生及其他。

第三，跨国公司的经营策略发生变化。包括：经营方式从混合经营走向专业经营；公司之间结盟，共同进行新技术、新产品、新能源的研究与开发，分享成果、分担费用与风险；利润再投资成为主要筹资手段：非股权安排作为公司进入市场方式的重要性不断提高；等等。它们都是在一个或几个部门居于垄断地位的国际化大企业或企业联合体。它们拥有先进的技术和管理经验、多样化的产品、雄厚的资金、较高的商业信誉、惊人的销售规模。据联合国贸易与发展会议《2002 年世界投资报告》，2001 年跨国公司达到 6.5 万家母公司，拥有 85 万家国外子公司，雇佣职工 5 400 万员工，外国子公司总产值 34 950 亿美元，约占世界各国生产总值的 1/10。1999 年，国外子公司的销售额约达 19 万亿美元，约为世界贸易额的 2 倍。具体情况见表 5-1。

2. 战后跨国公司迅速发展的原因

（1）科技革命和社会生产力的发展

第二次世界大战后，发生了第三次科技革命，这次科技革命导致一系列新兴工业部门的出现，发达国家的经济发展日益受到资源与市场的约束。企业为保证资源供应，在维持旧市场，开拓新市场，大举向外投资的同时，社会生产力的发展改进了运输工具和通讯联络方式，为跨国公司的国际化生产经营提供了物质条件。

（2）世界市场竞争日益尖锐化

表 5-1　**1982—2001 年外国直接投资和国际生产选定指标（10 亿美元和百分比）**

项目	按目前价格价值（10 亿美元）			年增长率（百分比）					
	1982	1990	2001	1986—1990	1991—1995	1996—2000	1999	2000	2001
外国直接投资流入	59	203	735	263	20.0	40.1	56.3	37.1	-50.7
外国直接投资流出	28	233	621	24.3	15.8	36.7	52.3	32.4	-55.0
外国直接投资内流股份	734	1874	6.846	15.6	9.1	17.9	20.0	22.2	9.4
外国直接投资外流股份	552	1721	6.582	19.8	10.4	17.8	17.4	25.1	7.6
跨国合并和盘购 a	…	151	601	26.4b	23.3	49.8	44.1	49.3	-47.5
外国子公司销售额	2541	5479	18517c	16.9	10.5	14.5	34.1	151.1c	9.2c
外国子公司总产值	549	1423	3495d	18.8	6.7	12.9	15.2	32.9d	8.3d
外国子公司总资产	1959	5759	24952e	19.8	13.4	19.0	21.4	24.7	9.9e
外国子公司出口额	670	1169	2600f	44.9	7.4	9.7	1.9	11.7f	0.3f
外国子公司雇佣人数（千）	17987	23858	53581g	6.8	5.1	11.7	20.6	20.2g	7.1g
国内生产总值（以目前价格计算）	10805	21672	31900	11.5	6.5	1.2	3.5	2.5	2.0
固定资产形成总额	2285	4841	6680h	13.9	5.0	1.3	4.0	3.3	…
专利权使用费和其他费用收入	9	27	73h	22.1	14.3	5.3	5.4	5.5	…
货物和非要素服务出口	2081	4375	7430i	15.8	8.7	4.2	3.4	11.7	-5.4

a. 只有 1987 年以后的数据。

b. 1987—1990 年的数据。

c. 根据 1982—1999 年期间销售额对外国直接投资内流股份（百万美元）的下列回归结果：

销售额 = 323 + 2.6577 × 外国直接投资内流股份。

d. 根据 1982—1999 年期间总产值对外国直接投资内流股份（百万美元）的下列回归结果：

总产值 = 364 + 0.4 753 × 外国直接投资内流股份。

e. 根据 1982—1999 年期间资产对外国直接投资内流股份（百万美元）的下列回归结果：

资产 = -1.153 + 3.8134 × 外国直接投资内流股份。

f. 1995—1998 年期间，根据 1982—1994 年期间外国子公司对外国直接投资内流股份（百万美元）的下列回归结果：

出口额 = 254 + 0.474 × 外国直接投资内流股份。

1999—2001 年期间，应用 1998 年外国子公司在世界出口额中占据的比例（34%）未求得数值。

g. 根据 1982—1999 年期间雇员人数（千人）对外国直接投资内流股份（百万美元）的下列回归结果：

雇员人数 = 12 138 + 6.0539 × 外国直接投资内流股份。

h. 数据是 2000 年的。

i. 世贸组织的估计。

注：本表不包括外国子公司通过其母公司的非产权关系在世界范围内销售的价值及其母公司本身的销售价值。外国子公司的世界销售额、生产总值、总资产、出口和雇员人数是根据法国、德国、意大利、日本、美国等国在世界外国直接投资流入总额中所占的份额。从法国、德国、意大利、日本和美国跨国公司（销售额和雇员人数）、日本和美国跨国公司（出口）、美国跨国公司（生产总值），以及德国和美国跨国公司（资产）外国子公司的世界数据外推估算的。

资料来源：联合国贸易和发展会议：《2002 年世界投资报告》表 1。

各国为了扩大市场份额，一方面竭力扩大海外销售，另一方面又设置各种关税和非关税壁垒限制其他国家商品的进入。在这种条件下，发达国家的跨国公司借助于直接投资的方式，突破其他国家的贸易壁垒，在当地生产，就地销售产品，绕开贸易壁垒，以扩大市场份额。

（3）发达国家政府的积极支持

第二次世界大战后，各国政府制定了各种各样的政策措施，为跨国公司的海外投资活动提供条件。首先，政府通过与他国签订避免双重课税协定、投资安全保证协定来减轻跨国公司的纳税负担，保证跨国公司海外投资的利益与安全。其次，政府通过设立专门银行向公司提供各种优惠贷款和参股贷款，为公司的海外扩张提供资金。通过税收优惠资助企业的研究与开发活动，以提高其产品的竞争力。最后，政府还动用自身的力量为公司的海外投资创造条件，最为突出的是美国。第二次世界大战结束初期美国执行了帮助欧洲经济复兴的马歇尔计划。它的附加条件就是要求受援国实行资产非国有化，允许外资自由进入。美国还通过国内法律促进企业向外扩张，如美国反托拉斯法的核心内容就是反对行业垄断，反对国内垄断，但迫使企业向外投资。

(4) 跨国银行的发展

跨国银行的迅速发展对跨国公司的迅速发展起着推动作用。一种情况是跨国银行通过投资或参股。本身成为跨国公司；另一种情况是跨国银行运用自己庞大的金融资产和遍及全世界的信贷网络为跨国公司融资，使跨国公司的发展突破资金限制。

(5) 放宽对外资的限制

各种类型国家相继实行对外资开放的政策，以改善国内投资环境，也成为跨国公司迅速发展的一个促进因素。

5.3　跨国公司的经营战略

5.3.1　扩大公司内部贸易

1. 公司内部贸易的含义

公司内部贸易是指跨国公司内部进行的产品、原材料、零部件、技术与服务的贸易活动。

2. 公司内部贸易的利益

(1) 降低外部市场造成的经营不确定风险。由于受市场自发力量的支配，企业经营活动面临着诸多的风险，包括投入供应数量不确定，投入供应价格不确定，不同生产工序或零部件分别由独立企业承担产生协调上的困难。而公司内部贸易可以大大降低上述的各种经营不确定性，通过合理计划，安排生产、经营活动。

(2) 降低交易成本。这里主要指减少对外交易谈判、签约和合同履行所发生的成本。

(3) 能很快适应高技术产品生产的需要。

(4) 增强公司在国际市场上的垄断地位和竞争能力，实现全球利益的最大化。

(5) 有利于运用内部贸易价格。跨国公司内部贸易价格，通常称为转移价格，即公司内部总公司与子公司、子公司与子公司之间在进行商品和劳务交换中，在公司内部所实行的价格。转移价格是根据跨国公司的全球战略目标，由公司上层人士制定的。转移价格可分为转移高价和转移低价两种。

转移价格可带来如下的效益：

(1) 减轻纳税负担。跨国公司的子公司分设在许多国家和地区，其经营所得须向东道国政府纳税。但各国税率高低差别较大，税则规定也不统一，跨国公司往往利用各国税率的差异，通过转移价格（高出低进或高进低出）人为地调整母公司与子公司的利润，把公司总的所得税降到最低限度。同时，鉴于各国关税税率也存有差异，一般情况下，公司对设在高关税国家的子公司以偏低的转移价格发货来降低子公司交纳的关税税额。

(2) 增强子公司在国际市场上的竞争能力。如果子公司在当地遭遇到强有力的竞争，或要取得新市场，跨国公司就采用转移低价，降低子公司的成本，以提高子公司的竞争能力。同时低价高利也可以提高公司在当地的信誉，便于子公司在当地发行证券或取得信贷。

(3) 减少或避免风险。首先可以减少或避免汇率的风险，如果预测某一子公司的东道国货币可能贬值，跨国公司就可以采取子公司高进低出的办法，将利润和现金余额抽回，以减少因货币贬值造成的损失；其次避免东道国的外汇管制。有些东道国政府为了外汇收支平衡，对外国公司利润和投资本金的汇回在时间上和数额上有限制，在这种情况下，子公司便可以利用高进低出的办法将利润或资金调出东道国。

5.3.2 实行限制性商业做法

跨国公司凭借其经济实力和垄断地位，在国际贸易中广泛采用限制性商业惯例，打击局外企业，加强在国外市场的垄断和竞争，保证谋取垄断利润。

限制性商业惯例（Restrictive Business Practice，RBP）又称限制性商业做法。1980 年 4 月联合国贸易与发展会议达成的《管制限制性商业惯例多边协议的公平原则和规则》，对“限制性商业惯例”所下的定义为：“凡是企业具有下述的行为和行动，即通过滥用或谋取滥用市场力量的支配地位，以限制进入市场或以其他方式不适当地限制竞争，从而对国际贸易，特别是发展中国家的国际贸易及其经济发展造成或可能造成不利影响；或通过企业之间正式的或非正式的、书面的或非书面的协议或安排，造成同样的影响的都称之为限制性商业惯例。”

限制性商业惯例在国际技术转让中采用得比较多。在大多数情况下，跨国公司无论在实现技术转让的内循环，即向子公司转让技术，还是向局外企业转让技术，其技术转让合同中一般都包含这样或那样的限制性规定或条款，如限购条款、搭售条款、市场限定条款、技术反馈条款等。这些条款都在很大程度上限制了公平竞争，加强了跨国公司的垄断地位。

5.3.3　建立公司战略联盟

近年来，跨国公司的发展出现了跨国公司联盟的新趋势，实行国内公司集团化，国际市场竞争联合化。国际市场竞争联合化可以分担研究与开发费用，分散投资风险，共同开拓市场。跨国公司联盟的形式主要有以下两类。

1. 若干个势均力敌的大跨国公司相互结盟

通过发挥各自的优势形成互补关系，共同研究和开发新技术和新产品，从单项合作发展到航空、航天、电子、汽车多部门，从生产到销售的多环节合作。例如，国际商用机器公司建立了 40 多个伙伴公司。跨国公司联合方式的最新发展是国际性战略联合，它是两个国家以上的跨国公司围绕共同的战略目标而建立起的互相补充、互相衔接、共同开发、共担风险、共享收益的合作关系。这种战略联盟多出现在重大的新技术、新工艺、新产品、新市场、新资源的研制与开发、应用和开拓市场的联合方面。

2. 发展跨国公司群

由一家大的跨国公司和一批中小跨国公司组成跨国集团，通过合资企业、分包合同、销售协议、生产协作、技术转让等多种方式联合在一起，发挥各自最具优势的方面，提高整体竞争力。

5.3.4　多种经营

跨国公司为了增强竞争能力，在很大程度上通过企业兼并的方式，从外部来扩大资本实力。企业兼并的方式，有横向兼并，即同行业企业的兼并；有纵向兼并，即同一生产过程前后企业的兼并。

20 世纪 80 年代以来，跨国公司更多地采用混合兼并，即跨行业兼并的办法扩大多种经营，这种兼并使跨国公司日益向综合多种经营方向发展。多种经营给跨国公司带来的益处包括：可增强垄断企业的经济潜力；有利于资金合理流动与分配，提高各种生产要素和副产品的利用率；便于分散风险，稳定企业的经济收益；可以充分利用企业的生产余力，节省共同费用，增加利润收入。

5.3.5　价格竞争与非价格竞争结合

价格竞争是指企业通过降低生产成本，或有意地以低于国际市场或其他企业同类商品的价格，在世界市场销售产品，打击和排挤竞争对手，扩大商品销路。

非价格竞争是指通过提高产品质量和性能，增加花色品种，改进商品包装装潢及规格，改善售前售后服务，提供优惠的支付条件，更新商标牌号，加强广告宣传和保证及时交货等手段，来提高产品的素质、信誉和知名度，以增强商品的竞争能力，扩大商品的销售。第二次世界大战以后，随着市场竞争的加剧，跨国公司日益重视从以下几方面加强非价格竞争的作用：（1）提高产品质量；（2）加强技术服务，提高商品性能，延长使用期限；（3）提供优惠信贷；（4）加速产品升级换代，不断推出新产品，更新花色品种；（5）不断设计新颖和多样的包装装潢，注意包装装潢的“个性化”；（6）加强广告宣传，大力研究和改进广告销售技术；（7）做好售后服务工作。

此外，加强和完善国际生产体系，形成全球性的有机的生产和销售网络，也是跨国公司的重要经营战略。

5.4 跨国公司对国际贸易的影响

跨国公司是当代世界经济中除国家之外的又一重要行为主体。作为对外直接投资主体的跨国公司，其影响已遍及世界贸易的各个方面。

5.4.1 使国际分工演变为世界分工

跨国公司的巨大发展，深刻影响了当代国际分工的发展，使国际分工向纵深发展，形成了世界性的分工。

跨国公司通过其国外直接投资，把子公司所在各国纳入国际分工体系。它们通过其国外直接投资，把生产企业分布在所选定的国家和地区，利用当地的有利条件进行生产。这些产品可能是为满足当地市场需求而生产的；也有的是在不同国家分别生产某一种产品的各种零部件，然后把这些“中间产品”集中运往一地，进行最后组装；还有可能只是在不同国家完成某一产品的不同工序，直到成为最终产品，这些产品都是“国际产品”。高新技术产品，如大型计算机、喷气客机、卫星、火箭等高度复杂的产品，都是由多国、多个公司发挥各自优势，共同生产的。例如，美国福特与日本马自达合作生产某几种型号的小轿车，并允许对方冠以自己的牌名分别在北美洲和亚洲销售，这样使双方顺利地扩大了各自的市场。

20 世纪 90 年代以后，跨国公司通过加强和完善国际生产体系，使国际分工向纵深发展。随着全球性的贸易自由化，跨国公司的国际生产体制进一步发展。第一，跨国公司可以将包括各种服务功能在内的生产过程的不同部分在全球进行计划安排，使成本资源、物流和市场有机结合，通过最佳的地理布局提高竞争力，使世界市场日益建立在由跨国公司统一指挥的整个生产体制之间的竞争，而不是个别工厂或企业之间的竞争。第二，可以加强国际生产体制的市场的治理，包括从提供直接管理性监督的所有权联系，各种非产权联系，如把原先独立的中介人（供应商、制造商和分销商）通过诸如特许经营、发放许可证、分包、营销合同、共同技术标准、基于信任的业务关系联系起来。第三，使全球价值链条更加完善。跨国公司日益重视价值链中知识密集度，从而更为重视产品质量、研究和开发、管理服务，以及营销和品牌管理等。第四，使国际生产体系日益细化。跨国公司日益倾向于更加细致的专业化，将越来越多的功能发包给分布在全世界独立的公司去做，以便利用物流和成本方面的差别。有些公司甚至完全退出生产，让合同制造商去从事生产，自己则集中精力在研究开发和营销方面。

5.4.2　对东道国贸易发展有巨大影响

当前的产业内国际分工多是由跨国公司组织多个其他公司作为其供应商或承包商来实现的。而这些供应商，有的是子公司，也有的是他国公司，但均成为跨国公司的国际生产和营销体系的一个部分或一个环节。其结果，对东道国的贸易产生了巨大影响。

1. 跨国公司有利于扩大东道国出口

东道国企业通过扩大出口可增强竞争意识，对构成竞争的各种能力产生反馈作用。它使企业处于更高标准的环境中，使企业有更容易获得信息的机会，并使企业受到更大的竞争压力，因而鼓励国内企业更加竭力获取新技能、新能力。

2. 跨国公司帮助发展中国家和经济转型国家拓展市场

1985—2000 年间，市场份额增加最多的国家和地区是中国、墨西哥、韩国、新加坡、中国台湾地区和泰国等发展中国家和地区，以及捷克、匈牙利和波兰等转型经济国家。在这些国家和地区，跨国公司通过产权和非产权关系，使外国直接投资生产的产品成为最有活力的出口产品，使他们成为出口的优胜国。跨国公司子公司在东道国所有产业和制造业出口中的比重见表 5-2。

表 5-2　外国子公司在东道国所有产业和制造业出口中的比重（%）

国家和地区	年份	所有产业	制造业
发达国家			
奥地利	1993	23	14
	1999	26	15
加拿大	1994	46	41
	1995	44	39
芬兰	1995	8	10
	1999	26	31
法国	1996	22	27
	1998	21	26
爱尔兰	1991	…	74
	1999	…	90
日本	1988	4	3
	1998	4	4
荷兰	1996	44	22
葡萄牙	1996	23	21
	1999	17	21
瑞典	1990	21	21
	1999	39	36
美国	1985	19	6
	1999	15	14
发展中国家			
阿根廷	1995	14	…
	2000	29	…
玻利维亚	1995	11	…
	1999	9	…
巴西	1995	18	…

续表

国家和地区	年份	所有产业	制造业
	2000	21	…
智　利	1994	16	…
	2000	28	…
中　国	1991	17	…
	2001		
哥伦比亚	1995	6	…
	2000	14	…
哥斯达黎加	2000	50	…
中国香港	1985	…	10
	1997	…	5
印　度	1985	3	3
	1991	3	3
马来西亚	1985	26	18
	1995	45	49
墨西哥	1995	15	…
	2000	31	…
秘　鲁	1995	25	…
	2000	24	…
韩　国	1999	…	15
新加坡	1994	…	35
	1999	…	38
中国台湾省	1985	17	18
	1994	16	17
中亚和东欧	1993	…	15
捷克共和国	1998	…	47
	1995	…	26

续表

国家和地区	年份	所有产业	制造业
爱沙尼亚	2000	60	35
	1995	58	52
匈牙利	1999	80	86
	1998	48	35
波 兰	2000	56	52
	2000	21	…
罗马尼亚	1994	…	21
斯洛文尼亚	1999	26	33

资料来源：联合国贸易和发展会议。

5.4.3 跨国公司使国际贸易结构不断优化

跨国公司对外投资主要集中在制造业部门，尤其在资本、技术密集型产业，这就直接影响着国际贸易商品结构的变化。这种变化集中反映在世界货物贸易构成中，制成品贸易所占比重上升，而初级产品所占比重下降的趋势。

此外，跨国公司内部专业化协作的发展也使制成品贸易中中间产品贸易比重不断上升。随着跨国公司在发展中国家直接投资的扩大，发展中国家出口商品结构开始优化，即制成品比重上升，初级产品所占比重下降。制成品在发展中国家和地区货物贸易出口中的比重从 1980 年的 19.5% 提高到 1990 年的 53.6% 和 1999 年的 69%。

5.4.4 跨国公司制约着国际贸易地区分布

跨国公司海外投资的 3/4 集中于发达国家和地区，其设立的海外子公司有 2/3 也设在发达国家和地区。跨国公司通过内部贸易和外部贸易（与其他外部公司进行的贸易）促进了发达国家之间的贸易，带动了这些国家对外贸易的发展，使得发达国家成为世界贸易中的主要国家和主要贸易对象。

但随着跨国公司对发展中国家直接投资的扩大和东南亚金融危机的影响，发展中国家的贸易地位和贸易对象也在发生变化。发达国家在世界出口贸易中的比重从 1980 年的 63.82% 上升到 1990 年的 71.43%，1995 年下降到 68.59%，2001 年为 64.1%。同期，发展中国家在世界贸易中的比重分别为

28.64%、27.81%和31.55%。发达国家的贸易对象主要是发达国家本身，一直占70%以上，发达国家的出口中，发达国家本身的所占比重1980年为70.8%，1990年上升到77.1%，2000年为72.3%。发展中国家的贸易对象也是发达国家，发展中国家对发达国家出口占其整个出口中的比重，同期内各为68.4%、54.6%和54.5%。

5.4.5　跨国公司促进了国际技术贸易的发展

1. 跨国公司竞争的需要

跨国公司为了在激烈的竞争中保持自己的地位，扩大自己的份额，需要不断地进行科学技术研究，不断地推出新产品。每家跨国公司都有自己专门的研究机构，每年投入大量的研究与开发费用（见表5-3），直接促进了新技术新产品的研究与开发，加速了产品的更新换代，促进了国际技术贸易的发展。

2. 跨国公司内部技术转让的需要

因为跨国公司母公司同子公司是利益相关体，它总是希望子公司在同东道国当地企业的竞争中获得胜利，为此它就必须用自己的技术武装它们。目前多数跨国公司的子公司，自己并不搞研究与开发，而是只进行生产。在此情况下，许多新技术，包括机器、中间产品、成品以及技术服务都需从母公司引进，母公司向子公司转让的技术主要是加工技术以及相关的技能培训。母公司同子公司也可以通过买卖转让技术，此时，东道国的政策将对技术转让产生重要影响。如果东道国对知识产权保护比较得力，跨国公司技术转让速度加快；在相反的情况下，可能提高要价甚至拒绝转让。不过，成熟的技术转让是跨国公司一种普遍的商业行为。

3. 跨国公司建立战略联盟获得技术联系的需要

建立战略联盟是为了降低研究与开发成本，减少风险，加快科技开发速度。为了建立战略联盟，自然会在联盟之间进行技术转让以达到互利的目的。技术联系是指不涉及股权的合同关系，它也是智力资源扩散的重要渠道。跨国公司的子公司同东道国的一些企业，特别是向它们提供部件、原料和服务的企业之间常有很强的联系纽带。这种联系不仅能给当地公司带来生意，而且还能给当地公司带来知识技术、工艺诀窍、质量控制手段、提高效率的技能和管理窍门等。

表 5-3　　**1990 年 10 家大跨国公司研究与开发费用支出（10 万美元）**

公司名称	行 业	研究与开发费用	占当年销售额的比重
通用汽车公司	汽车及部件	5 4232	4.5
国际商业机器公司	计算机	4 914	7.1
福特公司	汽车及部件	3 558	3.6
数据设备公司	计算机	1614	12.5
通用电气公司	电 子	1 479	2.6
杜邦	化 学	1 428	3.8
道化学公司	化 学	1 136	5.7
西门子	电 子	4 132	10.5
飞利浦	电 子	2 411	7.8
拜耳	化 学	1 699	6.6

资料来源：根据《1992 年世界投资报告》、《跨国公司与中国》有关数据整理。

4. 知识本身的溢出效应和外在性

知识本身具有扩散性和溢出效应。即使跨国公司把专有技术和研究开发活动都保留在跨国公司内部，不向外扩散，但跨国公司的跨国界的生产仍然通过知识本身的溢出效应和外在性把科技知识传播出去。扩散的渠道有：掌握了技术窍门的科技人员和工人从子公司流动到不属于该跨国公司系统的企业；东道国的企业通过许可方式从跨国公司子公司获得知识窍门和技术；东道国当地企业同跨国公司子公司的直接和间接接触，常常会使技术信息扩散出来；跨国公司在东道国的竞争，也引发当地公司采取各种手段和途径借鉴、挖掘和窃取跨国公司的技术。

5.4.6　对传统国际贸易理论与概念提出了挑战

跨国公司的巨大发展，不仅对国际贸易产生和发展的基础产生了重要的影响，而且对已有的国际贸易理论与概念提出了挑战。

1. 跨国公司要求贸易理论与国际直接投资理论一体化

传统上，人们对国际贸易和国际直接投资分别进行研究。国际贸易理论在一般均衡分析框架中探讨国家为什么进行贸易的问题，认为比较优势是贸易格局的决定因素，各国出口自己生产的相对廉价的产品，进口自己生产成本相对较高的产品。国际直接投资理论解释企业（或企业集团）为什么在特定的国家投资，采取了所有权、内部化和区位优势等概念来解释投资选择问题。过去20年来，面对国际贸易格局的变化，特别是产业内部贸易的增长，新贸易理论将产品差异、规模收益递增和不完全竞争等产业组织理论引进传统的比较优势框架，为国际贸易分工理论分析作出了贡献。但它仍然假定企业只在某一个区位生产产品和服务，将对外直接投资排除在分析之外。另一方面，对外直接投资和跨国公司理论成功地解释了不同类型跨国公司直接或间接地创造的各类贸易流动，但仍是以单个企业为依据的投资分析，未推广到产品的差异或国家的层次上。

20世纪80年代以来，跨国公司的巨大发展要求把贸易与投资理论结合在一起分析贸易与投资利益与效益。出现了新的理论分析，其理论模式主要集中于经济活动纵向或横向一体化。在这些理论分析中，产品增值链活动的不同假定可以在不同地理位置上进行，在不同的国家可以进行完全相同的生产加工。在贸易与投资一体化理论中，企业行为被分为两大类型：第一，总部行为。总部行为包括工程、管理和金融服务以及信誉、商标等甚至可以无偿转让给远方生产区位的服务，这类行为有时被简化为研究与开发。第二，实际生产行为。实际生产行为又可以再分为上游生产（中间产品）和下游生产（终极产品），所有这些行为都被假定为具有规模效益递增效应。由于总部服务的运输成本极低，企业可以将生产行为从总部分离出去，但为了获得规模经济效益，企业将某些生产行为集中在某一区位。在贸易分析中典型采用的两国均衡框架中，国外市场和国内市场之间不存在任何差异，亦即在复合国际一体化战略中，国际和国内市场与资源间没有差异。企业在两个国家进行活动时，可以将总部行为安排在母国进行，但其实际生产或转移到东道国进行（纵向一体化），或者既安排在国内，也安排在国外进行（横向一体化）。因此，现在的企业不仅通过价格和质量进行竞争，而且还通过生产的组织进行竞争；也就是说，考虑到竞争对手的行为，企业可以选择是否从事国际化经营，以使自己的利润最大化。这些理论模型要解决的核心问题是单个企业的经营如何决定了国内、国际经营企业的总格局，这一问题属于理论分析中的国际化生产部分。一旦跨国公司国际化生产活动分布格局形成，国际贸易的格局便随之确定。贸易与投资理论的一体化表明，在跨国公司迅速发展的背景下，不能再以单纯的贸易行为来衡量国家之间的经济利益。

2. 跨国公司对国家之间经贸权益的传统概念和统计方法提出了挑战

(1) 传统的对外贸易差额概念未能反映出跨国公司兴起后国家之间实际的贸易利益。在跨国公司迅速发展下，国家之间的经贸利益出现了下面几种变化。第一，在产业内部和跨国公司内部贸易量大幅增加的前提下，按总贸易和专门贸易划分的国家之间的进出口掩盖了国家之间在产品价值上的利益；第二，母国公司对东道国的直接投资在一定程度上替代了母国公司对东道国的商品直接出口，变相地进入了东道国的国内市场，因此，母国公司在东道国国内的投资和商品、服务的销售收益应计入母国的经贸收益；第三，在一国以加工贸易为主的情况下，把该国进出口贸易额作为该国的贸易利得，更加失实。因此，在计算各贸易国的贸易收益时，上述几个现象不能忽略。

(2) 以原产地规则为核心的国际贸易统计滞后，应予修正。以原产地规则为核心的国际贸易统计制度来源于美国，并逐渐成为世界贸易各国的贸易规则的重要组成部分，原关贸总协定和世界贸易组织对它都有相应的条款和协定。在国际贸易局限于产业间和投资不普遍的情况下，按原产地进行统计基本上可以反映贸易国的贸易利益。但在跨国公司迅速发展下，按原产地统计则会出现两种误差。第一，未能如实反映跨国公司在全球的大规模的直接投资活动，跨国公司对外直接投资进行全球化经营。它们生产的零部件、产品的进出口，按价值链来看，理应属于母国，但却计入东道国的贸易统计上。第二，原产地规则以货物贸易为主，未包括服务贸易等，因此，原产地统计在不能真实反映货物贸易的同时，也不能全面如实地反映国与国之间的整体贸易关系。

5.4.7 跨国公司在国际贸易发展中的双重性

跨国公司在国际贸易发展中，一方面促进了国际贸易的发展，带动了世界经济的发展；与此同时，跨国公司也给国际贸易的发展带来一些问题。

1. 强化了世界市场上的垄断，加剧了国际贸易中竞争的双重性

垄断和竞争是内在于跨国公司的一对矛盾。竞争是跨国公司活力的源泉，然而竞争又促使优势企业通过内部积累和外部兼并走向集中和垄断。在一定意义上，垄断是跨国公司的起点。因为企业通常是在国内取得垄断地位后才有力量，也才有向国外扩张的需求，而垄断利润则增强了跨国公司在国际和国内进行扩张的能力。第二次世界大战后兴起的跨国公司与战前的跨国企业有所不同，但它仍然是依靠各种优势追求高额垄断利润的经济组织。它是靠雄厚的资本，靠技术创新，靠高超的管理，靠全球生产和营销网络而取得的。这种垄断不能阻止竞争，在一定的条件下反而会促进竞争，这是因为知识产权可以垄断，但人们的思想和智慧是无法垄断的。当代的世界市场格局强化了跨国公司的竞争性，弱化了跨国公司的垄断性。但跨国公司的垄断性并未消失，因此，东道国尤其是发展中国家在引进外资，与跨国公司合作时，要防止它对贸易的垄断，促进对外贸易的竞争。东道国反垄断不能伤害跨国公司创新的积极性，保护知识产权不能妨碍公司之间的公平竞争。

2. 追求高额贸易利润和促进贸易发展的双重性

为了追求高额利润，跨国公司在全球战略安排下，通过对外直接投资方式，绕过东道国在进口上设置的各种贸易壁垒，就地生产，就地销售，成为变相的垄断贸易，把东道国的对外贸易纳入跨国公司内部的贸易中，使得跨国公司的贸易利润率大大提高；跨国公司通过对外贸易中的转移价格，实现国民价值转移。在另一方面，跨国公司又给东道国尤其是发展中国家带来资金、技术和管理经验，东道国的企业和公司通过进入跨国公司的生产和营销网络，开拓了市场，促进了对外贸易的发展。

3. 国际贸易的高效和不平等分配的双重性

跨国公司的运营无疑是效率最高的，其原因如下：第一，跨国公司能够实现全球各国的比较优势，在全球范围内配置资源，实现生产要素的最佳组合。在跨国公司全球战略安排下，把世界各国的劳动、资本、原材料、科研与开发有机地结合到跨国公司的全球生产和营销的网络中，实现成本的最小化和利润的最大化。第二，跨国公司是一种多功能的经济体，集科研、生产、贸易、金融于一体，在进行经营活动时，可以把货物、服务与技术贸易有机地结合起来，并利用跨国公司的内部渠道，采取多种贸易方式，从而获得最佳的经营效果。第三，跨国公司的经营规模比任何国内大企业和公司都大，它所实现的已经不是一般的规模效益，而是全球的规模效益。然而，在分配上，跨国公司是按资本分配的，出现了财富、贸易利益的日益集中和两极分化的现象，一些发展中国家和地区出现了“贫困性的增长”，在国际分工中的地位没有取得实质性的改变，在国际贸易中的地位没有显著的提高。

5.5 跨国公司理论

随着跨国公司的快速发展，出现了许多分析跨国公司产生、发展的理论。

5.5.1 垄断优势理论

这一理论是由对外直接投资理论的先驱、美国学者海默（Stephen Herbert Hymer）创立，由金德尔伯格加以完善。

在传统的经济学理论中，对外直接投资和间接资本输出不加区分地都作为国际资本移动来处理。资本国际移动的原因在于各国利率的差异，而各国利率的差异又取决于各国资本要素的充裕程度，因此，资本会从资本充裕的国家流向资本稀缺的国家。

海默认为，直接投资与间接投资具有不同的性质，传统的国际资本流动理论已经不能解释对外直接投资现象，因为直接投资的特征在于控制国外的经营活动，而间接投资不以控制投资企业的经营活动为核心。投资的目的在于获得股息、债息和利息。

20 世纪 60 年代初，海默在他的研究中发现，美国企业对外直接投资与美国寡占产业结构有密切联系，于是他利用产业组织理论解释美国企业对外直接投资的决定因素。产业组织理论认为，从事多国经营的企业拥有独到的特点，这些特点使它们拥有高于那些可能供应同一外国市场的其他公司的净竞争优势。海默认为，东道国的当地（民族）企业比跨国经营企业至少有以下三个方面的优势。

第一，民族企业更能适应本国政治、经济、法律、文化诸因素所组成的投资环境。

第二，民族企业常能得到本国政府的优惠和保护。

第三，民族企业不必负担跨国经营企业所无法逃避的各种费用和风险，如直接投资的各种开支、汇率波动的风险等。

因而，一家企业对外直接投资必须满足以下两个条件：第一，企业必须拥有竞争优势，以抵消在与当地企业竞争中的不利因素；第二，不完全市场的存在，使企业拥有和保持这些优势。

随后，金德尔伯格将市场不完全或称不完全竞争市场作为企业对外直接投资的决定因素，并列出市场不完全的几种形式：产品市场不完全、资本和技术等要素市场不完全、规模经济和政府的关税等贸易限制措施造成的市场扭曲。

前三种市场不完全使企业拥有垄断优势，如：产品市场不完全可以使企业保有产品差异、商标专利垄断无法得到专利保护的技术，使企业在进入要素市场的能力方面存在差异；同时，企业可以利用国际专业化生产规模经济的限制，从而取得内部规模经济的优势，通过国际纵向一体化生产取得外部规模经济的优势，以达到限制竞争介入的目的。第四种市场不完全则导致企业对外直接投资以利用其垄断优势，进入东道国市场。

垄断优势论只是解释了企业进行海外直接投资的原因，至于企业为什么不采取商品直接出口，或转让特许权的方式到海外扩展，垄断优势论没有作出解释。

5.5.2 内部化理论

内部化理论是由英国学者巴克利（Peter J. Buckley）和卡森（Mark C. Asson）提出，由加拿大学者拉格曼（A. M. Rugman）进一步加以发展。

内部化理论形成于 20 世纪 70 年代中期。此前的对外直接投资理论多以美国企业的海外直接投资为研究对象，通常依靠经验研究而不是具体的实证分析，因而缺乏普遍的理论意义。这就需要研究各国各行业企业海外投资决定因素的分析，建立企业海外直接投资的一般理论，巴克利和卡森在研究跨国经营企业内部资源配置的机制上，首先提出了内部化理论。

该理论认为，中间产品（指知识、信息、技术、商誉、零部件、原材料等）市场是不完全的。这种不完全是由某些市场失效及中间产品的特殊性质所致，如信息具有公共物品性质，在外部市场上转让容易扩散。中间产品的这种特性导致买方或交易及价格的不确定性，使企业正常经营活动所需要的中间产品市场是不完全的，导致企业市场交易成本增加。为追求最大限度利润，企业必须建立内部市场，使外部市场内部化，利用管理手段协调企业内部资源流动与配置，避免市场不完全对企业经营效率的影响。当企业内部化超越国界时，就成为企业对外直接投资的过程。因此，企业内部化的因素就成为决定企业对外直接投资的因素，也就是说，企业对外直接投资是为了克服外部市场不完全性给企业经营效率带来的不利影响。

巴克利和卡森认为，如下四种因素影响中间产品市场交易成本和企业实现中间产品市场的内部化。它们是：（1）行业特定因素，主要包括中间产品的特性、外部市场结构等。（2）国别特定因素，指东道国政府的政治、法律、经济状况。（3）地区特定因素，指地理位置、社会心理、文化差异等。（4）企业特定因素，指企业的组织结构、管理经验、控制和协调能力等。

同时，他们还认为，中间产品市场不完全有两种基本形式：一是技术等知识产品市场不完全；二是零部件、原材料中间产品市场不完全。前者产生水平一体化的跨国公司，后者产生垂直一体化的跨国公司。

5.5.3 国际生产折中理论

国际生产折中理论是由英国里丁大学邓宁教授提出的。他认为以往的理论只能对国际直接投资作出部分的解释，而且未将投资理论与贸易理论结合起来，客观上需要一种折中理论。邓宁的折中理论包容了对西方经济理论中的厂商理论、区位理论、工业组织理论，折中理论吸收了经济学中的各派思想，把国际贸易、对外直接投资和非股权转让三者合为一体。

折中理论认为，企业对外直接投资需要满足以下三个条件：

(1) 企业在某一特定市场时用拥有对其他国家企业的净所有权优势。这些所有权优势主要表现为独占某些无形资产的优势和规模经济所产生的优势。

(2) 如果企业拥有对其他国家企业的净所有权优势，那么，对拥有这些优势的企业来说，它自己使用这些优势时，必须要比将其转让给外国企业去使用更加有利。即企业通过扩大自己的经营活动，将优势的使用内部化要比通过与其他独立企业的市场交易将优势的使用外部化更为有利。

(3) 如果企业在所有权上与内部化上均具有优势，那么，对该企业而言，把这些优势与东道国的区位因素的结合必须使企业有利可图。区位因素包括东道国不可移动的要素禀赋优势及对外国企业的鼓励或限制政策，要素禀赋一般指东道国的自然资源、人力资源、市场容量等。

关于所有权优势、内部化优势和区位优势的内涵，邓宁作了如下解释：

(1) 所有权优势。它包括来自于对有形资产和无形资产占有上产生的优势、生产管理上的优势和多国经营形成的优势。

(2) 内部化优势。企业使其优势内部化的动机是避免在资源配置上，由于外部市场的不完全性而对企业经营产生的不利影响，使他不能保持和利用企业技术创新的垄断地位。市场不完全可分为结构性的与知识性的两种，前者指竞争壁垒、贸易战等；后者指难以获得生产与销售信息。因此，企业在技术等无形产品的生产与销售领域，在某些自然资源生产加工的产品与销售领域，把优势内部化，以避开外部市场机制不完全带来的问题。

(3) 区位优势。区位优势取决于东道国以下方面的状况，它们包括：要素投入和市场的地理分布状况、各国生产要素的成本及质量、运输成本、通信成本、基础设施、政府干预范围与程度、各国的金融制度、国内外市场的差异程度以及由于历史、文化、风俗习惯、商业惯例而形成的心理因素等。企业从事国际生产必然要受到这些因素的影响。

由此可见，企业必须同时兼备所有权优势、内部化优势和区位优势才能从事有利的对外国的直接投资活动。如果企业仅有所有权优势和内部化优势，而不具备区位优势，这就意味着缺乏有利的国外投资场所，因此企业应能将有关优势在国内加以利用，而后依靠产品出口来供应当地市场。如果企业只拥有所有权优势和区位优势而无内部化优势，则企业拥有的所有权优势难以在内部加以利用，只能将其转让给外国企业。如果企业具备了内部化优势和区位优势而无所有权优势，则意味着企业缺乏对外国直接投资的基本前提。

5.5.4　战略联盟理论

20世纪80年代以后，随着世界市场竞争加剧，跨国公司为保持和拓展生存空间，纷纷采用战略联盟的战略形式，增加公司的竞争力和生命力，出现了分析跨国公司构成战略联盟的理论，比较权威性的分析理论是邓宁的观点。

1. 三因素论

邓宁在《解释国际生产》一书中对跨国公司热衷于建立战略联盟的原因做了分析。他认为，20世纪80年代以来有三个方面的发展促成跨国公司在竞争战略上的转变。

(1) 技术的进步。许多高科技的应用是为了实现多种目的，如机器人、微芯片与计算机相关的通信技术等。这些新技术还有另一种特性，即它的有效利用常要求与其他技术结合。而且许多技术创新需要大量人力、物力、资本，为了使其得到有效的利用，要求跨国公司必须与不同大小以及不同地理位置的其他公司建立联盟。

(2) 跨国公司认识到它们的未来越来越不取决于国内而是取决于世界经济的发展趋势，与此同时，跨国公司也意识到所有经济体仍然是各个国家，协调它们的经济政策以保持国际经济正常运行是符合自己利益的，因此，跨国公司希望与东道国进行合作。虽然有些国家对跨国公司的活动不是采取放任自流的政策，有些国家对跨国公司的活动还加强了管理，但这与跨国公司与这些国家的合作倾向并不矛盾，二者都是为了维护和加强本土企业的竞争地位。20世纪80年代末新兴工业化国家出现了全球竞争态势的苗头，跨国公司之间随之出现了建立战略联盟进行竞争的态势。为了加强本身的竞争力，新型公司就积极通过建立联盟寻求合作者。在当代世界经济中，决定一个国家和一个公司国际竞争地位的是技术、人力资源和组合系统，而不是自然要素禀赋；而技术创新和组织上的进步使跨国公司在选择它们投资、经营活动的区位时，有了更大的自由。它们究竟在哪个国家和地区落户，通常不受有无资源及其成本的限制，而是受技术质量、人的技能以及通信设施等的制约。

(3) 企业活动范围的变化。20 世纪 80 年代以前，跨国公司的界限被认为是受它们自身创业的视野、技术能力、财政资源以及组织能力的限制。在 20 世纪 80 年代以后，形势发生了很大变化。跨国公司为使它们经营链条的各个环节以最低交易成本进行，要求在供应商和顾客之间采取更加合作的姿态，在某些情况下，已经接近准一体化的水平和阶段。在某些国家，如美国，这种关系的条件可以正式规定在有法律约束的合同中，也可以建立在道义承诺、相互容忍、相互信任和共同维护声誉的基础上。

这些新的发展态势是科学技术进步和国际竞争激化所带来的直接结果，表现为跨国公司之间在价值增值链的所有环节和所有阶段，都有非股权联盟的大量涌现，尽管在联盟之外彼此仍然进行着激烈的竞争。

跨国公司建立战略联盟在付出高投入的同时，也取得更大的收益。高投入包括为建立联盟而提供的研究开发设备和人力资本，投资于新的培训项目以及销售和批发设施，等等。此外，还要承担联盟后出现的消极的溢出效应而使竞争力受到削弱的风险。更大的收益包括分享研究与开发成果，降低生产成本，提高技术能力，减少风险，开拓新市场，吸纳新见解，改善经营和管理技术，缩小文化差异，交流经营方法等。这一切可相对增强公司的综合竞争能力，出现由联盟经营范围扩大而带来的节约或一体化。

2. 其他理论

(1) 技术协调论

理查森（G. B. Richardgon）认为，公司之间的合作起因于对它们各自所从事的不同职能而又彼此关联的经济活动加以协调的需要。在一个囊括大量研究、开发、设计、商品生产和营销等活动的产业里，不同企业专业化从事特定的经济活动，分别积累着各自的知识、经验和技能。虽然不同阶段经济活动的协调可以通过相互认可的计划、长期约束合作者市场的合同予以实现。但各方知识上的差距往往使市场机制的协调作用缺乏应有的效率。因此在需要发展不同经济活动但又无法获得规模经济，需要从事研究与开发却又面临动荡不定的市场时，合作性协调就不可缺少。技术协调论虽然明确提出了企业间合作的利益所在，但在分析和权衡其优劣方面却显得缺乏说服力。①

(2) 市场权力论

持这种观点的学者认为，联盟合作协定背后的驱动力是大公司企图寻求凌驾与操纵市场的权力，限制竞争并形成市场位置的有序结构。

市场权力论暗示着合作各方皆为投机者的假设，该派学者大多对联盟持谨慎的态度。其实他们更推崇企业优势内部化，联盟合作协定必然会阻碍有效的互相学习和技术创新，甚至导致信任危机。因此，外部结盟的合作只不过是一种“次佳选择”而已。②

(3) 交易成本论

威廉姆森（O. E. Williamson）对内部化交易机制、外部化市场安排和企业间战略联盟这三者的选择提出的观点是：在竞争环境中，最佳管理机制或组织机构的选择是由以最低成本管理交易的效率来决定的；合作协定或战略联盟可以视为由一系列技术、组织机构及区位特定因素决定的有效交易的一个方式。

交易成本论认为，一方面，知识资产的特殊性、复杂性以及劳务的交换都偏爱于企业内部的交易机制，因为它耗费的资源较少；另一方面，商品与服务的标准化及其大量生产与购买却与外部的市场安排相适应，跨国公司战略联盟介于两者之间。交易成本论在某种程度上是技术协调论的延伸。20 世纪 80 年代的许多实证研究，尤其是对高技术产业的实证研究表明，在某些交易成本十分敏感的行业里，战略联盟就成了最佳方案。

反对交易成本论的学者则指出其存在两大弊端：其一，它以静态方式来权衡和看待各种交易方式，缺乏对环境剧变的考虑，在考虑环境时不仅要看效率，还要看应变性。其二，它不能充分解释战略联盟为何有时成为首选方案的理由。③

(4) 技术创新论

技术创新是在抨击交易成本论的过程中出现的。这一理论认为，技术创新性质和最大限度地获取创新利润的战略行动是跨国公司间联盟的催化剂。蒂斯（D. Teece）和安东内利（C. Antonelli）等人认为，战略联盟是公司借以直接接触那些共同专用的知识资产的一种方式，这些资产对技术创新的有效市场化是至关重要的。为了获得创新利润，并且也由于技术诀窍交易市场具有的不完

---

① 参见杨于光．经济全球化中的跨国公司．上海远东出版社，1999.

② 参见杨于光．经济全球化中的跨国公司．上海远东出版社，1999.

③ 参见杨于光．经济全球化中的跨国公司．上海远东出版社，1999.

全性，公司倾向于通过创新进程的内部化来实现增长。但这种增长受到协调不同经济活动的复杂性及其成本的制约，于是战略联盟这种合作形式就应运而生。该理论解释了在高技术产业中，企业更多地采用战略联盟的原因①。

（5）投资诱发要素组合理论

近年来西方学者提出了投资诱发要素组合理论，由直接诱发和间接诱发要素组成。他们认为直接诱发要素是对外直接投资产生的主要要素，如投资国拥有劳动力、资本、技术等要素优势，就会诱发对外直接投资。导致发达国家对外直接投资的原因主要是直接诱发要素，对外直接投资可使优势要素向外转移和扩张。间接诱发要素包括投资国鼓励性投资政策和法规，东道国的投资环境等等。

投资诱发要素组合理论从新的角度阐述对外直接投资的决定因素，但这一理论只是对对外直接投资的决定因素进行了分析，并没有对对外直接投资发展过程及发展规律进行分析。②

（6）汇率与对外直接投资相互关系论

这一理论是20世纪80年代末和90年代初由美国经济学家凯夫（Caves，1989）、佛罗特（Froot，1991）、斯蒂（Stein，1991）、斯维逊（Svenson，1994）等人相继提出来的。这个理论认为，传统对外直接投资理论、比较成本理论和国际生产折中理论，都无法解释20世纪80年代以来出现的对外直接投资流量短期内大幅度波动的现象，并认为对外直接投资短期巨大波动主要来源于汇率的变化。布鲁斯、布朗根（Bruce A.，Blonngen）于1997年发表论文，比较系统地分析了汇率和对外直接投资及企业特别资产之间的相互关系，提出汇率运动对兼并式的对外直接投资流量有显著影响，如美元贬值使日本更可能兼并美国工业和企业。但这一理论也存在一定局限性，即它尚不能解释80年代以来大多数国家对外直接投资的周期性波动，包括一些国家汇率相对稳定时期内对外直接投资流量的波动。因为对外直接投资流量的波动受诸多因素的综合影响，汇率变化只是其中的一个因素。③

（7）战略管理理论

战略管理学派从理论发展的角度，以当今跨国公司经营的发展态势为依据，突破了传统的跨国公司理论范畴，使跨国公司研究的重点由存在机制逐步

---

① 参见杨于光．经济全球化中的跨国公司．上海远东出版社，1999.

② 程惠芳．对外直接投资理论演变与发展．经济学动态，1998（6）．

③ 程惠芳．对外直接投资理论演变与发展．经济学动态，1998（6）．

向发展机制转移，因此激发了对有关理论问题的重新认识。高歇尔（Ghoshal）和魏恩妮（Westney）指出，由于全球性竞争加剧，企业的跨国经营范围和职能分布大大扩展，因此需要重新考虑跨国公司的定义。在其中，战略与结构的关系有举足轻重的作用，组织理论也就得到越来越多的应用。邓宁则认为，折中理论必须作出相应修改，纳入战略这一独立的动态变量，以便准确地反映跨国公司的活动。

5.6 对跨国公司的立法与外国直接投资自由化

跨国公司对国家经济和世界经贸的发展均有重要的影响。随着国际直接投资的深入和广泛发展，发达国家和发展中国家投资东道国开始以法律的形式对跨国公司的活动加以规范。一些区域性组织也采取措施协调成员国间关于跨国公司和外国直接投资的法律和规定；国际组织也为跨国公司的活动规范进行立法。另一方面，对外国直接投资放宽限制，推行逐步自由化。

5.6.1 东道国、国际组织对跨国公司的立法

1. 东道国的立法

第二次世界大战以后，作为投资东道国的发达国家、发展中国家和区域性组织都对跨国公司或外国直接投资进行立法。概括起来，一个国家对跨国公司或外国直接投资采取何种政策在很大程度上取决于东道国本身的经济力量和情势。例如，绝大多数国家将某些产业部门，如国防工业、航空工业、内陆运输工业等留给本国企业，其目的是为了减少投资东道国对跨国公司的依赖，以保证东道国政治和经济上的独立。但如果投资东道国在各该相关工业具有一定的实力，但缺少先进的技术，在此情形下，允许外国资本进入，可以弥补投资东道国技术方面的不足，同时也不会影响投资东道国政治和经济上的独立。因此，在很大程度上允许跨国公司直接投资是本国资本与外国资本比较与衡量的结果。在不过分影响政治的前提下，许多国家允许外国资本进入非关键性工业领域，如化工制造业、电子机械制造业和汽车制造业等。

就限制外国投资的方法而言，投资东道国除通过法律或政策加以规定外，还可通过直接或间接补贴当地工业的方式构成对外资的排斥。东道国可以向当地企业提供无息或低息贷款，或以优惠价格收购其产品。这样，当地企业在与外国投资者竞争时，便处于优越的地位，从而实现限制外资的作用。

此外，许多国家均要求外国公司在进行直接投资时应遵守某些执行项目标准，包括使用一定比例的东道国的自然资源和人力资源，相关产品的设备和部件等。为实现这一目标，一些国家以法律形式加以规定，另一些国家则倾向于向较多利用当地资源的国际投资者提供优惠。总的来看，投资东道国规定跨国公司必须遵守执行项目要求的工业，大多是外国投资者较为活跃并拥有股权较多的领域，如电子工业、运输产业、化学工业、非电子机械工业、石油、煤炭和天然气的开发工程等。还有的投资东道国在给予外国投资者以优惠时首先审查相关投资项目对东道国国际收支平衡的影响，以鼓励出口或进口产品替代型企业的建立和投资。

2. 国际立法

由于没有国际性的法规对跨国公司行为进行规范，使得许多国家，特别是发展中国家，在管理跨国公司的行为方面遇到困难。这些国家一方面要致力于使跨国公司的各项活动符合他们国内的法令、规章和政策，加大透明度；另一方面，又要防止跨国公司从事逃税，实行限制性商业惯例，违法付款和滥用转移价格等有害活动。一些发展中国家认为国内法律、规章强制性作用和国际谈判能力的加强有赖于多边性国际投资体制的建立。发达国家对制定一套规范跨国公司行为标准和待遇的国际制度也有兴趣。这些国家不仅是跨国公司的母国，同时也是重要的国际投资东道国。发达国家最为关注的并非是如何管制跨国公司的问题，而是制定一项国际标准，保证跨国公司在投资东道国所受的待遇不低于一定的标准。

发展中国家和发达国家对建立跨国公司行为国际规范的共同认识使得该问题被提到国际社会议事日程。1974 年联合国大会特别会议于 5 月 1 日通过《关于建立新的国际秩序的行动纲领》时，决定“应作出一切努力来制定、通过和执行一项关于跨国公司的国际行为守则”。1974 年 12 月 5 日，联合国经社理事会通过第 1913 号决议，决定成立跨国公司委员会，负责守则的拟订工作。联合国经济与社会理事会于 1980 年 7 月 24 日通过的第 1980/60 号决议中确认跨国公司的守则应该：

（1）是有效、全面、普遍接受和采用的；

（2）把跨国公司的活动同建立新的国际经济秩序的努力有效地结合起来；

（3）反映跨国公司应遵循的原则，即尊重其业务所在国的国家主权、法律和条例及其现行政策和各国有管制并相应监督跨国公司的权力；

（4）鼓励跨国公司尽可能达到其业务所在国特别是发展中国家的发展目

标和确定目标作出贡献；

(5) 禁止跨国公司从事颠覆活动、干涉各国内政以及从事其他旨在破坏其业务所在国的政治和经济制度的活动；

(6) 认识到由于反对种族隔离的斗争，跨国公司委员会已对跨国公司同种族主义少数人政权的勾结表示广泛关注，采取最为有效和适当的方式处理跨国公司和南非和纳米比亚活动的问题；

(7) 包括跨国公司的待遇、管辖权及其他有关事项的条款；

(8) 为有效地执行守则作出适当安排；

(9) 守则被认为是一个整体，所有部分相互关联。(参阅联合国大会 1980 年 12 月 5 日通过的《联合国第三个发展十年国际发展战略》第 35/6 号决议)。

跨国公司行为守则草案共分为六个主要部分，分别为：

(1) 序言和目标；

(2) 定义和适用范围；

(3) 跨国公司的活动；

(4) 跨国公司业务所在国政府应给予跨国公司的待遇以及国有化；

(5) 各国政府为实施守则必须进行的国际合作；

(6) 对守则的实施。

各国由于外国直接投资对经济发展的作用不断增强，世界各国，尤其是发展中国家均在放松对外国直接投资的管制，逐步进行外国投资自由化，并通过世贸组织推行多边的投资自由化。

5.6.2　投资东道国和投资母国法律政策对跨国公司的影响

世界各国关于外国投资的法律与政策可分为两大类，即限制性和鼓励性的法律与政策。无论是鼓励性还是限制性的法律和政策，都是通过直接要求国外投资者改变其投资做法，以诱使外国投资者按东道国的意图及模式进行投资。通常，无论是国内企业还是国外企业，在决定是否改变其习惯做法进行新的投资或扩大业务范围时，均需首先权衡利弊，比较改变传统做法后可能取得的利润。因此，若投资东道国从公司赢利或公司风险方面设想，制定相应政策，可以影响国内企业和外国投资者的决策。一般而言，下述因素可降低公司成本从而提高利润：

(1) 降低资本、劳务、技术和能源等方面的费用。

（2）通过调整关税税率，减少其他贸易壁垒，限制其他公司投资等。

（3）通过向投资公司提供补贴、减税和免税，提高公司纳税后的实在公司投资风险方面，投资东道国可以通过保证投资公司原材料供应，稳定基本产品的价格，提供风险担保或限制其他外国公司在同一行业投资进行竞争等，影响市场情势以减少相关公司的投资风险。

通常情况下，几乎没有一个国家对外国投资采取完全放任自由的态度。每个国家均想保留对外国投资进行监督并在必要时停止外国投资的权利。比较流行的政府监督包括对外国投资项目和建议的审查，以确定外国投资者的真实目的以及该相关项目是否符合相关国家经济发展的总目标和总战略。许多发展中国家在这方面均有规定，澳大利亚、加拿大等发达国家也有政府审查外国投资建议项目的程序及机构；拉丁美洲国家在审查外国投资方面也已形成比较完备的制度。

为了限制外国企业对东道国经济的控制，许多发展中国家和发达国家均限制外国企业接管和收购东道国当地的企业，特别是在当地已经比较具有规模的企业。在这方面，日本、加拿大、澳大利亚和一些发展中国家已建立一套制度，严格审查外国企业对东道国企业的收购或接管。

对外国投资的另一限制是投资领域。由于东道国本身的经济利益，或者是相关领域对该国经济甚为重要或其他原因，绝大多数发达国家和发展中国家都对外国投资的领域进行限制。各国广为限制的领域包括国防建设与生产、交通运输、通信、公共设施、宣传媒介，如报纸、广播电台、电视台以及银行和保险业等。

许多国家关于外国投资的法律规定当地企业的参与比例。在这方面，发达国家仅有日本的法律规定外国投资必须有日本企业参加。其他发达国家限制外国投资者拥有股权的表现形式是在某些具体领域规定外国投资者的所有权不得超过一定的比例。出于政治和经济方面的考虑，一些发展中国家的法律规定外国投资者的所有权不得超过50%。其主要目的是为了使当地投资者可与外国投资者共同使用土地和不动产，促进当地金融市场的发展，加强当地企业的力量以及保护东道国本国的投资等。此种规定有利于扩大当地企业在工业的作用，以便形成以当地企业为主导的工业体系，以及通过共同管理，共同拥有技术财产而取得较先进的工业技术和管理方法等。当然，强调要求当地企业参与外资活动的做法也有不利的方面。假如相关的外国企业在国际市场上处于绝对领先的地位，出于财政或技术方面的考虑，该企业可能不愿与当地企业合作。在此情况下，限制外国投资者股权的做法可能起到消极的作用。除政策和法律的限制外，东道国政府关于外商投资利润所得的管理、外汇控制以及服务费的支付的限制等均对吸收外资有影响作用。

5.6.3　外国直接投资领域中的自由化

外国直接投资领域中的自由化是专门针对外国投资者而设置的歧视的限制性规定，并予以缓解或消除。

1. 单边自由化

单边自由化即投资东道国主动修改政策与法律，内容涉及外汇管理、股权和有价证券的投资与贷款法律、税务制度、反垄断法等，目的是放宽对外国投资者的限制。为了吸引外资，许多国家，特别是发展中国家，通过制订法律或修改政策的办法给予外国投资者以优惠待遇，诸如：提供优惠信用贷款，提供财政担保，减少或免除所得税等。从 1991 年到 2001 年间，世界各国公布的有关外国直接投资的法律变化有 1 393 件，其中有利于外国直接投资的法律为 1 315件，占修改法律总数的 94.4%（根据联合国贸易与发展会议：《2002 年世界投资报告》表 5 计算）。

发展中国家与地区和转型国家修改投资法规的重点是减少外资进入部门的限制，或使原先对外国直接投资关闭或限制的行业经营自由化。

在 1999 年外国直接投资法规变化中，关于更加自由进入和改善经营条件的占 43%，关于推动和鼓励进入的部门占 20%，部门更加自由化的占 20%。其中最明显的行业是石油、采矿、能源、机场、电信、旅游、电影制作、银行与保险、零售及制药业。对于其他诸如土地与不动产的所有权、外国人就业以及外汇控制等的限制也在减少或取消。在提供另外的鼓励——主要是税收鼓励，以促进对优先产业投资的同时，对一些鼓励制度加以修改并使之合理化。发展中国家和地区以及转型国家加强了对消费者和环境的保护以及金融信息的开放，在外国直接投资体制上已实行开放的发达国家，那些原先限制外资进入的行业（如电力、天然气和银行业）也进一步放松了管制，其管制变化的重点是加强竞争法、公司治理以及对于消费者和环境的保护。少数国家采取新的，特别是针对研究与发展和对欠发达地区投资的鼓励措施。

2. 国外直接投资双边自由化

在修改外国投资法律的同时，各国注意把外国直接投资自由化纳入双边协定。双边投资协定从 1998 年底的 1 726 个增加到 1999 年底的 1 856 个。1999

年间，签署双边投资协定的有96个国家，其中亚洲30个，拉丁美洲和加勒比地区20个，非洲13个，中东欧11个，欧洲发展中国家4个，发达国家18个。1999年签署的130个外国投资协定中有将近一半是发展中国家之间的协定，有43个协定是与发达国家签署的。为保证投资顺利，往往把避免双重征税协定与双边投资协定一起签署，避免双重征税协定从1998年底的1 873个增加到1999年底的1 982个。1999年有88个国家签署了总共109份避免双重征税协定。其中有25个发达国家，28个亚洲发展中国家和地区，12个中东国家，11个非洲国家，6个拉丁美洲和加勒比地区国家以及4个欧洲发展中国家。1999年平均每两个工作日就制订一份双边投资协定和一份避免双重征税协定。参与缔结双边投资条约的国家和地区到2001年底达到174个。此外，地区经济一体化组织与第三国签订的贸易协定中也融进了相关的内容。欧盟与第三国签订的许多自由贸易、联合、伙伴关系和合作协定都包含了外国直接投资的条款。1998年下半年和1999年，智利与墨西哥之间，欧盟与墨西哥之间签订的自由贸易协定和投资协定都进行了扩大。

3. 国际投资多边自由化

多边自由化即通过世贸组织相关协定促进外国直接投资自由化。1995年1月1日建立的世贸组织负责实施管理的与外国直接投资相关的协定与协议有：《与贸易有关的投资措施协议》、《服务贸易总协定》和《与贸易有关的知识产权协定》。

(1)《与贸易有关的投资措施协议》主要内容

《与贸易有关的投资措施协议》由9个条款和1个附件组成。该协议涉及的范围有限，仅对各成员方制定的投资措施中涉及货物贸易进出口的部分作了界定和限制。协议的主要内容包括：基本原则、禁止使用的与贸易有关的投资措施、成员方的具体义务、例外条款、发展中成员待遇、透明度要求、争端解决、管理执行机构等。

①基本原则。《与贸易有关的投资措施协议》规定，各成员方实施与贸易有关的投资措施，不得违背《1994年关税与贸易总协定》中的国民待遇原则和取消数量限制原则。该协议列举了5种违反上述原则的与贸易有关的投资措施。无论这些投资措施是针对外国投资企业的，还是针对成员方本国企业的，都要受《与贸易有关的投资措施协议》的约束。

②禁止使用的与贸易有关的投资措施。《与贸易有关的投资措施协议》列举了两种违反国民待遇原则的与贸易有关的投资措施形式。

其一，要求企业购买或使用最低限度的国内产品或任何国内来源的产品。具体表现是，规定有关国内产品的具体名称，规定企业购买或使用国内产品的数量或金额，规定企业在生产中必须使用的有关国内产品的最低比例。这种形式的投资措施通常被称为当地含量要求。许多成员方要求外国投资企业的产品必须达到一定的国产化比例，就属于这种情况。比如，1997 年印度尼西亚公布的汽车产业政策，对投资汽车产业提出了国产化要求。美国、欧洲共同体和日本根据《与贸易有关的投资措施协议》禁止使用当地含量要求的规定，对此提出了异议，印度尼西亚不得不在 1999 年 7 月取消了国产化的要求。

其二，要求企业购买或使用的进口产品数量或金额，以企业出口当地产品的数量或金额为限，这种形式通常被称为贸易平衡要求。一些成员方要求外国投资企业的进口额不能大于其出口额，就属于这种情况。

《与贸易有关的投资措施协议》列举了三种违反普遍取消数量限制原则的与贸易有关的投资措施形式：

其一，总体上限制企业当地生产所需或与当地生产相关产品的进口，或要求企业进口产品的数量或金额以出口当地产品的数量或金额为限。

其二，将企业可使用的外汇限制在与该企业外汇流入相关的水平，以此限制该企业当地生产所需或与当地生产相关产品的进口。

其三，限制企业出口或供出口的产品销售。如规定有关限制出口的产品的具体名称，规定限制企业出口产品的数量或金额，规定限制企业出口产品的数量或金额占该企业当地生产的产品数量或金额的比例。

③成员方的具体义务。成员方在《建立世界贸易组织协定》生效后 90 天内，将所有正在实施的，且同《与贸易有关的投资措施协议》不相符合的投资措施，通知世界贸易组织货物贸易理事会。

《与贸易有关的投资措施协议》规定，自该协议生效起，发达成员应在 2 年过渡期内取消已向货物贸易理事会通知的与贸易有关的投资措施，发展中成员有 5 年过渡期，最不发达成员有 7 年过渡期；在过渡期内，各成员可以继续实施已经通知的与贸易有关的投资措施，但不得进行修改，以避免增加对贸易的扭曲；成员方在《建立世界贸易组织协定》生效前 6 个月内已实施的与贸易有关的投资措施，不能享受过渡期的待遇。

成员方在过渡期内设立的新企业，也可受到仍然有效的与贸易有关的投资措施的约束，以避免形成对同类新、老企业或同类产品的差别待遇，导致不公平竞争。对新投资企业实施的与贸易有关的投资措施，亦应通知货物贸易理事会。

(2)《服务贸易总协定》中有关国际投资自由化的内容

①与国际投资有关的服务贸易形式:"商业存在"。

②商业存在的含义。商业存在是指东道国内的各种类型的商业或专业机构，包括创建、收购或新建、购买分支机构或代表处。它们直接涉及外国直接投资。

③对商业存在的待遇条款：给予成员方在东道国国内投资的企业（商业存在）以最惠国待遇，对服务提供者数量、服务交易额和资产额、服务交易次数和服务产出的限制作出减少的承诺。

(3)《与贸易有关的知识产权协定》中有关国际投资自由化的内容

①《与贸易有关的知识产权协定》没有直接涉及外国直接投资问题，但协定涉及外国直接投资的法律环境的内容，即对知识产权的保护问题。

②《与贸易有关的知识产权协定》保护的领域：版权与相关权利、商标、工业设计、专利、集成电路分布图、未公开的信息或商业秘密。

③《与贸易有关的知识产权协定》要求世贸组织成员加强知识产权保护的措施。第一，规定世贸组织成员方国内立法对相关知识产权保护的最低标准；第二,《协定》第一次以国际法的名义，要求世贸组织成员方的国内立法对知识产权的保护提供有效的程序和补救措施。

◎本章小结

跨国公司在当今国际贸易的发展中起着巨大的作用。本章系统介绍了跨国公司产生的基础，跨国公司与外国直接投资之间的关系，跨国公司的经营特点，跨国公司对国际贸易的影响和有关跨国公司的理论。目的是了解与掌握跨国公司在国际贸易中的地位与作用。

◎关键术语

跨国公司　　外国直接投资　　外国间接投资　　转移价格

◎思考题

1. 外国直接投资有哪几类？
2. 外国直接投资进入考虑的因素是什么？

3. 跨国公司为何迅速发展？
4. 跨国公司如何进行内部贸易？
5. 何谓转移价格和限制性商业做法？
6. 跨国公司对国际贸易有何影响和挑战？
7. 有关跨国公司的理论有哪些？
8. 外国直接投资如何进行自由化？

第6章 对外贸易政策

6.1 对外贸易政策概述

6.1.1 对外贸易政策的含义与内容

对外贸易政策是指一国政府在一定时期内为实现一定的发展目标而对进出口贸易制定并实施的政策。一个国家的对外贸易政策一般都从总体上规定了该国对外贸易活动的指导方针和原则，并且对各国贸易政策的制定均以本国的国情为基础，并为本国的政治经济服务。制定对外贸易政策的目的在于：保护本国市场；扩大本国产品的国外市场；优化产业结构；积累发展资金；维护和发展同其他国家和地区的政治、经济关系等。

综观世界各国的对外贸易政策，我们不难发现，不同历史时期，同一个国家实行不同的对外贸易政策；在同一时期的不同国家，也往往实行不同的对外贸易政策。这说明一国的对外贸易政策总是随着世界政治、经济与国际关系的变化，本国在国际分工体系中地位的变化，以及本国产品在国际市场上竞争能力的变化而不断变化。

尽管不同历史时期各国国情不同，实行的外贸政策也不相同，但各国制定对外贸易政策仍存在一般的规律，各国制定对外贸易政策的目的在于：

（1）保护本国市场；

（2）扩大本国产品的国外市场；

（3）促进本国产业结构的改善；

（4）积累资本资金；

（5）维护本国对外的政治、经济关系。

各国对外贸易政策的内容一般包括：总政策、进出口政策和国别政策。对外贸易总政策是从整个国民经济的角度出发，在一个较长时期内实行的基本政策；进出口政策是根据对外贸易总政策，结合本国经济结构和国内外市场状况而制定的商品结构政策；国别对外贸易政策是根据对外贸易总政策，结合对外政治、经济关系而制定的有关地理方向性的国别和地区政策。

6.1.2　对外贸易政策的类型与演变

1. 对外贸易政策的类型

对外贸易政策基本上有两种类型，即自由贸易政策和保护贸易政策。

(1) 自由贸易政策

自由贸易政策是指国家对进出口贸易一般不加以干预，减少和取消关税及其他贸易壁垒，允许商品自由进出口，并在国内外市场自由竞争的贸易政策。自由贸易政策的主要内容是：国家取消对进出口的限制和障碍，取消对本国进出口商品的各种特权和优待，使商品自由进出口，在国内外市场上自由竞争。

(2) 保护贸易政策

保护贸易政策是指国家通过对进出口贸易的干预，设置关税及其他贸易壁垒，限制商品自由进出口以保护本国国内市场的贸易政策，是一系列干预贸易行为和各种政策措施的组合。保护贸易政策的主要内容是：国家广泛利用各种限制进口的措施保护本国商品免受外国商品的竞争，并对本国出口商品给予优待和补贴以鼓励出口。

2. 对外贸易政策的演变

与世界经济的发展相对应，不同国家的对外贸易政策也发生了一个由保护贸易主义到自由贸易主义、保护主义重新抬头的演变过程。

在资本主义生产方式准备时期，为了促进资本的原始积累，西欧各国广泛实行重商主义下的强制性的贸易保护政策，通过限制货币（贵重金属）出口和扩大贸易顺差的办法扩大货币的积累，其中英国实行得最为彻底。

在资本主义自由竞争时期，资本主义生产方式占据统治地位，世界经济进入了商品资本国际化的阶段。这个时期对外贸易政策的基调是自由贸易，英国是带头实行自由贸易政策的国家。但由于各国经济发展水平不同，一些经济发展起步较晚的国家，如美国和德国则采取了保护贸易政策。

在资本主义垄断时期的前期（19 世纪 90 年代到第二次世界大战前），垄断加强，资本输出占据统治地位。1929—1933 年资本主义经济大危机，使市场问题急剧恶化，出现了超保护贸易政策。第二次世界大战后，随着生产国际化和资本国际化，出现了世界范围的贸易自由化。走上政治独立的广大发展中国家则实行了贸易保护主义。新生的社会主义国家为了发展民族经济，也实行了国家统治下的贸易保护主义。

20世纪70年代中期以后，在世界贸易自由化的同时，兴起了新贸易保护主义，在上述背景下出现了管理贸易政策。这种政策的主要内容是：国家对内制定各种经济贸易法规和条例，加强对本国进出口贸易有秩序地发展的管理，对外通过协商，签订各种对外经济贸易协定，以协调和发展缔约国之间的经济贸易关系。

6.1.3 对外贸易政策的制定和执行

1. 制定对外贸易政策的考虑因素

对外贸易政策属于上层建筑，它既反映本国的经济基础和当权阶级的利益与要求，同时又反过来维护和促进经济基础的发展。各国对外贸易政策的制定受以下因素的影响：

其一，本国的经济结构和竞争优势以及本国产品在国际市场上的竞争能力；

其二，本国的就业和物价状况；

其三，本国与他国在经济、投资方面的合作情况；

其四，本国与他国的政治经济关系；

其五，本国在世界经济、贸易组织和协定中的权利和义务；

其六，本国领导人的经济思想和贸易理论。

各国对外贸易政策的制定与修改由最高立法机关进行。立法机关在制定和修改对外贸易政策时，要事先征询各个经济集团的意见，如发达国家一般都要征询大垄断集团的意见。各垄断集团通过企业联合会、商会等各种机构的领导人经常协调、确定共同立场，向政府提出各项建议，甚至派人参与制定或修改有关对外贸易政策的法律草案。

最高立法机关所颁布的各项对外贸易政策，既包括一国较长时期内对外贸易政策的总方针和基本原则，又规定某些重要措施以及给予行政机构的特定权限。例如，美国国会往往授予美国总统在一定的范围内制定某些对外贸易法令、进行对外贸易谈判、签订贸易协定、增减关税和确定数量限额等权利。

2. 对外贸易政策一般的执行方式

各国通常按以下方式执行对外贸易政策:

其一，通过海关对进出口贸易进行管理。海关是国家的行政管理机关，是设置在对外开放口岸的进出口监督管理机关。它的主要职能是：对进出国境的货物和物品、运输工具进行实际的监督管理，稽征关税和代征法定的其他税费，查禁走私。一切进出国境的货物和物品、运输工具，除国家法律有特别规定的以外，都要在进出国境时向海关申报，接受海关的检查（查验)。

其二，国家设立的其他各种机构，负责促进出口和管理进口。各国都设立专门机构负责促进出口和管理进口贸易工作，如美国的商务部、扩大出口全国委员会、出口委员会、跨部门的出口扩张委员会等，其他国家也都有类似的组织。

其三，国家政府出面参与各种国际经济贸易机构与组织，进行国际贸易有关方面的谈判，使本国的对外贸易政策得以落实。

6.2 重商主义政策

6.2.1 重商主义（Mercantilism）产生的历史背景

重商主义有两种含义：一种是就经济政策而言，指其在资本的原始积累时期采取的为资本主义生产方式创造条件的经济政策；一种是指反映商业资本利益和论证重商主义政策合理性的经济学说。

重商主义是作为传统的农业经济的对立面而出现的。15世纪末，西欧社会进入封建社会的瓦解时期，资本主义生产关系开始萌芽和成长，随着新大陆和新航线的发现，扩大了的世界市场给商业、航海业、工业以极大的刺激，西欧对美洲、非洲、亚洲的殖民掠夺，使大量黄金流入西欧各国，巨额货币财富的积累加速了商品货币经济的发展和封建自然经济的瓦解。社会财富的重心由土地转向金银货币，社会各阶层的经济生活对商业资本都有很大依赖，因此重商主义的对外贸易政策成了资本主义生产方式准备时期欧洲国家普遍实行的一种保护贸易政策，是当时欧洲各国旨在实现国家富强的一系列重商主义政策的一个重要组成部分。

重商主义又分为早期的重商主义和晚期的重商主义。早期重商主义流行于15、16世纪，防止货币外流是重商主义对外贸易政策总的指导原则。晚期重商主义流行于16世纪上半叶至17世纪中叶，追求贸易顺差是晚期重商主义对外贸易政策总的指导原则。

早期重商主义被称为“重金主义”（Bullionism）或“货币差额论”，其主要代表人物是英国的威廉·斯塔福（W. Stafford，1554—1612年）。晚期重商主义被称为“贸易差额论”（Balance Trade Theory），其主要代表人物是英国的托马斯·孟（Thomas Mun）。重商主义为实施以财政促进出口提供了基础的理论。

早期重商主义认为，金银是财富的唯一代表，国家一切经济活动和经济政策的目的都是为了获取金银；国内贸易不能增加国内的货币数量，只有对外贸易才是获得和增加货币的源泉；对外贸易中必须使每笔交易和对每一个国家保持顺差，以使金银流入本国，通过金银的积累增强国家实力；为了保证国际贸易的顺差，国家必须积极干预经济，即一方面以高关税限制商品尤其是奢侈品的输入，以防止金银流出；另一方面，以政府补贴鼓励输出，换取金银流入。由于补贴来自于政府，这便成了最早的财政性出口促进政策。

晚期重商主义与早期重商主义的思想基本是一致的，区别在于两者对通过顺差贸易来获取金银货币的看法和主张不同。早期重商主义主张在国际贸易中尽量不买或少买，而晚期重商主义主张将拥有的金银投入到流通领域，强调在国际贸易中多卖，晚期重商主义认为，只要在对外贸易中始终坚持多卖少买的方针，则金银货币就会以贸易顺差的形式流入国内。这样，即使允许输出本国拥有的金银去购买外国的商品，对本国也无害处。因为贸易的结果是增加了本国的金银拥有量，有益于致富的目的。可见，贸易差额论是以保持贸易顺差为目标的主张。

6.2.2 重商主义的政策与措施

16~17世纪欧洲各国实施重商主义的政策措施基本上是强制性的，对当时欧洲经济的发展产生了深刻的影响。重商主义政策主张的基点是国家干预对外贸易，实行贸易保护。重商主义最早主张实施的“奖出限入”政策，时至今日仍然是世界上大多数国家的贸易政策基点。

早期重商主义的政策主张是：

第一，严禁金银外流。当时奉行重商主义的国家都颁布过各种法令，规定严厉的刑罚，禁止货币输出。例如，西班牙曾规定输出金银者处死，检举者有赏，并禁止外国人购买金条，英国也曾规定输出金银为大罪。在禁止货币输出的同时，各国都想方设法吸收国外货币，外国人来本国进行贸易时，必须将其销售货物所得到的全部款项用于购买本国的货物，防止金银外流为对外贸易政策的指导原则。

第二，限制商品进口。外国与本国进行贸易时，必须将销售货物所得全部用于购买本国的货物，反对一切进口交易，对进口的商品课以高额的关税。

第三，鼓励商品出口以换取金银。金银一旦流入国内就绝不允许再流出，违者将被处以重罚，甚至可判处死刑。这类立法曾流行于16、17世纪的英国、法国、荷兰、西班牙、葡萄牙等西欧各国。

晚期重商主义的政策主张是：

第一，货币政策。晚期重商主义的货币政策不是主张严禁金银出口，想方设法吸收外国金银，而是通过追求贸易顺差达到追求金银流入的目的。

第二，对外贸易垄断政策。通过贸易垄断，西欧国家在其殖民地取得廉价的原料，运回本国加工成制成品后，以高价向殖民地或其他国家出售。

第三，奖出限入政策。如果本国货在外国或国内不能和外国货竞争时，可以退还原来对其征收的税金，必要时国家给予补贴。阻止原料或半制成品的出口，奖励制成品的出口。由于原料价格低廉，加工后产品增值、价格提升，所以重商主义者主张出口制成品代替出口原料，并认为输出廉价原料，再用高价购买其制成品是一种愚蠢的行为。另外，国家还用现金奖励在国外市场上出售本国产品的商人，例如，当时英国曾禁止输出羊毛、皮革和锡等原料，奖励那些不输出原料及在英国制造并出口工业品的生产者。

第四，保护关税政策。继续实行早期重商主义保护关税政策，并把它作为扩大出口、限制进口的一种重要手段。对进口货几乎都要征收重税，其税负往往高到使人不能购买的程度，对原料则免税进口。同时，对出口的制成品则减免关税，或退还进口原料时征收的关税。

第五，发展本国航运业政策。晚期重商主义主张，建立一支强大的商船队和渔船队是一个国家经济力量的重要组成部分，因此应禁止外国船只从事本国沿海航运和殖民地之间的航运。

第六，发展本国工业政策。为了实现贸易顺差，必须扩大出口，而要想扩大出口，必须发展本国工业，使本国产品在世界市场上有竞争能力，保持出口优势。为此，各国都制定了鼓励本国工业发展的政策。鼓励外国技工移入，限制本国技工外流，鼓励人口出生，以增加劳动力。例如，英国政府通过职工法鼓励外国技工移入，通过行会法奖励国内工场手工业者。法国则采取免税、补贴、给予特权，乃至皇家基金自由投资等措施，促进制造业发展，并依靠国营企业，大力发展“皇家制造业”，为扩大商品输出创造雄厚的经济基础。

早期重商主义把货币与商品完全对立起来，孤立地看待货币，千方百计地把货币保存在国内，而晚期重商主义则把货币和商品结合起来，把货币投入到对外贸易中，努力获得贸易顺差，换回更多的货币，因此晚期重商主义比早期重商主义在认识上前进了一步。

6.2.3 重商主义的历史地位

重商主义对外贸易理论和政策，在历史上曾有过进步作用，特别是在封建社会解体和资本主义生产方式产生的过程中，起了突出的作用。为资本主义生产方式的确立准备好了“自由的”劳动力和大量货币资金这两个历史前提。同时，对外贸易的迅速发展，为资本主义大生产创造了市场条件，开辟了原料来源，刺激了工场手工业在规模、品种和技术上的迅速发展，因而在一定程度上促进了生产力的发展。

在理论上，重商主义学说冲破了封建思想的束缚，开始了对资本主义生产方式的最初考察，指出了对外贸易能使国家富足。马克思曾肯定过重商主义是对资本主义生产方式的最初理论探讨。同时，重商主义贸易学说（晚期）认识到了货币不仅是流通手段，而且具有资本的职能，只有将货币投入流通，尤其是对外贸易，才能获得更多的货币。重商主义贸易学说的理论观点代表了资本原始积累时期处于上升阶段的商业资本的利益，具有历史进步意义。

在政策上，重商主义贸易学说提供了关于国家干预对外贸易的一系列主张。当时西欧各国实行重商主义贸易政策的结果，促进了商品货币关系的发展，加速了资本的原始积累，促进了资本主义生产方式的建立，推动了历史的进步。而且，重商主义贸易政策中，许多主张、措施和借鉴意义对当今世界各国制定对外贸易政策仍有一定的影响，如积极发展本国工业、鼓励原材料进口和制成品出口等。

但是，由于商业资产阶级的历史局限性和国际贸易实践的限制，重商主义对外贸易学说存在许多缺陷和不足。首先，重商主义对外贸易学说的理论观点是不成熟的、肤浅的，没有形成系统的理论，而且除少数人（如托马斯·孟等）外，绝大多数重商主义者都只针对某个具体问题一事一议，虽然各种观点之间存在一些联系，但并不紧密。其次，重商主义贸易学说对国际贸易问题的研究是不全面的、不科学的。重商主义认为财富是在流通过程中产生的，认为对外贸易是财富和价值增值的源泉，把货币（黄金、白银）当作唯一的财富，特别是只研究如何从国外得到金银，而没有进一步探讨国际贸易产生的原因，以及为参加国带来的贸易利益。再次，重商主义对外贸易学说包含着明显的错误。重商主义者把货币与财富混为一谈，并错误地认为货币是衡量两个国家富强程度的尺度，因而得出对外贸易是财富的源泉、对外贸易的目的就是从国外取得货币、货币有限、此得彼失等错误结论，当然也就无法认识到国际贸易有促进各国经济发展的重要意义。随着资本主义的进一步发展，它与资本主义的经济基础产生了深刻的矛盾，从促进资本主义发展变为资本主义发展的障碍。

当前，重商主义的部分政策主张仍有实践意义。重商主义主张国家干预对外贸易，实行保护贸易的政策；通过贸易顺差从国外取得货币收入；禁止奢侈品进口和对一般制成品奖出限入；积极发展出口工业，提高产品质量；保护关税措施等政策，对广大发展中国家根据本国国情制定对外贸易政策仍有一定的借鉴意义。

6.3 自由贸易政策

6.3.1 英国自由贸易政策的兴起与胜利

1. 英国自由贸易政策的兴起

英国自 18 世纪中叶开始进入产业革命，“世界工厂”地位已经确立并获得巩固，不怕与外国商品进行竞争。在这种状况下，重商主义的保护贸易政策便成为阻碍英国经济发展和英国工业资产阶级对外扩张的一大障碍。这时英国工业资产阶级便要求实行在世界市场上进行无限制的自由竞争和自由贸易政策，他们要求其他国家供给英国粮食、原料和市场，而由英国向他们提供工业制造品，因此，英国新型的工业资产阶级迫切要求废除重商主义时代所制定的一些外贸政策和措施。

英国新兴的工业资产阶级要废除重商主义的对外贸易政策，其主要理由是:（1）英国产业革命的发展，必须从国外取得廉价的工业原料与粮食（廉价粮食是低工资的前提条件），因而反对各种限制进口的保护措施。（2）英国的产业革命早于其他国家，其产品物美价廉，具有强大的国际竞争能力，因而自由贸易对其较为有利。

2. 英国自由贸易政策的胜利

在 19 世纪 20 年代，以伦敦和曼彻斯特为基地的英国工业资产阶级开展了一场大规模的自由贸易运动。运动的中心内容是废除谷物法。工业资产阶级经过不断的斗争，最后终于战胜了地主、贵族阶级，使自由贸易政策逐步取得胜利。它表现在以下几个方面：

（1）废除谷物法

1833 年英国棉纺织业资产阶级组成“反谷物法同盟”（Anti-Corn Law League），然后又成立全国性的反谷物法同盟，展开了声势浩大的反谷物法运动，经过斗争，终于使国会于 1846 年通过废除谷物法的议案，并于 1849 年生效。马克思指出，英国谷物法的废除是 19 世纪自由贸易所取得的最伟大的胜利。

（2）关税税率逐步降低，纳税商品数目减少

在 19 世纪初，经过几百年的重商主义实践，英国有关关税的法令达一千件以上。1825 年英国开始简化税法，废止旧税率，建立新税率。进口纳税的商品项目从 1841 年的1 163种减少到1 853年的 466 种，1862 年减至 44 种，1882 年再减至 20 种。所征收的关税全部是财政关税，税率大大降低，禁止出口的法令被完全废除。

（3）废除航海法

航海法是英国限制外国航运业竞争和垄断殖民地航运事业的政策。从 1824 年逐步废除，到 1849 年和 1854 年，英国的沿海贸易和殖民地全部开放给其他国家，至此，重商主义时代制定的航海法被全部废除。

（4）取消特权公司

在 1813 年和 1814 年东印度公司对印度和中国贸易的垄断权分别被废止，从此对印度和中国的贸易开放给所有的英国人。

（5）对殖民地贸易政策的改变

在 18 世纪，英国对殖民地的航运享有特权，殖民地的货物输入英国享受特惠关税的待遇。在英国大机器工业建立以后，英国不怕任何国家的竞争，所以对殖民地的贸易逐步采取自由放任的态度。1849 年航海法被废止后，殖民地已可以对任何国家输出商品，也可以从任何国家输入商品。通过关税法的改革，废止了对殖民地商品的特惠税率，同时准许殖民地与外国签订贸易协定，殖民地可以与任何外国建立直接的贸易关系，英国不再加以干涉。

（6）与外国签订贸易条约

1860 年签订了英法条约，即“科伯登”条约。根据这项条约，英国对法国的葡萄酒和烧酒的进口税予以降低，并承诺不禁止煤炭的出口，法国则保证对从英国进口的一些制成品征收不超过从价 30% 的关税。“科伯登”条约是以

自由贸易精神签订的一系列贸易条约的第一项，列有最惠国待遇条款。在19世纪60年代，英国就缔结了8项这种形式的条约。

自由贸易政策促进了英国经济和对外贸易的迅速发展，使英国经济跃居世界首位。

6.3.2　自由贸易政策的理论

1. 自由贸易理论的形成

随着西欧，尤其是英国资本主义的发展，重商主义学说已不能适应工业资产阶级的经济和外贸发展的需要，于是一些资产阶级思想家开始探寻有利于对外贸易与经济发展的措施，由此产生了自由贸易理论。

自由贸易理论起始于法国的重农主义，完成于古典派政治经济学，后来又不断丰富。在古典派政治经济学前，法国的重农主义（Physiocracy）与英国学者休谟（D. Humo）已提出自由贸易的主张。重农主义提倡商业的自由竞争，反对重商主义的贸易差额论，并反对课征高额关税。休谟主张自由贸易，并提出“物价与现金流出入机能”的理论，驳斥重商主义的贸易差额论。

古典政治经济学派首先由亚当·斯密（A. Smith）在其名著《国民财富的性质和原因的研究》（我国译为《国富论》）中提出国际分工，实行自由贸易的理论。后由大卫·李嘉图（D. Ricardo）继承并加以发展。后来一些经济学家如穆勒、马歇尔等人进一步对此加以阐述、演绎。

2. 自由贸易理论的要点

（1）自由贸易政策可以形成互相有利的国际分工。在自由贸易下，各国可以按照自然条件（亚当·斯密）、比较利益（大卫·李嘉图）和要素丰缺（俄林）状况，专心生产其最有利和有利较大或不利较小的产品，促成各国的专业化。这种国际分工可以带来下列利益：①分工与专业化，可以增进各国各专业的特殊生产技能；②使生产要素（土地、劳动与资本）得到最优化的组合；③可以节省社会劳动时间；④可以促进发明。故分工范围愈广、市场越大、生产要素配置越合理，获取的利益越多。

（2）扩大国民真实收入。此论点由国际分工理论推演而来。自由贸易理论认为，在自由贸易环境下，每个国家都根据自己的条件发展最擅长生产的部门，劳动和资本就会得到正确的分配和运用。在通过贸易以较少的花费换回较多的东西，就能增加国民财富。

(3) 在自由贸易条件下，可进口廉价商品，减少国民消费开支。

(4) 自由贸易可以阻止垄断，加强竞争，提高经济效益。独占或垄断对国民经济发展不利，其原因是：独占或垄断容易抬高物价，使被保护的企业不求改进，生产效率低下，长期独占或垄断会造成落后，削弱竞争能力。

(5) 自由贸易有利于提高利润率，促进资本积累。李嘉图认为，随着社会的发展，工人的名义工资会不断上涨，从而引起利润率的降低。他认为，要避免这种情况，并维持资本积累和工业扩张的可能性，唯一的办法就是自由贸易。他写道："如果由于对外贸易的扩张，或由于机器的改良，劳动者的食物和必需品能按降低的价格送上市场，利润就会提高。"

6.3.3 对自由贸易政策和理论的评价

1. 自由贸易政策促进了英国经济和对外贸易的迅速发展，使英国经济跃居世界首位

1870年英国在世界工业生产中所占的比重为32%。在煤、铁产量和棉花消费量中，都各占世界总量的一半左右。英国在世界贸易总额中比重上升到近1/4，几乎相当于法、德、美各国的总和。它拥有的商船吨位占世界第一位，约为荷、美、法、德、俄各国商船吨位的总和。伦敦成了国际金融中心，世界各国的公债和公司证券都到这里来推销。

2. 自由贸易理论为自由贸易政策制造了舆论，成为自由贸易政策论证的有力武器

对于自由贸易，马克思主义经典作家是从两方面分析的。一方面指出：在现代的社会条件下，到底什么是自由贸易呢？这就是资本的自由，排除一些仍然阻碍着资本前进的民族障碍，只不过是让资本能充分地自由活动罢了。另一方面，从促进世界革命的角度，赞成自由贸易。因为自由贸易对于这一历史进化是自然的正常的气氛，是为不可避免的社会革命创造必要条件的经济媒介。由于这个原因，也仅仅由于这个原因，马克思主张自由贸易。

3. 自由贸易理论存在的问题

(1) 自由贸易论者以各种利益掩盖英国资本自内对外扩张的实质。

(2) 李嘉图所谓的自由贸易能引起各国普享其利的国际分工，也掩盖了以英国为中心的国际分工形成和发展的实际状况。

(3) 自由贸易论者的目的是使英国成为“世界工厂”，其他一切国家对于英国必须像爱尔兰一样，成为英国工业品的销售市场、原料和粮食的供应地。

6.4 保护贸易政策

19 世纪资本主义自由竞争时期，资本主义在西欧有了迅速发展。当产业革命在英、法两国深入发展时，欧洲、北美和其他国家的经济还很不发达，资本主义工业还处于萌芽状态或正在成长时期，这些国家根据当时所在国的实际经济发展阶段提出了与自由贸易政策相对立的保护贸易政策，由此出现了历史上同一时期，不同的国家推行不同的贸易政策的情形。这时主张实行保护贸易政策的代表人物是美国的汉密尔顿和德国的李斯特。

6.4.1 美国与德国保护贸易政策的实践

美国建国后，第一任财政部长汉密尔顿（A. Hamilton，1757—1840 年）应独立发展美国经济的资产阶级的要求，在 1791 年 12 月提出的“制造业报告”（Report on Manufacture）中认为，为使美国经济自立，应当保护美国的幼稚工业，其主要的方式是提高进口商品的关税。汉密尔顿认为：

第一，自由贸易理论不适合美国。因为美国的经济情况与英国、法国不同，不能在平等基础上进行贸易，美国如果实行自由贸易政策会严重影响其经济的发展。

第二，实行保护关税政策。

第三，限制进口，禁止工业原料出口，实行出口补贴或奖励制度，对以进养出实行退税制度。

第四，鼓励新的工业发明，引进外国专利。

汉密尔顿的保护贸易政策主张把法律手段、行政手段与经济手段结合起来，以法律手段为主推行其保护贸易政策，一切以本国利益为转移。其政策主张对美国经济发展以及美国的产业革命都起到过积极的作用，对美国后来的贸易政策也产生了很大的影响。

德国在 19 世纪 70 年代以后，新兴的产业为避免外国工业品的竞争，使之能充分发展，便不断要求实施保护贸易措施。1879 年，俾斯麦改革关税，对钢铁、纺织品、化学品、谷物等征收进口关税，并不断提高关税，而且与法国、奥地利、俄国等进行关税竞争。1898 年，又通过修正关税法，成为欧洲高度保护贸易的国家之一。

6.4.2 保护贸易政策的理论依据

保护贸易的理论，就其影响而言，李斯特的保护幼稚工业的理论具有代表性。

李斯特（F. List，1789—1846 年）是德国历史学派的先驱者，早年在德国提倡自由主义，自 1825 年出使美国以后，受到汉密尔顿的影响，并亲眼见到美国实施保护贸易政策的成效，转而提倡贸易保护主义。他在 1841 年出版的主要代表作《政治经济学的国民体系》一书中，系统地阐述了保护幼稚工业理论。李斯特的保护贸易政策主张主要分为以下几个方面。

1. 对古典派自由贸易理论提出批评

（1）指出“比较成本说”不利于德国生产力的发展

李斯特认为，向外国购买廉价的商品，表面上看起来是合算一些，但是这样做的结果是德国的工业就不可能得到发展，从而会长期处于落后和从属于外国的地位。如果德国采取保护关税政策，一开始会使工业品的价格提高，但经过一段时间，德国工业得到充分发展，生产力将会提高，商品生产费用将会下降，商品价格甚至会低于外国进口的商品价格。

（2）批评古典派自由贸易学说忽视了各国历史和经济上的特点

古典派自由贸易理论认为，在自由贸易下，各国可以按地域条件、按比较成本形成和谐的国际分工。李斯特认为，这种学说是一种世界主义经济学，它抹杀了各国的经济发展与历史的特点，错误地以“将来才能实现”的世界联盟作为研究的出发点。李斯特根据国民经济完成程度，把国民经济的发展分为五个阶段，即“原始未开化时期、畜牧时期、农业时期、农工业时期、农工商业时期”。各国经济发展阶段不同，采取的贸易政策也应不同。处于农业阶段的国家应实行自由贸易政策，以利于农产品的自由输出，并自由输入外国的工业产品，以促进本国农业的发展，并培育工业化的基础；处于农工业阶段的国家，由于本国已有工业发展，但并未发展到能与外国产品相竞争的地步，故必须实施保护关税制度，使它不受外国产品的打击；而处于农工商阶段的国家，由于国内工业产品已具备国际竞争能力，国外产品的竞争威胁已不存在，故应实行自由贸易政策，以享受自由贸易的最大利益，刺激国内产业进一步发展。

李斯特认为英国已达到最后阶段（农工商业时期）；法国在第四阶段与第五阶段之间；德国与美国均在第四阶段；葡萄牙与西班牙则在第三阶段。因此，李斯特根据其经济发展阶段说，主张当时德国应实行保护工业政策，促进德国工业化，以对抗英国工业产品的竞争。

（3）主张国家干预对外贸易

自由贸易理论视国家为被动的警察（Passive Policeman），李斯特则把国家比喻为国民生活中如慈父般的有力指导者。他认为，国家的存在比个人的存在更为重要，国家的存在，是个人与人类全体的安全、福利、进步以及文化等的第一条件。因此，个人的经济利益应从属于国家财富的增进与维持。他还认为，国家在必要时得限制国民经济活动，以保持其经济利益。他以风力和人力在森林成长中的作用比喻国家在经济发展中的重要作用，他说："经验告诉我们，风力会把种子从这个地方带到那个地方，因此荒芜也会变成稠密的森林，但是要培养森林，就得静等着风力作用，让它在若干世纪的过程中来完成这样的转变，世界上有这样愚蠢的办法吗？如果一个植林者选择树秧，主动栽培，在几十年内会达到同样的目的，这难到不算是一个可取的办法吗？历史告诉我们，有许多国家，就是由于采取了那个植林者的办法，胜利实现了他们的目的。"因此，李斯特主张，在国家干预下实行保护贸易。

2. 保护的对象与时间

李斯特保护贸易政策的目的是促进生产力的发展。经过比较，李斯特认为应用动力与大规模机器的制造工业的生产力远远大于农业。他认为着重农业的国家，人民精神萎靡，一切习惯与方法偏于守旧，缺乏文化福利与自由，而着重工商业的国家则不然，其人民充满增进身心与才能的精神。他提出保护对象的条件是：（1）农业不需保护，只有那些刚从农业阶段跃进的国家，距离工业成熟尚远，才适宜于保护。（2）一国工业虽然幼稚，但在没有强有力的竞争者时，也不需要保护。（3）只有刚刚开始发展且有强有力的外国竞争者的幼稚工业才需要保护。李斯特提出的保护时间以 30 年为最高期限。

3. 保护幼稚工业的主要手段

通过禁止输入与征收高关税的办法来保护幼稚工业，以免税或征收轻微进口税方式鼓励复杂机器进口。

为保护幼稚工业，李斯特提出：对某些工业品可以实行禁止输入，或规定的税率事实上等于全部或部分禁止输入，同时，对凡是在专门技术与机器制造方面还没获得高度发展的国家，一切复杂机器的输入应当允许免税，或只征收少量的进口税。

4. 对不同的工业实行不同程度的保护

李斯特认为，对某些工业品，可以实行禁止输入或规定税率，事实上等于全部或部分禁止输入或税率较前者略低，从而对输入产生限制作用，但是，对生产高档奢侈品的工业，只需要最低限度的保护。

6.4.3 对李斯特保护幼稚工业理论的评价

1. 李斯特保护贸易学说在德国工业资本主义的发展过程中曾起过积极的作用

它促进了德国资本主义的发展，有利于资产阶级反对封建主义势力的斗争。保护关税又分为两派，第一派在德国以李斯特为代表，这一派从来不以保护手工劳动为己任，相反地，他们之所以要求保护关税，是为了用机器挤掉手工劳动，用现代的生产代替宗法式的生产。

2. 李斯特的保护贸易理论存在许多缺陷

首先，他对生产力这个概念理解是十分错误的，对影响生产力发展的各种因素的分析也很混乱，以至于提出“工业的生产力比农业的生产力高得多”的错误说法。

其次，他以经济部门作为划分经济发展阶段的基础是不科学的，因为这歪曲了社会经济发展的真实过程。

3. 李斯特的保护贸易理论是积极的

其保护的对象以将来有前途的幼稚工业为限，对国际分工和自由贸易的利益也予以承认。换言之，他主张以保护贸易为过渡时期，而以自由贸易为最后目的。其保护也是有限度的，不是无限度的。李斯特的理论对经济不发达国家有重大的参考价值。

6.5 超保护贸易政策

6.5.1 超保护贸易政策的兴起

19 世纪末 20 世纪初，资本主义经济发生了巨大的变化，垄断代替了竞争，垄断成为一切社会经济生活的基础。由于第二次科技革命的推动，各国工业迅速发展，一些后起的资本主义国家完成了产业革命，世界市场的竞争空前激烈。两次严重的世界性经济危机使资本主义的商品销路发生严重困难，市场矛盾尖锐化。各国为了垄断国内市场和争夺国外市场先后走上了贸易保护主义道路。1929—1933 年经济大危机爆发后，包括英国在内的所有经济强国都卷入到保护贸易浪潮之中，新重商主义开始盛行，这一阶段的保护贸易政策与以往不同，被称为超保护主义贸易政策。在两次世界大战之间，超保护主义贸易政策空前发展，突出表现为：许多国家都通过提高关税、实行外汇管制、数量限制等措施限制外国产品进入本国市场。两次世界大战发展起来的超保护贸易政策，被各国经济学家用各种理论加以粉饰，其中有重大影响的是凯恩斯主义的对外贸易乘数理论。

凯恩斯（John Mayard Keynes，1883—1946 年）是英国经济学家，凯恩斯主义的创始人。他的代表作是 1936 年出版的《就业、利息和货币通论》。凯恩斯并没有一套完整的国际贸易理论，也没有一本系统地论述国际贸易的专门著作，但是他和他的弟子们有关国际贸易的观点和论述却为超保护贸易政策提供了重要的理论依据。

1. 凯恩斯立场的转变

在 1929—1933 年资本主义大危机以前，凯恩斯是一个自由贸易论者。当时，他否认保护贸易政策会有利于国内的经济繁荣与就业。在大危机以后，凯恩斯改变立场，转而推崇重商主义，他认为重商主义保护贸易的政策确实能够保证经济繁荣，扩大就业。

2. 对古典派自由贸易理论的批评

凯恩斯与其追随者认为传统的外贸理论不适用于现代社会。古典派的贸易理论是建立在国内充分就业这个前提下的。他们认为，国与国之间的贸易应当是进出口平衡，以出口抵偿进口，即使由于一时的原因或由于人的力量使贸易出现顺差，这也会由于贵重金属移动和由此产生的物价变动得到调整，进出口仍归于平衡。他们认为不要为贸易出现逆差而担忧，也不要为贸易出现顺差而高兴。故主张自由贸易政策，反对人为的干预。

凯恩斯与其追随者认为古典派自由贸易理论过时了。首先，20 世纪 30 年代，大量失业存在，自由贸易理论"充分就业"的前提条件已不存在。其次，凯恩斯和其追随者认为，古典派自由贸易论者虽然以"国际收支自动调节说"

说明贸易顺、逆差最终均衡的过程，但忽略了在调节过程中对一国国民收入和就业所产生的影响。他们认为应当仔细分析贸易顺差与逆差对国民收入和就业的作用，他们认为贸易顺差能增加国民收入，扩大就业，而贸易逆差则会减少国民收入，加重失业。凯恩斯曾指出，总投资包括国内投资和国外投资，国内投资额由“资本边际效益”和“利息率”决定，对外投资量由贸易顺差大小决定。贸易顺差可为一国带来黄金，扩大支付手段，降低利息率，刺激物价上涨，扩大投资，有利于缓和国内危机和扩大就业量。因此，他们赞成贸易顺差，反对贸易逆差。

3. 对外贸易乘数（Foreign Trade Multiplier）理论

对外贸易乘数理论是凯恩斯投资乘数在对外贸易方面的运用。为证明增加新投资对就业和国民收入的好处，凯恩斯提出了投资乘数理论。

凯恩斯把反映投资增长和国民收入扩大之间的依存关系称为乘数或倍数理论。它的意思是说，新增加的投资引起对生产资料的需求增加，从而引起从事生产资料的人们（企业主和工人）的收入增加，他们收入的增加又引起对消费品需求的增加，从而又导致从事消费品生产的人们收入的增加，如此推演下去，结果由此增加的国民收入总量会等于原增加投资量的若干倍。凯恩斯认为，增加的倍数取决于“边际消费倾向”，如果“边际消费倾向”为零，就是说，人们将增加的收入全部用于储蓄，而一点也不消费，那么，国民总收入就不会增加。如果“边际消费倾向”为1，就是说，人们将增加的收入全部用于消费，而一点也不储蓄，那么，国民收入增加的倍数将为1+1+1+1+1+1……到无限大。如果“边际消费倾向”介于零与1之间，即人们将增加的收入以1/2或1/3或1/4用于消费，则国民收入增加的倍数将在1和无限大之间（0<倍数<∞）。乘数K的计算公式是：

$$K=1/(1-\text{边际消费倾向})$$

国民所得的增加（ΔY）=乘数（K）×投资的增加量（ΔI）

举例说明如下：

如投资的增加量为1，“边际消费倾向”为0，则乘数为1，国民所得的增加=［1/（1-0）］×1=1。

如投资的增加量为1，“边际消费倾向”为1，则乘数1/（1-1）为∞，国民所得的增加=∞×1=∞。

如投资的增加量为1，“边际消费倾向”为1/2，则乘数1/（1-1/2）为2，国民所得的增加=2×1=2。

在国内投资乘数理论的基础上，凯恩斯的追随者们引申出对外贸易乘数理论。他们认为，一国的出口和国内投资一样，有增加国民收入的作用，一国的进口，则与国内储蓄一样，有减少国民收入的作用。当商品劳务出口时，从国外得到的货币收入，会使出口产业部门收入增加，消费也增加，它必然引起其他产业部门生产增加，就业增加，收入增加……如此反复下去，收入增加量将为出口增加量的若干倍。当商品劳务进口时，必然向国外支付货币，于是收入减少，消费随之下降，与储蓄一样，成为国民收入中的漏洞。他们得出结论，只有当贸易为出口或国际收支为顺差时，对外贸易才能增加一国就业量，提高国民的收入，此时，国民收入的增加量将为贸易顺差的若干倍。这就是对外贸易乘数理论的含义。

如何计算对外贸易顺差对国内就业和收入影响的倍数呢？凯恩斯的追随者们提出许多公式，仅举一式说明。

设 ΔY 代表国民收入的增加额，ΔI 代表投资的增加额，ΔX 代表出口的增加额，ΔM 代表出口进口增加额，K 代表乘数。

则计算对外贸易顺差对国民收入的影响倍数公式为：

$$\Delta Y = [\Delta I + (\Delta X - \Delta M)] \cdot K$$

在 ΔI 与 K 一定时，则贸易顺差越大，ΔY 越大；反之，如贸易差额是逆差时，则 ΔY 要缩小。因此，一国越是扩大出口，减少进口，贸易顺差越大，对本国经济发展作用越大。由此，凯恩斯和追随者的对外贸易乘数理论为超保护贸易政策提供了理论根据。

4. 对外贸易乘数理论的局限性

假定国内已经处在充分就业状态，这时出口继续增加意味着总需求的进一步增加，从而将出现过度需求，引起通货膨胀。这时，出口增加所引起的总需求增加与投资增加所引起的总需求增加有所不同。增加投资虽会引起通货膨胀，但过一段时期以后将会形成新生产能力，供给将增加，从而在一定程度上抵消过度需求。但是，出口所形成的过度需求本身并不能形成生产能力，只会引起通货膨胀。因此，在国内充分就业时，如果扩大出口，就应当相应地增加进口，以避免出现因过度需求引起的通货膨胀。

从世界市场的角度出发，假定其他一切条件不变（包括世界的总进口价值不变)，这时，除非降低出口商品的价格，否则出口将无法继续增加。但是，如果降低出口商品的价格，那么私人企业就会因利润率的下降而不愿扩大产量。所以，对外贸易乘数的作用只有在世界总进口值增加的条件下才能发挥出来。这就是说，只有世界总进口值增加了，一国才能连续扩大出口，并通过出口来增加本国国民收入和国内就业。

不可否认，对外贸易顺差在一定条件下可以增加国民收入、增加就业。但如果为了追求贸易顺差，不加节制地实行“奖出限入”政策，势必导致关税、非关税壁垒盛行，使贸易障碍增多，发生各种贸易战，从而阻碍整个国际贸易的发展。

6.5.2 其他支持超保护贸易政策的观点

1. 国内市场扭曲的超保护贸易观点

该理论主张当国内市场由于外部经济、工资差额、生产要素的非移动性等“扭曲”的存在，使价格机制未能充分发生作用，而出现阻碍资源最佳利用的状态时，根据“次佳原理”（Second-best Theory），采取保护措施。换言之，当“扭曲”已经存在，而又不能避免时，以人为的“扭曲”抵消原来“扭曲”产生的不良影响，提高经济福利。故当国内市场存在“扭曲”时，采取关税等保护贸易措施，比实行自由贸易更好。

2. 改善贸易条件的超保护贸易观点

进口国家课征关税或实行数量限制时，可能促使出口国家的价格下跌，从而改善进口国家贸易条件。此种情形，在下列条件下，尤为显著。

第一，课征关税或采取数量限制国家的进口额，占该商品世界进口总额的比重较大。第二，该商品的输出供给弹性较小。

3. 维持高水平工资的超保护贸易观点

在各国工资水平不同的状态下，一些工资水平高的国家认为：经济发展比较落后而劳动力相对丰富的国家的工资水平较低，故其生产成本也较低，如自由进口这些国家的产品，则本国产品势必难以与他竞争，其结果会使本国难以维持较高的工资水平与生产水平。为了维持本国较高的工资水平，避免廉价劳工产品的竞争，故必须实施保护关税。此种保护理论过分夸大了工资在商品成本构成中的作用。

4. 增加国内就业的超保护贸易观点

对外国商品课征保护关税，可减少进口，因而可以刺激国内生产，增加国内就业。但是此项效果，须在其他国家不采取报复措施的情况下才能产生。

5. 反倾销的超保护贸易观点

所谓倾销是指低于正常价格或不合理的低廉价格向外出口。当进口国发现本国产业由此而受到严重损害时，要对此类外国产品课征关税，以抵消其倾销效果，保护国内产业。这就是反倾销的保护理论。

课征反倾销税的最大困难在于，各国对倾销的解释不尽相同，可能滥用此项保护。

6. 改善贸易收支或国际收支的超保护贸易观点

征收关税与限制进口措施，可减少一国的输入，有助于改善贸易收支或国际收支的较大逆差，在通货膨胀与金融危机时，此种保护理论最为流行。但此项保护措施的作用，只有在其他国家不进行报复时才有效。

7. 作为报复手段与谈判手段的超保护贸易观点

当一国的出口因其他国家课征关税而受到损害时，转而对该国商品的进口也征收关税，此谓报复关税。报复关税的目的，在于使对方国家了解关税对相互贸易的损害，而促使彼此互相取消或减让关税，即把关税作为谈判的手段。

8. 国防或国家安全的超保护贸易观点

一国以国防或国家安全为根据实行超保护贸易的主要理由为：自由贸易使各国在经济上相互依存，一旦战争发生，致使国外供给剧减或断绝时，其国防力量必大受影响。因此，对有关战略物资的生产，要加以保护，以加强国防力量，维护国家的安全。

6.6　“二战”后的贸易政策

6.6.1　历史背景

第二次世界大战后，世界政治经济形势发生了深刻的变化，这种变化也引起发达国家对外贸易政策的重大变化，先后出现两种主要倾向。“二战”后，从20世纪50年代到70年代初，随着世界各国经济的普遍恢复和迅速发展出现了贸易自由化倾向。从20世纪70年代中期开始的世界性通货膨胀曾一度促进了各经济发达国家贸易自由化的发展，但1974—1975年的世界经济危机使之又趋于停顿，从1977年起保护主义再度兴起。

6.6.2 贸易自由化

1. 贸易自由化的主要表现

从20世纪50—70年代初的贸易自由化表现如下：

(1) 关税大幅度削减

第一，在关税与贸易总协定成员国范围内，大幅度地降低关税。从1947年到1986年以来的七次多边贸易谈判中，各缔约国的平均进口最惠国待遇税率已从50%左右下降到5%左右。当时的欧洲经济共同体实行关税同盟，对内取消关税，对外通过达成关税减让的协议，使关税大幅度下降。通过普通优惠制的事实，发达国家对来自发展中国家和地区的制成品和半制成品的进口给予普通的、非歧视和非互惠的关税优惠。

第二，欧洲经济共同体实行关税同盟，对内取消关税，对外通过谈判，达成关税减让的协议，导致关税大幅度地下降。

关税同盟是欧洲经济共同体建立的重要基础。根据罗马条约的规定，关税同盟从1959年1月1日起分三个阶段减税，于1970年1月1日完成。实施的结果，共同体原六国之间的工业品和农产品的自由流通，分别提前于1968年7月和1969年1月完成。1973年1月英国、爱尔兰和丹麦三国加入共同体后，按照协议规定，它们与原六国之间也分期减税。到1977年7月1日，三国与原六国之间在工业品与农产品方面也分别实现了全部互免关税，从而扩大了共同体内部的贸易自由化。

从1973年开始，欧洲经济共同体与欧洲自由贸易联盟之间逐步降低工业品关税，到1977年7月1日，实现工业品互免关税，从而建立起一个包括17国在内的占世界贸易40%的工业品自由贸易区。

继1963年和1969年签订的两个洛美协议以后，共同体国家同非洲、加勒比和太平洋地区的46个发展中国家于1975年2月28日在多哥首都签订了《欧洲经济共同体—非洲、加勒比和太平洋（国家）洛美协定》（简称洛美协定）。根据该协定规定，共同体对来自非、加、太等国家的全部工业品和96%的农产品进口给予免税输入的待遇。1979年10月签订了第二个洛美协定，1986年又签订了第三个洛美协定。

此外，欧洲经济共同体还与地中海沿岸的一些国家、阿拉伯国家和东南亚国家联盟等缔结了优惠贸易协定。

第三，通过普通优惠制的实施，发达国家对来自发展中国家和地区的制成品和半制成品的进口给予普通的、非歧视和非互惠的关税优惠。

（2）关税壁垒的降低或撤销

战后初期，各经济发达国家对许多商品进口实行严格的进口限制、进口许可证和外汇管制等措施，以限制商品进口。随着经济的恢复和发展，这些国家都在不同程度上放宽了进口数量限制，扩大进口自由化，增加“自由进口”的商品；放宽或取消外汇管制，实行货币自由兑换，促进贸易自由化的发展。

到60年代初，参加关贸总协定的经济合作与发展组织成员国之间的进口数量限制已取消了90%；到1961年，欧洲经济共同体成员国之间已取消了工业品进口数量限制；农产品进口数量限制也随着农产品内部关税削减而逐步取消。与此同时，欧洲经济共同体对外部的国家和地区的某些商品的数量限制也有所放宽。

随着经济的恢复与国际收支状况的改善，发达资本主义国家都在不同程度上放宽或解除了外汇限制，恢复了货币自由兑换，实行外汇自由化。

（3）战后贸易自由化带有一种非均衡的趋势

战后贸易自由化与各经济发达国家的经济发展，特别是美国、西欧和日本的经济发展，跨国公司的迅猛增加与对外扩张的加强有着密切的联系。美国是其倡导者和积极推进者。战后贸易自由化是在国家垄断资本主义日益加强的条件下发展起来的，与自由竞争时期的自由贸易不同，它不代表资本主义上升时期的工业资产阶级利益，而反映了垄断资本的利益。一般情况下，由于各垄断集团实力不同，对贸易自由化的实施所持的态度也不尽相同，因此这种自由化的发展是不平衡的。它在一定程度上与贸易保护措施相结合，是一种有选择的贸易自由化，其中工业制成品的贸易自由化超过了农产品的贸易自由化；机器设备的贸易自由化超过了工业消费品的贸易自由化；区域性经济集团内部的贸易自由化超过了集团对外的贸易自由化；各个经济发达国家之间的贸易自由化超过了它们对广大发展中国家的贸易自由化。

2. 贸易自由化的主要特点

第一，第二次世界大战后，美国成为资本主义世界最强大的经济和贸易国家。为了对外经济扩张，美国积极主张削减关税，取消数量限制，成为贸易自由化的积极推行者。

第二，战后贸易自由化的经济基础雄厚。战后贸易自由化席卷全球，除去美国对外扩张，还有更重要的原因，诸如生产的国际化、资本的国际化、国际分工的纵横发展、西欧和日本经济的迅速恢复和发展、跨国公司的大量出现，它们反映了世界经济和生产力发展的内在要求。而历史上的自由贸易则反映了英国工业资产阶级一国资本自由扩张的利益与要求。

第三，战后贸易自由化是在国家垄断资本主义日益加强的条件下发展起来的，主要反映了垄断资本的利益；而历史上的自由贸易则代表了资本主义上升时期的工业资产阶级的利益与要求。

第四，战后贸易自由化主要是通过1947年关税与贸易总协定和世界贸易组织在世界范围内进行的。此外，区域性关税同盟、自由贸易区、共同市场等地区性经济合作，也均以促进国际商品的自由流通、扩展自由贸易为宗旨。

第五，战后贸易自由化是在新的历史条件下进行的。第二次世界大战后，一批社会主义国家产生了；原来的殖民地、附属国成为新型的发展中国家，它们在贸易自由化发展中是不平衡的。

发达资本主义国家之间贸易自由化超过它们对发展中国家和社会主义国家的贸易自由化。发达资本主义国家根据关税与贸易总协定等国际多边协议的规定，较大幅度地降低彼此之间的关税和放宽相互之间的数量限制。但对于第三世界发展中国家的一些商品，特别是劳动密集型产品去征收较高的关税，并实行其他的进口限制。而发达资本主义国家对社会主义国家的关税壁垒、非关税壁垒都高于对发展中国家的关税壁垒与非关税壁垒。不仅如此，发达资本主义国家对社会主义国家还实行出口管制。

区域性经济集团内部的贸易自由化超过集团对外的贸易自由化。以欧洲经济共同体为例，根据《罗马条约》的规定，对内取消关税与其他进口限制，商品在成员国之间自由流通，实行了完全的贸易自由化；对外却在区域性贸易壁垒的基础上有选择、有限度地实行部分贸易自由化。

商品上的贸易自由化范围也不一致。表现在：其一，工业制成品上的贸易自由化超过农产品上的贸易自由化。战后发达资本主义国家工业生产迅速恢复和发展，生产国际化和专业化日益加强，跨国公司迅猛发展，工业制成品的生产对国外市场的依赖性日益增强。为了促进在工业制成品和半制成品方面的贸易，它们之间便在工业制成品和半制成品方面竭力推行贸易自由化。但是，在农产品方面，为了保护本国农产品生产和保护高昂的农产品价格，维护农场主的利益，许多发达资本主义国家继续对农产品实行严格的贸易保护措施。在多边的或双边的贸易谈判中，它们极力把农产品排除在贸易自由化之外，从而大大地阻碍与减缓了农产品贸易自由化的发展。其二，机器设备的贸易自由化超过了工业消费品的贸易自由化。随着战后科学技术的发展，各工业部门之间，特别是工业部门内部的分工与协作日益加强，促使了机器设备的贸易迅速发展。但是，在一些工业消费品方面，特别是所谓“敏感性”的劳动密集型产品，如纺织品、鞋、罐头食品、皮革制品等却受到了所谓“工资低”、“原料低廉”、“竞争力强”的国家或地区的同类产品的竞争。因此，一些发达资本主义国家继续采取进口限制措施，阻碍和延缓了贸易自由化的发展。

第六，战后贸易自由化促进了世界经济的高速发展。

6.6.3　新贸易保护主义

20世纪70年代中期以后，在国际贸易自由化中出现了新贸易保护主义。

1. 新贸易保护主义的主要特点

(1) 被保护的商品不断增加

被保护的商品从传统产品、农产品转向高级工业品和劳务部门。1977年欧洲经济共同体对钢铁进口实行限制；1978年，美国对进口钢铁采取“起动价格”；1977年到1979年，美国、法国、意大利和英国限制彩电进口；进入80年代以来，美国对日本汽车实行进口限制，迫使日本实行汽车的“自愿出口限额”，加拿大、原联邦德国也相继采取限制汽车进口的措施；1982年，美国与欧洲经济共同体签订钢铁的“自愿”出口限额进一步升级，把限制的种类从棉类、合成纤维扩大到棉麻、棉丝混纺织品；高级技术产品如数控工作母机和半导体等也被纳入保护范围。此外，加强了劳务上的保护主义，如签证申请、投资比例、限制收入汇回，等等。

(2) 贸易保护措施多样化

①按照有效保护税率设置阶梯关税。

②加强了征收“反补贴税”和“反倾销税”的活动。从1980年到1985年，发达国家的反倾销案多达283起，涉及44个国家。

③非关税壁垒不断增高。非关税壁垒措施已从70年代末的800多种增加到80年代初的1000多种。

④在“有秩序地销售安排”（Orderly Marketing Arrangement, OMA）和“有组织的自由贸易”（Organized Free Trade）的口实下，绕过关贸总协定的基本原则，实行“灰色区域措施”（Grey Area Measures）。

(3) 贸易保护制度转向更系统化

①发达国家实行的贸易保护主义措施，随着政府管理贸易而不断充实和调

整，成为对外贸易体制中的重要组成部分。

②把外贸政策法制化，给贸易保护主义披上法律的外衣。西方国家管理外贸的法律已由单行的法律，发展成为以外贸法为中心的、与其他方面的国内法相配合的一个整体。

另外，各国“奖出限入”措施的重点从限制进口转向出口，各国加强了从财政、组织和精神上促进出口的措施。

2. 新贸易保护主义对国际贸易发展的影响

（1）保护的程度不断提高

在整个发达国家制成品的消费中，受限制商品从1980年的20%提高到1983年的30%。

（2）保护措施扭曲了贸易流向

数量限制影响了产品贸易的性质，改变了进口的地理方向。为了打破出口数量的限制，出口国家努力在受限制的商品组中扩大市场，从而扩大了数量固定下的贸易额。

（3）贸易措施推动价格上涨

歧视性的数量限制使被保护市场产生了价格提高的压力。首先，受限最多的国家和地区是那些成本最低的国家和地区。其次，进口商品价格的提高成为同类产品生产厂商的重要的“价格保护伞”。随着保护的加强，以进口商品抵消价格上升的作用减弱，增强了价格提高的压力。例如，由于第二个多种纤维协定，英国衣服零售价平均提高了20%，品质较低的种类，如工装价格提高30%到50%。由于“自愿”出口限额，日本对美国出口汽车平均价格远远高于没有“自愿”出口限额时期，从1981年到1983年，每辆日本车价格分别提高185美元、359美元和831美元。

（4）进口限制未能有效地维持就业

从实践看，进口限制对保护部门的就业的影响有限。首先，即使是在最面向国际竞争的产业，贸易对就业水平只起次要作用；其次，由于贸易转向，歧视性的限制对整个进口量有一定的限制作用；再次，以进口代替国内生产的范围受到限制。因此，以进口限制保护国内就业的程度不如改变宏观经济环境带来的比重大。

（5）新贸易保护主义使发达国家付出了巨大代价

以农产品为例，发达国家对农业生产的支持和贸易政策不仅限制了外国供应者，扭转了贸易流向，而且造成了诸如糖、肉类、谷物、奶制品等产品的大量剩余。为了削减日益增加的储存成本，防止变质和浪费，发达国家采取了出口价格补贴，进行销售援助，按加工程度提高农产品进口壁垒，为此，发达国家付出了巨大的代价，美国、欧洲经济共同体和日本在农业援助方案和出口补贴方面共支付了 420 亿美元。

（6）新贸易保护主义伤害了发展中国家和社会主义国家

首先，它们受到的非关税壁垒的影响程度远远超过发达国家。在发达国家除燃料以外的所有进口商品中，受到非关税壁垒限制的比重，发达经济国家从 1981 年的 17.2% 上升到 1986 年的 21.1%；而同期，发展中国家从 25.3% 上升到 26.2%；社会主义国家从 30.9% 上升到 33.3%。发达国家对来自发展中国家和社会主义国家的制成品、纺织品与服装上实行的非关税壁垒措施影响的程度，均大大高于来自其他发达国家的同类产品（见表 6-1）。

表 6-1　**发达国家对各类进口国家产品实行非关税壁垒措施影响程度的比重（%）**

贸易伙伴	除燃料以外的所有产品		制成品		纺织品和服装	
	1981 年	1986 年	1981 年	1986 年	1981 年	1986 年
全体	19.6	22.7	18.6	20.5	54.8	55.8
发达市场经济国家	17.2	21.1	15.4	17.8	21.3	28.2
发展中国家	25.3	26.2	31.3	31.0	71.8	73.4
主要制成品出口国家	28.3	28.9	31.3	30.0	76.5	76.7
最不发达国家	12.4	12.1	28.0	27.2	36.5	35.2
其他发展中国家	23.0	24.2	31.5	34.6	64.7	68.9
社会主义国家	30.9	33.3	41.3	43.0	74.5	75.2

资料来源：1987 年 3 月 2 日贸发会议秘书处的报告。

其次，贸易保护主义加重了发展中国家的债务负担。由于发达国家贸易保护主义的加强，影响了发展中国家的出口。据统计，只要发达国家降低对肉类、糖、小麦和玉米等关税和减少非关税壁垒，发展中国家就可多出口 96 亿美元，由于出口减少，发展中国家债务占出口的比重从 70 年代的 15% ~16% 提高到 1982—1983 年的 24%。

（7）新贸易保护主义正在减少发达国家和发展中国家的国内生产总值

经济合作发展组织国家逐步增加的保护相当于提高 15% 的关税，使中等收入的进口石油的发展中国家国内生产总值遭受了3.5%左右的损失，发达国家也因此付出了同样的代价。

3. 新贸易保护主义不断加强的原因

新贸易保护主义的出现与加强有着深厚的经济和政治根源。

(1) 20世纪80年代以来，主要工业国家经济处于低速发展状态，失业率一直较高

整个工业发达国家国民生产总值的年平均增长率，除个别年份，一直处于低速增长，低于1968—1977年的3.5%；而失业率却大大高于1968—1977年的3.7%（见表6-2）。

表6-2　**1968—1986年工业发达国家的国民生产总值与失业率**

项目＼年份	1968—1977	1978	1979	1980	1981	1982	1983	1984	1985	1986
国民生产总值年平均增长率（%）										
整个工业发达国家	3.5	4.2	3.4	1.2	1.4	-0.4	2.6	4.6	3.0	2.5
其中7个主要国家*	3.4	4.6	3.4	1.1	1.6	-0.6	2.8	5.0	3.0	2.5
失业率（%）										
整个工业发达国家	3.7	5.2	5.1	5.8	6.8	8.2	8.7	8.2	8.1	8.3
其中7个主要国家*	4.0	5.1	5.0	5.6	6.5	8.3	8.3	7.6	7.4	7.4

* 指加拿大、美国、日本、法国、联邦德国、意大利和英国。

资料来源：国际货币基金组织，《世界经济展望》，1986年10月；经济合作发展组织，《观察家》，1987年8月、9月。

(2) 主要工业发达国家的对外贸易发展不平衡，美国贸易逆差急剧上升，美国成为新贸易保护主义的重要发源地

70年代中期以后，美国对外贸易逆差不断加重。同期，美国对日本、原联邦德国的对外贸易逆差加重，为了减少贸易逆差，美国一方面迫使对它有巨额贸易顺差的日本等国开放市场，另一方面加强限制和报复的进口措施。

(3) 国际货币关系的失调

汇率长期失调影响了国际贸易的正常发展，同时带来了巨大的贸易保护压

力。首先，浮动汇率迫使贸易商购买期货和“海琴”（Hedge）来保值，增加了交易成本，又引起价格、投资效益和竞争地位的变化。其次，汇率的过高与过低均易产生贸易保护主义的压力。

（4）政治上的需要

高失业率、工会力量的强大、党派的斗争和维护政府形象，大大增加了贸易保护主义的压力。如美国贸易保护主义的最大压力来自纺织工业部门。

（5）贸易政策的相互影响

随着世界经济相互依靠的加强，贸易政策的连锁反应也更敏感。美国采取了许多贸易保护措施，反过来它又遭到其他国家明的与暗的报复措施，使得新贸易保护主义蔓延与扩张。随着关贸总协定“乌拉圭回合”的结束、世界贸易组织的成立、最后文件的生效与执行，新贸易保护主义才逐渐受到抑制。

◎本章小结

西方主要资本主义国家在不同历史阶段上实行了不同的贸易政策。这些贸易政策可以被分为自由贸易政策与保护贸易政策两大类别。各种贸易政策的制定与实施都与各国当时的经济发展状况紧密相连。

◎关键术语

对外贸易政策　重商主义政策　自由贸易　保护贸易
超保护贸易政策　新贸易保护主义

◎思考题

1. 各国制定对外贸易政策的目的是什么？
2. 各国对外贸易政策包括哪几个部分？
3. 什么是重商主义？早、晚期重商主义有什么不同？
4. 自由贸易政策的理论基础是什么？
5. 李斯特的保护贸易学说有什么特点？
6. 什么是对外贸易乘数理论？从何演变而来？
7. 贸易自由化的主要表现是什么？
8. 新贸易保护主义的特点与起因是什么？

第7章 国家实施贸易政策的措施

7.1 关税措施

自20世纪50年代以来，经济全球化和区域一体化的发展迅速，服务贸易发展很快，关税大幅度下降，其在政策工具中的地位也随之降低，但到目前为止，货物贸易仍占据着重要位置，2007年，货物贸易和服务贸易分别占全球贸易的81%和19%。因此，关税措施作为最传统和最简单的贸易政策工具，在国际贸易中仍处于十分重要的地位。

7.1.1 关税的含义

关税（Customs Duty, Tariff）是指一国或地区的海关对经过其关境的进出口商品所征收的一种税。一个国家根据其政治经济等状况和需要，由政府设置在边境、沿海口岸或境内的水陆空国际交往通道上的海关机构，按照国家制定的关税税法、税则，对其进出关境的商品征收关税，是一国在一定时期内的经济贸易政策的具体体现。

海关是国家行政管理机构，其基本任务是根据本国法律、法规监管进出境的货物、行李物品、邮寄物品和其他物品，征收关税，查禁走私，编制海关统计和其他海关业务，其中征收关税是海关的一项重要职能。海关通常设置在边境、沿海口岸或境内的水陆空国际交往的通道。

关境（Customs Territory）又称税境或海关境域，是一国实施海关法的领土。货物只有在进出关境时才被视为进出口货物而征收关税。一般情况下，一国的关境与其国境是一致的，但也有两者不一致的情况，当一些国家在国境内设有自由港、保税区、出口加工区等免税区域时，关境的范围小于国境；当几国结成关税同盟，对内取消一切贸易限制，对外实行统一关税制度时，参加同盟国家的领土即为统一关境，对某一国而言，关境的范围就大于国境。

7.1.2　关税的特点

1. 关税是国家财政收入的一个重要组成部分

关税与其他税收一样，具有强制性、无偿性和预定性。强制性是指关税是凭借法律的规定，强制征收的，而不是自愿献纳的。凡要交税的，都要按照法律规定无条件地履行自己的义务，否则就要受到国家法律的制裁。无偿性是指征收的关税，除特殊情况外，都是国家向纳税人无偿取得的国库收入，国家不需付出任何代价，也不必把税款直接归还给纳税人。预定性是指国家事先规定一个征税的比例或征税数额，征税双方必须共同遵守执行，不得随意变化和减免。

2. 关税是一种间接税

按照纳税人的税负转嫁与归宿为标准，通常把税收分为两大类，即直接税和间接税。前者指由纳税人依法纳税并直接承担税负不能转嫁给他人；后者指由纳税人依法纳税，但可通过契约关系或交易过程，将税负一部分或全部转嫁给他人。换句话说，直接税由纳税人自己负担，不转嫁；间接税可在一定条件下由纳税人转嫁出去，由他人负担。

关税属于间接税，因为关税主要是对进出口商品征税，其税负可以由进出口商垫付税款，然后把它作为成本的一部分加在货物价格上。

3. 关税的税收主体和客体分别是进出口商和进出口货物

按纳税人与保税货物标准，税收可分为税收主体和税收客体。税收主体也称为课税主体，只指在法律上根据税法规定，负责纳税的自然人或法人，也称纳税人。税收客体也称课税客体或课税对象。

关税与一些国内税不同，关税的税收主体是本国进出口商。当商品进出国境或关境时，进出口商根据海关规定，向当地海关缴纳关税，他们是关税的主体，即关税的纳税人。关税的税收客体是进出口货物。

4. 关税是对外贸易政策的重要手段

是否征收关税，关税税率的高低，既影响着本国的经济和生产的发展，又影响着双边贸易往来和经济关系。通过调节关税的税率，能体现一国的对外贸易政策。

我国为了进一步发展对外贸易，加强国际经济关系，在与许多国家签订的贸易协定中都订有相互给予最惠国待遇的条款，不能给缔约国以任何歧视。所以关税政策的制定和执行，不仅要充分考虑国内的情况和需要，而且要充分考虑国际因素和国际影响。

7.1.3 关税的作用

1. 关税的积极作用

（1）可以增加一国的财政收入

在资本主义的前期和资本主义发展时期，征收关税的目的主要是增加国家的财政收入，所以也叫财政关税。这种税率不宜过高，否则会影响一国的进出口，达不到增加财政收入的目的。随着资本主义的发展，关税的这一作用逐渐减弱，被保护性关税所代替。

发展中国家由于生产相对落后，经济基础薄弱，国民收入还很低，国内税源有限，因此对征收财政关税依赖较大。就整个发展中国家来讲，关税占整个财政收入的比重仍在10%以上。近年来我国关税收入总量仍然呈上升趋势，2006年的关税收入达1 141.78亿元人民币，占我国当年财政收入的3%。

（2）可以保护国内市场

为保护本国的工业（特别是幼稚产业）或农业，对外国商品进口所征收的关税，叫保护关税。这种税率通常很高，有的甚至高达百分之几百，通过高关税提高进口产品的成本，削弱其竞争力。同时，进口商品价格的提高也带动了国内同类产品市场价格的提高，从而可以鼓励本国同类产品生产的积极性。

从出口方面看，对出口商品征收关税，可抑制出口，使国内市场得到充分供应，防止本国资源的大量外流。

（3）调节国内市场物价和市场供应

在世界经济条件下，以关税税率控制进出口商品的数量，保证市场供求平衡。例如，通过降低关税，方便进口，迫使国内同类商品价格下降，反之，价格上升。当国内某商品供不应求时，可降低关税，多进口一些外国商品，满足国内需求，并抑制国内商品价格的持续上涨。

（4）可作为涉外谈判的手段

关税一直与国际经济关系和外交关系有密切的联系，因此它经常是国际间签订友好贸易条约中的一个重要内容，如世界贸易组织的多边贸易条约，在经贸集团中互免关税是各成员国经济联盟的纽带之一。另外，在贸易谈判中，关税可以作为逼迫对方国家做出某些让步的手段。例如，1973年英国、丹麦、爱尔兰加入欧共体时，美国提出要西欧给予补偿，否则就要提高对意大利鞋和法国白兰地酒的进口关税，结果，欧共体被迫接受美国的要求，从 1975 年 1 月 1 日起对来自美国的 20 多种商品削减了进口税。

2. 关税的消极作用

(1) 增加消费者的负担

由于对进出口商品征收关税，提高了进出口商品的价格，增加了消费者的开支，加重了他们的财务负担。因为征收的进口或出口税，最后在商品出售时，都要加到物价中，消费者的负担就会增加。

(2) 保护过度，就会出现保护落后

关税虽然有保护本国生产和本国市场的作用，但如果分配制度过度，就会抑制先进产品、先进技术的进口，从而不适当地保护了本国的落后工业，使其养成依赖性，不努力提高自己的经营管理水平，不能参与国际竞争，长期处于落后地位。

(3) 不利于国际贸易的开展

由于征收进出口关税，阻碍了商品的流动，减少了进出口流量。如关税保护过度，也会影响自身的贸易发展，因为各国贸易都讲求进出平衡，有进有出，任何一方都不能只出不进，否则他方也会采用高关税，限制外国商品进口，结果只能是阻碍国际贸易的开展。

(4) 容易恶化贸易伙伴间的友好关系

如果关税保护不当，则容易引起与贸易伙伴间的矛盾，导致对方进行报复或采取相应的行动，不利于改善双方的贸易关系。

7.1.4　关税的种类

1. 按照征收对象和商品流向分类

(1) 进口税 (Import Duty)

进口税是指进口商品进入一国关境时或从自由港、出口加工区、海关保税仓库等地进入国内市场销售时，由该国海关根据海关税则对本国进口商所征收的一种关税。这是一种主要关税，又称为正税或正常进口关税。

进口税是保护关税的主要手段。通常所说的关税壁垒，主要就是指高额进口税，以此提高进口商品的成本，削弱其竞争力，起到限制进口的作用。进口税按差别待遇或税率的高低不同，主要分为最惠国税和普通税。最惠国税适用于签订有最惠国待遇条款的贸易协定的国家或地区之间的商品贸易。普通税则适用于没有签订贸易协定的国家或地区之间的商品贸易。

第二次世界大战后，大多数国家和地区通过签订贸易条约和协定，互相提供最惠国待遇。故最惠国税通常被称为正常关税，比普通税率低很多。

（2）出口税（Export Duty）

出口税是出口国家的海关在本国产品输往国外时，对出口商所征收的一种关税。

目前，大多数国家对绝大多数商品都不征收出口税或只征较低的出口税，主要是为保证本国产品在国外市场上的竞争力。但是，根据一国的具体情况，有时也会对一些出口商品征收出口税，主要是为保证国内稀有资源、工业原料和生活必需品的供应和使一些商品的出口能有序地进行。

（3）过境税（Transit Duty）

过境税又称通过税，是一国海关对通过其关境的外国货物所征收的关税，其目的是增加本国的财政收入。由于过境货物对过境国家或地区的生产、市场均无影响，故战后大多数国家都已废除了过境税，只对过境货物收取少量的签证费、印花费和统计费等。

2. 按照税收的目的分类

（1）财政关税（Revenue Tariff）

以增加国家财政收入为主要目的而征收的关税叫财政关税。这种税率一般较低，如过高反而达不到增加财政收入的目的，也不利于该国进出口的迅速发展。随着经济的发展，其他税源的增加，关税收入在国家财政收入中所占比重逐渐下降，财政关税就被保护关税所代替。

（2）保护关税（Protective Tariff）

以保护本国工业和农业发展为目的而征收的关税叫保护关税。其税率越高，保护程度越强，有时高得近乎“禁出”和“禁入”的程度。一些经济比较落后的国家往往采用保护关税，以保护和促进本国工业的发展。但帝国主义时期，国家垄断资本主义为了垄断国内市场，往往对高度发展的垄断工业或处于衰退难以与国外竞争的垄断工业征收保护关税，这种关税称为超保护关税。

3. 按照差别待遇和特定的实施情况分类

（1）进口附加税（Import Surtax）

一国对进口商品除征收一般进口正税外，还往往出于某种特定目的再加征进口税，所加征的进口税叫进口附加税。进口附加税通常是一种限制进口的临时性措施，又称特别关税。其目的主要有：应付国际收支危机、维持进出口平衡、防止外国商品低价倾销或作为贸易歧视或报复的手段。

在进口附加税中，一种是对所有进口商品征收。例如，1971 年，美国出现了 78 年来首次巨额贸易逆差，为了应付国际收支危机，美国政府实行新经济政策，对进口商品一律加征 10% 的进口附加税，以限制进口。另一种更常用的是针对个别国家和个别商品征收进口附加税，以限制特定国家或特定商品的进口。这类进口附加税主要有以下两种：

①反补贴税（Counter-Vailing Duty）。反补贴税又称抵消税或补偿税，是对于直接或间接接受任何奖金或补贴的外国商品进口所征收的一种进口附加税。凡进口商品在生产、制造、加工、买卖、输出过程中接受了来自政府或同业工会的奖金或补贴，并使进口国生产的同类产品遭受重大损失，都构成征收反补贴税的条件。反补贴税的额度一般按奖金或补贴的数额征收。

在国际贸易中，反补贴税被视为进口国抵御不公平贸易的正当措施。征收反补贴税的目的在于增加进口商品的成本，抵消出口国对该商品所进行的补贴，削弱其竞争能力，维护公平的竞争秩序。

②反倾销税（Anti-Dumping Duty）。为垄断和占领他国市场，以低于本国国内市场的销售价格，或人为把商品价格降到成本以下向别国销售，对这种实行倾销的进口商品所征收的进口附加税即为反倾销税。征收反倾销税的目的是抵制进口商品低价倾销，以保护本国产品和本国市场。因此，反倾销税税额一般按倾销差额征收，由此抵消低价倾销商品价格与该商品正常价格之间的差额。

确定是否有商品倾销，主要看本国产品的市场占有率和企业利润是否急剧下降。征收反倾销税主要由受损害企业投诉引起，经过有关部门对投诉的受理和裁决而实行。

投诉是由受到严重损害的企业向本国对外贸易仲裁机构、经济法庭或国际贸易仲裁机构提出，并递交投诉书。投诉书的内容包括：受到损害的严重程度；出口国别和出口商名称；进口商名称；进口价格和数量等。投诉一旦被受理，受理机构就要组织有关人员进行调查。

发达国家不仅通过征收反倾销税来阻止外国进口商品，而且还往往利用较长时间的“反倾销调查”，故意拖延时间，使调查实际上起到阻止该商品进口的作用，如美国的反倾销调查从 4 个月延长到 6 个月，在调查中有时还故意拖延更长的时间。

我国近年来遭到许多国家的反倾销指控和被征收反倾销税，给出口企业造成了不良后果。原因主要有：我方的低价倾销和不应诉、对方不承认我国为市场经济国家、不恰当地选择替代国等。

（2）差价税（Variable Levy）

差价税又称差额税，是当本国生产的某种产品的国内价格高于同类进口产品的价格时，为削弱进口商品的竞争力，保护本国生产和国内市场，按国内价格与进口价格之间的差额征收的一种关税。征收差价税的目的是使该种进口商品的税后价格保持在一个预定的价格标准上，以稳定进口国国内该种商品的市场价格。

因为差价税是随着国内价格与进口价格之间差额的变动而滑动的，所以也称滑动关税（Sliding Duty）。差价税的典型表现是欧盟曾为实施共同农业政策而对进口农畜产品征收此种关税，这是欧盟实行共同农业政策的过渡措施，已于1968年停止。

（3）特惠税（Preferential Duty）

特惠税又称优惠税，是指对从受优惠国家或地区进口的全部或部分商品，给予特别优惠的低关税或免税待遇，其他国家或地区不得引用最惠国待遇原则享受这种优惠待遇。使用特惠税的目的是为了增进与受惠国之间的友好贸易往来。特惠税有的是互惠的，有的是非互惠的。

特惠税最早始于宗主国与殖民地附属国之间的贸易。第二次世界大战后，最有影响的特惠税是《洛美协定》国家之间的，它是欧共体向参加协定的非洲、加勒比海和太平洋地区的发展中国家单方面提供的特惠税。

（4）普惠税（Generalized System of Preference，GSP）

普惠税是普惠制下的税制，普惠制是普遍优惠制的简称。它是发达国家承诺对从发展中国家或地区输入的商品，特别是制成品和半成品（包括某些初级产品）给予普遍的、非歧视的、非互惠的关税优惠制度。它是发展中国家在联合国贸易与发展会议（UNCTAD）上经过长期斗争，于1968年通过“建立普惠制决议”之后取得的，1971年正式实施。

根据联合国贸发会议第21号决议，普惠制的三项原则是：普遍的、非歧视的和非互惠的。“普遍的”是指发达国家对所有发展中国家或地区出口的制成品和半制成品给予普遍的优惠待遇；“非歧视的”是指对所有发展中国家一视同仁，使它们无一例外地享受普惠制待遇；“非互惠的”是指发达国家应单方面给予发展中国家或地区关税优惠，而不要求它们提供反向优惠。

普惠制实施的目的在于增加发展中国家和地区的外汇收益，促进发展中国家的工业化，加速经济增长。其作用是通过关税削减产生的价格影响来体现的。实践中，普惠制的使用给发展中国家的企业带来了许多具体好处。

目前的给惠国有：欧盟 27 国、日本、新西兰、挪威、瑞士、加拿大、澳大利亚、美国和俄罗斯。受惠国或地区达 170 多个，欧盟从 1981 年起给予中国普惠国待遇。

在实行普惠制的同时，给惠国本国有保护措施，包括：第一，要求商品有原产地证明书，以防别国商品混进；第二，对商品标准、受惠商品范围、数量限制都有明确规定。为此，各给惠国都指定了普惠制方案。

普惠制实施 30 年以来，确实对发展中国家的出口起了一定的积极作用，但由于各给惠国在提供关税优惠的同时，又指定了种种繁琐的规定和严厉的限制措施，使建立普惠制的预期目标还没有真正达到。

4. 按照关税的征收方法分类

（1）从量税（Specific Duty）

从量税是以商品的重量、数量、长度、容量、面积等计量单位为标准计征的关税，其中又以重量单位最常用。例如，美国对薄荷脑的进口征收从量税，普通税率为 50 美分每磅，最惠国税率为 17 美分每磅。征税时只要查明计量单位数，乘以税率，就可以计算出应纳税额，其计算公式是：

从量税税额 = 商品的量 × 从量税率

在从量税税率确定的情况下，税额与商品的量成正比，而与商品价格无直接关系。

从量税的优点是：首先，手续简便，无需审查货物的规格、品质、价格，便于计算。其次，对廉价进口商品抑制作用较大。由于单位税率固定，对低档商品进口与高档商品进口征收同样的关税，所以对低档商品进口不利。再次，当商品价格下降时，其保护作用加强。

从量税的缺点是：首先，税负不合理。同一税目的货物，不管质量好坏，价格高低，均按同一税率征收，税负相同。其次，税率固定，没有弹性，税额不能随物价涨落而增减，失去了市场的价格机能。当物价下跌时，保护作用增大；当物价上涨时，保护作用减小。再次，难以普遍采用，对部分不能以量计算的商品不适用，如古董、字画、钟表、钻石等。

第二次世界大战前，使用从量税的国家较多。战后，由于物价不断上涨，按从量税征收，等于降低关税，影响财政收入和保护作用，使用从量税的国家已经很少了。

(2) 从价税 (Ad Valorem Duty)

从价税是以进口商品的价格为标准计征的关税，其税率表现为货物价格的百分率。例如，美国对羽毛制品征收从价税，普通税率为60%，最惠国税率为4.7%。其计算公式是：

从价税税额=进口商品总值×从价税率

这里的商品总值是商品的完税价格。所谓完税价格是指经海关审定的作为计征关税依据的商品的价格，商品按此价格照章完税。世界各国所采用的完税价格标准很不一致，目前大致有三种：出口国离岸价格（FOB）、进口国到岸价格（CIF）和进口国的官方价格。

从价税的优点是：首先，税负合理。同类商品质高价高，税额也高，质次价低，税额也低。其次，税率明确，便于各国比较。再次，税负公平。税额随物价的涨落而增减，可抑制过分得利，减轻过分损失，财政收入和保护作用均不受影响。最后，征收方式简单，各种商品均可适用。

从价税的缺点是：完税价格不易掌握，征税手续复杂，大大增加了海关的工作负荷。

目前，单一使用从价税的国家不多，主要有埃及、巴西、墨西哥等发展中国家，中国也是其中之一。

(3) 混合税 (Mixed or Compound Duty)

混合税又称复合税，是指对某种进口商品同时征收从量税和从价税的一种计征关税的方式。其计算公式是：

混合税税额=从量税额+从价税额

按从量税和从价税在混合税中的主次关系不同，混合税又分为两种：一种是从量税为主加征从价税，即在对每单位进口商品征税的基础上，再按其价格加征一定比例的从价税。另一种是以从价税为主加征从量税，即在按进口商品价格征税的基础上，再按其数量单位加征一定数额的从量税。

美国采用混合税较多，例如，它对大、小提琴除征收每把21美分的从量税外，还加征6.7%的从价税。

(4) 选择税 (Alternative Duty)

选择税是指对某种进口商品同时订有从量税和从价税两种税率，而征收时，一般取其高者的一种计征关税的方式，有时也取低征收。在物价上涨时，使用从价税；在物价下落时，使用从量税。

选择税具有灵活性的特点，可以根据不同时期经济条件的变化，政府关税目的及国别政策进行选择。选择税的缺点是征税标准经常变化，令出口国难以预料，容易引起争议。

7.1.5　关税的执行

1. 关税征收的依据——海关税则

(1) 海关税则的含义

海关税则（Customs Tariff）又称关税税则，是一国对进出口商品计征关税的规章和对进出口的应税与免税商品加以系统分类的一览表。海关凭此征收关税，是国家关税政策的具体体现。

海关税则一般包括两个部分：一部分是海关课征关税的规章条例及说明，另一部分是关税税率表。关税税率表主要包括：税则号码（Tariff NO. 或 Heading NO. 或 Tariff Item），简称税号；商品分类目录（Description of Goods）；税率（Rate of Duty）。

第二次世界大战前，各国虽都有海关税则，但海关税则中内容安排各不相同。商品分类目录将种类繁多的商品或按加工程度分为原料、半成品、制成品；或按自然属性分为水产品、家产品、畜产品等；或按税率高低、字母顺序等把商品分为不同的类，且越来越细。这不仅给国际贸易带来诸多不便，而且容易产生矛盾。因此，在客观上要求编制一个国际间通用的税则目录。

1952 年，海关合作理事会对当时各国繁杂的税则分类加以整理，制定出了《海关合作理事会税则目录》（Customs Cooperation Council Nomenclature, CCCN），又称《布鲁塞尔税则目录》（Brussels Tariff Nomenclature）。该目录的分类原则是按产品的原料组成为主，结合商品的加工程度、制造阶段和最终用途来划分。它将全部商品分为 21 类、99 章、1015 项税目号。前 4 类（第 1 章 ~ 第 24 章）为农畜产品，其余 17 类（第 25 章 ~ 第 99 章）为工业制成品。

与此同时，出于贸易统计和研究的需要，联合国经社理事会下设的统计委员会于 1950 年编制并公布了《国际贸易标准分类》（Standard International Trade Classification, SITC）。

由于上述两种商品分类目录分别用于海关税则和贸易统计，海关合作理事会成立专门研究小组，研究能够满足海关、统计、运输、贸易等各个方面共同需要的商品编码协调制度。经过 10 年的努力，终于制定了《商品名称及编码协调制度》，简称《协调制度》（Harmonized System, HS），1988 年 1 月 1 日正式生效。

《协调制度》是综合的、协调的、多种用途的国际商品分类目录。该制度下商品被分成21类、96章、1241项税目、5019项子目。目前世界上近一百个国家采用这种分类目录，其中包括所有发达国家，我国也于1992年正式采用这一制度。

（2）海关税则的种类

海关税则中的同一商品，可以一种税率征收，也可以两种或两种以上税率征收。按照税率表的栏数，可将海关税则分为单式税则和复式税则两类。

①单式税则（Single Tariff）。单式税则又称一栏税则，是指对每一种应税商品，不论产于何地，一个税目只有一个税率。单式税则的特点是无歧视，对不同国家的同种商品实行同一待遇。目前，很少国家完全采用单式税则。

②复式税则（Complex Tariff）。复式税则又称多栏税则，是指同一税目下设有两个或两个以上的税率，对来自不同国家的进口商品采用不同的税率。复式税则的特点是歧视性，对不同国家的同种商品实行差别待遇。为了发挥关税的综合作用，体现贸易政策的差别，世界各国大多数国家都相继实行这种税。各国复式税则的税率从普通税到特惠税名目繁多，栏目从二栏、三栏、四栏不等。我国目前采用二栏税则，美国、加拿大等国实行三栏税则，而欧盟等国实行四栏税则。

在单式税则或复式税则中，依据制订税则的权限又可分为自主税则和协定税则。自主税则又称国定税则，是指一国立法机构根据关税自主原则单独制定而不受对外签订的贸易条约或约定约束的一种税率。协定税则是指一国政府通过与其他国家订立贸易条约或协定的方式确定的关税税率。

2. 关税征收的程序

关税征收的程序即通关手续，又称报关手续，通常包括申报（declaration）、查验（inspection）、放行（release）三个基本环节。具体地说，是指进出口商在进出口商品时要向海关申报出口或进口，提交进出口货物的报送单以及有关证明，接受海关的监督与检查，履行海关规定的手续；然后，海关按照有关法令和规定，查验审核有关单证和货物，计算进出口税额；最后，进出口商结清应征税额和其他费用，海关在有关单证上签印，以示货物可以通关放行。

以进口为例，当货物到达进口国的港口、车站或机场时，进口商应向海关提交有关单证并填写海关发出的表格。一般来说，除提交进口报单、提单、商业发票外，往往还根据海关的特殊规定，提交原产地证书、进口许可证或进口配额证书、品质证书和卫生检验证书等。然后，海关按照海关法令与规定，审核有关单证与货物，计算进口税额，结算应征税款，即办通关手续，准予货物通关放行。

通常进口商在货物到达后所规定的工作日内办理通关手续。如果进口商对于某些特定的商品，如水果、蔬菜、鲜鱼等易腐商品，要求货到时立即从海关提出，可提前办理提货手续，次日再正式结算税额。进口商如在规定期日内未办理通关手续，海关有权将货物存入候领仓库，一切责任和费用都由进口商负责，超过规定期限仍未办理通关手续的，海关有权处理该批货物。

7.2　非关税壁垒措施

7.2.1　非关税壁垒的含义

非关税壁垒（Non-Tariff Barriers，NTBs），是指除关税措施以外的一切限制进口的措施，它和关税一起充当政府干预贸易的政策工具。

非关税壁垒早在资本主义发展初期就已出现，但普遍建立起来却是在 20 世纪 30 年代。近年来，随着国际贸易的发展，非关税壁垒的作用越来越重要，加上世界贸易组织对进口关税水平的约束加强，经过关贸总协定主持的八轮回合，世界贸易组织各成员方的平均关税水平已经大幅度下降，关税已不再是国际贸易中的主要障碍。非关税贸易已经日益成为主要的贸易保护手段。

7.2.2　非关税壁垒的特点

非关税壁垒措施虽然与关税措施一样可以限制外国商品进口，却有其自身显著的特点。

1. 灵活性

一般来说，各国关税税率的制定必须通过立法程序，并要求具有一定的连续性，所以调整或更改税率的随意性有限，同时关税税率的调整直接受到世界贸易组织的约束（非成员国也受到最惠国待遇条款的约束），各国海关不能随意提高以应付紧急限制进口的需要，因此关税壁垒的灵活性很弱。而制定和实施非关税壁垒措施通常采用行政手段，制定、改变或调整都来得迅速、简单，在限制进口方面表现出更大的灵活性和时效性。同时能根据实际情况，变换限制进口措施，达到限制进口的目的。

2. 有效性

关税壁垒旨在通过征收高额关税提高进口商品的成本，它对商品进口的限制是相对的。当面对国际贸易中越来越普遍出现的商品倾销和出口补贴等鼓励出口措施，关税的作用就会显得非常乏力。同时，外国商品凭借生产成本降低，也能冲破关税的障碍而进入对方国家。而有些非关税壁垒对进口的限制是绝对的，比如用进口配额等预先规定进口的数量和金额，超过限制就禁止进口，这种方法在限制进口方面更直接、更严厉，也更有效。

3. 隐蔽性

要通过关税壁垒限制进口，唯一途径就是提高关税税率，而关税税率必须在《海关税则》中公布，毫无隐蔽性可言。非关税壁垒则完全不同，其措施往往不公开，或者规定极为繁琐的超标准和手续，使出口商难以对付和适应。它既能以正常的海关检验要求的名义出现，也可借用进口国的有关行政规定和法令条例，使之巧妙地隐藏在具体执行过程中而无需作公开规定。

4. 歧视性

因为一国只有一部关税税则，因而关税壁垒像堤坝一样同等程度地限制了所有国家的进出口，而非关税壁垒可以针对某个国家或某种商品相应制定，因而更具歧视性。比如，1989 年欧共体宣布禁止进口含有荷尔蒙的牛肉这一做法，就是针对美国做出的，美国为此采取了相应的报复措施。

7.2.3 非关税壁垒的作用

西方发达国家的贸易政策越来越把非关税壁垒作为实现其政策目标的主要工具。对他们来说，非关税壁垒的作用主要表现在三个方面：一是作为防御性武器限制外国商品进口，用以保护国内陷入结构性危机的生产部门及农业部门，或者保障国内垄断资本能获得高额利润。二是在国际贸易谈判中用作砝码，逼迫对方妥协让步，以争夺国际市场。三是用作对其他国家实行贸易歧视的手段，甚至作为实现政治利益的手段。

发展中国家也越来越广泛地使用着非关税壁垒措施，但与发达国家不同的是，发展中国家设置非关税壁垒的目的主要是：（1）限制非必需品进口，节省外汇；（2）限制外国进口商品的强大竞争力，以保护民族工业和幼稚工业；（3）发展民族经济，以摆脱发达资本主义国家对本国经济的控制。

7.2.4 非关税壁垒的种类

非关税壁垒名目繁多，内容复杂，联合国贸易与发展会议（UNCTAD）将其分成三种类型，每种类型分为 A、B 两组，其中 A 组为数量限制，B 组为影响进口商品的成本（参见表 7-1）。目前，传统的分类方法是将其分为配额、金融控制、政府参与贸易、海关与海关手段及对产品的要求五个大类。而从其限制进口的方法来看，不外乎是直接和间接两种。所谓直接的方法，是指进口国直接规定商品进口的数量或金额，或者通过施加压力迫使出口国自己限制商品的出口，如进口配额制、“自动”限制出口、进出口许可证、市场秩序协定等。所谓间接的方法，是指进口国利用行政机制，对进口商品制定苛刻的条例和技术标准，从而间接限制进口，如外汇管制，海关估价制度，歧视性政府采购政策及有关健康、卫生、环境等过于苛刻繁复的标准等。据统计世界各国所实施的非关税壁垒措施已达 2 000 多种，目前普遍存在的、对国际贸易有重大影响的措施有以下 12 种。

1. 进口配额制（Import Quotas System）

进口配额又称进口限制，是一国政府对一定时期内（通常为 1 年）某些商品的进口数量或金额所规定的直接限额。在限额以内的该商品可以进口，超过限额不准进口，或者对其征收高关税甚至处以罚款后才允许进口。它是进口数量限制和保护本国厂商的重要手段。如美国对糖的进口实行配额制，使美国的厂商拥有了一半的国内市场份额。

进口配额制在实施中又可分为以下两种形式：

(1) 绝对配额（Absolute Quotas）

绝对配额即在一定时期内，对某些商品进口数量或金额规定一个最高数额，达到这个限额后，便不准进口。绝对配额按分配方式不同，又分为全球配额、国别配额和进口商配额。

全球配额（Global Quotas）是指一国事先规定出一个全球性的总配额，对来自任何国家或地区的商品都适合，并按进口商申请的先后顺序发放一定的数量，直至总配额发完为止。

国别配额（Country Quotas）是按国别或地区分配固定的配额，这主要基于政治因素考虑，体现出一国的对外政策。如美国实行纺织品进口配额制，对来自我国台湾地区的纺织品所给的配额多，而对从中国内地来的纺织品则严格限制，所给的配额也少。

表 7-1　　　　联合国贸易与发展会议对非关税壁垒的分类

Ⅰ. 为保护国内生产不受外国竞争影响而采取的商业性措施

A 组：(1) 进口配额
(2) 许可证
(3) “自动”出口限制
(4) 禁止出口和进口
(5) 国营贸易
(6) 政府采购
(7) 国内混合规定

B 组：(8) 最低限价和差价税
(9) 反倾销税和反补贴税
(10) 进口押金制
(11) 对与进口商品相同的国内工业生产实行优惠
(12) 对与进口商品相同的国内工业实行直接或间接补贴
(13) 歧视性的国内运费
(14) 财政部门对于进口商品在信贷方面的限制

Ⅱ. 除商业政策以外的用于限制进口和鼓励出口的措施

A 组：(15) 运输工具的限制
(16) 对于进口商品所占国内市场份额的限制

B 组：(17) 包装和标签的规定
(18) 安全、健康和技术标准
(19) 海关检查制度
(20) 海关估价
(21) 独特的海关商品分类

Ⅲ. 为促进国内替代工业的发展而实行的限制进口措施

A 组：(22) 政府专营某些商品
(23) 政府实行结构性或地区性差别待遇政策
(24) 通过国际收支限制进口

进口商配额（Importer Quotas）是对某些商品进口实行的配额。进口国为了加强垄断资本在对外贸易中的垄断地位和进一步控制某些商品的进口，将某些商品的进口配额在少数进口厂商之间进行分配。比如，日本食用肉的进口配额就是在 29 家大商社间分配的。

(2) 关税配额（Tariff Quotas）

关税配额是对商品进口的绝对数额不加限制，而对在一定时期内，在规定配额以内的进口商品，给予低税、减税或免税待遇，对超过配额的进口商品则征收较高的关税，或征收附加税甚至罚款。关税配额按征收关税的优惠性质，可分为优惠性减税配额和非优惠性减税配额。

优惠性关税配额，是对关税配额内进口的商品给予较大幅度的关税减让，甚至免税，超过配额的进口商品，即征收原来的最惠国税率。

非优惠性关税配额，是对减税配额内进口的商品征收原来正常的进口税，一般按最惠国税率征收，对超过减税配额的部分征收较高的进口附加税或罚款。例如，1974年12月澳大利亚曾规定对除男衬衫、睡衣以外的各种服装，凡是超过配额的部分加征175%的进口附加税。如此高额的进口附加税，实际上起到禁止超过配额的商品进口的作用。

2. "自动"出口配额制（Voluntary Export Quotas)

"自动"出口配额制又称"自动"限制出口（Voluntary Export Restrains)，是指出口国家或地区迫于进口国的压力，"自动"规定某一时期内（一般是3~5年)，限制某些商品对该国的出口，超过配额的禁止出口。

显然，这种"自动"限制完全是在进口国的要求或压力下进行的，并非出口国真正自愿，出口国的自我限制也是为了避免进口国更严厉的进口限制措施。

"自动"出口配额制主要有以下两种形式：

(1) 协定的"自动"出口配额

协定的"自动"出口配额，即进出口双方通过谈判签订"自限协议"(Self-restrain Agreement) 或"有秩序销售协定"(Orderly Marketing Agreement)，对出口配额的管理实施出口许可证或出口配额签证制。协定的主要内容包括：配额水平、商品分类、限额的融通、保护条款、出口管理规定和协定的有效期等。"自动"出口配额大多属于这一种，如美国与日本曾达成日本钢铁输美的"自动限制协定"，规定日本钢铁对美国出口的增长率不得超过5%。

(2) 非协定的"自动"出口配额

非协定的"自动"出口配额，即进出口双方之间无协定约束，而是由进口国单方面规定的出口配额。出口商出口受限商品需向有关部门申请配额，领取出口许可证或出口授权书才能出口，也有的是出口厂商在政府的督导下，"自动"控制出口。比如，1975年，在日本政府的行政指导下，日本6家大钢铁企业，将1976年对西欧的钢材出口量"自动"限制在120吨以内，1977年又限制在122吨以内。

3. 进口许可证（Import License System）

进口许可证是指一国政府规定某些商品的进口必须申领进口许可证，否则一律不准进口。进口许可证必须注明有效期和进口商品名称、来源、数量及金额等。它实际上是进口国管理其进口贸易和控制进口的一种重要措施。

进口许可证按照其与进口配额的关系，可分为两种：

(1) 有定额的进口许可证

即进口国预先规定有关商品的进口配额，然后在配额的限度内，根据进口商的申请对每笔进口货物发给一定数量或金额的进口许可证，配额用完即停止发放。可见，这是一种将进口配额与进口许可证相结合的管理进口的方法，通过进口许可证分配进口配额。

(2) 无定额的进口许可证

这种许可证不与进口配额相结合，即预先不公布进口配额，只是在个别考虑的基础上颁发有关商品的进口许可证。由于这种许可证的发放权完全由进口国主管部门掌握，没有公开的标准，因此更具有隐蔽性，给正常的国际贸易带来困难。

进口许可证按照进口商品的许可程度又可以分为两种：

①公开一般许可证（Open General License），又称公开进口许可证、一般许可证或自动进口许可证。这种许可证的申领没有限制，凡列明发行公开一般许可证的商品，进口商只要填写公开一般许可证后，即可获准进口。因此，这类商品实际上自由进口，填写这种许可证只用于统计目的，便于管理进口。

②特种许可证（Specific License），又称非自动进口许可证。这种许可证都规定进口国家和地区，贯彻国别政策，其申请审批程序比较复杂，通常与进口数量限制有关。如烟、酒、军火武器、麻醉品或某些禁止进口的商品，进口商必须向政府有关当局提出申请，经政府有关当局逐级审查批准后方能进口。

4. 外汇管制（Foreign Exchange Control）

外汇管制是指国家通过法令对国际结算和外汇买卖加以限制，以平衡国际收支和维持本国货币汇率的一种制度。一般说来，实行外汇管制的国家，大多规定出口商必须将其出口所得外汇收入按官方汇率结算给外汇管理机构（一般都是政府授权的中央银行），而进口商也必须向外汇管理机构申请进口用汇。这样政府就把外汇全部控制在手中，集中管理，从而达到限制进口的目的。

利用外汇管制来限制进口的方式主要有以下四种：

(1) 数量性外汇管制

数量性外汇管制，即国家外汇管理机构对外汇买卖的数量直接进行限制和分配，从而达到限制进口商品品种、数量和国别的目的。通常情况下，进口商必须要获得进口许可证，才能获得所需的外汇。

(2) 成本性外汇管制

成本性外汇管制即国家对外汇买卖实行间接的复汇率制（System of Multiple Exchange Rates），利用外汇买卖成本的差异来间接影响不同商品的进出口，达到限制或鼓励某些商品进出口的目的。所谓复汇率，也称多重汇率，是指一国货币对外汇率有两个或两个以上，分别适用于不同的进出口商品。其作用是，根据出口商品在国际市场上的竞争力，为不同商品规定不同的汇率以加强出口；根据保护本国市场的需要为进口商规定不同的汇率以限制进口等。

(3) 混合性外汇管制

混合性外汇管制即同时采用数量性外汇管制和成本性外汇管制，对外汇实行更为严格的控制，以影响商品进出口。

(4) 利润汇出限制

利润汇出限制即国家对外国公司在本国经营获得的利润汇出加以管制。例如，德国对美国石油公司在德国赚钱后汇给其母国公司的利润按累进税制征税，高达60%，又比如，有的国家通过拖延批准利润汇出时间表来限制利润汇出。

5. 进口押金制（Advanced Deposit）

进口押金制又称进口存款制或进口担保金制，是指进口商在进口商品前，必须预先按进口金额的一定比例和规定的时间，在指定的银行无息存储一笔现金的制度。这种制度无疑加重了进口商的资金负担，起到了限制进口的作用。它同外汇管制操作所遵循的理论如出一辙，即设法控制或减少进口者手中的可用外汇，来达到限制进口的目的。例如，意大利政府从 1974 年 5 月到 1975 年 3 月曾对 400 多种进口商品实行进口押金制度，它规定，凡以下商品进口，进口商都必须预先向中央银行交纳相当于进口货物价值一半的现款押金，无息冻结半年，据估计，这项措施相当于征收 5% 以上的进口附加税，又比如，巴西政府规定，进口商必须预先交纳与合同金额相等的为期 360 天的存款才能进口。

进口押金制对进口的限制有很大的局限性。如果进口商以押款收据作担保，在货币市场上获得优惠利率贷款，或者国外出口商为了保证销路而愿意为进口商分担押金金额时，这种制度对进口的限制作用就微乎其微了。

6. 进出口国家垄断（State Monopoly of Imports and Exports）

进出口国家垄断也称国营贸易，是指对外贸易中某些商品的进出口由国家直接经营，或者把这些商品的经营权给予某些垄断组织。经营这些受国家专控或垄断的商品的企业，称为国营贸易企业。国营贸易企业一般为政府所有，但也有政府委托私人企业代办的。

各国国家垄断的进出口商品主要有四类：第一类是烟酒。由于可以从烟酒进出口垄断中取得巨大财政收入，各国一般都实行烟酒专卖。第二类是农产品。对农产品实行垄断经营，往往是一国农业政策的一部分，这在欧美国家最为突出。如美国农产品信贷公司，是世界上最大的农产品贸易垄断企业，对美国农产品国内市场价格能保持较高水平起了重要作用。当农产品价格低于支持价格时，该公司就按支持价格大量收购农产品，以维持价格水平，然后，以低价向国外市场大量倾销，或者“援助”缺粮国家。第三类是武器。它关系到国家安全与世界和平，自然要受到国家专控。第四类是石油。它是一国的经济命脉，因此，不仅出口国家，而且主要的石油进口国都设立国营石油公司，对石油贸易进行垄断经营。

关于国营贸易企业，关贸总协定第十七条中规定，它们在购买和销售时，应只以商业的考虑（包括价格、质量、货源、推销及其他购销条件）为依据，并按商业惯例对其他缔约国提供参与购买或销售的适当竞争机会，不得实行歧视政策。该条款旨在防止国营贸易企业利用其特殊的法律地位，妨碍自由贸易政策的实施。

7. 歧视性政府采购政策（Government Procurement Policies of Discrimination）

歧视性政府采购政策是指国家通过法令，规定政府机构在进行采购时要优先购买本国产品，从而导致对外国产品的歧视。

这种政策限制了外国商品的进口，可以节省外汇支出，支持国内生产，保护国内市场。许多国家都有类似的政策，美国《购买美国货物法案》规定，凡是美国联邦政府采购的货物，都应该是美国制造的，或是用美国原料制造的，凡商品的成分有50%以上是国外生产的就称外国货。这一法案经过多次修改，直到关贸总协定的“东京回合”，美国政府签订了政府采购协议后才废除。英国、日本等国家也有类似的制度，英国限定通信设备和电子计算机要向本国公司采购；日本有几个省规定，政府机构用的办公设备、汽车、电子计算机、电缆、导线、机床等不得采购外国商品。

8. 国内税（Internal Taxes）

国内税是指一国政府对本国境内生产、销售、使用或消费的商品所征收的各种捐税，如周转税、零售税、销售税、营业税等。任何国家对进口商品不仅要征收关税，还要征收各种国内税。

国内税的特点是：首先，具有一定的灵活性。此方法比关税灵活得多，可以巧立名目，设立各种税种。其次，具有一定的伪装性。因征收国内税属于一国内政，不受条约和协定的约束。最后，可以体现差别性。对同一种商品，因由不同国家生产，所征国内税可以差别很大。

9. 最低限价与禁止进口（Minimum Price and Prohibition of Exports）

最低限价是指一国政府规定某种进口商品的最低价格，凡进口商品的价格低于这个标准，就加征进口附加税或禁止进口。例如欧共体为保护其农产品而制定的“闸门价”（sluice gate price）就是一种形式的最低限价，它规定了外国农产品进入欧共体的最低价格，即“闸门价”。如果外国产品的进口价低于“闸门价”，就要征收附加税，使之不低于“闸门价”，然后在此基础上再征收调节税。我国商品对欧共体出口就深受“闸门价”的影响，以冻猪肉为例，去骨分割冻猪肉是我国一项传统出口产品，在欧洲国家十分畅销，1983 年欧共体规定了其“闸门价”每吨 1 800 美元，调节税每吨 780 美元，而当时欧共体内的销售价只有 2 500 美元，由于进口成本远远超出市场价格水平，中国冻猪肉于 1983 年全部退出欧共体市场。仅“闸门价”这一项农产品贸易壁垒措施，就使我国冻猪肉出口每年损失 6 000 万美元。

禁止进口是进口限制的极端措施。当一国政府认为一般限制已不足以解救国内市场受冲击的困境时，便直接颁布法令，公开禁止某些商品进口。仍以欧共体为例，1975 年 3 月，欧共体决定自 1975 年 3 月 15 日起，禁止 3 千克以上的牛肉罐头从欧共体以外的市场进口。

一般而言，在正常的贸易活动中，禁止进口的极端措施不宜贸然采用，因为这极可能引发对方国家的相应报复，从而酿成越演越烈的贸易战，这对双方的贸易发展都无好处。至于一个国家也可能因政治原因而实施贸易禁运，这即使在冷战后的今天也屡见不鲜，则另当别论了。

10. 海关程序（Customs Procedures）

海关程序是指进口货物通过海关的程序，一般包括申报、征税、查验及放行四个环节。

海关程序本来是正常的进口货物通关程序，但通过利用却可以起到歧视和限制进口的作用，从而成为一种有效的、隐蔽的非关税壁垒措施，这可以体现在以下几个方面：

第一，海关对申报表格和单证作出严格要求。比如要求进口商出示商业发票、原产地证书、货运提单、保险单、进出口许可证、托运人报关清单等，缺少任何一种单证，或者任何一种单证不规范，都会使进口货物不能顺利通关。更有甚者，有些国家故意在表格、单证上做文章，比如法国强行规定所提交的单据必须是法文，有意给进口商制造麻烦，以此阻碍进口。

第二，通过商品归类提高税率。即海关武断地把进口商品分类在税率高的税则下，以增加进口商品关税负担，从而限制进口。例如，美国海关在对日本产汽车的驾驶室和底盘进行分类时，把它从“部件”类归到“装配车辆”类，其进口税率就相应地从4%提高到25%。又如美国对一般的打字机进口不征关税，但将它归类为玩具打字机，则要开征35%的进口关税。不过，大多数国家采用的《布鲁塞尔税则目录》比较完善，一般商品该在哪个税则下都比较清楚，因此，利用产品分类来限制进口的作用毕竟有限。

第三，通过海关估价制度限制进口。海关估价制度（Customs Valuation System）原本是海关为了征收关税而确定进口商品价格的制度，但在实践中它经常被用作一种限制进口的非关税壁垒。进口商品的价格可以有许多种确定方法，如：成交价，即货物出售给进口商的经调整的实付或应付价格；外国价，即进口商品在其出口国国内销售时的批发价；估算价，即由成本加利润推算出的价格等。不同计价方法得到的进口商品价格不同，有的还相差甚远。海关可以采用高估价的方法进行估价，然后用征从价税的办法征收关税，这样一来，就可提高进口商品的应税税额，增加其关税负担，达到限制进口的目的。

在各国的海关估价制度中，以“美国售价制”（American Selling System）最为典型。即美国对与其本国商品竞争激烈的进口商品，如煤焦油类产品、胶底鞋等按美国售价（美国产品在国内自由上市时的批发价格）征收关税，使其进口税率在很大幅度上提高。这一制度已于1981年废除。

为了不使各国海关的估价制度成为贸易壁垒，世界贸易组织制定了《海关估价协议》，其中规定了6种不同的依次采用的新估价法，即进口商品的成交价、相同商品成交价、类似商品成交价、倒扣法、计算价格法和其他合理方法。

我国的海关法估价制度比较完善，与《海关估价协议》基本一致，只是在执行过程中有偏差。

11. 技术性贸易壁垒（Technical Barriers to Trade）

技术性贸易壁垒，是指一国以维护生产、消费安全及人民健康为由，制定一些苛刻繁杂的规定，使外国产品难以适应，从而起到限制外国商品进口的作用。

（1）技术标准（Technical Standard）

技术标准主要适用于工业制成品。发达国家普遍规定了严格、繁杂的技术标准，不符合标准的商品不得进口。例如，原联邦德国禁止在国内使用车门从前往后开的汽车，而这恰好是意大利菲亚特 500 型汽车的式样。

（2）卫生检疫标准（Health and Sanitary Regulation）

卫生检疫标准主要适用于农副产品及其制品。各国在卫生检疫方面的规定越来越严，对要求卫生检疫的商品越来越多。如美国规定其他国家或地区销往美国的食品、饮料、药品及化妆品，必须符合美国"联邦食品、药品及化妆品法（The Federal Food, Drug and Cosmetic Act）"的规定，其条文还规定，进口货物通过海关时，均须经美国食品药品管理署（Food and Drug Administration—FDA）检验，如发现与规定不符，海关将予以扣留，有权进行销毁，或按规定日期装运再出口。

（3）商品包装和标签的规定（Packing and Labeling Regulation）

商品包装和标签的规定适用范围很广。许多国家对在本国市场销售的商品订立了种种包装和标签的条例，这些规定内容繁杂、手续麻烦，出口商为了符合这些规定，不得不按规定重新包装和改换标签，费时费工，增加商品的成本，削弱了商品的竞争力。以法国为例，法国 1975 年 12 月 31 日宣布，所有标签、说明书、广告传单、使用手册、保修单和其他产品的情报资料，都要强制性地使用法语或经批准的法语替代词。

世界贸易组织的《技术性贸易壁垒协议》规范各成员国在这方面的规定，以防止这些措施给国际贸易造成不必要的障碍。

12. 绿色壁垒（Green Barriers）

绿色壁垒是一种新兴的非关税壁垒措施，是指国家以保护有限资源、生态环境和人类健康为名，制定苛刻的环境保护标准，来限制外国产品的进口。绿色壁垒以其外表的合理性和内在的隐蔽性成为继关税之后，国际上广泛采用的一种贸易壁垒。

绿色壁垒的内容广泛，主要包括：绿色技术标准（如欧盟启动的ISO14000环境管理系统）、绿色环境标志制度（即“绿色通行证”）、绿色包装制度、绿色卫生检疫制度、绿色补贴制度等。

绿色贸易壁垒一经出现便在全球范围内迅速蔓延。发达国家依仗其较高的科技水平和先进的设备，制定极其苛刻的环境标准使发展中国家的产品难以“达标”而被拒于发达国家的国门之外。目前，绿色壁垒已成为我国出口贸易的“拦路虎”，其影响程度已超过了“反倾销”案件对我国外贸出口的影响。据中国国际绿色化学高级研讨会称，仅1999年，我国对外出口受限制商品价值就高达114亿美元。

7.2.5 非关税壁垒措施与关税措施的比较

和关税相比，非关税壁垒有许多明显的缺点：（1）非关税壁垒基本是一种纯粹行政干预手段，更加同市场价格机制相背离，从而容易导致经济效益的损失；（2）其分配机制易于在政府官员中滋长腐败习气，并助长进出口商中间的垄断倾向；（3）在通货膨胀时期，它会对通货膨胀起推波助澜的作用；（4）在需求上升的情况下，进口限额一类的非关税壁垒比起关税壁垒来，尽管可以更多地保护本国的进口替代工业，但总消费量却在减少，它可能比进口关税给消费者带来更大的利益损失。因此，就增进效率和福利而言，进口限额一类的非关税壁垒是一种劣于关税壁垒的贸易保护措施。

但另一方面也要看到，进口限额等非关税壁垒也有其优点。作为一种行政干预手段，它可以明确无误地将进口量确定在限额所规定的水平上，即使面对一些进口商品在任何关税水平上都会充分进口的局面，也能发挥十分有效的限制作用。同时，在经济衰退时期，进口限额一类手段还是防止外国利用扩大出口，转嫁经济危机的有力武器。此外，限额措施的制定不需像减税一样要经过立法程序，而是由行政当局及时做出，因而可以有力地对付国际经济活动中的突发事件，并且成为比减税更有力的贸易谈判工具和进行报复的武器。况且，限额不需像减税一样承担着给不同国家同等待遇的义务，而可以实行贸易歧视政策，向各国提供不同的贸易待遇。最后，限额旨在消除竞争，完全容不得一点贸易自由的成分，不像关税一样多少还允许某些竞争的存在。因此，限额一类措施比减税更灵活，更具歧视性，打击进口的力度也更强。总之，它比关税起到更强烈更有效的限制作用。

从实际情况看，发达国家除了少数情况外，大多数制成品贸易中已放弃了使用这一对增进效率和福利不利的贸易壁垒措施。相反，广大发展中国家出于种种具体情况，还不得不把进口限额一类手段作为实现其贸易政策的重要手段。但必须认识到，随着世界贸易活动的不断深化和广大发展中国家经济发展水平的日益提高，国际规范对此的要求将逐渐严格。农副产品的进口限额在世界大多数地方已被取消这一事实，具有十分典型的启示意义。何况这一做法对本国经济的负面影响甚多。因此，长期紧抱进口限额这类做法来阻止外国货的大量输入，是非常不明智的。

7.3　出口促进措施

各国除了利用关税和关税措施限制进口外，还采取各种鼓励出口的措施扩大商品的出口。限制进口和鼓励扩大出口是国际贸易政策相辅相成的两个方面，无论采取自由贸易政策还是保护贸易政策的国家，都无例外地采用这种奖出限入的政策。各国出口促进措施很多，既有宏观的，也有微观的。本节将从国家宏观经济政策方面论述几种主要的出口促进措施。

7.3.1　出口信贷

出口信贷（Export Credit）是一个国家的银行为了鼓励商品出口，增强商品的竞争能力，对本国出口厂商或外国进口厂商提供的利率较低的贷款。这种措施特别对金额较大、期限较长，如成套设备、船舶等出口尤为重要。

出口信贷按贷款期限长短的不同可分为短期信贷（1 年以内）、中期信贷（1~5 年）和长期信贷（5~10 年或更长）。按出口信贷借贷方的不同可分为卖方信贷和买方信贷。

1. 卖方信贷（Supplier's Credit）

卖方信贷是出口方银行向本国出口商（即卖方）提供的贷款。其特点是：便于出口商加速资金周转和向进口商提供延期付款的条件；信贷主要用于金额较大、周期较长的商品的出口，如机械设备、船舶、飞机等。出口商付给银行的利息和费用通常包含在货价中。

2. 买方信贷（Buyer's Credit）

买方信贷是出口方银行直接向进口商（即买方）或进口方银行提供的贷款。其条件就是此贷款必须用于购买债权国的商品，因而起到促进商品出口的作用。买方信贷的特点是：出口商可以较快得到货款并减少风险；进口商对货价以外的费用比较清楚，便于与出口商讲价。

当前，利用买方信贷较卖方信贷为多。许多国家设立专业银行办理此项业务，如美国的“进出口银行”、日本的“输出银行”、法国的“对外贸易银行”和加拿大的“出口开发公司”。这些专门银行除对成套设备、大型交通工具的出口提供出口信贷外，还向本国私人商业银行提供低利率贷款或给予贷款补贴，以资助这些商业银行的出口信贷业务。

我国也于1994年7月1日正式成立了中国进出口银行。这是一家政策性银行，其资金来源除国家财政拨付外，主要是中国银行的再贷款、境内发行的金融有价证券以及向外国金融机构筹措的资金等。其任务主要是对国内机电产品及成套设备等资本品货物的进出口给予必要的政策性金融支持，从根本上改善我国出口商品结构，以促进出口商品结构的升级换代。

7.3.2 出口信贷国家担保制（Export Credit Guarantee System）

出口信贷国家担保制，是指国家为了扩大出口，对于本国出口商或商业银行向国外进口商或银行提供的信贷，由国家设立的专门机构出面担保。当外国债务人由于政治、经济等方面的原因拒绝付款时，这个国家机构即按照承保的数额给予补偿。

担保的主要内容主要包括：（1）担保风险及损失。担保风险包括政治风险和经济风险两种。政治风险及损失包括由政变、革命、暴乱、战争以及政府实行禁运、冻结资金或限制对外支付等而造成的损失；经济风险及损失包括破产、无力偿还、货币贬值、通货膨胀等经济原因造成的损失。（2）担保金额。政治风险一般为合同金额的85%～95%，经济风险为70%～80%，为扩大出口，有时对某些出口项目的承保金额达到100%。（3）担保对象。包括对出口商的担保和对贷款的商业银行的担保。（4）担保期限。通常与贷款期限一致。

出口信贷国家担保制的担保对象主要有两种。一是对出口厂商的担保。出口厂商输出商品时所需的短期或中长期信贷均可向国家担保机构申请担保。这种方式使银行提供的贷款得到安全保障，一旦债务人不能按期还本付息，银行可直接从担保机构得到补偿。二是对银行的直接担保。通常银行所提供的出口信贷均可申请担保，这种担保是担保机构直接对供款银行承担的一种责任。有些国家为了鼓励出口信贷业务的开展和提供贷款安全保障，往往给银行更为优惠的待遇。

7.3.3　出口补贴（Export Subsides）

出口补贴是一国政府或同业工会对某些商品的出口商所给予的现金补贴或财政上的资助和优惠，其目的在于降低出口商品的价格，加强其在国际市场上的竞争力。

出口补贴方式有直接补贴和间接补贴两种。

直接补贴（Direct Subsides）是指直接付给出口商的现金补贴，即按出口价格和国内价格之间的差价进行补贴。例如欧盟国家对出口农产品的补贴。据统计，1994 年，欧盟对农民的补贴总计达 800 亿美元，严重扭曲了国际市场农产品的价格。

间接补贴（Indirect Subsides）是指政府对某些出口商品给予财政上的优惠。例如，退还或减免出口商品缴纳的国内税、暂时免税进口或降低运费等。

补贴费用一般来源于国家政府的财政税收和同业工会的活动费用及通过多种渠道筹集的资金。目前，出口补贴主要用于农产品，是鼓励出口的重要措施之一。为防止和抵消国别补贴，许多国家都加征反补贴税。应该看到，出口补贴行为会扭曲商品在国际市场上的价格，易于在价格竞争中获取一定优势，甚至会对进口国的商品或同类商品的生产造成损害。然而对经济落后的发展中国家而言，出口补贴仍然是改善其国际收支状况的重要措施。因此，世界贸易组织在原则上反对出口补贴行为的同时，还允许某些发展中国家在特殊情况下可以适度运用这种做法。

7.3.4　商品倾销（Dumping）

商品倾销是指商品以明显低于公平价格的价格，在国外市场大量抛售，以打击竞争对手，占领或巩固国外市场。商品倾销通常由私营垄断企业进行，但随着贸易战的加剧，一些国家设立专门机构直接对外倾销商品。

实行商品倾销的具体目的在不同情况下有所不同，有时是为了打击或摧毁竞争对手，以扩大和垄断其产品销路；有时是为了建立新的销售市场；有时是为了阻碍当地同种产品或类似产品的生产和发展，以继续维持其在当地市场上的垄断地位；有时是为了推销过剩产品，转嫁经济危机；有时是为了打击发展中国家的民族经济，以达到经济上、政治上控制的目的。

按倾销的目的和时间不同，商品倾销可分为以下三种。

1. 偶然性倾销（Sporadic Dumping）

这种倾销通常是因为销售旺季已过，或因公司改营其他业务，在国内市场上不能售出“剩余货物”，而以较低的价格在国际市场上抛售。由于倾销时间短，故进口国一般不对此类倾销采取反倾销措施。

2. 掠夺性倾销（Predatory Dumping）

这种倾销是以垄断和掠夺国际市场为目的，方法是以低于国内价格甚至低于成本的价格，在国外市场上销售商品，并在垄断地位确定后再提高售价，以获取高额利润。这种倾销行为一般要遭到进口国的反倾销指控。

3. 持续性倾销（Persistent Dumping）

这种倾销是无限期地、持续地以低于国内市场的价格在国际市场销售商品，又称长期性倾销。持续性倾销的可能原因是从政府处得到了补贴或是企业处于垄断竞争的国内市场。

商品倾销由于实行低价策略，必然会导致出口商利润减少甚至亏损。这一损失一般可通过以下途径得到补偿：

(1) 采用关税壁垒和非关税壁垒措施控制外国商品进口，防止对外倾销商品倒流，以维持国内市场上的垄断高价。

(2) 出口国政府对倾销商品的出口商给予出口补贴，以补偿其在对外倾销商品中的经济损失，保证外汇收入。

(3) 出口国政府设立专门机构，对内高价收购，对外低价倾销，由政府承担亏损。如美国政府设立的农产品信贷公司，在国内高价收购农产品，而按国内价格一半的价格长期向国外倾销，由此引起的农产品信贷公司的亏损由政府财政给予差额补贴。

(4) 出口商用长期倾销手段挤垮竞争对手，垄断国外市场后，再抬高价格，以获得的垄断利润来弥补以前商品倾销的损失。实际上，采取上述措施，往往不仅能够弥补损失，而且还会带来较高的利润。

长期以来，商品倾销是发达资本主义国家对外竞争和争夺国际市场的一个重要手段。由于商品倾销易引起对进口国同类工业的损害，打击民族工业的发展，因此世界贸易组织通过了《反倾销守则》，规定进口国可以用反倾销税加以抵制。

7.3.5　外汇倾销（Exchange Dumping）

外汇倾销，是指一国降低本国货币对外国货币的汇价，使本国货币对外贬值，从而提高出口商品的价格竞争力，对外国进行商品倾销，争夺国外市场的一种特殊手段。实行外汇倾销会同时起到扩大出口和限制进口的双重作用。

然而，外汇倾销不能无限制和无条件地进行，必须具备以下条件：第一，货币对外贬值的程度大于对内贬值的程度。第二，其他国家不同时实行同等程度的货币贬值或采取其他报复措施。第三，不宜在国内通货膨胀严重的背景下贸然采用。

最后，必须注意实行外汇倾销的代价十分昂贵。由于外汇倾销的代价是降低出口商品的外汇标价以换取出口数量的增加，从而达到增加外汇收入的目的。因此，外汇倾销实际上使同量出口商品所能换回的进口商品数量减少，贸易条件趋于恶化。这就是说，外汇倾销可以推动商品出口量大量增加，并不等于出口额必然随之增加。另外它有时甚至会引起国内经济的混乱，出现得不偿失的结果。

7.3.6　促进出口的组织措施

第二次世界大战后，西方国家为了促进出口贸易的扩大，在制定一系列的鼓励出口政策的同时，还不断加强出口组织措施。这些措施有政府组织的，也有民间团体组织的，主要有：

(1) 成立专门组织机构，研究、制定和修改出口战略和措施，加强对出口的宏观控制。如美国 1994 年 1 月成立了第一个“美国出口援助中心”。

(2) 建立商业情报网，加强国外市场情报工作，及时向出口商提供商业信息和资料。例如，英国的海外贸易委员会在 1970 年就设立出口信息服务部，向有关出口厂商提供信息，以促进商品出口。

(3) 设立贸易中心，组织贸易博览会，以推销本国商品。例如，意大利对外贸易委员会对由其发起的展出支付 80% 的费用，对参加其他国际贸易展览会的公司也给予其费用30%～35%的补贴。

(4) 组织贸易代表团出访和接待来访，以加强国际间的经贸联系。例如，英国海外贸易委员会设立接待处，专门接待官方代表团，并协助本国公司、社会团体接待来访的外国工商界人士，以促进贸易。

(5) 组织成绩卓著的出口厂商的评奖活动，以形成出口光荣的社会风气。例如，英国从1919年起开始实行"女王陛下表彰出口有功企业的制度"，并授权受表彰的企业在五年之内可使用带有女王名字的奖状来对自己的产品进行宣传。

促进出口还有许多其他措施。比如通过资本输出带动本国商品输出；采用外汇分成方式，即政府允许出口商从其所得的外汇收入中提取一定百分比自由支配，鼓励出口商的出口积极性；采取进出口连锁制，将进口与出口挂钩，要获得一定的进口权利就必须履行一定的出口义务，以进带出，达到扩大出口的目的。

7.4 经济特区措施

7.4.1 经济特区的内涵

1. 经济特区的含义

经济特区（Economic Zone），是指一个国家或地区在其管辖的地域内划出一定非关境的地理范围，实行特殊的经济政策，以吸引外商从事贸易和出口加工等业务活动。其目的是为了促进对外贸易的发展，鼓励转口贸易和出口加工贸易，繁荣本地区和邻近地区的经济，增加财政收入和外汇收入。因此，建立经济特区是一国实行对外开放政策和鼓励扩大出口的一项重要政策。

2. 经济特区的特点

(1) 以扩大出口贸易、开发经济和提高技术水平为目的。各国建立经济特区，首要目的就是要扩大出口，增加外汇收入。在此基础上，通过发展出口加工业，吸收外资和引进先进技术设备，开发本地区和邻近地区的经济，提高国内生产的技术水平。

(2) 有一个开放的投资环境。经济特区大多提供优惠待遇，同时，国家还采取财政措施等对特区的生产经营进行扶持，并简化各种行政手续，为外商投资提供方便。

(3) 具有一定的基础设施。这些基础设施主要包括：水电设施、交通运输设施、仓储设施、通信邮电设施、生活文化设施等。

(4) 具有良好的社会经济条件。一般来说，经济特区都有较丰富的劳动力资源，文化教育程度较高，技术力量和管理能力也较强。

(5) 有良好的自然条件。经济特区大多设在地理位置和自然环境较好的地区，交通运输方便，资源丰富或易于获得，气候温和，风景秀丽。

3. 经济特区的发展历史

经济特区的发展已有很长的历史，它与对外贸易的发展有着密切的联系。早在 1228 年，法国南部马赛港就已在港区内开辟自由贸易区，以便让外国货物在不征收任何捐税的情况下进入港口的特定区域，然后再向外输出。15 世纪末，德意志北部的几个自由市联合起来，建立自由贸易联盟，史称“汉萨同盟”，为促进同盟内部的通商贸易，选定汉堡和不来梅两地作为自由贸易区。可见，自由港与自由贸易区的雏形，早在封建社会的后期便已出现。

随着资本主义的不断发展，自由港与自由贸易区不断涌现。从 17 ~ 19 世纪，在国际贸易中占有优势地位的国家如荷兰、英国等，为了扩大对外贸易，增加外汇盈利，相继把地中海沿岸的某些港口（如直布罗陀）及中东、东南亚和加勒比海一带的某些港口辟为自由港，其中包括亚丁、吉布提、槟城、新加坡以及中国香港、澳门等。

进入 20 世纪 40 年代，自由港与自由贸易区在国际贸易中担当起越来越重要的角色。第二次世界大战以后，在世界重要航线上，建立了一批新的自由港与自由贸易区，南美最大的自由贸易区——巴拿马科隆自由贸易区即是一例。

20 世纪 50 年代末 60 年代初，一批新型的经济特区——出口加工区开始出现。爱尔兰于 1959 年在香农国际机场兴建的经济特区，是世界上第一个出口加工区。1965 年世界上第一个以出口加工区命名的经济特区在我国台湾高雄兴建起来。自此以后，出口加工区这类新型的经济特区，便在发展中国家和地区迅速涌现。这主要是由于发展中国家在 60 年代前后纷纷转向“出口导向”的工业化发展战略，以及国际分工向纵深发展，发达国家的许多劳动密集型工业逐步向发展中国家和地区转移，国际资本向发展中国家和地区投资设厂。

在出口加工区迅猛发展的影响下，传统的自由港或自由贸易区也发生了一些新的变化。设区国为了使自由港或自由贸易区产生新的活力，也注意吸引外资到港区来发展装配制造工业。例如，前述汉堡、不来梅两个传统的自由港近十多年来分别设立新港区，加工生产轻工业品并发展造船业。

综观世界经济特区的发展，其数量由少到多，发展迅速；设区范围自西欧扩展到全球；功能从单纯贸易型到工贸结合型并向综合型发展；经营内容从商品的交换到商品的生产并扩展到商品的研制；生产结构从劳动密集型向资金、技术和知识密集型调整。总的趋势由初级形态向高级形态发展。

第二次世界大战前，大约有 26 个国家和地区设立了 75 个自由港和自由贸易区。这时的经济特区，功能比较单一，主要是通过减免进出口税等手段来发展对外贸易。战后，经济特区进入了一个蓬勃发展的阶段。在这一时期，出口加工区颇为盛行，到 20 世纪 70 年代末，世界经济特区的总数增加到 328 个。20 世纪 80 年代以来，科学工业园区成了后起之秀，大规模的综合性经济特区开始崛起，并推动经济特区进一步蓬勃发展。到 80 年代末、90 年代初，设立各类经济特区的国家已达 100 个，经济特区的总数已增至 900 多个。

经济特区的迅猛发展，使其贸易总额不断增加，其贸易额占世界贸易总额的比率，1979 年为 7.7%，1985 年为 20%，1994 年突破了 35%，近几年这一比率继续上升。世界经济特区的贸易总额高达 1 万亿美元以上。在世界经济特区数量大发展的同时，产业结构也日趋多元化和技术化。首先，传统的自由港和自由贸易区在继续经营贸易、仓储等业务的同时，日益重视发展加工制造业。在发达国家，传统产业逐渐被高新技术产业所取代。其次，发展中国家亦为了发展本国经济，希望利用自己丰富的劳动力和自然资源来吸收外资、引进技术，建立劳动密集型加工区，实行“面向出口”的经济战略。

7.4.2 经济特区的类型

1. 自由港和自由贸易区

自由港又称自由口岸，是世界性经济特区的最早形式，是指全部或绝大多数外国商品可以豁免关税自由进出口的港口。自由港在经济和贸易方面的基本特征是“自由”，具体表现为贸易自由、金融自由、投资自由、运输自由。自由港一般具有优越的地理位置和港口条件，其开发目标和营运功能与港口本身的集散作用密切结合，以吸引外国商品扩大转口。目前如德国的汉堡、不来梅，丹麦的哥本哈根，意大利的热那亚和里雅斯特，葡萄牙的波尔以及新加坡和我国香港特区等，都是世界著名的自由港。

自由贸易区（Free Trade Zone）由自由港发展而来，它是以自由港为依托，将范围扩大到自由港的邻近地区。自由贸易区与自由港的功能基本相似，以促进对外贸易为主，也发展出口导向的加工业和工商业、金融业、旅游和其他服务业。自由贸易区一般分两种：一种是包括了港口及其所在城市，例如香港。另一种是仅包括港口或其所在城市的一部分，有人称之为“自由港区”，如德国汉堡自由贸易区是汉堡市的一部分，占地仅5.6平方英里。

自由港和自由贸易区都是划在一国关境以内，外国商品除了进港口时免缴关税外，一般还可在港区内进行改装、加工、挑选、分类、长期储存或销售。外国商品只是在进入所在国海关管辖区时才纳税。

设立自由港和自由贸易区的主要目的是为了方便转口和对进口货物进行简单加工，主要面向商业，并以转口邻近国家和地区为主要对象，多设在经济发达国家或地区。自由港以欧洲为最多，自由贸易区以美洲为最多。

2. 保税区

保税区（Bonded Area）又称保税仓库区（Bonded Warehouse），是由海关设置的或经海关批准设置的特定地区和仓库。外国商品可以免税进出保税区，在保税区内还可对商品进行储存、改装、分类、混合、展览、加工和制造等。但是，商品若从保税区内进入本国市场，则必须办理报关手续，缴纳进口税。保税区制度是一些资本主义国家（如日本、荷兰）在没有设立自由港或自由贸易区的情况下设立的，它实际上起到类似自由港和自由贸易区的作用，只是其地理范围一般相对较小。

3. 出口加工区

出口加工区（Export Processing Zone）是指一个国家或地区在其港口、机场附近交通便利的地方，划出一定区域范围，新建和扩建码头、车站、道路、仓库和厂房等基础设施，并提供减免关税和国内税等优惠待遇，鼓励外商在区内投资设厂，生产以出口为主的制成品。

出口加工区是20世纪60、70年代，在一些发展中国家和地区建立和发展起来的，其分布以非洲和亚洲为最多。出口加工区与自由贸易区相比，其主要特点是面向工业，以发展加工工业为主，而不是面向商业。出口加工区既提供了自由贸易区的某些优惠待遇，又提供了发展工业生产所必需的基础设施，是自由贸易区与工业区的一种结合体，即兼有工业生产与出口贸易两种功能的工业——贸易型经济特区。东道国设置加工区的主要目的是吸引外商投资，引进先进技术和设备，扩大加工工业和加工品的出口，增加外汇收入，促进本地区外向型经济的发展。

出口加工区有综合型和专业型两种。前者在区内可经营多种出口加工工业，如菲律宾的巴丹出口加工区即属此类；后者在区内只许经营某种特定的出口加工产品，如印度孟买的圣克鲁斯电子工业出口加工区，专业发展电子产品的生产和出口。目前世界各地的出口加工区大部分是综合型出口加工区。

一国为了达到其设立出口加工区的目的，除了要提供优惠待遇以吸引外商投资设厂外，还应加强对外国投资者的引导和管理，如对外国投资者进行资格审核，限制投资项目，对产品的销售市场进行规定等。这样可以从客观上保证外商投资项目的技术先进性和适用性，或保证该项目能大量吸纳劳动力，解决部分就业问题，或者能大量采用区外原料，从而带动本地区的经济发展。此外，加强投资管理还可以避免区内工厂利用其优惠待遇与区外工厂争夺市场等事件的发生。

4. 科学工业园区

科学工业园区（Science-based Industrial Park）又称工业科学园、科研工业区、高技术园区（Hi-tech Park）等，是一种科技型经济特区，是以加速新技术研制及其成果应用，服务于本国或本地区工业的现代化，并便于开拓国际市场为目的，通过多种优惠措施和方便条件，将智力、资金、高度集中用于高新技术研究、试验和生产。

科学工业园区最早形成于20世纪50年代末60年代初的美国，70年代逐渐在世界范围内兴起，80年代以后进入发展期，90年代进入高峰期。科学工业园区主要分布在发达国家和新兴工业化国家，以美洲最多。世界知名的科学工业园区有：美国的“硅谷”，英国的“剑桥科学园区”，新加坡的“肯特岗科学工业园区”，日本的“筑波科学城”，我国台湾的“新竹科学工业园区”等。

科学工业园区的主要特点是：有充足的科技和教育设施及高校、研究机构，以一系列企业组成的专业性企业群为依托，区内企业设施先进、资本雄厚、技术密集程度高、信息渠道畅通、交通发达、政策优惠，鼓励外商在区内进行高科技产业的开发，吸引和培养高级技术人才，研究和发展尖端技术和产品。与出口加工区侧重于扩大制成品加工出口不同，科学工业园区旨在扩大科技产品的出口和扶持本国技术的发展。

科学工业园区有自主型和引进型两类。前者主要靠自有的先进技术、充裕资金及高级人才来促进本国高新技术产业的发展，发达国家所设园区多属此类；后者则采用引进外资、技术、信息和人才的办法来进行合作研究与开发，发展中国家和地区所设园区多属此类。

5. 自由边境区和过境区

自由边境区（Free Perimeter）也称自由贸易区域（Free Trade Area），指设在本国省市地区的某一地段，按照自由贸易区或出口加工区的优惠措施，对区内使用的机器、设备、原料和消费品，实行减税或免税，以吸引国内外厂商投资。与出口加工区不同，外国商品在自由边境内加工制造后主要用于区内使用，仅少数用于出口，因此设立自由边境区的目的是吸引投资开发边境地区的经济。有些国家因而对优惠待遇规定了期限，或在边境地区生产能力发展后，就逐渐取消某些优惠待遇，甚至废除自由边境区。自由边境区现不常用，仅见于拉丁美洲少数国家。

过境区（Transit Zone）又称中转贸易区，指某些沿海国家为方便内陆邻国的进出口货运，根据双边协定，开辟某些海港、河港或边境城市作为过境货物的自由中转区，对过境货物简化海关手续，免征关税或只征收小额的过境费。过境区与自由港的明显区别在于，过境货物在过境区内可短期储存或重新包装，但不得加工制造。过境区一般都提供保税仓库设施。泰国的曼谷，印度的加尔各答，阿根廷的布宜诺斯艾利斯等，都是这种以中转贸易为主的过境区。

6. 综合型经济特区

经济特区随着国际经济关系，特别是国际贸易、金融和经济技术交流的发展而以各种不同形式发展，并出现向综合化发展的趋势。综合型经济特区是一种多行业、多功能的特殊经济区域。其主要特点是：特区规模大，经营范围广，它不仅重视出口工业和对外贸易，同时也经营农牧业、旅游业、金融服务业、交通运输业、邮电通信业以及其他一些行业，对区域经济的发展具有重要的意义。

7.4.3 中国的经济特区

我国的经济特区，是指在国内划出一定的范围，在对外经济活动中采取较国内其他地区更加开放和灵活的政策，以减免关税等优惠措施为手段，通过创造良好的投资环境，鼓励外商投资，引进先进技术和科学管理方法，以促进经济发展的特定区域。主要有：经济特区、经济技术开发区、高新技术产业开发区、保税区、边境经济合作区及旅游度假区等类型。

1. 经济特区

经济特区是我国最早实行对外开放政策的地区，也是实行特殊优惠政策、集中吸收外资的重点地区。自1979年以来，我国先后设立了深圳、珠海、汕头、厦门和海南五个经济特区。特区致力于发展以工业为主的外向型经济，在我国的现代化建设中发挥着技术窗口、管理窗口、知识窗口和对外政策窗口的作用。

我国的经济特区与一些国家设立的出口加工区、自由贸易区的共同之处主要表现在：重视投资环境建设，大力吸收国外投资，并对外来投资者实行减、免税优惠政策。在经济活动方面实行特殊的政策和规定，鼓励企业走向国际市场，参与国际竞争。然而，我国具体国情使这些特区有其特征：其一，我国经济特区具有社会主义性质，各种经济成分同时并存、平等竞争、共同发展；其二，面积较大，人口众多，经营范围广泛，涵盖了第一、第二、第三产业各部门；其三，功能较多，不仅发挥对外开放的基地和窗口作用，而且发挥经济体制改革试验场的作用；其四，与国内其他区域的经济联系非常紧密。

2. 经济技术开发区

1984年以来，我国在沿海、沿江开放城市的工业建设地带设立了一批经济技术开发区。具有促进外商投资、加工出口、开展国际贸易保税及技术开发等功能的经济技术开发区也是我国吸收利用外资的重点地域，且是拓展国际经济合作与交流，发展外向型经济的重要基地。其主要任务是在划定的区域范围内，集中建设基础设施，完善涉外经济法规，建立精干高产的管理机构，创造吸引外资的良好环境，引进先进的工业项目。

经济技术开发区与经济特区有所不同：首先，在管理体制上，经济特区是相对独立的行政区域，开发区是其所在人民政府直接领导和管辖下实行特殊政策的地域；其次，在经济结构上，经济特区是以工业为主、工贸结合的外向型综合性经济，开发区则以发展先进的工业生产和科研为主；最后，在对外资企业的政策上，经济特区的外资企业享受的政策优于开发区的同类企业。

3. 高新技术产业开发区

高新技术产业开发区是我国借鉴国外高科技园区的成功经验，在适当地点划出一定区域，赋予优惠政策，集中发展高科技，以实现产业化的特定地域。这主要依托国内的科技力量和工农业基础，吸收国外资金，引进先进技术，致力于我国高新技术科研成果的商品化、产业化和国际化，促进高新技术产业的形成和发展。

1988 年 5 月经国务院批准建立的北京新技术产业开发区是我国第一个高新技术产业区，北京中关村科技园是我国典型的高新技术产业开发区。

4. 保税区

保税区是我国借鉴国际上自由贸易区和出口加工区的成功经验，结合我国国情，在重要的外运港口设立的。其基本功能有三：一是保税仓储、商品展示等贸易服务；二是国际转口贸易；三是出口加工。

1984 年我国就提出了保税区的设想，进入 20 世纪 90 年代，我国沿海地区逐步建立起保税区。上海外高桥保税区是我国设立的第一个保税区，也是我国目前最开放、政策最优惠的保税区。

5. 边境经济合作区

为繁荣内陆边境和少数民族地区经济，发展同周边国家的经济技术合作，从 1992 年开始，我国在一些边境开放城市先后举办了边境经济合作区。其目的在于利用边境开放城市的特殊条件，外引内联，广泛吸收国内外投资，在合作区内发展一些面向周边国家市场的出口加工工业，加速沿边地区的工业化进程，带动整个边境开放城市的经济发展，进而增强与毗邻国家发展经济交往的能力。

6. 旅游度假区

旅游度假区是 1992 年以来我国在交通方便、经济比较繁荣、风景闻名于世的地区兴建的以接待境外游客，发展国际旅游为主的特定经济区域，大致有热带海洋度假、温带海洋度假、平原内湖度假和山地内湖度假四种类型。区内建设综合服务、度假别墅、景观旅游、休闲疗养、游乐中心功能小区，以满足各类游客的喜好和要求。

旅游度假区的开发建设，以企业为主体，通过国内外市场筹集资金，注重利用外资。其经营面向市场，瞄准国际客源并促进国内旅游。国家在资金筹措、税费减免、进出口管理、扩大外商投资领域等方面实行扶持政策。

◎本章小结

尽管经济全球化和区域一体化的发展迅速，贸易自由化成为国际贸易的必然趋势，但包括关税措施和非关税措施在内的各种贸易政策，在今天的国际贸易中仍然发挥着重要作用。本章主要介绍国家实施贸易政策的措施，具体包括关税措施、非关税壁垒措施、出口促进措施和经济特区措施。

◎关键术语

关税　普遍优惠制　关税壁垒　非关税壁垒　进口配额制
出口补贴　商品倾销

◎思考题

1. 什么是关税？其主要特点有哪些？
2. 什么是海关税则？它可以分为哪几类？
3. 非关税壁垒有哪些特点？与关税相比，它有哪些优缺点？
4. 试比较“自动”出口限额制与进口配额有何异同。
5. 什么是海关程序？一般包括哪些环节？
6. 商品倾销有哪几种类型？倾销所造成的损失可通过哪些途径得以补偿？
7. 试述外汇倾销对进出口的作用及其限制条件。
8. 什么是经济特区？它有什么特点？
9. 出口加工区与自由港或自由贸易区有何不同？
10. 我国的经济性特区有哪些类型？

第 8 章 国际贸易条约和协定

8.1 国际贸易条约和协定概述

8.1.1 贸易条约和协定的概念与类型

贸易条约和协定（Commercial Treaties and Agreements）是两个或两个以上的主权国家为确定彼此的经济关系，特别是贸易关系方面的权利和义务而缔结的书面协议。

贸易条约和协定按照缔约国的多少，可分为双边贸易条约和协定与多边贸易条约和协定。前者是两个主权国家之间所缔结的贸易条约和协定，后者是两个以上主权国家共同缔结的贸易条约和协定。这些贸易条约和协定一般都反映了缔约国对外政策和对外贸易政策的要求，并为缔约国实现其对外政策和对外贸易政策的目的服务。在国际经济关系中，由于各国的社会经济制度和政治经济实力对比关系的差异，它们之间所缔结的贸易条约和协定的内容和作用也有所不同。

目前，我国已经同世界上绝大部分国家和地区建立了贸易关系，并同许多国家签订了贸易条约和协定。作为对外贸易政策措施之一的贸易条约和协定，与关税措施、非关税等对外贸易的措施相比较，有其不同之处，许多关税和非关税措施是由主权国家的政府以立法或行政措施的方式来实现的，因而属于国内法范畴，而贸易条约和协定必须由两个或两个以上的主权国家进行协商达成协议，所以它受到国际法的约束。但是，贸易条约和协定与其他对外贸易措施之间又密切关联，相互配合。这些国内立法和行政措施往往是一个国家与其他国家政府进行贸易条约和协定谈判的基础。当一个国家的立法或行政措施同其他国家的立法和行政措施发生利益上的冲突时，就必须通过双边或多边谈判，采取协议的方式进行解决。当一个国家立法和行政措施的某些规定转变为贸易条约和协定的条款或规定时，缔约国一方的政府就应承担贸易条约和协定的义务。

贸易条约和协定是国际条约和协定的一种，它主要是用于确定缔约国之间的经济和贸易关系。它既可以在建立正式外交关系的国家之间签订，也可以在没有建立正式外交关系的国家之间签订；既可以在不同国家的政府间签订，也可在不同国家的政府与民间团体之间或双方的民间团体之间签订。

除了国家之外，某些地区，例如在贸易与关税政策方面拥有独立决策权的单独关税领土，在一定条件下也可以成为贸易条约和协定的签约主体，如历史上，香港与美国签署的双边纺织品协议。而一些国家或地区也可能组成区域性经济合作组织或其他形式的贸易集团，作为一个整体与其他国家、地区或贸易集团签订贸易条约或协定，如欧洲经济共同体与前殖民地、附属国签署的《洛美协定》，欧盟与其他国家或地区签署的优惠贸易协定等。

一般来讲，国家的最高权力机关对条约的缔结有决定权。我国宪法规定，全国人民代表大会常务委员会决定批准和废除同外国缔结的条约。全国人民代表大会常务委员会委员长根据全国人民代表大会或其常务委员会的决定“批准同外国缔结条约”。国家权力机构可以将其决定缔约的权力授予行政机关来行使，各国具体负责谈判的机构一般是行政机关中负责对外经贸关系的部门。我国商务部是负责对外谈判的主要部门，在对外谈判中，根据不同情况，谈判代表团中往往还包括国家发改委、外交部、中国人民银行、农业部、新闻出版总署、专利局、海关总署等部门和国务院有关部委的代表。美国对外经贸谈判权目前主要集中在美国贸易代表办公室，这个机构的设立旨在纠正各个部门在对待对外经贸关系的处理时所存在的部门偏见，它是一个具有较高地位的协调机构，美国贸易代表办公室隶属于美国总统行政办公室，主要负责美国贸易政策的制定与协调，同时，进行对外谈判也是它的主要职能之一。美国贸易代表是美国贸易代表办公室的领导，由总统和参议院任命，对国会负责，同时具有特命全权大使的级别。

8.1.2 贸易条约和协定的内容结构

贸易条约和协定一般由序言、正文和结尾三个部分组成。序言通常载明缔约双方发展贸易关系的愿望及缔结条约或协定所遵守的原则。贸易条约和协定的正文，是贸易条约和协定的主要组成部分，它是有关缔约各方权利、义务的具体规定。不同种类贸易条约和协定，其正文所包括的条款和内容有所不同。贸易条约和协定的结尾包括条约和协定的生效日期、有效期、延长或废止的程序、份数、文字等内容，还有签订条约和协定的地点及双方代表的签名。缔结条约和协定的地点对于需要经过批准的条约和协定有特别的意义，如果条约是在一方首都签订的，按惯例批准书就应在对方国家的首都交换。贸易条约和协定一般依照缔约各方的文字写成，并且规定各种文本具有同等的效力。

8.1.3　贸易条约和协定中所适用的主要法律待遇条款

在贸易条约和协定中，通常所适用的法律待遇条款有最惠国待遇条款、国民待遇条款和互惠待遇条款。

1. 最惠国待遇条款

（1）最惠国待遇条款的含义

最惠国待遇条款（Most—Favored Nation Treatment，MFN）是贸易条约和协定的一项重要条款，它的基本含义是：缔约国一方现在和将来给予任何第三国的一切特权、优惠及豁免，也同样给予缔约对方。最惠国待遇的基本要求，是使缔约一方在缔约另一方享有不低于任何第三国享有的待遇。换言之，即要求一切外国人或外国企业处于同等地位，享有同样的待遇，不受到歧视待遇。

最惠国待遇条款包括无条件的最惠国待遇和有条件的最惠国待遇两种基本形式。无条件的最惠国待遇是指缔约国一方现在和将来给予任何第三国的一切优惠待遇，立即无条件、无补偿、自动地适用于对方；有条件的最惠国待遇是指如果一方给予第三国的优惠是有条件的，则另一方必须提供同样的补偿，才能享受这种优惠待遇。无条件的最惠国待遇条款首先是英国采用的，所以又叫做"欧洲式"最惠国待遇条款；有条件的最惠国待遇条款最先是美国采用的，所以又叫做"美洲式"的最惠国待遇条款①。现在的贸易条约和协定一般都适用无条件最惠国待遇条款。

（2）最惠国待遇条款适用的范围

最惠国待遇条款可以适用于缔约国经济贸易关系的各个方面，也可以只在贸易关系中某几个具体问题上适用。在签订贸易条约和协定时，缔约双方往往对最惠国待遇适用的范围加以列举。在列举范围以内的事项适用最惠国待遇条

① 1922年的福特尼、麦坎伯关税法使美国从有条件的最惠国转为无条件的最惠国，根据有条件最惠国待遇的规定，对某个国家提供的关税减让，只有在交换关税减让的互惠国条件下才能提供给其他国家。见：波斯坦，马赛厄斯．剑桥欧洲经济史（第八卷）．王春法等译，经济科学出版社，2002：164.

款，在列举范围以外的，不适用最惠国待遇条款。

最惠国待遇条款的适用范围很广，通常包括以下几个方面。

①有关进口、出口、过境商品的关税及其他各种捐税；

②有关商品进口、出口、过境、存仓和换船方面的海关规则、手续和费用；

③进、出口许可证发放的行政手续；

④船舶驶入、驶出和停泊时的各种税收、费用和手续；

⑤关于移民、投资、商标、专利及铁路运输方面的待遇。

在具体签订贸易条约和协定时，缔约双方可以根据两国的关系和发展贸易的需要，在最惠国待遇条款中具体确定其适用的范围。

(3) 最惠国待遇条款适用的限定和例外

在贸易条约和协定中，一般都规定有适用最惠国待遇的限定或例外条款。最惠国待遇条款适用的限定是指将适用范围限制于若干具体的经济和贸易方面。例如，在关税方面的最惠国待遇只限于某些商品，或最惠国待遇条款只适用于缔约国的某些地区等。最惠国待遇适用的限定可分为两种：一种是直接限定，即在贸易条约和协定中明确规定最惠国待遇适用范围的限制，通常从商品范围上、地区上和商品来源上等加以限制；另一种是间接限制，即未在条约或协定中明确规定，而采用其他办法（如将税则精细分类等），以达到限制缔约国的商品适用最惠国待遇的范围。

最惠国待遇条款适用的例外指某些具体的经济和贸易事项不适用于最惠国待遇。在现代的贸易条约和协定中最常见的最惠国待遇的例外有以下几种：

①边境贸易。一些国家往往规定边界两边15公里以内的小额贸易在关税、海关通关手续上给予的优惠待遇不适用于与之缔结包含有最惠国待遇条款贸易条约和协定的国家。

②关税同盟。已经结成关税同盟的成员国之间互免关税待遇。

③沿海贸易和内河航行。在航行问题上，对于缔约国一方在沿海贸易和内河航行方面给予他国的优惠视为例外。

④多边国际条约或协定承担的义务。如缔约国一方参加其他多边国际条约或协定而履行其所承担的义务如触及最惠国待遇利益者，应视为例外。

⑤区域性特惠条款。即若干国家之间通过缔结条约或协定相互给予的优惠待遇，应作为最惠国待遇的例外。

⑥其他例外。如沿海捕鱼、武器进口、金银外币的输出输入和文物、贵重艺术品的出口限制和禁止等，也常作为例外。

2. 国民待遇条款

国民待遇条款（National Treatment）的基本含义是指缔约国一方保证缔约国另一方的公民、企业和船舶在本国境内享受与本国公民、企业和船舶同等的待遇。国民待遇条款一般适用于外国公民或企业的经济权利，如外国产品所应缴纳的国内捐税，利用铁路运输和转口过境的条件，船舶在港口的待遇，商标注册、著作权及发明专利权的保护等。但是，国民待遇条款的适用是有一定的范围的，并不是将本国公民或企业所享有的一切权利都包括在内，例如，沿海航行权、领海捕鱼权、购买土地权等，通常都不包括在国民待遇条款的范围之内，这些权利一般都不给予外国侨民或企业，只准本国公民和企业享有。

3. 互惠待遇条款

互惠待遇条款（Reciprocally Treatment）是法律待遇条款的一种。它的基本要求是：缔约双方根据协议相互给予对方的法人或自然人以对等的权利和待遇。这项原则一般不能单独使用，必须与其他特定的权利或制度的内容结合在一起，才能成为独立的单项条款。例如，1979 年签订的《中华人民共和国和美利坚合众国贸易关系协定》第 6 条规定，双方同意在互惠的基础上，一方的法人和自然人可根据对方的法律和规章申请商标注册，并获得这些商标在对方领土内的专用权。

互惠的法律意义在于，基本上可以防止一国及其法人、自然人在另一国单方面享有特权，也可以保证这些组织和个人在外国享有的对等权利不受限制或歧视。

在经贸关系的实践中，特别是在投资领域，国民待遇的给予往往与一国的国内情况有着密切的关系，所以存在着在事实上的非互惠的国民待遇，即一国给予其他国家的公民与企业以国民待遇，但并没有获得其他国家给予互惠，这种现象往往是由于各国的开放程度不同，并且对民族企业的界定不同所造成的。但是，在国际经贸的谈判中，各国也往往根据互惠原则来决定国民待遇给予的范围。

8.2 双边贸易条约和协定

双边贸易条约和协定的种类很多，现仅就常见的几种介绍如下。

8.2.1 通商航海条约

通商航海条约（Treaty of Commerce and Navigation）又称通商条约、友好通商条约等，它是全面规定两国间经济贸易关系的条约。其内容比较广泛，常涉及缔约国之间经济贸易关系的各个方面。一般说来，这种贸易条约的正文包括的主要内容有以下几方面：

1. 关于缔约国双方的进出口商品关税和通关的待遇

这是条约中的主要问题，其中包括进出口商品关税、海关附加捐税以及履行海关通关手续等依据的原则，一般为最惠国待遇原则。

2. 关于缔约国双方公民和企业在对方国家所享有的经济权利

这些权利包括移民权、财产购置权、工商企业经营权、税赋以及相关的法律保护等问题。

3. 关于船舶航行和港口使用问题

通常规定缔约国一方的船舶进入另一方港口在卸货和装货，缴纳港口捐税等方面应依据最惠国待遇或国民待遇原则。

4. 关于铁路运输和过境问题

在条约中规定缔约国双方在运送旅客、货物及办理铁路运输手续方面应相互给予的待遇。由于铁路运输方面已签订有若干国际多边公约，通常在条约中引用这些多边公约。

5. 关于知识产权保护问题

在条约中往往规定缔约国双方公民和企业在对方境内享有和利用专利权、商标权、版权等问题的条款，通常在这些问题上也引用相应的国际公约。

6. 商品进口的国内捐税问题

对于进口商品的国内捐税的征收通常规定应依据最惠国待遇或国民待遇原则。

7. 进出口数量限制问题

由于许多国家往往采用各种进出口数量限制措施，因此有些条约对这些问题作了具体规定。

8. 关于仲裁裁决的执行问题

如规定缔约国之间的贸易企业发生争议，经缔约国的一方的仲裁机构作出裁定时，缔约国另一方承担在其本国内执行仲裁裁决的义务。此外，在有些通商航海条约中，还根据缔约国之间的经济和贸易的具体情况，规定其他内容，如样品和展览品的免税输入、领事的待遇、国有化问题等。

通商航海条约一般由国家首脑或其特派的全权代表来签订，并经双方的立法机构审议通过，最高权力机关批准才可生效，并且条约的有效期限一般都较长。

8.2.2　贸易协定和贸易议定书

1. 贸易协定

贸易协定（Trade Agreement）是两个或几个国家之间调整它们的相互贸易关系的一种书面协议。其特点是对缔约国之间的贸易关系规定得比较具体，有效期一般较短，签订的程序也比较简单，一般只需签订国的行政首脑或其代表签署即可生效。

贸易协定正文的主要内容，通常包括以下几方面：

(1) 最惠国待遇条款的规定

在协定中通常规定最惠国待遇条款及其适用范围和例外，以便减少和避免缔约国双方在执行过程中的分歧。

(2) 进出口商品货单和进出口贸易额的规定

在这方面，有的协定规定得比较原则，只对双方进出口商品和贸易额的增长表示一种愿望。有的协定具体规定在协定有效期内双方进出口商品货单和贸易额，主要可分为三种：

①在协定中附有进出口总货单，明确规定双方相互供应的货物品种和贸易额。进出口货单是贸易协定不可分割的部分，这种货单对双方具有较大的约束力，双方政府必须保证实现。

②在协定中对货单中的一种或几种主要进出口商品规定一定的数量或金

额，由缔约国双方政府保证实现，货单的其余部分则只列出商品的品名而不规定数量和金额，由双方的外贸企业自行联系成交。

③把货单作为协定的附表，在附表中仅列出商品的种类及主要品名，不列数量或金额，双方政府仅保证颁发进出口许可证。

（3）作价原则和使用货币的规定

作价原则是指确定双方交易的货物价格的原则。通常规定签订合同时以该种商品在国际市场上有代表性的价格作为基础，由双方进出口贸易公司协商确定。使用货币是指进出口双方在业务中产生的债权和债务的清偿所使用的货币，例如某一种可兑换的货币、双方某一缔约国的货币或第三国的货币。有的协定在这方面未作具体规定，由双方贸易公司在合同中自行确定。

（4）支付和清偿办法的规定

关于支付与清算办法有不同的规定。有的贸易协定规定采用记账结算或双边清算办法进行结算；有的规定部分货款采用记账结算，部分采用现汇支付的办法；有的规定货款都用现汇支付。

在贸易协定中把支付协定中各种条款都包括在内，这种协定就成为贸易与支付协定。

（5）优惠关税的规定

在有些协定中规定了优惠关税条款，主要有两种：

①直接规定具体商品的优惠关税税率，即两国间通过协商确定一部分具体商品的进口优惠税率，其中包括商品税目，商品名称和优惠的税率。

②间接确定适用某种关税税率，即在协定中规定某些商品能享受免税或最低税率的待遇，这些免税或最低税率的具体内容，在协定中并无规定。

（6）其他事项规定

有些规定根据需要还订有其他规定，如商品检验、仲裁、设立商务机构、举办展览、广告宣传和保障条款等。

2. 贸易议定书

贸易议定书（Trade Protocol）是缔约国就发展贸易关系中某项具体问题所达成的书面协议。这种贸易议定书往往是作为贸易协定的补充、解释或修改而签订的。有的贸易议定书是协定的附件，有的则不作为附件。此外，在签订长期贸易协定时，关于年度贸易的具体事项，往往通过议定书的方式加以规定。贸易议定书的签订程序和内容比贸易协定更为简单，一般由签订国有关行政部门的代表签署后即可生效。

8.2.3　支付协定

支付协定（Payment Agreement）是两国间关于贸易和其他方面债权、债务结算办法的书面协议。支付协定是外汇管制的产物，在实行外汇管制的条件下，一种货币不能自由兑换成另一种货币，对一国所拥有的债权不能用来抵偿对第三国的债务，结算只有在双边基础上进行。因此，就需要通过缔结支付协定的办法来解决两国间的债权债务问题。

支付协定的主要内容有以下几个方面。

1. 清算机构的规定

支付协定的目的在于避免支付外汇和黄金，而采用直接抵消债权债务的办法进行两国之间的结算。因此，必须设立清算机构。通常双方都指定它们的中央银行作为清算的负责机构，处理双边的清算工作。

2. 清算账户的规定

清算机构办理清算业务是通过清算账户进行的，清算账户主要有两种：

单边账户（Single Account），即只在缔约国一方的中央银行开立清算账户。

双边账户（Bilateral Account），即缔约国双方的中央银行，互为对方国家开立清算账户，目前绝大多数的清算账户都是双边账户。

3. 清算项目与范围的规定

清算项目与范围是指两国间的贸易和非贸易往来应通过清算账户进行结算的项目与范围。该项目与范围，除了进出口贸易外，还包括进出口贸易的从属费用，如运费、保险费、佣金等。此外，也可包括一些其他项目，如侨汇等。凡未列入清算范围的项目结算，仍用收付现汇的方法办理。

4. 清算货币的规定

在单边账户下，用开立清算账户国家的货币记账和进行支付；在双边账户下，使用的货币分为记账货币和支付货币两种。记账货币可以用一方的货币，也可以用第三国的货币，用何种货币记账由双方谈判后在协定中确定。而双方的债权人和债务人，在具体办理收付时，则应分别使用本国的货币。

5. 清算方法的规定

缔约国双方的债务人，主要是进口商，要用本国货币把应付款项，通过指定银行，交入负责清算的本国中央银行，贷记对方国家的清算账户，结清所欠的债务；而缔约国双方的债权人，主要是出口商，也应通过指定银行，从本国中央银行的清算账户领取本国的货币，收回货款。缔约国双方的中央银行，要把收付款项互相通知，以便了解双方债务与债权清算的情况，尽量保持双方清算账户的平衡。如清算账户不平衡对负债国有利，而对债权国不利。针对这种情况，第二次世界大战后，支付协定中通常规定信用“摆动额”（Swinging Limit），即双方国家根据协定互相提供信用的限额。一般为年度出口额的5%～10%，在信用“摆动额”的范围内，虽然清算账户上没有存款，中央银行仍然办理付款，实际上是给对方国家以信用。对超过信用“摆动额”的部分，中央银行可停止付款，并可要求负债方用现汇、黄金或货物偿还。

6. 清算账户差额处理

支付协定都规定有效期，协定到期时，协定所规定的清算项目仍可进行一段时间，一般为三个月到四个月，清算账户的差额才进行总结算。

清算账户差额的处理方法主要有以下四种：在一定期限内由债务国向债权国输出商品；用双方同意的可兑换的货币或黄金支付；用双方同意的其他不可兑换的货币支付；将金额转入下年度清算账户内。

8.3 国际商品协定和商品综合方案

8.3.1 国际商品协定

国际商品协定（International Commodity Agreement）是指某项商品的主要出口国和进口国为了稳定该项商品价格和保证供销等目的所缔结的政府间多边贸易协定。国际商品协定的主要对象是初级产品。迄今为止，国际上仅就糖（1953年）、黄麻和黄麻制品（1982年）、咖啡（1962年）、橄榄油（1958年）、谷物（国际谷物协定的前身是1933年开始生效的国际小麦协定，1967年签署新协定，更名为国际谷物协定1986年又更名为小麦贸易与粮食援助公约，1995年重新恢复为国际谷物协定）、可可（1973年）、天然橡胶（1979年）、热带木材（1983年）8种商品签署了国际商品协定。

1. 签订国际商品协定的宗旨

目前存在的国际商品协定涉及的产品是初级产品，其价格长期以来与制成品相比较，显示出疲软的特点。作为初级产品的生产国与出口国的广大发展中国家希望通过与世界上主要的初级产品进口国，特别是发达国家签订初级产品国际协定，稳定初级产品需求和价格，而初级产品进口国也希望通过协定的签订与执行保证稳定的供应和稳定的价格。

第二次世界大战后签订的国际商品协定是在《哈瓦那宪章》关于政府间商品协定订立原则的基础上进行的，其主要宗旨表现为以下几点：

(1) 防止价格过分波动；

(2) 建立起长期的初级产品生产与消费的均衡；

(3) 建立干预市场的机制。

2. 国际商品协定的结构

国际商品协定一般由序言、宗旨、经济条款、行政条款和最后条款等部分构成，并有一定的格式。其中经济条款和行政条款是国际商品协定的两项主要条款。

(1) 经济条款

经济条款是确定各成员国权利和义务的依据，它关系到各成员国的具体权益，是国际商品协定中最重要的内容。由于商品不同，有关经济条款的内容也不尽相同。

从现行的国际商品协定来看，经济条款主要有以下几种类型：

①缓冲存款（Buffer Stock）的规定。缓冲存货，就是由该商品协定的执行机构依照最高限价和最低限价的规定，运用其成员国提供的实物和资金，干预市场和稳定价格。当市场价格涨到最高限价时，抛售缓冲存货的实物以维持价格在最高限价之下；当市场价格跌到最低限价以下时，利用缓冲存货的现金在市场上收购该商品，把价格保持在最低限价以上。主要采用缓冲存货规定的有国际锡协定和国际天然橡胶协定。

②出口限额的规定。这种条款规定一个基本的出口限额，每年再根据市场需求和价格变动，确定当年平均出口限额。年度出口限额按固定部分和可变部分配给有基本限额的各出口成员国。一般固定部分占全部年度限额的70%，可变部分占30%，可变部分按出口成员国的库存量占全体出口成员国总库存量的比例进行分配。国际咖啡协定属于这种类型。

③多边合同（Multiateral Contracts）规定。这种条款规定，进口国在协定规定的价格幅度内，向各出口国购买一定数量的有关商品；出口国在协定规定的价格幅度内，向各进口国出售一定数量的有关商品。当进口国在完成所应进口的数量后，可在市场上以任何价格，购买任何数量的有关商品。出口国在完成所应出口的数量后，可在市场上以任何价格，出售任何数量的有关商品。因此，它实际上是一种多边的商品合同。国际小麦协定属于这种类型。

④出口限额与缓冲存货相结合的规定。即同时采用出口限额和缓冲存货两种办法来控制市场和稳定价格。国际可可协定采用这种办法。其具体办法如下：首先，规定可可豆的最高限价和最低限价。其次，确定指示价格。指示价格是纽约可可交易所和伦敦可可集散市场15个连续营业日的每日价格的平均数。最后，当指示价格超过最高限价或低于最低限价时，可可理事会就采取出口限额和缓冲存货所规定的办法调节价格，使价格恢复到最高限价与最低限价的范围内。

（2）行政条款

该条款主要涉及权力机构和表决票的分配。商品协定的权力机构有理事会、执行委员会和监督机构。虽然名称不一，但都是协定的最高权力机构的常设机构。由于权力机构关系到协定的履行和管理，涉及各方的切身利益，因而职位的分配往往是各出口国和各进口国所关心的重要问题。各权力机构达成的协议，除采用协商一致的办法外，一般要通过表决决定。表决可根据情况需要，分别采用简单多数、三分之二多数、特别表决等方式。各成员国对重大问题进行投票表决，是参加协定成员的一项基本权利。因此，各商品协定对表决票的分配及其使用有具体的规定，以保证每个成员国享有一定的表决权。

（3）最后条款

该条款主要规定协定的签字、批准、生效、有效期、加入、退出等具体程序和手续。

3. 主要的国际商品协定

现存国际商品协定可以划分为三类。第一类是带有经济条款的国际商品协定，目前只有两个：1993年国际可可协定，1995年国际天然橡胶协定。第二类是管理性协定（Administrative Agreement）。这类协定的主要目标是：确保国际合作；提供国际咨询论坛；促进国际贸易的增加；作为信息收集、交换和发布的中心；促进研究；鼓励和增加商品的消费。尽管管理性协定不包含价格稳定的具体方法，但大多数协定也都考虑到价格的稳定问题，这类协定包括

1994 年咖啡协定，1992 年糖协定，1995 年国际谷物协定。第三类协定是开发性协定。包括 1994 年国际热带木材协定、1994 年国际橄榄油协定、1989 年国际黄麻和黄麻制品协定。这类协定的主要目标是：在生产者和消费者之间提供一个合作和咨询的机构，在诸如研究与开发、贸易扩展、市场促销、降低成本和提高市场信息等领域实施一些项目。下面对上述 8 个协定的主要内容进行介绍。

(1) 国际可可协定

①生效时间与成员。新的国际可可协定生效于 1994 年，成员国 35 个，出口成员 13 个，均为发展中国家，进口成员 22 个，由发达国家和捷克、俄罗斯组成。

②协定的目标：

加强在可可领域中的国际合作，促进可可经济发展；

为世界可可市场的稳定作出贡献，以维护各成员国的利益；

使生产方面的调节易于实行，促进消费，以确保可可供给和需求的中长期均衡；

在对消费者和生产者都公平合理的价格基础上确保充足的供应；

有利于可可贸易的扩大；

通过收集、分析和发布相关统计资料，开展相关研究，提高世界可可经济的透明度，促进可可领域的研究与发明等。

③协定执行机构。协定执行机构为“国际可可组织”，设在英国。

④经济条款内容。国际可可协定的经济条款内容为出口限额与缓冲存货相结合，具体内容见本节国际商品协定经济条款部分。

(2) 国际天然橡胶协定

①建立时间与成员。新的国际天然橡胶协定建立于 1995 年，成员国 24 个，出口成员 6 个，为发展中国家，进口成员 18 个，由发达国家和中国组成。

②协定目标。稳定天然橡胶的价格，实现天然橡胶供应与需求的均衡增长。

③协定执行机构。协定的执行机构为“国际天然橡胶组织”，总部设在马来西亚的吉隆坡。

④协定的经济条款。执行缓冲存货经济条款，建立由天然橡胶和资金组成的干预基金，确定价格范围，建立由参考价格、上限价格、下限价格和干预价格组成的干预价格参照体系。干预价格的确定是以参考价格为中心，增减一定的百分比例，当世界天然橡胶价格达到干预价格水平时，干预基金就必须启

动，开始通过抛售或购买的方式，使价格回归到干预价格范围之内。

（3）国际咖啡协定

①建立的时间和成员。新的国际咖啡协定建立于 1994 年。成员 63 个，其中出口成员 44 个，均为发展中国家，进口成员 19 个，均为发达国家。

②协定目标：

确保与世界咖啡经济有关的国际合作得到加强；

为协定参加国政府之间的磋商和谈判提供论坛，寻求世界咖啡供给与需求达到合理平衡的方法；

通过收集、分析和发布有关咖啡生产、销售等方面的统计数字，公布指标价格和其他市场价格以利于国际咖啡贸易的扩大，同时提高世界咖啡经济的透明度；

协定成为收集、交换和公布咖啡有关经济信息和技术信息的中心；

促进在咖啡领域的研究和调查，鼓励、增加对咖啡的消费。

③协定执行机构。“国际咖啡组织”是国际咖啡协定的执行和监督机构，总部设在英国伦敦。

（4）国际糖协定

①新的国际糖协定建立于 1992 年，成员 51 个，其中发达国家 19 个，其余为发展中国家。

②协定目标：

确保与世界糖制品及其相关问题的国际合作的加强；

提供政府间讨论糖和发展世界糖业经济方法的论坛；

收集和提供世界糖市场及其他甜料的信息，为糖的国际贸易提供便利；

开辟新途径，利用各种方法刺激对糖的需求。

③协定执行机构。“国际糖组织”是管理和监督协定执行的机构。国际糖组织的职能包括：收集和发布有关世界原糖、精炼糖和其他甜料的生产、价格、进出口、消费和储存、税收的统计信息。为此，专门建立了一个对糖的市场评估、消费和统计委员会。国际糖组织的总部设在英国伦敦。

（5）国际谷物协定

①建立时间和成员。新的国际谷物协定于 1995 年 7 月 1 日建立。国际谷物协定包括谷物贸易公约和食品援助公约，取代了 1986 年的小麦贸易和食品援助公约。谷物贸易公约拥有成员 26 个，其中发达国家 6 个，其余为发展中国家和东南欧和独联体国家。食品援助公约拥有成员 23 个，其中有一个发展中国家，其余均为发达国家。

②协定内容。谷物贸易公约的内容包括：谷物范围为包括小麦在内的所有谷物；谷物贸易公约宗旨为进一步稳定和扩大谷物市场，提高世界谷物供应的安全性；提供扩大和改进对成员方的统计和市场信息服务，为成员方之间的磋商创造和提供机会；谷物贸易公约的监督和执行机构是“市场条件委员会”。食品援助公约的目标是通过国际社会的共同努力，保证每年向发展中国家提供 1 000 万吨适合食用的谷物，其方式是以提供最大可能数量的谷物或现金方式进行捐赠。得到食品援助的条件是要首先得到经济合作与发展组织的发展委员会的认可。在给予援助时，应优先考虑最不发达国家、其他低收入国家或中低等收入国家。

③协定执行机构。协定执行机构为“国际谷物理事会”。

(6) 国际黄麻和黄麻制品协定

①建立时间与成员。新的国际黄麻和黄麻制品协定于 1989 年 11 月 3 日建立，取代了 1982 年国际黄麻和黄麻制品协定。该协定拥有 24 个成员，其中出口成员 5 个，包括中国和亚洲的 4 个发展中国家，进口成员 21 个，其中有 2 个为发展中国家，其他均为发达国家。

②协定的目标：提高黄麻和黄麻制品的竞争力；在维持和扩大现有市场的同时开发新市场；开发黄麻和黄麻制品的新的最终用途；提高黄麻种植业的产量和质量；提高黄麻制品的质量和降低成本。实现目标的方法包括：进行研究和开发、市场推广和降低成本等项目，包括人力资源的开发；收集和发布黄麻及其产品有关的信息；对世界黄麻经济进行短期和长期趋势的研究。

③协定执行机构。“国际黄麻组织”是该协定的监督和执行机构。它通过国际黄麻理事会来运作，其主要活动是确定和挑选在研究和开发、市场促销与降低成本领域内的项目，并为之开展准备工作，实施这些项目并监督其执行。总部设在孟加拉国的达卡。

(7) 国际橄榄油协定

①建立时间与成员。新的监督协定执行的机构于 1994 年 3 月 25 日建立。该协定对 1986 年国际橄榄油协定进行了修订和补充，故此协定又称为“1986 年国际橄榄油协定及 1993 年议定本”。

②协定目标：开展国际合作与共同行动，促进橄榄培育、橄榄油提炼和食用橄榄油加工的现代化；增加橄榄产品的国际贸易；制定橄榄产品的标准化；在橄榄及橄榄油加工方面考虑到环境因素。

③协定执行机构。“国际橄榄油理事会”是国际橄榄油协定的执行与管理机构，总部设在西班牙的马德里。它的任务是：跟踪市场发展，制定规则以确

保国际橄榄油的正常贸易并制定产品标准；实施技术合作计划，开展消费者教育运动，鼓励在橄榄油的生物效应方面的研究；促进任何可以使世界橄榄产品经济协调发展的行动。

（8）国际热带木材协定

①建立时间与成员。新的国际热带木材协定于1994年1月26日建立，取代了1983年的国际热带木材协定。该协定拥有51个成员，其中生产国为24个，都是发展中国家，消费国27个，除去中国、埃及、尼泊尔、韩国、俄罗斯以外，其余都是发达国家。

②协定目标：提供有效的与世界木材经济所有方面有关的磋商、国际合作和政策发展的框架；提供磋商论坛以促进正常的木材贸易活动；致力于可持续发展进程；实施提高成员供应能力的战略；在2000年以前获得可持续的能管理的资源，以开展热带木材及其产品的出口；促进国际热带木材贸易的扩展和多元化；促进和支持木材方面的研究与开发；提高木材市场信息的充分性；促进在生产成员内热带木材的深加工；鼓励成员方支持和发展热带木材森林的再造、森林管理活动以及恢复退化的森林土地；提高热带木材在可持续有管理的资源出口中的营销与分销水平；促进木材加工技术的获得、交换和技术合作；鼓励分享国际木材市场的信息等。

③协定实施机构。"国际热带木材组织"是国际热带木材协定的实施与管理机构，总部设在日本神户。其职能包括：提供有利于成员国和国际社会有关热带木材的经济信息，提供市场情报以确保热带木材市场更高的透明度；同国际非热带木材商品组织保持紧密联系；进行贸易和环境方面的政策研究，如研究热带木材贸易与可持续发展的联系以及木材制品的认证；在由联合国可持续发展委员会建立的政府间森林小组内有关贸易与环境问题上起领导作用。

从国际商品协定的执行情况来看，这些协定对于稳定商品价格和生产国的出口收益、适当满足消费国的需要起到了一定的作用。但由于少数发达国家的干扰，多数协定不能发挥应有的作用，在这种情况下，发展中国家提出建立商品综合方案的主张，要求用一种综合的办法来解决初级商品的贸易问题。

8.3.2 商品综合方案

1. 商品综合方案的内容

商品综合方案（Integrated Programme for Commodities）是发展中国家在1964年4月第六届特别联大会议上第一次提出来的，1976年5月联合国第四届贸易和发展会上正式通过了商品综合方案的决议。其目的是为了解决发展中国家初级产品出口价格长期疲软，贸易条件恶化的问题。这项方案的主要内容有以下几方面：

(1) 建立多种商品的国际储存或"缓冲存货"。建立多种商品国际储存的目的是要稳定商品价格、保证正常的生产与消费。国际储存的商品选择标准有以下两条：

第一，这项商品对发展中国家具有重要利害关系；

第二，这项商品便于储存。国际储存的主要商品有：香蕉、咖啡、可可、茶、糖、肉类、植物油、棉花、黄麻、硬纤维、热带木材、橡胶、铝、铁、锰、磷、铜和锡。

(2) 建立国际储存的共同基金。共同基金（Common Find）是综合商品方案的一种国际基金，用来资助建立国际初级产品的缓冲存货和改善初级产品市场，提高初级产品的长期竞争性，如开发研究、提高生产率、改进销售等。初步提出的金额为60亿美元，由成员国认缴。

(3) 商品贸易的多边承诺。为了稳定产品供应，参加方案的各国政府，承诺在特定时间内各自出口和进口某种商品的数量。

(4) 扩大和改进商品贸易的补偿性资金供应（Compensatory Financing），当出口初级产品的发展中国家的出口收入剧减时，国际货币基金组织将给予补偿性贷款。

(5) 扩展初级产品的加工和出口多样化要求发达国家降低或取消对发展中国家初级产品及加工产品的进口限制措施。

2. 商品综合方案的实施

(1) 建立国际商品共同基金

国际商品共同基金总额为7.5亿美元，其中各成员国直接分摊4.7亿美元，自愿认缴2.8亿美元。基金设立两个账户，第一账户是为包括国际商品协定在内的缓冲库存和国际协调的各国存货的资金融通提供援助。第二账户是为商品的技术开发提供资金。这些技术包括：改善市场结构、加强商品的长期竞争力的技术，开发和提高商品生产率、营销多样化的技术。此外，通过第二账户，还要促进商品生产者、资助者、捐赠者、消费者和相关利益各方关于商品技术领域的协商与磋商。

国际商品共同基金建立并运作的条件为：第一，得到至少90个国家的认可，取得直接分摊资本4.7亿美元的2/3；第二，第二账户至少获得自愿认缴

第9章 区域经济一体化

9.1 区域经济一体化概述

区域经济一体化是20世纪50年代开始在世界经济领域出现的一种新现象，发端于西欧，60~80年代在世界各地获得迅速发展，且发展趋势还在加强。区域经济一体化是从贸易领域开始，并且对集团内和集团外的贸易采取歧视性贸易政策，因而对国际分工和贸易产生了广泛而深远的影响。

9.1.1 区域经济一体化的含义

区域经济一体化（Regional Economic Integration）一开始出现就为经济学界广泛关注，曾经出现过各种各样的定义，但基本的含义是一致的，我们据此给出如下定义：区域经济一体化是指有着一定地缘关系的一组国家或地区，在社会再生产的某些领域内实行不同程度的经济联合和共同的经济调节，逐步取消各种贸易障碍，实现商品和生产要素在本地区的自由流动，并协调各国的社会经济政策。

理解区域经济一体化的含义，应把握如下两方面：一是其经济内涵，是指两个或两个以上的国家，逐步消除他们之间的各种歧视性障碍，协调有关经济政策，核心内容是建立一个商品、劳动力和资本可以自由流动的共同市场；二是其政治内涵，即为了实现区域经济一体化，必须建立能协调区域内各种经济关系的权力机构，成员国必须把有关的权力移交给经济一体化组织，由其负责一体化范围内的事务。

区域经济一体化还有一个很重要的特征是实行差别贸易政策，即在集团内国家之间部分或完全消除贸易壁垒，而与集团外国家之间则继续保持贸易壁垒。

9.1.2　区域经济一体化的组织形式

区域经济经济一体化有很多种组织形式，反映经济一体化的不同发展进程，以及成员国之间经济干预和联合的深度和广度。

根据各成员国经济联合及政策协调的程度，区域经济一体化可分为六种形式：

（1）优惠贸易安排（Preferential Trade Arrangement）。指成员国之间通过协定或其他形式对全部或部分商品实行特别优惠的关税，成员国对非成员国仍保持原有的关税制度与结构。这是区域经济一体化中最低级、最松散的一种形式。如第二次世界大战后初建的东南亚国家联盟就属此类。

（2）自由贸易区（Free Trade Area）。指在成员国之间废除关税和其他贸易壁垒，实现商品在区域内的自由流通，但各成员国仍保留各自对非成员国的独立的贸易壁垒。如1994年建立的北美自由贸易区。

（3）关税同盟（Customs Union）。指在成员国之间废除关税和其他贸易壁垒，同时对非成员国实行统一的对外关税和其他贸易限制措施，各成员国之间的关境取消，合并组成一个统一的关境。如欧洲经济共同体已于1968年达到这个层次。

（4）共同市场（Common Market）。除实行关税同盟的各项政策，即成员国间商品的自由流通和统一对外关税外，还实行资本、劳动力等生产要素在成员国之间自由流动。如欧共体建成的统一大市场。

（5）经济同盟（Economic Union）。指成员国之间不仅商品和生产要素可以自由流通、建立统一的对外关税制度，而且成员国制定并执行一些共同的经济和社会政策，包括货币、财政、经济发展和社会福利政策等。如目前的欧盟就是此类。

（6）完全经济一体化（Complete Economic Integration）。指成员国之间完全消除商品、生产要素等自由流通的各种障碍，在对外贸易政策、货币政策、财政政策、社会政策等方面达到完全一致，并建立起一个中央管理机构对所有事务进行控制，这是区域经济一体化的最高级形式，这种形式迄今尚未出现过。

以上各种区域经济一体化的组织形式，依其一体化的深度和广度，形成一个由低到高的序列，但这绝不意味着区域经济一体化必须沿着这个序列按部就班地发展，并且实际中的一体化集团由于其合作的广泛性，往往不能归于一种类型，随着各国间经济合作的加深与协作内容的拓宽，势必会出现新的区域经济一体化的组织形式。

根据参加国的经济发展水平，可分为两种类型：

(1) 水平一体化（Horizontal Integration）。指由经济发展水平大致相同或接近的国家所组成的一体化。目前的区域经济一体化组织绝大部分属于此类。

(2) 垂直一体化（Vertical Integration）。指由经济发展水平不同的国家所组成的一体化组织。北美自由贸易区属于此类。

9.2 区域经济一体化的发展概况

区域经济一体化组织的不断涌现，是第二次世界大战后世界经济发展的重要特征。战后资本、技术等生产要素的流动使不同国家特别是相邻国家间的经济联系不断加强，国际分工日益深化，与此同时，世界经济的发展和市场的日趋饱和又使国际间经济矛盾日益突出，经济贸易领域的竞争不断加剧。由于各国和地区经济发展的不平衡，当代贸易保护主义倾向有所抬头，不仅发达国家几乎无一例外地卷入区域经济一体化，而且发展中国家组建的区域经济集团也如雨后春笋般，发展格外迅速。世界上最早出现的经济一体化组织是1949年成立的经济互助委员会，由前苏联和东欧国家组成，后来蒙古、古巴和越南先后加入，成为跨地区的经济组织。随着苏联解体和东欧剧变，经济互助委员会随之解体。经过战后50多年的发展，区域经济一体化组织已遍及整个世界。据统计，到1997年全球共有33个区域经济一体化组织，其中欧洲6个，拉丁美洲11个，非洲8个，大洋洲2个，北美洲1个，跨洲际的2个，共有150多个国家和地区参加。在这些区域经济一体化组织中，以欧盟、北美自由贸易区和亚太经济合作组织最具影响力。

9.2.1 欧洲联盟（European Union）

西欧是区域经济一体化浪潮的发源地。1950年9月，法国外长罗贝尔·舒曼发表了著名的“舒曼计划”，标志着经济一体化思想的形成并开始实践。遵循“舒曼计划”，比利时、法国、西德、意大利、荷兰和卢森堡等6国于1952年根据《巴黎条约》成立了欧洲煤钢共同体。1957年3月25日，6国又签订了《罗马条约》，决定建立欧洲经济共同体和欧洲原子能共同体，该条约于1958年1月1日正式生效。这三个实体由共同的6个国家组成。1965年，根据6国签订的《布鲁塞尔条约》，三个实体合而为一，统称为欧洲经济共同体（简称欧共体），这就是欧盟的前身。

欧共体成立后，由于其取得的成就和显示的活力，吸引了欧洲其他国家参加。1973 年，英国、丹麦和爱尔兰加入欧共体；1981 年希腊加入；1986 年，葡萄牙和西班牙加入。至此，欧共体已成为一个拥有 12 个成员国的庞大经济一体化组织。1995 年，奥地利、芬兰和瑞典又加入欧盟。欧盟一共拥有了 15 个成员国。欧盟是迄今为止进程最快、范围最广、层次最高、成就最大的区域经济一体化组织。

1. 建立关税同盟

关税同盟是欧共体的基础。欧共体采用渐进方式，逐步取消内部关税，统一对外关税。1968 年 6 月 28 日，欧共体部长理事会以法规形式通过了共同海关法则，作为其管理和调节同非成员国贸易的依据。同年 7 月 1 日，欧共体原 6 国比《罗马条约》规定的期限提前一年半建成关税同盟。

2. 实施共同农业政策

实施共同农业政策是为了促进整个共同体的农业发展，保证市场供应和稳定农业部门的收入。共同农业政策的内容主要有：取消成员国相互之间农产品贸易的关税和统一农产品价格，以实现农产品在共同体内的自由流通；对输入共同体的农产品实行差价税，建立农产品进口壁垒，以排挤共同体外农产品的进口；设立农业基金以补贴出口，增强农产品的竞争力，扩大出口。

3. 科技共同体和尤里卡计划

《罗马条约》不曾对研究和科技计划作出规定，随着科技革命的深入开展和高科技时代的来临，为了振兴欧洲经济，缩小与美、日的技术差距，1985 年 6 月欧洲理事会通过“朝着欧洲技术共同体奋斗”的备忘录，正式提出建立科技共同体。尤里卡计划于 1985 年 4 月正式提出，同年 7 月通过，其目的在于建立一个欧洲自己的与美苏相抗衡的空间防务体系。当年尤里卡计划的参加国以欧共体 12 国为主体，加上奥地利、瑞士、挪威、瑞典、芬兰、土耳其等国家。

4. 统一大市场

到 20 世纪 80 年代初，《罗马条约》关于建立一个人员、货物、资本和服务自由流动的统一大市场的目标还远未实现，为了消除贸易壁垒，向共同市场的目标推进，1985 年欧共体发布了《关于完善内部市场的白皮书》和《欧洲一体化文件》，明确提出要在1992年12月31日前建立欧洲统一大市场。1993年1月1日，欧洲统一大市场如期启动，除人员自由流动没有完全实现外，欧共体内部的商品、服务、资本已实现自由流通。这标志着欧共体已实现商品自由交换向生产要素自由流动的过渡。

5. 欧洲联盟

1991年12月，第46届欧共体首脑会议在荷兰首都马斯特里赫特城召开。会议通过了《经济与货币联盟条约》，统称为《马斯特里赫特条约》（简称《马约》），规定在建立统一大市场的同时，实行资本自由流通，实现经济、货币和财政政策的统一，建立独立的欧洲中央银行和统一的货币体系，实行共同的外交和安全政策，进行司法和警务合作。1993年10月29日，欧共体特别首脑会议宣布《马约》1993年11月1日起生效。从此，欧共体成为欧洲联盟，简称欧盟。

6. 建立欧洲货币体系

1969年12月，原欧共体6国在海牙举行首脑会议，决定全面建立欧洲经济和货币联盟，计划在1980年建成。由于70年代石油危机、美元危机、经济停滞和通货膨胀，这一计划未能实现。1978年，欧共体又提出建立“欧洲货币体系”，即建立欧洲货币单位作为中心汇率的计算标准、中央银行业务结算手段以及成员国国际储备资产，扩大货币联合浮动体系，建立欧洲货币基金等。

1991年《马约》又提出1999年前建成经济货币联盟，发行单一货币，建立欧洲中央银行。1998年5月，欧盟决定比利时、德国、西班牙、法国、爱尔兰、意大利、卢森堡、荷兰、奥地利、葡萄牙和芬兰等11国成为欧洲统一货币——欧元（Euro）的创始国。自1999年1月1日起，将欧元作为参加国的非现金交易的“货币”，即以支票、信用卡、股票和债券等方式进行流通。1998年7月1日，欧洲中央银行正式成立。按照计划，2000年7月1日，欧盟11国的货币停止流通，完全由欧元取代，欧洲经济与货币联盟基本完成。

9.2.2 北美自由贸易区（North American Free Trade Area, NAFTA）

北美自由贸易区是一个囊括整个北美大陆，有着3.6亿人口，2 130.7万平方公里土地，经济实力足以与欧洲经济区相抗衡的区域经济一体化组织。它起步虽晚，但进展很快，并且是世界上出现的第一个发达国家与发展中国家组成的区域经济一体化组织。

1985 年，在欧共体通过建立内部统一大市场决议的刺激下，美国和加拿大正式举行建立自由贸易区的谈判。1988 年 11 月两国政府正式签署《美加自由贸易协定》，并于 1989 年 1 月 1 日正式生效。该协定规定，两国在 10 年内逐步取消两国间的一切关税，并有步骤地减少制造业、能源、农业以及银行服务业等方面的其他贸易壁垒，从而扩大两国间的贸易往来。两国签订协议后，美国又将协议扩展及墨西哥。三方于 1991 年开始谈判，美、加、墨三国由于地理位置和历史原因，经济贸易联系十分密切，但墨西哥属发展中国家，经济上同美、加有很大差距，因此担心经济上依附于美、加，同时这也与自己寻求的贸易多元化目标相悖，美国和加拿大则担心墨西哥的廉价劳动力会冲击北美的劳动力市场，因此，自 1991 年 6 月开始，几经曲折，到 1992 年 8 月才达成协议。1993 年为完善北美自由贸易协定，三国又达成一项“补充协定”，1994 年 1 月 1 日北美自由贸易协定正式生效。

北美自由贸易协定规定，三国区内除货物、劳动力、资金可以自由流通外，对知识产权、服务贸易、原产地规则等也作了安排。在 2009 年以前，取消所有商品的关税和数量限制，实现区内贸易的完全自由化。墨西哥向美国和加拿大开放市场，允许美国和加拿大的汽车、电脑、电信工业以及银行、运输、保险和证券金融等服务贸易行业到墨西哥投资设厂，开业经营，投资行业与经济范围等与墨西哥本国企业享受同等待遇，不受歧视，平等竞争。

9.2.3　亚太经济合作组织（APEC）

亚太地区广义上所指的地理范围是十分广阔的，但重点是指亚洲乃至西南太平洋区域的一系列国家和地区。亚太经合组织由亚太地区的 18 个国家（或地区）组成，人口多，面积大，发展速度快，但情况也很复杂，地理上跨越亚洲、大洋洲、美洲，参加国有发达国家，有新兴工业化国家，也有发展中国家。

从 20 世纪 60 年代初开始，日本、澳大利亚等国的学者和政府人士就积极倡导在亚太地区建立区域性经济合作组织，并分别于 1967 年、1968 年、1980 年成立了以企业为成员的“太平洋盆地经济理事会（PBEC）”、以学术界为主的“太平洋贸易与发展会议（PAFISD）”和由官、商、学人士组成的半官方的“太平洋经济合作会议（PECC）”，但仅仅是民间的或半官方的协商。

在 20 世纪 80 年代区域经济一体化浪潮的影响下，1989 年 11 月，澳大利亚、美国、加拿大、日本、新西兰、韩国和东盟6国在澳大利亚堪培拉召开外交与经济部长会议，宣布成立亚太经合组织，会议上各国同意该组织不以谋求成立内部自由化、对外实行保护主义的区域集团为目标。

1991年11月，在汉城举行第三次部长级会议，签署《汉城宣言》，中国及中国台湾、中国香港加入，首次明确规定亚太经合组织的宗旨，即推动全球贸易自由化，促进成员国间贸易、投资和技术领域的经济合作。

1993年11月，在西雅图召开第五次部长级会议和第一次领导人非正式会议，墨西哥、巴布亚新几内亚被接纳为成员，通过APEC“贸易和投资框架宣言”，明确指出APEC的目标是实现自由化，推动亚太地区以市场为导向的经济合作，促进该地区贸易、投资自由化的发展，消除APEC成员间的贸易和投资障碍。

1994年11月在雅加达召开的第六次部长级会议和第二次领导人非正式会议，智利加入APEC，各成员国或地区领导人在茂物发表了《亚太经合组织领导人共同决心宣言》，简称《茂物宣言》，决心把亚太地区实现贸易和投资自由化作为APEC的长远目标，确定发达国家及新兴工业化国家在2010年前，发展中国家在2020年前实现区域内贸易和投资自由化的目标。各国或地区一致同意在人力资源、经济基础设施建设、科学技术、环境保护、中小企业发展和公共部门成员的参与等部门加强合作，宣言重申，APEC反对成立一个同全球贸易自由化目标相偏离的、具有对外保护作用的内向型贸易集团。

1995年11月，APEC第七次部长级会议和第三次领导人非正式会议在日本大阪举行，发表了《大阪宣言》，并通过了《行动议程》，公布了贸易和投资自由化的首次行动措施。1996年11月，APEC第八次部长级会议和第四次领导人非正式会议在菲律宾召开。会议正式公布了各成员提交的实施贸易与投资自由化的单边行动计划和具体措施。1997年8月，APEC在加拿大温哥华举行第九次部长级会议和第五次领导人非正式会议，重申了实现贸易和投资自由化的决心，并宣布在医药等9个部门率先实行自由化。

1998年11月，APEC第十次部长级会议和第六次领导人非正式会议在马来西亚吉隆坡举行，通过了《走向21世纪的亚太经合组织科技产业合作议程》和《吉隆坡技能开发行动计划》等重要文件，突出了亚太经合组织成员方经济合作的努力。

与其他区域经济一体化组织相比，亚太经合组织有其特点。首先亚太经合组织地域广阔，跨越亚洲、大洋洲、美洲，人口多，参加国有主权国家，也有地区，有发达国家，新兴工业化国家，也有发展中国家，各国或地区经济政治制度差异较大，这就决定了 APEC 不会像欧盟和北美自由贸易区那样合作紧密，而只能是一种建立在共同利益基础上的松散合作。与此相对应，次区域经济合作就显得非常活跃，影响比较大的有两个：一个是东南亚经济联盟，一个是澳新自由贸易区。

另外，亚太经合组织一直坚持“开放的地区主义”，即遵循世界贸易组织的宗旨和原则，而不制定自己特殊的规则，集团内贸易和投资自由化的成果原则上也适用于外部的非成员国，即“投资自由化的结果将不仅仅是亚太经合组织经济体之间，也将是亚太经合组织经济体与非亚太经合组织经济体之间障碍的实际减少。”

9.3　区域经济一体化对国际贸易的影响

各种类型的区域经济一体化组织无一例外的采取歧视性贸易政策，即对内自由，对外保护，因而必然对国际分工和贸易产生广泛而深远的影响。

9.3.1　对集团内的影响

区域经济一体化对内实行贸易优惠或自由贸易，因而对集团内国家产生了一系列积极影响。

1. 促进了集团内部贸易的增长

区域经济一体化组织成立后，通过削减或消除关税和非关税壁垒，在区域内形成了一个统一市场，成员国相互提供稳定的销售渠道，推动了成员国内部贸易的增长。同时，由于要素的流动性增强，市场的扩大，为区域内的厂商实现规模经济提供了有利条件，而规模经济的实现又使成本降低，国民收入水平提高，进一步扩大了市场容量。

2. 促进了集团内的国际分工和科技合作，加速了产业结构的高级化

区域经济一体化提高了商品、劳务、技术、资本等在区内的流动性，从而加深了成员国在经济上的相互依赖程度，国际分工进一步深化。在全球自由贸易难以实现的情况下，区域经济一体化为小范围内资源的合理利用和优化配置提供了可能，各成员国可以在科技研究与开发领域进行广泛的合作，也为区域内企业的重新组合提供了客观条件，有助于企业效率的提高和产业结构的升级。

3. 有利于经济一体化组织整体地位的提高

区域经济一体化组织的成立，对成员国经济发展具有一定的促进作用，使集团经济实力大大增强，而且将单个的经济力量变为集团的力量出现在世界经济舞台上，其经济地位明显提高，也使其谈判力量增强，在一定程度上维护了自己的贸易利益。

但区域经济一体化也使成员国经贸政策的自主权相应受到约束，在区域经济一体化内，区域性国际协调必然渗透到各成员国经贸政策的制定中，成员国经济体制和政策的制定，都要遵守一体化组织中的法则和规范，承担相应的义务，并不断协调彼此之间的实施步伐和利益分配。随着一体化程度的不断加深，成员国的经济自主将日益缩减。

9.3.2 对集团外的影响

区域经济一体化对集团外的经贸活动也有一定的积极影响。首先，区域经济一体化成立后，成员国经济实力增强，对外需求扩大，从而促进了世界贸易总量的增长，也为区外国家的经济发展提供了更多的机遇；其次，区域经济一体化在科技领域出现的新成果也会随着出口的增长向区外国家扩散，使区外国家受益，世界的科技开发水平得以提高。但区域经济集团内外有别的歧视性政策，对集团外国家更多的是消极影响。

1. 区域经济一体化对区外国家的保护加强

任何经济一体化组织的优惠措施都仅仅适用于区域内的各成员国，而对集团外国家仍然保持一定的贸易壁垒，从一定意义上说，集团内贸易的扩大是以牺牲与集团外国家的部分贸易额为代价的（贸易转移效果），这是区域经济一体化的排他性和歧视性，这使区外国家的贸易环境恶化，尤其是发展中国家更为困难。

2. 区域经济一体化改变了国际投资的地区流向

区域经济一体化的内外差别待遇，使集团外的企业处在相对的竞争劣势，吸引区外的跨国公司以直接投资取代出口，在一体化集团内部生产，以绕过关税与非关税壁垒，保护其传统市场，这就使潜在的投资大量向区域经济一体化内部转移，而对区外的投资量相对下降。

3. 区域经济一体化不利于多边贸易体制的改进和完善

区域经济一体化在区域内实行自由贸易，可以起到一定的示范效应，为多边贸易体制提供一个“试验场”。但其消极作用也不容忽视，日益增多的区域性经济集团已成为困扰多边贸易体制进一步发展的重要因素。

(1) 区域性经济集团的内外差别待遇背离了 WTO 的非歧视原则。对内自由，对外保护的贸易政策是区域性经济集团存在的基础，这种排他性违背了 WTO 的非歧视的基本原则。

(2) 区域经济一体化加强了世界市场上的垄断力量，抑制竞争，削弱了 WTO 的作用。区域经济集团各成员国经济政策相互协调，实力强大，一致对外，往往可以左右一些商品的国际市场价格，使其向着有利于经济集团的方向变动。在有关制定国际贸易规则的多边谈判中，区域经济集团也往往依仗强大的经济实力而操纵谈判进程，对 WTO 及其他国际组织提出了严峻的挑战。

(3) 区域经济一体化使各国把追求自由贸易的目光转向区域经济集团，不利于 WTO 的进一步发展。在全世界范围的自由贸易难以实现，WTO 体制又有一定缺陷的情况下，区域经济一体化可以为其成员国带来自由贸易的利益，同时对区外的保护又可以维护这种利益，因此各国纷纷加入或组成区域经济集团，而不愿推动区域经济集团向全球经济一体化的方向发展，也更加削弱了 WTO 推动世界贸易自由化的作用。

总之，区域经济一体化的对内自由、对外保护的基本特征决定了它对世界贸易的影响也是双重的。一方面，它促进了集团内部的分工和自由贸易，因此是世界经济一体化的一个阶段和组成部分；另一方面，由于对外的保护政策削弱了区域内外的贸易，使世界经济分割成若干相对独立的区域，又不利于世界经济一体化的发展。

9.4 区域经济一体化的有关理论

对区域经济一体化的效应、原则等问题，不少经济学家从多方面进行研究和论证，提出了各种理论及衡量区域经济一体化效应的方法。由于区域经济一体化最重要的领域是国际贸易，经济一体化理论比较集中于研究国际贸易变化所带来的效应。

9.4.1 关税同盟理论

系统提出关税同盟理论的是美国经济学家维纳（J. Viner）和李普西(K. G. Lipsey)。他们认为完全形态的关税同盟应具备以下三个条件：（1）完全取消参加国之间的关税；（2）对来自成员国以外地区的进口设置统一的关税；（3）通过协商方式在成员国之间分配关税收入。这就决定了关税同盟具有相互矛盾的两种职能：对成员国内部是贸易自由化措施，对成员国以外则是保护贸易。关税同盟理论就集中研究这种差别所带来的经济效果。

关税同盟的经济效应可分为静态效应和动态效应。所谓静态效应是假定经济资源总量、技术水平等均不改变的情况下，关税同盟对贸易、经济发展及物质福利所带来的影响；所谓动态效应，又称次级效应，是指关税同盟对成员国贸易及经济增长的间接推动作用。

1. 关税同盟的静态效应

（1）贸易创造效果（Trade Creation）

贸易创造效果是指在关税同盟内部取消关税壁垒后，成员国内某些生产成本高的商品将被其他成员国的生产成本较低的商品所取代，原来国内用于生产成本高的商品的资源转向成本低的商品生产，从而使资源得以重新优化配置，生产效率提高。这里仍引用李普西的例子加以说明：

假定有 A、B、C 三国，X 商品的价格在一定的固定汇率下，分别为 A 国 35 美元，B 国 26 美元，C 国 20 美元。缔结关税同盟之前，A 国在对 X 商品进行保护的前提下自行生产。假设 A 国 X 商品的进口关税为 100%，则 A 国不会进口 X 商品，而是自己生产。如果 A、B 两国结成关税同盟，则 A、B 两国间取消关税，对 C 国实行统一关税。假设税率仍为 100%，那么 A 国从 B 国进口 X 商品只需 26 美元，自己生产却要 35 美元。很明显，A 国将停止自行生产，转而向 B 国进口，而 C 国的商品仍被排斥在外。缔结关税同盟后，产生由 B 国向 A 国的贸易，创造了新的国际分工，这就是贸易创造效果。A 国原本生产 X 商品的生产资源将会转而生产其他成本较低的商品，促进了资源的优化配置，同时扩大了 A、B 两国间的贸易，而且由于 X 商品的价格降低，提高消费者的实际收入，增加消费量，因而将提高福利水平。

（2）贸易转移效果（Trade Diversion Effect）

贸易转移效果是指由于关税同盟对外实行统一关税，使得一国原本从同盟外国家进口的低成本商品转为从同盟内国家进口较高成本的商品，贸易从外部转向关税同盟内部。

仍采用上例，假设缔结关税同盟前 A 国对 X 商品征收 50% 的关税，则从 C 国进口的 X 商品是最便宜的（30 美元），所以 A 国将从 C 国进口 X 商品。如果 A、B 缔结关税同盟后，对外统一关税仍为 50%，则 A 国从 B 国进口的 X 商品是最便宜的（26 美元），所以 A 国转而从 B 国进口 X 商品，这就发生了贸易转移。发生贸易转移效果后，A 国进口的 X 商品从 30 美元下降到 26 美元，会给消费者带来一定的福利增加。但这种转移是从生产效率高的 C 国转移到生产效率低的 B 国，因而降低了资源的配置效率，引起包括 A 国在内的全世界的福利下降。

(3) 贸易扩大效果（Trade Expansion Effect）

成立关税同盟后，不管发生贸易创造效果还是贸易转移效果。A 国 X 商品的价格都比原来降低，如果该商品的需求弹性大于 1，则其国内需求会增加，进口量随之增加，这就是贸易扩大效果。

(4) 减少行政支出

关税同盟成立后，成员国之间相互取消关税和非关税壁垒，相应的海关及其他机构也将取消，从而可以降低行政支出。

(5) 减少走私

关税同盟成立后，商品可以在同盟内自由流动，消除了走私的来源，不仅可以减少查禁走私的费用，还有助于提高全社会的道德水平。

(6) 增强集体谈判力量

关税同盟成立后，集团整体经济实力增强，以统一的整体参与国际经济谈判，有利于成员国经济地位的提高和贸易条件的改善。评估关税同盟的静态效果时，以贸易创造效果和贸易转移效果最为重要。如果贸易创造效果大于贸易转移效果，则建立关税同盟是有利的，反之就是不利的。这取决于各集团的条件，如关税同盟成立前的关税水平，成员国与非成员国成本差异，进口需求弹性，参加国的多少等。一般来说，本国进口需求弹性越大，与成员国生产成本差异越小，则贸易创造效果就越大。

2. 关税同盟的动态效果

关税同盟的建立，必然会对成员国的经济结构产生较大的影响，这种影响对各成员国的经济与社会发展都是十分重要的。

(1) 优化资源配置

关税同盟成立后，成员国之间竞争加剧，专业化分工的广度和深度不断拓展，使生产要素和资源获得更加优化配置。

(2) 获取规模经济效益

关税同盟成立后，成员国国内市场向统一大市场转换，有利于推动企业生产规模和生产专业化的扩大，而且有助于基础设施（如运输、通信网络等）实现规模经济，这对小国尤为明显。

(3) 刺激投资

关税同盟的成立扩大了市场规模，改善了投资环境，将吸引内部和外部的投资大量增加。同盟成员国为了满足扩大的市场需求，提高商品竞争力，改进产品质量，降低生产成本，并研制新产品等，必然会增加投资，而非成员国为了绕开关税壁垒，获取自由贸易市场扩大的好处，也将扩大对成员国的投资。

(4) 加速成员国经济发展

关税同盟成立后，市场趋于统一并且竞争加剧，投资规模扩大，促进了技术的研究与开发，加速了成员国的经济成长。

9.4.2 大市场理论

大市场理论是以共同市场作为分析基础的。共同市场的一体化范围比关税同盟又进了一步，关键是生产要素可以在成员国之间自由流通，将分割的小市场统一成大市场，通过大市场内的激烈竞争，实现专业化、大批量生产，使生产资源得到重新配置，提高了效率，从而获取动态经济效应。大市场理论的代表人物是西托夫斯基和德纽。

大市场理论的核心是：(1) 其目的是通过扩大市场获得规模经济，从而实现技术利益；(2) 依靠因市场扩大化而竞争激烈化的经济条件，实现上述目的。两者是目的与实现目的的手段的关系。

西托夫斯基用西欧“小市场与保守的企业家态度的恶性循环”的命题来说明大市场理论。他指出，在共同市场成立以前，由于市场狭小，价格高居不下，很多耐用消费品难以普及，因而不能进行批量生产，导致生产厂商陷入了高利润率、高价格、低资本周转率的小规模生产的恶性循环中。他认为，打破这种局面的办法就是通过建立共同市场或推行贸易自由化创造良好的竞争环境，激烈的竞争迫使企业停止过去的小规模生产方式，转向大规模生产，随着成本和价格的下降，消费者的实际收入水平提高，消费能力提高，因而产生如下的良性循环：大市场产生——竞争激烈——大规模生产（以及其他的合理化等）——生产成本和价格下降——大众消费增加——市场进一步扩大。

德纽认为，大市场的建立导致机器设备的充分利用，大批量生产、专业化、最新技术的应用、竞争的恢复，所有这些因素都会使生产成本和销售价格下降，再加上取消关税所引起的价格下降，必然导致购买力的增加和消费水平的提高，消费的增加又导致投资的进一步增加。

9.4.3 协议性国际分工理论

协议性国际分工理论是由日本教授小岛清提出的。他认为在经济一体化组织内部不能完全依靠传统的国际分工理论进行分工，因为传统的国际分工理论是以成本差异和递增为基础的，没有考虑成本相同和递减的情况，如果完全依靠这一原理，本可能完全获得规模经济的好处，反而有可能导致各国企业的集中和垄断，影响经济一体化组织内部分工的和谐发展和贸易的稳定。因此，小岛清认为有必要推行一种与传统的理论不同的国际分工原理，即协议性国际分工原理。

协议性国际分工的基本内容是，在成本递减的条件下，两国达成相互提供市场的协议，共同分享规模经济效益。这种协议性国际分工不能通过价格机制自动地实现，而必须通过当事国之间的某种协议来实现，即通过经济一体化的制度把协议性国际分工组织化。如拉美中部共同市场统一产业政策，由国家间的计划决定的分工，就是典型的协议性国际分工。

实行协议性分工可以使协议各方分享规模经济效益，但不是任何国家都可以进行协议性分工，达成协议性分工需具备以下几个条件：

(1) 参加协议性分工的国家要素禀赋比率和经济发展水平大致相同，进行协议性分工的商品在哪个国家都能生产。而在要素禀赋比率和经济发展差距较大的国家之间，可以听任比较优势原理发挥作用，不需要进行协议性国际分工。

(2) 作为协议性分工对象的商品，必须是能够获取规模经济的商品。规模经济在第一产业几乎难以取得，轻工业较小，在重工业、化学工业中最大。

(3) 各国生产两种商品的利益没有很大差别，即自己进行专业化的产业和让给对方的产业没有优劣之分，否则不容易达成协议。

上述三个条件表明，经济一体化应在同等发展阶段的国家之间建立，而不能在工业国与初级产品生产国之间建立；同时，在发达工业国家之间，可以进行协议性分工的商品范围较广，利益也较大；另外，生活水平和文化等类似、互相接近的地区容易达成协议，并能保证相互需求的均等增长。

9.4.4 综合发展战略理论

以何种理论指导发展中国家的经济区域一体化，一些经济学家认为应根据发展中国家国内与国外的经济与政治环境进行综合考虑，不能把发达国家区域经济一体化的理论（关税同盟、大市场）搬到发展中国家，提出了与发展理论紧密联系的综合发展战略理论。其著名的代表人物是发展中国家合作研究中心高级研究员鲍里斯·塞泽尔基，他在《南南合作的挑战》一书的总论中比较完整和全面地阐述了这种理论。①

1. 综合发展战略理论的原则

(1) 一体化是发展中国家的一种发展战略，它不局限于市场的统一，也不必在一切情况下都追求尽可能高级的其他的一体化。

(2) 两极分化是伴随着一体化的一种特征，只能用有利于发挥较不发达国家优势的系统的政策来避免它，而这就需要强有力的共同机构和政治意志。

(3) 拒绝古典和现代一体化理论中所阐述的一体化成功条件，虽然其中个别部分在某些具体情况下仍然适用。为此，要把一般模式和具体理论有效地应用于特定集团和现存环境中去。

(4) 在许多情况下，私营部门在发展中国家一体化进程中占了统治地位，这是一体化失败的重要原因之一。有效的政府干预对于经济一体化的成功是重要的。

(5) 鉴于世界被划分成了发达国家和发展中国家，因而要把发展中国家一体化，看成是它们集体自力更生的手段和按照新秩序逐渐变革世界经济的要素。

2. 发展中国家地区一体化的主要因素

(1) 经济因素

①该区域经济（和总体）发展水平以及各成员国之间的差异。

②各成员国之间现存的经济和其他方面的相互依存状况。

③新建经济区的最优利用状况，特别是有关资源和生产要素的互补性及其整体发展的潜力。

④同第三国经济关系的性质，外国经济客体（尤其是跨国公司）在特定

---

① 参考布雷达，帕夫里奇．南南合作的挑战．中国对外经济贸易出版社，1987.

集团里的各国经济中的地位。

⑤根据特定集团中的实际条件，选择适用性的一体化政策模式和类型。

（2）政治和机构因素

①区域政治协调程度，换言之，即各成员国的社会政治制度的差异。

②在所有成员国中，有利于实现一体化的“政治意志”状况及其稳定性。

③该集团对外政治关系模式，尤其是同超级大国和前宗主国关系的模式。

④共同机构的效率，它们进行有利于集团共同利益的创造性活动的可能性。

（3）制定发展中国家一体化政策时应注意的问题

①各国发展战略和现行经济政策的一体化，决不能是外生的，或者甚至是残缺不全的，而必须使各国的发展努力完全一体化。

②生产和基础设施应该是经济一体化的基本领域，而集团内的贸易自由化应该是这个进程的补充。

③在形势允许时，一体化应该包括尽可能多的经济和社会活动，以便创立和加强有关国家的区域统一体。

④应该特别重视通过区域工业化来加强相互依存性，并减少发展水平的差异。通过区域内而不是通过区域间的工业专业化，即通过成员国之间的工业部门分工，可以最有效地减少发展水平的差异，加强相互依存。

⑤通过协商对待所有成员国的外国资本，以协调管理外国经济实体，尤其是跨国公司的活动。

⑥诸如有利于较不发达成员国的优惠待遇，包括在集团内以及同第三国贸易中的优惠待遇等条款，将会减轻或充分抵偿一体化的两极分化影响。

3. 综合发展战略一体化理论的特色

（1）它突破了以往的经济一体化理论的研究方法

过去在经济一体化研究中，一种是以生产要素禀赋配置合理化为基础的研究方法，把一体化进程解释为：通过贸易自由化，逐渐把各国市场合并起来，最终目标是建立一个共同市场；另一种方法是以贸易保护主义和干预主义学派为基础的研究方法，把一体化认为是积极建立区域经济的过程，它要求经济和社会政策的协调化，以便建立经济共同体。而鲍氏认为以自由贸易和保护贸易理论来研究发展中国家的经济一体化过于狭窄，他强调应用与发展理论紧密联系的综合学科的研究方法，把经济一体化认为是发展中国家的一种发展战略，不限于市场的统一，主张经济的相互依存发展必须以生产领域为基础，强调有效的政府干预。

（2）把经济一体化与集体自力更生结合起来

鲍氏考虑到发展中国家实现经济一体化过程中的国内外困难，诸如民族经济贸易秩序的软弱，跨国公司的强大作用，经济发展中的两极分化，旧的国际经济贸易秩序的存在，故而把一体化看做是集体自力更生的手段和按照新秩序逐渐变革世界经济的重要因素。

（3）综合确定一体化政策

在制定经济一体化政策时，要进行综合考虑，一方面要考虑经济因素，另一方面要注意政治和机构因素，密切结合本国和本地区的实际。如应该反对强加的一体化，视生产和基础设施为经济一体化的基本领域，进行区域工业化，协调对待外国资本等。

9.4.5 整体验证论

地区经济一体化引起世界银行经济学家们的关注，他们总结现有地区经济一体化的成绩与问题，并提出验证地区经济一体化成效的方法。

1. 地区经济一体化中的成绩与存在的问题

地区经济一体化的安排因为增加改革的可信度，成员内部协商不像多边谈判那么麻烦，产生了吸引力。这种安排如果设计得当的话，有可能通过提高地区经济一体化组织内生产商的效率，产生吸引力，同时扩大对来自区域之外的生产资料和生活用品的需求来促进全球贸易。但是，支持贸易壁垒的区域性安排可能人为地把来自外部国家的进口供应，转移给经贸集团内的国家，如果被排斥的外部供应能够以更低的价格供应商品的话，这样就可能导致经贸集团参与者生产效率的下降。这种贸易转移可能会像国家壁垒一样不利于全球出口竞争。某些区域性安排中的“原产地条款”，用技术性检验和认证协议来保护经贸集团成员的措施，都有可能提高生产成本、降低竞争力，产生扼杀当地企业的后果。

2. 检验地区经济一体化协议是否成功的方法

检验的主要标准有三项，即地区经济一体化协议是否降低了共同的对外贸易壁垒，是否促进了竞争，是否减少交易成本并延伸到投资和服务领域。他们认为发达国家与发展中国家所组成的地区经济一体化协议可能比发展中国家本身组成的地区经济一体化更有可能提高人民的福利。这是因为前者能导致更低的贸易壁垒和更少的贸易转移，而且因为较大的经济结构差距，能带来更大的潜在收益。北美自由贸易区给墨西哥带来的正效应就是证明。

为使地区经济一体化协议给贸易和投资的扩大带来更多的效应，这种协议应该设计成为通往进一步开放和发展的台阶，而不是造成实现保护并带来低效率的工具。其途径是采用"开放地区主义"，减少边境壁垒、鼓励交叉投资、采纳共同的规则、发展更多的文化和政治交流，执行世界贸易组织的协议并积极参与多边贸易体制的活动。①

◎本章小结

区域经济一体化的发展已经成为第二次世界大战后世界经济发展的一个亮点，它的发展不仅对成员国，而且对其他国家以及整个世界经济和贸易都产生重大影响。通过本章的学习，要求学生了解区域经济的含义和类型，了解区域经济一体化的历程、特点及影响因素，认识、掌握、了解区域经济一体化的主要力量和观点。

◎关键术语

区域经济　　区域经济一体化　　整体验证论　　关税同盟理论
大市场理论

◎思考题

1. 什么是区域经济一体化？有哪些形式？
2. 简述欧盟的一体化发展进程。
3. 北美自由贸易区是如何产生的？
4. 亚太经济合作组织有什么特点？中国与其关系如何？
5. 试举例说明什么是贸易创造效果和贸易转移效果。
6. 大市场理论的核心内容是什么？
7. 协议性国际分工的原理是什么？要形成协议性国际分工须具备哪些条件？
8. 区域经济一体化对集团内和集团外各自会产生哪些影响？

① 世界银行．全球经济展望与发展中国家 2002（中译本）．中国财政经济出版社，2002：142-144.

第 10 章 世界贸易组织

10.1 世界贸易组织概述

世贸组织是一个独立于联合国的永久性国际组织，它的前身是 1947 年订立的关税及贸易总协定。关税及贸易总协定（General Agreement on Tariffs and Trade，GATT）是一个政府间缔结的有关关税和贸易规则的多边国际协定，简称关贸总协定。1947 年参加联合国经济与社会理事会贸易组织筹备委员会第二次会议的 23 个国家和地区在日内瓦签订了《关税及贸易总协定》，1948 年 1 月 1 日正式生效。截至 1994 年 1 月，参加《协定》的共有正式成员 114 个。总协定不是正式的国际组织，也不是联合国的专门机构，但在工作上与联合国有联系，总部在日内瓦。它的宗旨是通过削减关税和其他贸易壁垒，消除国际贸易中的差别待遇，促进国际贸易自由化，以充分利用世界资源，扩大商品的生产与流通。

20 世纪 30—40 年代，世界贸易保护主义盛行，国际贸易的相互限制是造成世界经济萧条的一个重要原因。第二次世界大战结束后，解决复杂的国际经济问题，特别是制定国际贸易政策，成为战后各国所面临的重要任务。1946 年 2 月，联合国经济与社会理事会举行第一次会议，会议呼吁召开联合国贸易与就业问题会议，起草国际贸易组织宪章，进行世界性削减关税的谈判。随后，经济与社会理事会设立了一个筹备委员会。1946 年 10 月，筹备委员会召开第一次会议，审查美国提交的国际贸易组织宪章草案。参加筹备委员会的与会各国同意在“国际贸易组织”成立之前，先就削减关税和其他贸易限制等问题进行谈判，并起草“国际贸易组织宪章”。1947 年 4—7 月，筹备委员会在日内瓦召开第二次全体大会，就关税问题进行谈判，讨论并修改“国际贸易组织宪章”草案。经过多次谈判，美国等 23 个国家于 1947 年 10 月 30 日在日内瓦签订了“关税及贸易总协定”。鉴于各国对外经济政策方面的分歧以及多数国家政府在批准“国际贸易组织宪章”这样范围广泛、具有严密组织性和国际条约所遇到的法律困难，使得该宪章在短期内难以被通过。因此，关贸总协定的 23 个发起国于 1947 年底签订了临时议定书，承诺在今后的国际贸易中遵循关贸总协定的规定。该议定书于 1948 年 1 月 1 日生效。此后，关贸总协定的有效期一再延长，并为适应情况的不断变化，多次加以修订。于是，“关税及贸易总协定”便成为确立各国共同遵守的贸易准则，协调国际贸易与各国经济政策的唯一的多边国际协定。

关贸总协定从 1947 年至 1994 年共举行了 8 轮多边贸易谈判。据不完全统计，前 7 轮谈判中达成关税减让的商品就近 10 万种。1993 年 12 月 15 日，第 8 轮谈判（即乌拉圭回合）谈判取得更为重大的进展，代表批准了一份“最后文件”。文件规定将建立世界贸易组织，以取代目前的关贸总协定的临时机构，同时对几千种产品的关税进行了削减，并把全球贸易规则扩大到农产品和服务业。1995 年 12 月 12 日，关贸总协定 128 个缔约方在日内瓦举行最后一次会议，宣告关贸总协定的历史使命完成。根据乌拉圭回合多边贸易谈判达成的协议，从 1996 年 1 月 1 日起，由世界贸易组织（World Trade Organization—WTO）取代关贸总协定。

10.2 世界贸易组织的产生

10.2.1　由 GATT 到 WTO

建立世界贸易组织（简称“世贸组织”，World Trade Organization— WTO）的设想是在 1944 年 7 月举行的布雷顿森林会议上提出的，当时设想在成立世界银行和国际货币基金组织的同时，成立一个国际性贸易组织，从而使它们成为二次大战后左右世界经济的“货币—金融—贸易”三位一体的机构。1947 年联合国贸易及就业会议签署的《哈瓦那宪章》同意成立世贸组织，后来由于美国的反对，世贸组织未能成立。同年，美国发起拟订了关贸总协定，作为推行贸易自由化的临时契约。1986 年关贸总协定乌拉圭回合谈判启动后，欧共体和加拿大于 1990 年分别正式提出成立世贸组织的议案，1994 年 4 月在摩洛哥马拉喀什举行的关贸总协定部长级会议才正式决定成立世贸组织。根据《建立世界贸易组织协定》的规定，1995 年 1 月 1 日世界贸易组织成立。1995 年，世贸组织与关贸总协定共存一年。1996 年 1 月 1 日，世贸组织正式取代关贸总协定临时机构。世贸组织与国际货币基金组织（IMF）、世界银行

(WB) 一起被称为世界经济发展的三大支柱。

世贸组织继承了关贸总协定的合理内核。实际上，关贸总协定1994年是经过修改后的新文本，它与《服务贸易总协定》和《与贸易相关的知识产权协定》一起构成世贸组织协议中的一个重要组成部分，成为国际货物贸易的主要规则。

关贸总协定在解决国际经济贸易纠纷上起到了不小的作用，但关贸总协定在实施过程中也存在一定的局限性。

第一，关贸总协定在成立之初就是一个“临时协定”。1948年1月1日生效后，逐步演变成一个越来越庞大的国际组织，但又不是正式的国际组织，只能算一个准国际组织。

第二，关贸总协定的许多规则不严密，执行起来有很大空隙，有些缺乏法律的约束力。一些国家按照各自的利益理解协定条文。总协定又缺乏必要的核查和监督手段，如总协定“用倾销手段将一国产品以低于正常价值的办法进入另一国国内市场，如因此对某一国领土内已建立的某项工业造成实质性损害或产生实质性威胁”的规定，实际执行起来很难界定。于是一些国家就用国内立法来征收倾销税，使其成为这些国家推行贸易保护主义的重要手段。后来“东京回合”虽补充了有关的多边协议，但贸易保护主义浪潮迭起。

第三，关贸总协定中还存在着大量“灰色区域”，有很多例外。某些缔约国违背关贸总协定的原则，用国内立法和行政措施来对别国实行贸易歧视。它们利用“灰色区域”，通过双边安排，强迫别国接受某些产品的出口限制的事屡见不鲜。由于关贸总协定原则的例外过多，致使许多原则不能得到很好的贯彻实施。例外过多和滥用例外，已侵害到关贸总协定的一些基本原则。尽管关贸总协定在关税减让方面成绩显著，但由于总协定中存在着许多漏洞，缔约国便绕开关税采用非关税壁垒。尽管规定了一般取消数量限制，但由于例外，数量限制仍是贸易保护主义的主要手段。

第四，解决纠纷常常无法议决，难以取得实际成效。正是这些局限性直接促使了世界贸易组织的产生。

10.2.2 世界贸易组织的职能

世贸组织的主要职能具体包括：

(1) 组织实施世贸组织各项贸易协定、协议，积极采取各种措施努力实现各项协定、协议的目标，并对所辖的不属于“一揽子”协议下的诸多贸易协议如《政府采购协议》、《民用航空器贸易协议》等的执行管理和运作提供组织保障。

(2) 为成员提供处理各协定、协议有关事务的谈判场所，并为世贸组织多边贸易谈判提供场所、谈判准备和框架草案。

(3) 解决各成员间发生的贸易争端，负责管理世贸组织争端解决协议。

(4) 对各成员的贸易政策、法规进行定期审评。

(5) 协调与国际货币基金组织和世界银行等国际经济组织的关系，以保障全球经济决策的凝聚力和一致性，避免政策冲突。

10.2.3　世界贸易组织的宗旨和目标

在《建立世界贸易组织协定》的序言部分，规定了世贸组织的宗旨：

(1) 提高生活水平，保证充分就业，大幅度稳步地提高实际收入和有效需求。

(2) 扩大货物、服务的生产和贸易。

(3) 坚持走可持续发展之路，各成员应促进对世界资源的最优利用、保护和维护环境，并以符合不同经济发展水平下各成员需要的方式，加强采取各种相应的措施。

(4) 积极努力以确保发展中国家，尤其是最不发达国家，在国际贸易增长中获得与其经济发展水平相应的份额和利益。

世界贸易组织的目标是建立一个完整的包括货物、服务、与贸易有关的投资及知识产权等更具活力、更持久的多边贸易体系。

10.2.4　世界贸易组织的组织机构

1. 部长会议

部长会议是世贸组织的最高权力机构，它由所有成员主管外经贸的部长、副部长级官员或全权代表组成。部长会议至少每两年举行一次，具有广泛的权力，其中包括立法权和准司法权。部长会议的主要职能是：任命世贸组织总干事并制定有关规则；确定总干事的权力、职责、任职条件和任期以及秘书处工作人员的职责及任职条件；对世贸组织协定和多边贸易协定做出解释；豁免某成员对世贸组织协定和其他多边贸易协定所承担的义务；审议其成员对世贸组织协定或多边贸易协定提出的修改建议；决定是否接纳申请加入世贸组织的国家或地区为世贸组织成员；决定世贸组织协定及多边贸易协定生效的日期等。下设总理事会和秘书处，负责世贸组织日常会议和工作。世贸组织成员资格有创始成员和新加入成员之分，创始成员必须是关贸总协定的缔约方，新成员必须由其决策机构——部长会议以三分之二多数票通过方可加入。

2. 总理事会

部长会议休会期间由全体成员代表组成的总理事会代行部长会议的职能。总理事会可视情况需要随时开会，自行拟定议事规则及议程。总理事会下设：

（1）货物贸易理事会，负责《1994 年关贸总协定》及其他货物贸易协议的有关事宜。

（2）服务贸易理事会，监督执行服务贸易总协定及分部门协议的有关事宜。

（3）知识产权理事会，监督执行与贸易有关的知识产权协定。

这些理事会可视情况自行拟定议事规则，经总理事会批准后执行。所有成员均可参加各理事会。

3. 各专门委员会

部长会议下设立专门委员会，以处理特定的贸易及其他有关事宜。已设立：

（1）贸易与发展委员会。

（2）国际收支限制委员会。

（3）预算、财务与行政委员会。

（4）贸易与环境委员会等 10 多个专门委员会。

4. 秘书处

世贸组织成立由一位总干事领导的世界贸易组织秘书处。总干事由部长会议选定。世贸组织秘书处设在瑞士日内瓦，大约有 500 人。秘书处工作人员由总干事指派，并按部长会议通过的规则决定他们的职责和服务条件。部长会议明确了总干事的权力、职责、服务条件及任期规则。世贸组织总干事主要有以下职责：他可以最大限度地向各成员施加影响，要求它们遵守世贸组织规则；总干事要考虑和预见世贸组织的最佳发展方针；帮助各成员解决它们之间所发生的争议；负责秘书处的工作，管理预算和所有成员有关的行政事务；主持协商和非正式谈判，避免争议。

由于 WTO 的决议是由成员自己作出的，因此秘书处是办事机构，没有作出决议的权力。

10.2.5　世界贸易组织的基本原则

1. 非歧视原则

非歧视原则是 GATT/WTO 最根本的原则，该原则主要通过关贸总协定中的最惠国待遇条款和国民待遇条款予以体现。

（1）最惠国待遇是指一成员现在和将来给予另一成员的优惠、特权和豁免，都不应低于该成员给予任何第三方的优惠、特权和豁免。该原则在 GATT 第一条、GATS 第二条和 TRIPS 第四条中有明确规定，它也是《1947 年关税与贸易总协定》实施以来最基本的一条原则，对货物、服务、知识产权都适用，其实施是无条件的、多边的。

（2）国民待遇原则指在贸易方面成员之间相互保证对方的公民、企业、船舶在本国境内享有与本国公民、企业、船舶同样的待遇，还要求在国内税费和规章等政府管理措施方面，进口商品与本国商品享受同等待遇。这一原则保证了进口商品和本国商品能在同等条件下竞争，避免成员方利用征收国内税费的办法保护国内产业、抵消关税减让效果。实施国民待遇必须是对等的，不得损害对方国家的主权，并只限定在一定范围内。国民待遇对货物贸易是无条件的（关贸总协定第三条），但对服务贸易国民待遇不是无条件的；对服务产品则仅适用于一国作出具体承诺的部门（服务贸易总协定第 17 条）；对知识产权,TRIPS 第三条规定,在知识产权保护方面,每个成员给予其他成员的国民待遇不应低于它给予本国公民的待遇,除非其他有关国际知识产权公约另有规定。

（3）非歧视原则的例外。最惠国待遇原则的例外，最主要表现为以下几方面：

边境贸易的例外：成员为方便边境贸易而给予邻近国家的某些利益不适用最惠国待遇原则。

关税同盟和自由贸易区的例外。

普遍优惠制的例外。1979 年 11 月 28 日“东京回合”中的“授权条款”，规定允许仅对发展中国家实行优惠，或发展中国家间相互优惠，而不扩展至发达国家。

国际条约已有规定的例外。TRIPS 第四条规定，对有关国际公约已作出的最惠国待遇方面的例外规定不在当事国义务范围内。

国民待遇的例外包括一般例外和安全例外。

一般例外按照关贸总协定第 20 条规定：一国为了维护公共道德、保护人类和动植物生命与健康、保证与 GATT 并无抵触的法规的实施、保护本国文物、确保低于国际价格的原料的国内供应，以及对金银、犯罪产品，可以实施进出口限制。

安全例外则根据关贸总协定第 21 条规定：一国为了国家安全利益、对裂变材料或提炼裂变材料的原料、武器、弹药和军火等可以实施限制。

2. 关税保护原则

GATT/WTO 一方面鼓励成员使用关税作为主要的保护手段，另一方面又要求各成员通过减让谈判达成的关税减让逐渐降低关税水平，规定了成员进口税率的上限。当一成员欲变更其税率时，必须与有关贸易伙伴谈判后进行，使后者得到相应的补偿，使成员方的关税政策具有约束性和可预见性，为贸易、投资、消费提供一个稳定的环境。

关税保护原则也有例外规定。当成员因履行减让而使国内工业遭到损害时，可修改或撤回已作出的减让。此外对发达工业国家对来自发展中国家的某些产品，特别是工业制成品和半制成品给予的一种普遍的关税减免优惠，不能要求发展中国家给予发达国家相同的优惠减免。

3. 取消数量限制原则

关贸总协定第 11 条规定，任何缔约方除征收捐税或其他费用以外，不得设立或维持配额、进口许可证或其他措施以限制或禁止其他缔约方领土产品的输入，或向其他缔约方领土输出或销售出口产品。

实施数量限制必须遵循非歧视性原则，但为了确保国内短缺的农产品供应可限制出口；为了保持其对外金融地位或国际收支时，可以限制商品准许进口的数量或金额。这些也是取消数量限制的例外。

4. 透明度原则

透明度原则要求各成员方正式实施的有关进出口贸易的所有法律、法规、条例以及与其他成员方达成的所有影响贸易政策的条约与协定等都必须事先正式公布，否则不得实施。但同时 GATS 第 3 条也规定：本协定的任何规定都不得要求任何成员提供那些一旦公开会阻碍法律的实施或违背公众利益，或损害特定公营或私营企业合法商业利益的机密资料。

5. 公平贸易原则

该原则主要体现在 GATT 第 6 条、第 16 条和第 23 条等有关条款中。它主要规定不能采取倾销和补贴的方式向其他成员出口商品，如果倾销和补贴给其他成员造成损害，则允许后者采取反倾销和反补贴措施。它促使各成员的出口贸易经营者不得采取不公平的贸易手段从事国际贸易竞争，以便为国际贸易创造一个公平的环境。

6. 互惠原则

互惠贸易原则要求成员方在互惠互利基础上通过多边谈判进行关税或非关税措施的削减，对等地向其他成员方开放本国市场，以获得本国产品或服务进入其他成员方市场的机会。互惠原则是 GATT 的基本原则之一，它不仅是各成员之间进行贸易谈判并维持正常贸易关系、开展经济贸易合作的基础，而且是 GATT 得以发挥作用的主要机制。

7. 贸易争端的磋商调解原则

GATT 第 22 条协商规定，当一缔约国对影响本协定执行的任何事项向另一缔约国提出要求时，另一缔约国应给予同情的考虑，并应给予适当的机会进行协商。经一缔约方提出请求，缔约方全体对经本条第一款协商（注：指双边协商）但未达成圆满结论的任何事项，可与另一缔约方或另几个缔约方进行协商。GATT 第 23 条规定：如果有关缔约国在合理的期间内尚不能达成满意的调整办法，这一问题可以提交缔约国全体处理。缔约国全体对此应立即进行研究，并应向它所认为的有关缔约国提出适当建议，或者酌情对此问题作出裁决。

10.3 《建立世界贸易组织协定》的要义

10.3.1 《建立世界贸易组织协定》的地位

《建立世界贸易组织协定》的序言部分述明，“为了保持关贸总协定的基本原则和进一步完成关贸总协定的目标，发展一个综合性的、更加有活力的、持久的多边贸易制度”而达成协议。因此，世界贸易组织取代关贸总协定之后，继承了关贸总协定的基本原则，并在其所管辖的服务贸易、与贸易有关的知识产权以及与贸易有关的投资措施等新的领域中予以适用并加以发展。

《建立世界贸易组织协定》的序言部分还阐明世界贸易组织的宗旨：提高生活水平，保证充分就业，大幅度稳步地提高实际收入和有效需求；扩大货物、服务的生产和贸易；坚持走可持续发展的道路，世界贸易组织各成员方应当努力促进世界资源的最优利用，并且有责任保护和维护环境，应以符合不同经济发展水平下各成员需要的方式，加强采取各种相应的措施；积极努力以确保发展中国家，尤其是最不发达国家，在国际贸易增长中获得与其经济发展水平相应的份额和利益。

在《建立世界贸易组织》中，世贸组织明确指出其目标是促进所有成员的经济贸易发展。最不发达国家仅承担与其经济发展水平相当的义务，通过对发展中国家提供技术援助和培训，增强它们参与多边贸易体制的能力，并因此而获益。为此，世贸组织专门设立了"贸易与发展委员会"，世贸组织与世界银行联合设立了"贸易与发展论坛"，世贸组织与联合国贸发会议继续合作办好"国际贸易中心"，以便为最不发达国家和发展中国家提供服务。

10.3.2 《建立世界贸易组织协定》的主要内容

本协议各成员，承认其贸易和经济关系的发展，应旨在提高生活水平，保证充分就业和大幅度稳步提高实际收入和有效需求，扩大货物与服务的生产和贸易，为持续发展之目的扩大对世界资源的充分利用，保护和维护环境，并以符合不同经济发展水平下各自需要的方式，加强采取各种相应的措施；进一步承认有必要作出积极的努力，以确保发展中国家，尤其是最不发达国家，在国际贸易增长中获得与其经济发展相应的份额；期望通过达成互惠互利的安排，切实降低关税和其他贸易壁垒，在国际贸易关系中消除歧视待遇，为实现上述目标作出贡献；从而决心以建立一个完整的、更有活力的和持久的多边贸易体系，以包括关税与贸易总协定、以往贸易自由化努力的成果和乌拉圭回合多边贸易谈判的所有成果；决心保持该多边贸易体制的基本原则和加强体制的目标。协议如下：

第一条　组织的建立

建立世界贸易组织（以下简称世贸组织）。

第二条　世贸组织的范围

1. 世贸组织应为其成员之间与本协议各附件中的协议及其法律文件有关的贸易关系，提供共同的体制框架。

2. 附件一、附件二和附件三中的各协议及其法律文件（以下称"多边贸易协议”）均是本协议的组成部分，并约束所有成员。

3. 本协议附件四中各协议及其法律文件（以下称“诸边贸易协议”），对接受诸边贸易协议的成员而言，也是本协议的部分，并约束这些成员。对未接受诸边贸易协议的成员，诸边贸易协议不产生任何权利义务。

4. 附件一（1）中的关税与贸易总协定（以下称《1994 年关贸总协定》）在法律上区别于 1947 年 10 月 30 日签订的关税与贸易总协定，后者附着于联合国贸易与就业预备会议第二次会议结束通过的最后文件，及其后来经核准、修正和修改的文本。

第三条　世贸组织的职能

1. 世贸组织应促进本协议和多边贸易协议的执行、管理、运作，以及进一步实现各协议的目标，并对诸边贸易协议的执行、管理和运作提供框架。

2. 世贸组织应为各成员处理与本协议各附件有关的多边贸易关系提供谈判场所。如果部长会议作出决定，世贸组织还可为各成员的多边贸易关系的进一步谈判提供场所，并为执行该谈判的结果提供框架。

3. 世贸组织应管理实施本协议附件二有关争端解决的规则与程序的谅解（以下称“争端解决谅解”）。

4. 世贸组织管理实施附件三的贸易政策评审机制，世贸组织应和国际货币基金组织与国际复兴开发银行及其附属机构进行适当的合作，以更好地协调制定全球经济政策。

第四条　世贸组织的机构

1. 部长会议应当包括所有成员的代表，它应至少每 2 年召开一次会议。部长会议应当履行世贸组织的职能，并为此而采取必要的措施。部长会议有权对各多边贸易协议中的任何事项作出决定，如有成员要求，部长会议的决定应按照本协议及有关多边贸易协议中关于决策的具体规定作出。

2. 设立一个包括所有成员代表的总理事会，它应在适当时候召开会议。在部长会议休会期间，总理事会应当执行部长会议的各项职能。总理事会还应当执行本协议指定的各项职能，总理事会应当制定自己的程序规则，审批本条第 7 款所述各委员会的程序规则。

3. 总理事会应在适当时间召开会议，以行使争端解决谅解所规定的争端解决机构的职责。争端解决机构应有自己的主席，并建立它认为必要的程序规则以行使其职责。

4. 总理事会应在适当时间召开会议，以行使贸易政策审议机制所规定的贸易政策审议机构的职责。贸易政策审议机构应有自己的主席，并建立它认为必要的程序规则以行使其职责。

5. 设立一个货物贸易理事会、一个服务贸易理事会和一个与贸易有关的知识产权理事会（以下称“知识产权理事会”），它们应当在总理事会的指导下进行工作。货物贸易理事会应当负责附件一（1）中的多边贸易协议的运作，服务贸易理事会应当负责服务贸易总协定的运作，知识产权理事会应当负责与贸易有关的知识产权协定的运作。各理事会都应行使各自有关协议和总理事会赋予的职责，它们还应经总理事会批准制定各自相应的程序规则。各理事会的成员应当从所有成员代表中产生，各理事会应当在必要时召开会议，以行使其职责。

6. 货物贸易理事会、服务贸易理事会和知识产权理事会，可视需要建立各自的下属机构，这些机构应制定各自的程序规则并由各自理事会批准。

7. 部长会议应当设立一个贸易与发展委员会，一个国际收支限制委员会和一个预算、财务和行政管理委员会，它们应当行使本协议和多边贸易协议所赋予的各种职责以及总理事会所赋予的其他职责，在部长会议认为合适的情况下，还可以设立具有此类职责的其他委员会。作为其职能的一部分，贸易与发展委员会应当定期审议多边贸易协议中有利于最不发达成员的特别规定，向总理事会报告，以采取适当行动。各委员会的成员应由所有成员的代表组成。

8. 诸边贸易协议下设立的各种机构，应行使这些协议所赋予的职责，并应在世贸组织机构框架内运作，这些机构应向总理事会报告其活动。

第五条　世贸组织与其他组织的关系

1. 总理事会应就与世贸组织职责有关的各政府间组织的有效合作作出适当安排。

2. 总理事会应就与世贸组织事务有关的各种非政府组织的协商和合作作出适当安排。

第六条　秘书处

1. 世贸组织设立一个由总干事领导的秘书处。

2. 部长会议应任命一名总干事，并制定有关规则以确定总干事的权力、责任、任职条件和任期。

3. 总干事应任命秘书处的职员，并根据部长会议通过的规则确定他们的责任和任职条件。

4. 总干事和秘书处的职员纯属国际性质，在履行其职责方面，总干事和秘书处职员不应当寻求和接受世贸组织之外的任何政府或其他当局的指示，他们应避免任何有损其国际官员身份的行为，世贸组织的成员应当尊重总干事和秘书处职员在其职责方面的国际性质，不应对他们行使职权施加影响。

第七条　预算与会费

1. 总干事应向预算、财务和行政管理委员会提出世贸组织的年度预算和财务报告。预算、财务和行政管理委员会应对总干事提出的年度预算和财务报告进行审议并对总理事会提出建议，这些年度预算应由总理事会批准。

2. 预算、财务和行政管理委员会应向总理事会提出财务规则和建议，该规则应包括以下规定：

(a) 世贸组织的支出费用和所要求的各成员的会费；

(b) 对拖延交纳会费的成员应采取的措施。

财务规则应尽可能地以《1947 年关贸总协定》的规则和实践为基础。

3. 总理事会所采用的财务规则和年度预算应当由世贸组织过半数以上的成员表决通过。

4. 各成员应按照总理事会通过的财务规则，尽快向世贸组织交纳世贸组织费用中所分摊的份额。

第八条　世贸组织的地位

1. 世贸组织具有法人资格，各成员应赋予世贸组织享有执行其职责所需要的法律资格。

2. 世贸组织各成员赋予世贸组织为履行其职责所需要的特权和豁免权。

3. 世贸组织各成员应同样给予世贸组织官员和各成员代表在其独立行使世贸组织有关职责时必要的特权和豁免权。

4. 每一世贸组织成员所赋予世贸组织及其官员的特权和豁免权，应当和 1947 年 11 月 21 日联合国大会通过的《专门机构特权和豁免权公约》之规定相似。

5. 世贸组织可以缔结一个总部所在地协议。

第九条　决策

1. 世贸组织应当继续遵循《1947 年关贸总协定》奉行的由一致意见作出决定的实践。除另有规定外，若某一决定无法取得一致意见时，则由投票决定。在部长会议和总理事会上，世贸组织的每一成员有一票投票权。欧洲共同体投票时，其票数应与参加欧共体成员国数相等。除本协议和多边贸易协议另有规定外，部长会议和总理事会的决定应以多数表决通过。

2. 部长会议和总理事会对本协议和多边贸易协议具有专门的解释权。对附件一中多边贸易协议的解释，应基于负责这些协议运作的理事会的意见。一项解释的决定应由成员的四分之三多数通过，但本款不应损害第十条关于修正的规定。

3. 在例外情况下，部长会议可以决定豁免某成员方根据本协议和其他多边贸易协议所承担的某项义务。除本款另有规定外，这种决定应经四分之三成员的同意。

（a）有关协议的豁免的申请，应提交到部长会议，遵循由一致意见作出决定的实践来予以考虑，部长会议应当确定一个不超过90天的限期，来考虑这种申请。如果在限期内不能获得一致意见，任何予以豁免的决定应经过四分之三成员的同意。

（b）有关附件一（1）、（2）和（3）或诸边贸易协议及其附件的豁免申请，应首先分别提交货物贸易理事会、服务贸易理事会和知识产权理事会在不超过90天的限期内予以考虑，当限期届满时，有关理事会应当向部长会议提交报告。

4. 部长会议关于给予某项义务豁免的决定，应陈述证明该决定合理的特殊情况，实施豁免的条件，以及豁免终止的日期。任何豁免期限超过1年者，应在给予豁免不晚于1年内由部长会议审议，并在豁免期满前，每年审议一次，审议中，部长会议应审查证明豁免合理性的特殊情况是否仍然存在，以及豁免所附条件是否得以满足，部长会议在年度审议的基础上可以决定延长、修改和终止这项豁免。

5. 一项诸边贸易协议的决定，包括有关解释和豁免的决定从属该协议的规定。

第十条　修正

1. 世贸组织的任何成员可以向部长会议提出动议修正本协议或附件一中的多边贸易协议。第四条第5款中的各理事会也可向部长会议提出动议修正附件一中它们所负责运作的多边贸易协议。除非部长会议决定一个更长的时间，否则在部长会议上正式提出修正动议后90天内，部长会议关于就修正动议交各成员接受决定，应由一致意见作出，除非适用本条第2款、第5款或第6款，该决定应明确是否适用本条第3款或第4款。如果获得一致意见，部长会议应由三分之二多数成员决定是否将修正动议交成员接受。除本条第2款、第5款和第6款的规定外，本条第3款的规定应当适用修正动议，除非部长会议四分之三多数成员决定应适用本条第4款。

2. 对本条以及以下各条规定的修正应经所有成员接受方生效：

本协议第九条；

《1994年关贸总协定》第一条和第二条；

《服务贸易总协定》第二条第 1 款；

《与贸易有关的知识产权协议》第四条。

3. 除本条第 2 款、第 6 款所列之外，对本协议各条的修改，对附件一（1）和（3）中的多边贸易协议的修正，其性质将改变成员的权利义务者经三分之二多数成员接受后，即对接受这些修正的成员生效，根据本款生效的任何修正属于这样的性质，即任何成员在部长会议确定的时限内不接受修正，应退出世贸组织，或经部长会议同意仍为成员。

4. 除本条第 2 款和第 6 款所列之外，对本协议各条的修正，对附件一（1）和（3）中多边贸易协议的修正，其性质并不改变成员权利与义务者，经三分之二多数成员接受后，即对所有成员生效。

5. 除本条第 2 款的规定外，对《服务贸易总协定》第 1、2、3 部分及其各自附件的修正，经三分之二多数成员接受后，即对接受修正的成员生效，并对以后接受修正的每一成员生效。部长会议可经四分之三的多数成员同意决定，根据前述规定生效的任何修正属于这样的性质，任何成员在部长会议确定的时限内不接受修正，应退出世贸组织，或经部长会议同意，仍为成员。对《服务贸易总协定》第 4、5、6 部分及其各自附件的修正，经三分之二多数成员接受，即对所有成员生效。

6. 尽管本条各款的规定，但对《与贸易有关的知识产权协议》的修正，只要符合了该协定第七十一条第 2 款的条件，就可由部长会议通过而无须进一步的接受程序。

7. 任何接受修正的成员或附件一中的多边贸易协议的成员，都应当在部长会议规定的接受期限内，将接受证件交存世贸组织的总干事。

8. 世贸组织任何成员可以向部长会议提出动议修正附件二和附件三中多边贸易协议的规定，但对附件二中的多边贸易协议修正决定，应由一致意见作出，经部长会议批准方对所有成员生效。对于附件三中的多边贸易协议修正决定，应经部长会议批准方对所有成员生效。

9. 经某一贸易协议成员之要求，部长会议经一致同意可决定将该贸易协议补充进附件四。经某一诸边贸易协议成员之要求，部长会议可决定从附件四中删除该协议。

10. 对一项诸边贸易协议的修正，从属该协议规定。

第十一条　创始成员

1. 凡是在本协议生效之日已是《1947 年关贸总协定》的缔约方和欧洲共同体，接受本协议和多边贸易协议，并在《1994 年关贸总协定》中附有承诺和减让表以及在《服务贸易总协定》中附有承诺单者，都是世贸组织创始成员。

2. 联合国所承认的最不发达国家，只需在它们各自发展、财政和贸易需要的范围内以及行政管理的能力内作出承诺和减让。

第十二条　加入

1. 任何国家或在对外贸易关系以及本协议和多边贸易协议所规定的各方面享有充分自治的单独关税地区，可以在它和世贸组织议定的条件下，加入本协议。这种加入适用于本协议及所附的多边贸易协议。

2. 加入应由部长会议作出决定，部长会议应经世贸组织成员三分之二多数同意。

3. 加入某个诸边贸易协议，从属该协议规定。

第十三条　特定成员之间互不适用多边贸易协议

1. 本协议和附件一和附件二中的多边贸易协议在有关成员之间将互不适用，如果它们中任何一方在另一方成为成员时不同意互相适用。

2. 《1947 年关贸总协定》的缔约方，以前曾引用过该总协定的第三十五条，并在本协议生效时仍实施第三十五条者，则这种世贸组织的创始成员可引用本条第 1 款。

3. 本条第 1 款适用于一个成员和另一个按第十二条加入的成员，如果不同意适用的一方，在部长会议批准加入条件之前，通知部长会议互不适用。

4. 在特殊情况下，部长会议可以根据任何一成员的要求，来审议本条的执行情况并提出适当建议。

5. 诸边贸易协议成员之间的互不适用，从属该协议规定。

第十四条　接受、生效和保存

1. 本协议供那些按照本协议第十一条有资格成为世贸组织创始成员的《1947 年关贸总协定》缔约方和欧洲共同体以签字或其他方式接受。这种接受适用于本协议及所附的多边贸易协议。本协议及所附的多边贸易协议的生效日期，由部长们根据《乌拉圭回合多边贸易谈判结果最后文件》第三条作出决定。除部长们另有决定外，本协议及所附的多边贸易协议生效后两年内继续开放供接受。本协议生效后的接受，应在该接受后第 30 日生效。

2. 本协议生效后接受本协议的成员方，对于那些自本协议生效时起尚需一定时期才履行的多边贸易协议中的减让和义务，应如同该成员在本协议生效时接受本协议一样，履行这些减让和义务。

3. 本协议生效时，本协议及多边贸易协议之文本，应交《1947年关贸总协定》缔约方全体总干事保存，总干事应向业已接受本协议的各政府及欧洲共同体，提供经审核无误的本协议和多边贸易协议副本，以及对其接受的通知书。

4. 诸边贸易协议的生效及接受，从属这些协议的规定。这些协议应由《1947年关贸总协定》缔约方全体总干事保存。本协议生效时，这些协议应由世贸组织总干事保存。

第十五条　退出

1. 任何成员可退出本协议。该退出适用于本协议和多边贸易协议，并自世贸组织总干事收到书面退出通知之日起6个月期满时生效。

2. 诸边贸易协议的退出，从属这些协议的规定。

第十六条　其他规定

1. 除本协议或多边贸易协议另有规定外，世贸组织应当接受《1947年关贸总协定》缔约方全体以及该协议框架内各机构所遵循的决定、程序和惯例的指导。

2. 从实际出发，《1947年关贸总协定》的秘书处应成为世贸组织的秘书处，《1947年关贸总协定》缔约方全体总干事，直到部长会议按照本协议第六条第2款的规定任命其总干事之前，应当作为世贸组织的总干事。

3. 当本协议的规定与多边贸易协议的规定发生冲突时，应以本协议的规定为准。

4. 每一成员应当保证其法律、规则和行政程序，与所附各协议中的义务相一致。

5. 不得对本协议的任何规定提出保留。对多边贸易协议任何条款的保留，仅以这些协议之规定为限。有关诸边贸易协议的保留，从属这些协议之规定。

6. 本协议应当按照《联合国宪章》第一百零二条的规定予以登记。

1994年4月15日订于马拉喀什，英文、法文和西班牙文各有一文本，每个文本均有同等效力。

说明：

本协议和多边贸易协议中所称“国家”或“若干国家”，应理解为包括任何世贸组织单独关税地区成员。

在世贸组织单独关税地区成员的情况下，本协议和多边贸易协议中“国家的（‘国民的’）”一词，除非另有规定，否则应理解为与单独关税地区相关。

10.4 WTO的贸易协定与协议

10.4.1 WTO的贸易协定与协议概述

“世贸组织”的多边协定是该组织的核心与躯体。目前“世贸组织”的多边协定源自1947年的《关税及贸易总协定》，经过近50年的发展与扩充，最后由1994年乌拉圭回合的谈判予以确认，形成了一整套调整国际经贸关系的规则。整套多边协定近3万页，分为货物贸易、服务性商业、知识产权、解决争端的程序规则四个方面，包括60个左右的协定和成员的单边承诺（一般称为降低关税与市场开放时间表）。这些协定所体现的基本原则是：不歧视、推行自由贸易、实现成员经贸政策的可预知性、鼓励竞争、照顾发展中国家的利益。这些协定具体分为如下几个方面。

1. 货物贸易

《关税及贸易总协定》起初的宗旨便是促进国与国之间货物的自由流通。经过多轮谈判之后，1995年形成了以《关税及贸易总协定》为轴心，由十几个单独协定组成的调整国际货物流通的国际协定群组。较常见的全体成员一致通过的单独协定有：（1）农业协定；（2）卫生与植物卫生协定；（3）纺织品与服装协定；（4）消除技术性贸易障碍协定；（5）贸易投资措施协定；（6）反倾销协定；（7）船舶装运前检查协定；（8）原产地协定；（9）进口许可证申领程序协定；（10）补贴与反补贴协定；（11）紧急保护措施协定。多边（某些成员同意并加入的）协定有：民用航空器买卖协定；政府采购协定；国际奶制品协定；国际牛肉协定。

2. 服务性商业

服务性商业涉及银行、保险、电信、旅游、旅馆连锁店、运输、餐饮、专业技能服务（律师、会计师、医师、建筑师、演员、模特……）等领域。“世贸组织”的《服务性商业总协定》用以调整成员之间服务性商业的流通。协定本身只规定各成员应遵守的基本原则，各成员之间依照该“总协定”做出的开放服务性商业市场的承诺（哪些领域拟开放、何时开放、如何开放?）是该“总协定”的重要组成部分。因此，一个国家和地区要加入“世贸组织”必须同许多的成员达成此类承诺，方可被接纳为“世贸组织”成员。《服务性商业总协定》是独立于《关税及贸易总协定》而自成一体的协定。

3. 知识产权

《投资贸易方面的知识产权协定》在“世贸组织”正式成立之日起生效。该协定也是独立于《关税及贸易总协定》而自成一体的协定。该协定涉及著作权、商标权、用于标明产品性质的地理名称、外观设计、集成电路布图设计、商业秘密等领域的知识产权保护问题。

4. 解决争端的程序规则与成员经贸政策的评议机制是“世贸组织”的另外两大内容

前者名为《解决争端的程序与规则》，后者名为《经贸政策的评议机制》。后者的目的是为了促使各成员的贸易政策更公开和透明，以避免纠纷的产生。前者的目的则在于万一纠纷与冲突产生了，成员之间可以通过和平的方式来解决问题，而不至于动不动便上升到政治的高度，甚至走到战争的边缘。

给予发展中国家特殊待遇和为成员提供技术支持与培训是“世贸组织”的两大任务。“世贸组织”成员中有 3/4 是发展中国家或最不发达国家。这些国家可以享受不少特殊待遇。“世贸组织”的贸易与发展委员会还设有分会，专门研究最不发达国家的情况，为最不发达国家提供技术支持，辅助最不发达国家尽早融入全球贸易体系。世界贸易组织每年组织 100 多个技术合作小组，专门帮助发展中国家。“世贸组织”在日内瓦每年平均举办三个课程以上的培训班，用以培训成员国官员。此外，还在各地举办各种讲座，其中包括为从计划经济向市场经济过渡的国家的官员开办讲座。“世贸组织”还为发展中国家通过网络了解组织动态、进行联络、查阅文件、请求帮助等方面提供网络硬件和技术支持。因此加入“世贸组织”对中国既是一种挑战，同时也是一种机遇。中国可以借助“世贸组织”及其各成员的帮助尽早摆脱闭关自守的局面，从而融入世界经济贸易的主流，成为一个真正富强的国家。

10.4.2　1994 年关税与贸易总协定

《1994 年关税与贸易总协定》(General Agreement on Tariff and Trade 1994,

GATT 1994）简称《关贸总协定》，是世界贸易组织管辖的一项多边贸易协定。它是关贸总协定乌拉圭回合多边贸易谈判对1947年的《关贸总协定》进行了较大修改、补充后形成的，但它在法律上与《1947年关贸总协定》有明显的不同。

《1994年关贸总协定》包括：1.《1947年关贸总协定》的各项条款及其9个附件，以及《建立世界贸易组织的协议》生效之前所实施的法律文件核准更正、修正和修改的文本及附件，但不包括《临时适用议定书》。2. 在《建立世界贸易组织的协议》生效之前，根据《1947年关贸总协定》所谈成的有关关税减让的议定书和加入议定书以及关贸总协定作出的决定。3. 有关解释《关贸总协定》条款的6项谅解：（1）《关于解释1994年关贸总协定第2条第1款（b）项的谅解》；（2）《关于解释1994年关贸总协定第17条的谅解》；（3）《关于解释1994年关贸总协定国际收支条款的谅解》；（4）《关于解释1994年关贸总协定第24条的谅解》；（5）《关于解释1994年关贸总协定下豁免义务的谅解》；（6）《关于解释1994年关贸总协定第28条的谅解》。它们是对《1947年关贸总协定》有关条款内容的重要补充、修改、解释和更新。4.《1994年关贸总协定马拉喀什议定书》。

《1994年关贸总协定》本身条款由序言和四大部分38条组成。主要内容有：规定缔约方之间在关税和贸易方面相互提供无条件的最惠国待遇原则以及关税减让事项；对缔约方贸易政策，包括国民待遇、反倾销、反补贴、保障措施、一般性取消数量限制、法规统一与透明度、国营贸易企业和磋商程序等作出规定；规定了协定的适用范围、谈判和活动方式、协定的修订、减让的停止或撤销；规定了对发展中国家缔约成员的贸易和经济发展方面给予特殊差别待遇。《1994年关贸总协定》的宗旨是为货物贸易确定贸易自由化的规则，达成互惠互利的协议，以求大幅度地削减关税，取消贸易壁垒，消除国际贸易上的歧视待遇。

WTO设立货物贸易理事会负责《1994年关贸总协定》及其他货物贸易协议的实施。

10.4.3 WTO对GATT的传承与发展

虽然实际上起着国际经济组织作用的GATT已被WTO取代，但GATT规则并没有因WTO规则的生效而被废除，成为后者赖以存在和建立的基础，并成为其不可分割的、重要的组成部分。

第一，根据 WTO 协定第 2 条第 2 款的规定，包括了“GATT 1947”及 WTO 协定生效前与其有关的法律文件。GATT 1994 是 WTO 协定的组成部分，对所有成员方均具有约束力。有关“法律文件”包括：所有关于关税减让的议定书；加入议定书（有部分的除外）；凡在 WTO 协定生效之日仍有效的按 GATT 1947 第 25 条批准的免除义务之决定；GATT 1947 的缔约方全体作出的其他决定；GATT 1994 关于解释第 2 条、17 条、24 条、28 条及国际收支、免除义务等谅解和马拉喀什议定书。据统计，共有 200 多个文件纳入 GATT 1994 文件。

第二，根据 WTO 协定第 16 条第 1 款规定，“除本协定或各多边贸易协定另有规定者外，WTO 应受 1947 年 GATT 缔约方全体和 1947 年 GATT 框架中建立的各机构所遵循的决定、程序的习惯做法的指导”。这说明，除个别被“另有规定”的取代外，确立了 WTO 对 GATT 的全部继承关系。

第三，在组织结构和管理职能方面，根据 WTO 协定第 11 条和第 16 条规定，1947 年 GATT 缔约方，如接受协定和多边贸易协定且作出了货物贸易和服务贸易的减让表，应成为 WTO 的创始成员。

由此可见，WTO 对 GATT 的继承并非简单地继承，而是对 GATT 的进一步完善的基础上的继承，是对 GATT 的发展。表现如下：

第一，在解决遗留问题方面，乌拉圭回合形成一套比较完善旨在减少或取消包括数量限制在内的非关税措施制度，清除了一些容易产生混乱的条款，为减少或者取消灰色区域创造了条件；严格了包括保障措施、倾销与反倾销、补贴与反补贴等制度，使其更具有操作性。

第二，在拓展管辖范围方面，WTO 将原有的仅限于货物贸易领域拓宽到国际投资、知识产权的服务贸易领域，将原来游离于 GATT 之外的农产品和纺织品服装问题纳入其中。

第三，WTO 通过建立健全的组织机构，依据《建立 WTO 协议》进行活动，发展成一个具有影响力的国际组织，享有一般国际组织所享有的法律人格。

第四，在贸易政策监督方面，WTO 改革和完善监督方式，专门建立了有针对性的《贸易政策评审机制》。

第五，在争端解决机制方面，针对这一机制的总协定自身的机制与各个单项协定的机制之间缺乏协调性，机制缺乏明确的程序期限，造成效率低下的结果等方面的缺陷，WTO 对机制进行革命性的改革，其中最能体现这个特征的是：建立了强制管辖权制度，加强了机制的司法化进程；强化了争端的多边体制及解决了内部统一性问题。

10.5 世界贸易组织的争端解决与审议机制

1. 争端解决机制的形成

WTO 的争端解决机制是以 GATT 40 多年争端解决实践为基础，经过发展和重新谈判而确立起来的。1947 年《关税与贸易总协定》（GATT）第 22 条和第 23 条规定了执行 GATT 各项协议过程中缔约方之间争端解决的核心规则，包括磋商、申诉、专家组建议及执行等方面的规定。但是 GATT 争端解决机制的这套规则存在内容太过粗略，操作性不强等弊端，特别是 GATT 理事会采用协商一致的原则通过专家组的建议或做出其他决策。为了自身的利益，败诉方政府可以行使否决权阻止整个过程。出于同样原因，在确定专家组的职权范围、选择专家组的人员组成、在败诉方政府采取改正措施等方面，有关进程都有可能被进一步拖延。这样就损害了人们对 GATT 争端解决制度的信心，使谈判各方决定要为 WTO 建立一套统一的、约束力更强的争端解决机制。

经过 1986—1994 年 GATT 乌拉圭回合多边贸易谈判，终于形成了 WTO 争端解决机制的基本法律文件《马拉喀什建立世界贸易组织协议》附件二《关于争端解决规则与程序的谅解》（Understanding on Rules and Procedures Governing the Settlement of Disputes，简称 DSU），这是世贸组织关于争端解决的最基本的法律文件。DSU 包括 27 条和 4 个附件，主要内容是涉及世界贸易组织争端解决机制的适用范围、管理机构、一般原则、基本程序和特殊程序，它规定了适用于乌拉圭回合各项协议下可能产生的争端的一套统一规则，确立了世贸组织（WTO）的争端解决机制。

WTO 争端解决机制适用于乌拉圭回合各项协议，包括 GATT、《WTO 协议》本身及其所附全部货物贸易协议、GATS 和《TRIPS 协议》等。它一方面合理地吸收了 GATT 争端解决机制中经实践证明行之有效的一系列制度，并对之进行了有机的结合；另一方面，它又在总结经验与教训的基础上，针对原机制存在的各种弊端，采取了大胆的改进与革新；同时，进一步拓宽了争端解决机制的适用范围，丰富了解决争端的各种手段。WTO 的新机制除保留了 GATT 体制中的一些核心内容外，还采用了上诉程序，规定了补偿和交叉报复措施等，加强了这一体制的作用，增强了约束力。WTO 解决争端机制是个根本的机制，是各个协议得以切实执行、世界贸易体制安全和正常运转的基本保障。

2. 争端解决机制的特点

与之前的 GATT 争端解决机制相比，WTO 争端解决机制具有统一性、效率性和强制性等特点。

(1) 统一性

主要表现在 1995 年 1 月 1 日 DSU 得以执行以后，所有的经济贸易争端都纳入到 DSU 的规则之中，形成了一套统一的争端解决机制。而且，在 DSU 中明确规定，争端解决机制与其他协议的规定有冲突时，按照具体协议的规定，即采取特殊优先的原则。这种统一性有效地解决了在 DSU 执行之前，自 1947 年到 1994 年 12 月 31 日的 GATT 实践，有争端的各方依据 GATT 第 22、23 条的规定，也可以选择 1947 年以后陆续制定的 GATT 各具体协议中有关解决争议的特别规定和程序来解决争端，但它们之间存在缺乏衔接机制，无法协调的弊端。

(2) 效率性

WTO 争端解决体制的效率性来源于新的决策程序。根据 GATT 的决策规则，重要的决定要经过协商一致作出。而在 WTO 框架内，则采取"反向一致"或称"倒协商一致"的做法，只要不是各方一致反对，则有关决策就可获得通过，这样仅有一方或几方就不能阻止争端解决程序的进行，除非各方经协商一致作出否决的决定。这个新的规则在实施中还具有相当的灵活性。比如，如果某一争端方请求设立专家组，且有关请求已列入争端解决机构会议的议题，那么争端解决机构就必须最晚在下一次的会议上设立专家组，除非"争端解决机构经协商一致决定不设立专家组"。但这种否决的协商一致一般不会形成，因为提出设立专家组请求的国家不太可能改变自己的初衷。专家组的报告和上诉机构的报告在争端解决机构会议上要获得通过等决策程序也是采取这种方式。另外，如果争端各方对专家组成员组成不能达成一致，则由总干事来作出决定。这些规定有效地排除了 GATT 规则中存在的阻止多边争端解决进程的可能性，使争端解决更加迅速、有效。

(3) 强制性

WTO 争端解决机制在解决争端时，使用最多的就是要求违反协议的一方撤销那些不符合《WTO 协议》的措施。如果不能撤销，一般可采取提供补偿作为替代办法。如果违反协议一方也拒绝提供补偿，那么只有实施报复了，也就是受损害的国家得到争端解决机构的授权后，可以针对违反协议的成员暂停实施贸易减让或履行义务。这样就增强了该机制的有效性、约束力和威慑力。

为了保证争端解决机制的实施，DSU 建立了争端解决机构（Dispute Settlement Body-DSB），这是 WTO 的一个创新，可以说是争端解决机制的基石。DSB 建立了常设的上诉机构（Appellate Body），这是 WTO 争端解决机制的创新。常设上诉机构有 7 名成员，任期为 4 年，对某一案件由其中的 3 名进行审议。上诉机构有自己的工作人员，其秘书处在机构上不同于 WTO 秘书处。上诉机构的主要目的是保证判例的和谐性，负责处理争端各方对专家组报告的上诉，但上诉仅限于专家组报告中有关法律问题和专家组详述的法律解释。上诉机构可以维持、修改或撤销专家组的法律调查结果和结论，而且上诉机构的报告一经 DSB 通过，争端各方就必须无条件接受。

3. 争端解决机制的程序

随着国际社会经济贸易的不断发展，国际经贸领域的经济贸易纠纷也日益增多，根据世界贸易组织成员的承诺，在发生贸易争端时，当事各方不应采取单边行动对抗，而是通过争端解决机制寻求救济并遵守其规则及其所做出的裁决。争端解决的程序是：

（1）磋商：根据《争端解决规则和程序谅解》规定，争端当事方应当首先采取磋商方式解决贸易纠纷。磋商要通知争端解决机构，磋商是秘密进行的，是给予争端各方能够自行解决问题的一个机会。当一成员认为另一成员违反或不符合马拉喀什协议（WTO 规则），从而使自己遭受损害时，可要求对方进行磋商，同时应通知 DSB 和有关理事会或委员会。被要求磋商的成员应在接到磋商请求之日后的 10 天内作出答复，并应在接到请求之日后不超过 30 天的时间进行磋商。磋商应在被要求方接到磋商请求之日后 60 天内完成。

（2）成立专家小组：如果有关成员在 10 天内对磋商置之不理或在 60 天后未获解决，受损害的一方可要求争端解决机构成立专家小组。专家小组的成立申请在被提出后，最迟应在该申请被首次列入 DSB 议程后的会议上设立。DSB 在接到成立专家小组申请后的第一次会议上只决定是否需要成立专家组。如决定成立，则列入 DSB 的既定日程（Built-in Agenda）。专家组在 DSB 第二次召开会议时成立，确定专家组的人员组成、工作范围等。第二次会议应在提出请求后 15 天内举行，这意味着给通过外交途径解决争端一个最后的机会。专家小组一般由 3 人组成，依当事人的请求，对争端案件进行审查，听取双方陈述，调查分析事实，提出调查结果，帮助争端解决机构作出建议或裁决。专家组成立后一般应在 6 个月内向争端各方提交终期报告，在紧急情况下，终期报告的时间将缩短为 3 个月。

（3）通过专家组报告：争端解决机构在接到专家组报告后 20—60 天内研究通过，除非当事方决定上诉，或经协商一致反对通过这一报告。专家小组提出裁决报告的期限一般是 6 个月，可以延长，但无论如何不能超过 9 个月。一般情况下，在争议各方提交书面材料后，专家小组紧跟着有 2 次口头听证会（实质性会议），此后专家小组开始实质的工作，由秘书处提供协助。专家小组首先拿出报告的大纲散发给争议各方。这仅是一个描述性报告，对事实和双方的观点进行阐述，若双方认为其与事实有出入，可以向秘书处澄清；此后，专家小组公布临时报告（中期报告）。争议各方可以进一步提出自己的观点和论据。争议各方和专家小组的交流必须通过书面的方式，由秘书处传达。各方的书面意见作为副本，附在报告之后。专家小组形成的最终报告应以三种工作语言（英、法、西）散发给各成员方，20 天后，才可在 DSB 会议上审议通过。在向各成员分发专家小组报告的 60 天内，该报告在 DSB 的会议上应予通过。60 天的期限可以延长，但无论如何不能超过 90 天。通过方式采取“反向一致”的原则。

（4）上诉机构审议：如果某一当事方向 DSB 正式通知其将进行上诉，则争端解决进入上诉程序。专家小组的终期报告公布后，争端各方均有上诉的机会。上诉由争端解决机构设立的常设上诉机构受理。上诉机构可以维持、修正、撤销专家小组的裁决结论，并向争端解决机构提交审议报告。

（5）争端解决机构裁决：解决争端机构通过专家小组或上诉机构的报告后，当事各方应予执行。在报告通过后 30 天内，当事方应通知 DSB 其履行 DSB 建议或裁决的意愿和改正的具体措施及期限。若不能立即执行，也可以要求在一段“合理期限”内执行。

（6）执行和监督：争端解决机构监督裁决和建议的执行情况。如果违背义务的一方未能履行建议并拒绝提供补偿时，受侵害的一方可以要求争端解决机构授权采取报复措施，中止协议项下的减让或其他义务。

10.6　中国与世界贸易组织

10.6.1　中国与 GATT/WTO 关系的简要回顾

中国是 GATT 的 23 个创始缔约国之一。1947 年 4 月至 10 月，当时的中国政府代表应邀参加了在日内瓦举行的联合国贸易和就业会议筹委会第二次会议。会议期间，中国与美、英、法等国进行了关税减让谈判，达成了关税减让协议，并参加了拟订关贸总协定的工作。这次谈判实质就是关贸总协定第一轮多边关税减让谈判；同年10月30日，中国签署了《关税与贸易总协定》；1948年4月21日，中国政府签署了《关税与贸易总协定临时适用议定书》。5月21日，即临时适用议定书签署后的第30天，中国成为关贸总协定23个原始缔约方之一。1949年4月至8月，当时的中国政府还参加了在法国安纳西举行的关贸总协定缔约方大会，参与了第二轮多边关税减让谈判，并与新加入多边谈判的6个国家达成了关税减让协议。但是在中华人民共和国成立之后的30多年里，中国没有参加GATT的活动，又由于中国台湾已在1950年3月宣布退出GATT，这就使得中国失去了在GATT的席位。

依据世界贸易组织创始成员的资格条件，中国如在1995年内首先恢复在1947年关贸总协定中的缔约国地位，则可成为世界贸易组织的初始成员方。1986年7月10日，根据对外开放的需要，我国政府正式向GATT提出恢复我缔约方地位的申请，开始中国的复关谈判。1987年3月成立中国工作组，在中国工作组主持下，中国和GATT缔约方开始了漫长的复关谈判，当世界贸易组织（WTO）于1995年1月1日生效后，中国的复关谈判即转为加入世贸组织的谈判。

10.6.2 中国复关/入世的历程

1986年7月中国正式提出恢复其GATT缔约国地位的申请，在恢复我国总协定缔约国地位谈判中，我国坚持三项原则：(1) 以恢复我国在总协定地位为条件，而不存在“加入”或“重新加入”问题；(2) 在关税减让的基础上承担义务和进行谈判；(3) 我国是发展中国家，应取得发展中国家在总协定中的同等地位与待遇。

1987年2月13日中国向GATT递交《中国对外贸易制度备忘录》，1987年3月4日GATT成立中国工作组，审议中国复关问题。1988年2月工作组举行首次会议，到1999年5月共举行7次会议，GATT邀请所有缔约方就中国的外贸体制提问，中国答疑，就核心问题达成谅解。1992年2月，在中国工作组第10次会议上，中国复关谈判出现转机。但在1994年12月的第19次谈判中因一些西方国家反对中国复关而成为世贸组织的创始成员，中国复关终没有达成协议。

1995年1月1日世贸组织成立后，中国复关谈判转为入世谈判。1995年1月，应中国政府请求，中国复关谈判工作组改为中国入世谈判工作组。1995

年 7 月 1 日中国成为世贸组织观察员，7 月 11 日中国正式申请入世。1996 年 3 月 WTO 中国工作组举行首次正式会议，此后中国三次主动宣布大幅度降低进口关税，取消农产品出口补贴并于 1998 年 2 月中国工作组第 7 次会议上提出一揽子降低关税方案，4 月第 8 次会议上承诺进一步开放服务业，并与 37 个成员方进行了双边入世谈判。

2001 年 9 月，世界贸易组织中国工作组第 18 次会议通过了我国加入世界贸易组织的全部法律文件。11 月 10 日，世贸组织在卡塔尔多哈召开的第四次部长级会议上审议通过了中国加入世界贸易组织的决定，11 月 11 日，我国政府与世界贸易组织正式签署了中国加入世界贸易组织有关法律文件，并向世界贸易组织递交了经全国人民代表大会常务委员会审议通过、由原国家主席江泽民签署的中国加入 WTO 批准书，自 12 月 11 日起，我国正式成为世界贸易组织的成员。

10.6.3　中国加入 WTO 后应享有的权利

作为世界贸易组织的成员，我国享有的权利主要是：

(1) 享有多边的、无条件的、稳定的最惠国待遇。加入 WTO 后各成员国将逐步取消对我国的歧视性贸易限制。我国可以在最惠国待遇的原则下进行国际贸易，享受其他国家和地区开放市场的好处，开拓国际市场，扩大出口。此外还可以获得所有成员国提供的国民待遇，在我国与货物贸易有关的知识产权产品进入各成员市场时，享受与所在国（地区）货物或产品相同的待遇；与服务和贸易有关的投资进入时，享受各成员在世界贸易组织承诺的待遇或与所在国（地区）企业和国民相同的待遇。这有利于发挥我国的比较优势，发展同各国和地区的经贸往来与合作。

(2) 直接参与多边贸易新规则，享受给予发展中国家的一些特殊照顾。中国以发展中国家的身份加入 WTO，在确保入世后所承担的义务与中国现阶段发展水平相适应的前提下，中国可以积极参与多边贸易新规则的制定，充分发挥我国在国际政治、经济事务中的作用，维持我国的正当权益，分享世界经济贸易发展带来的好处。此外还能充分利用在 WTO 实施管理的多边协议中对发展中国家成员的某些特殊优惠，在国内市场受到外来的强烈冲击而招致损害时，可以采取临时措施加以补偿，从而大大减少入世对中国产业可能造成的负面影响。

(3) 充分利用争端解决机制较好地解决贸易纠纷。随着中国对外开放程度的扩大，各种经济贸易上的纠纷也会逐渐增多。在双边贸易中，发达国家往往利用国内的、单边主义的，甚至过时的法律条款对中国实行歧视待遇，使我国劳动密集型产品成本低廉的优势得不到应有的发挥，阻碍了我国出口的发展。加入 WTO 后可以利用多边争端解决机制，处理与世界贸易组织成员在贸易与投资方面的纠纷，减少贸易摩擦，扩大我国处理对外经济贸易关系的回旋余地。

(4) 积极参与国际贸易事务，分享国际贸易成果。入世后，中国可以参加各个议题的谈判和贸易规则的制定，维护中国在世界贸易中的地位和合法权益，并在建立和维护公正合理的国际经济秩序等方面发挥更大的作用。还能够利用 WTO 讲台，宣传中国改革开放政策，积极发展与世界各国的经济合作、贸易和技术交流，此外，还将得到 WTO 汇集的世界各国经济贸易的信息资料。

10.6.4 中国加入 WTO 后应尽的义务

(1) 逐步取消非关税壁垒。1994 年关贸总协定第 11 条规定，不得设立或维持配额、进出口许可证或其他措施，以限制或禁止其他缔约方领土的产品的输入，或向其他缔约方领土输出或销售出口产品。中国在复关和入世谈判中被要求削减如进口许可证、配额以及外汇管制、技术检验标准等非关税措施。中国承诺到 2005 年取消仍在执行的 300 种进口许可证或配额，其中 25% 入世后即取消。根据承诺，中国应对进入我国市场的货物给予国民待遇，对进入我国市场的与服务贸易有关的投资，将履行我国加入世界贸易组织的具体承诺。

(2) 削减进口关税。1994 年关贸总协定第 28 条附加第一款规定，各成员方“在互惠互利基础上进行谈判，以大幅度降低关税和进出口其他费用的一般水平，特别是降低那些使少量进口都受阻碍的高关税”。根据当时中国平均税率仍高于发展中国家的平均水平的情况，中国入世的首要义务，就是要逐步将中国关税加权平均水平降到关贸总协定要求的发展中国家水平。到 2005 年，我国关税总水平从 2000 年的 15.6% 逐步降低到 10% 左右，逐步减少和取消对进口产品的许可证和配额等非关税措施。

(3) 取消被禁止的出口补贴。1994 年关贸总协定第 16 条第二节第二、三款规定，一成员方对某一出口产品给以补贴，可能对其他的进口和出口成员方造成有害的影响，对他们的正常贸易造成不适当的干扰，并阻碍本协定目标的实现。各成员方应力求避免对产品的输出实施补贴。根据这一要求，中国在复关和入世谈判期间就已经积极采取一系列措施，并从 1994 年 1 月开始，在调整汇率的基础上，对所有产品，包括工业制成品和初级产品出口实行企业自主经营、自负盈亏的经营机制，取消了出口补贴，已达到了 WTO 的有关要求。

(4) 开放服务业市场。按照《服务贸易总协定》(GATS) 要求，成员方对服务贸易执行与货物贸易同样的无歧视、无条件的最惠国待遇，谈判给予国民待遇，并逐步降低贸易壁垒，开放银行、保险、运输、建筑、旅游、通信、法律、会计、咨询、商业批发、零售等行业。WTO 统计的行业达 150 多种，都将属于开放范围。为此，中国将有步骤地允许外商进入我国电信、银行、保险、证券及分销等领域。

(5) 改革和完善外贸政策，增加贸易政策的透明度。WTO 建立了对各成员方贸易政策定期审查和通报的制度，要求各成员经常提供国内经济情况报告，并定期接受审议。为改变被认为是缺乏透明度的国家的情况，中国要逐步废除和停止实施与世界贸易组织规则相抵触的法律、法规和规章。进行外贸管理体制改革，把外贸经营权审批制改为登记制，实行统一、透明的外贸政策，接受世界贸易组织对我国贸易政策的有关审议。

在整个复关/入世谈判过程中，中国根据自身经济发展水平，按照权利与义务平衡的原则，积极争取以发展中国家的身份加入，从而确立了自己应有的权力和承担的义务，有效地促进了我国积极主动地向世界开放，加强了各项政策的规范性，为我国在世界市场上的发展创造了良好的外部环境。

◎本章小结

本章主要介绍了世界贸易产生的历史背景、宗旨、职能、基本原则、组织机构等相关内容，还回顾了中国与世界贸易组织之间的关系。通过本章学习，要求学生理解和掌握世界贸易组织的宗旨、职能等知识，了解加入世界贸易组织对我国经济的影响，正确地评价世界贸易组织对世界经济发展的影响。

◎关键词

世界贸易组织　　非歧视原则　　最惠国待遇　　国民待遇
关税与贸易总协定　　争端解决机制

◎思考题

1. 为什么要用世界贸易组织来取代关税与贸易总协定？

2. 如何理解最惠国待遇和国民待遇？

3. 中国加入世界贸易组织后应当承担哪些义务？

4. 结合中国加入世界贸易组织后这几年的实际情况，说明加入世界贸易组织对中国经济发展的影响。

第 11 章
当代世界贸易格局

11.1　发达国家的对外贸易

11.1.1　发达国家的经济状况

发达市场经济国家一共有 27 个。美洲有美国和加拿大；欧洲有奥地利、比利时、丹麦、法罗群岛、荷兰、法国、德国、直布罗陀、希腊、冰岛、爱尔兰、意大利、卢森堡、荷兰、挪威、葡萄牙、西班牙、瑞典、瑞士和英国；非洲有南非；亚洲有以色列和日本；大洋洲有澳大利亚和新西兰。

2000 年，这些国家拥有人口 9.02 亿，占当年世界人口的 14.9%，其国土面积总和为 3 268 万平方公里，占世界面积的 24.1%。

这些国家的国内生产总值，2000 年为 24.2 万亿美元，占当年世界国内生产总值的 77.3%，人均国内生产总值为 26 838 美元，高出世界人均国内生产总值（5 176 美元）5.4 倍，高出发展中国家和地区人均国内生产总值（1 342 美元）200 倍，高出东欧国家人均国内生产总值（2 045 美元）13.1 倍。

11.1.2　发达国家对外贸易的特点

1. 对外贸易发展速度

从 20 世纪 80 年代以来，发达市场经济国家对外贸易年均增长率起伏较大，其出口年均增长速度一直接近或超过世界贸易年均增长率。1980—1985 年增长率为 0（世界为 0.8%），1985—1990 年为 13.5%（世界为 12.3%），1990—1995 年为 6.4%（世界为 7.5%），1995—2000 年为 2.4%（世界为 3.5%），2000—2001 年为 3.4%（世界为 3.6%），在上述时间段内，发达国家和世界进口年均增长速度分别为 0.4% 和 0.5%，13.3% 和 12.4%，5.1% 和

7.0%，4.2%和3.8%，4.1%和3.3%。

2. 对外贸易在世界贸易中的地位

20世纪80年代以来，发达市场经济国家在世界贸易中一直占绝大比重。出口贸易额在世界贸易中的比重1980年为63.8%，1990年为71.4%，1995年为68.6%，2000年为63.9%，2001年为64.1%；同期，发达国家进口贸易额占世界进口贸易额的比重分别为69.1%，72.5%，67.2%，67.3%和66.7%，在商业服务贸易中，发达市场经济国家不但居于主要地位，而且所占比重高于货物贸易。2001年，发达市场经济国家占世界商业服务出口贸易额的73.0%，占世界商业服务进口贸易额的71.2%。

3. 对外贸易差额

20世纪80年代以来，发达市场经济国家货物贸易逆差年份多于贸易顺差年份，且贸易逆差有加大趋势。发达市场经济国家1980年贸易逆差为1 337亿美元，90年代中期转为少量顺差，1995年出现贸易顺差228亿美元，但从1997年后，贸易又从顺差变成逆差且有加重趋势。货物贸易逆差从1998年的633亿美元跃升为2001年的2 837亿美元，与货物贸易差额相反，20世纪80年代以来，发达市场经济国家在商业服务贸易上一直处于顺差，且呈加多趋势。1980年商业服务贸易顺差为169亿美元，1993年上升到245亿美元，1999年达到351亿美元，2001年为345亿美元。

4. 货物贸易结构

20世纪80年代以来，在发达市场经济国家出口中，制成品一直占绝大比重，且呈上升趋势。制成品所占比重从1980年的70.9%上升到2000年的80.0%；初级产品出口中，食品所占比重超过农业原料、矿产品和燃料。2000年，在发达市场经济国家出口中的比重，食品为6.9%，农业原料为1.9%，矿产品为2.7%，燃料为4.8%。同年，发达市场经济国家进口货物贸易结构与出口货物贸易结构趋势相同，但制成品在进口中的比重低于出口，1980年为51.3%，2000年为77.1%。初级产品进口中，食品所占比重也高于其他类别。2000年，在发达市场经济国家进口中的比重，食品为6.9%，农业原料为1.8%，矿产品为3.0%，燃料为8.1%。

5. 对外贸易对象

20世纪80年代以来，发达市场经济国家出口贸易对象国一直是发达市场经济国家，占绝大比重，第二位是发展中国家和地区，东欧国家为第三位。2000 年，发达市场经济国家对发达市场经济国家的出口贸易额占其整个出口贸易额的比重为 72.3%，发展中国家和地区相应比重为 23.3%，东欧国家相应比重为 3.3%。发达市场经济国家进口来源与出口方向趋势类似，以发达市场经济国家为主，占最大比重，占第二位的是发展中国家和地区，占第三位的是东欧国家。2000 年上述三类国家在发达市场经济国家进口来源中的比重分别为 69.8%，26.5% 和 3.6%。

6. 对外贸易集中度

发达国家的对外贸易集中在少数发达国家身上。在世界货物贸易上，美国、德国、日本、法国和英国 5 国占 1/3 以上，2001 年，5 国共占世界货物贸易出口的 37.3%，占世界进口的 41.6%。在发达国家货物贸易上，5 国占到 1/2 以上，2001 年，5 国占发达国家货物出口的比重为 58.6%，占进口的比重为 63.8%。在世界商业服务中，上述 5 国所占比重在 40% 以上，2001 年，上述 5 国占世界商业服务出口的 41.2%，占进口的 40%；与此同时，5 国占发达国家商业服务出口和进口的比重在 50% 以上，2001 年，5 国占发达国家商业服务出口的 56.2%，占进口的 56.0%，具体情况见表 11-1 和表 11-2。

表 11-1　**5 国在 2001 年世界与发达国家货物贸易中的地位**　(10 亿美元,%)

出口			进口		
国别	价值	比重	国别	价值	比重
美国	730.9	11.9	美国	1180.5	18.3
德国	569.6	9.2	德国	493.0	7.7
日本	404.7	6.6	日本	350.1	5.4
法国	319.5	5.2	法国	332.5	5.2
英国	273.5	4.4	英国	322.9	5.0
合计	2 298.2	37.3	合计	2 679.0	41.6
发达国家	3 919.2		发达国家	4 202.9	
世界	6 162.4	100.0	世界	64 388.0	100.0

资料来源：根据世界贸易组织《2002 年度报告》附表Ⅱ-1，联合国贸易与发展会议《2002 年统计手册》表 1.1A 编制。

表 11-2　**5 国在 2001 年世界与发达国家商业服务贸易的地位**　（10 亿美元,%）

出口			进口		
国别	价值	比重	国别	价值	比重
美国	262.9	18.3	美国	187.6	13.1
德国	108.3	7.5	德国	128.5	9.0
日本	79.8	5.5	日本	106.7	7.5
法国	79.0	5.5	法国	88.5	6.2
英国	63.3	4.4	英国	60.0	4.2
合计	593.3	41.2	合计	571.3	40.0
发达国家	1 055.8		发达国家	1 021.3	
世界	1 440.0	100.0	世界	1 430.0	100.0

资料来源：根据世界贸易组织《2002 年度报告》附表 11.3 和联合国贸易发展会议：《2002 年统计手册》表 5.1 编制。

7. 在世界贸易体制中的地位

发达市场经济国家在世界贸易体制中处于主导地位。第一，发达市场经济国家在 1947 年关贸总协定和 1995 年建立的世界贸易组织中是决策和谈判的主体。第二，发达市场经济国家一直是世界分工和贸易中心，有巨大影响的经贸集团也是以发达国家为主组成的，如欧盟和北美自由贸易区。第三，发达市场经济国家的货币，如美元和欧元均是主要国际货币。第四，发达市场经济国家的对外贸易政策决定了世界贸易政策发展的趋势。第五，发达市场经济国家的经济周期决定着整个世界贸易格局的发展。

11.2　美国的对外贸易

11.2.1　美国经济状况

2000 年，美国拥有人口 2.8 亿，土地 936 万平方公里，国内生产总值 9.8 万亿美元，占世界国内生产总值的 31.2%，人均国内生产总值 34 637 美元，为世界人均国内生产总值的 6.7 倍。

11.2.2　美国在世界贸易中的地位

(1) 美国是世界最大的贸易国家，但所占比重呈下降趋势。美国在第二次世界大战后世界商品出口总额中的比重高达 32.5%，1960 年降到 17.4%，到 1994 年再次降到 12.2%，2001 年再次降低为 11.9%，但仍居各国贸易之首；在世界商业服务贸易中，2001 年美国占 18.3%，不但高居榜首，而且是商业服务的顺差大国，当年商业服务贸易顺差达到 753 亿美元。

(2) 货物贸易处于逆差。美国的进口货物贸易在世界贸易中的比重高于货物出口所占比重，2001 年美国进口占世界贸易的 18.3%，出现 4 496 亿美元的货物贸易逆差，贸易逆差对美国经济而言是利害参半，但与美国贸易有顺差的国家，却可以得到“经济传递”的动力，有利于其经济的发展。

(3) 美国跨国公司占世界贸易比重最大。美国拥有世界跨国公司的 70%，在世界出口贸易额中，与美国跨国公司及其海外子公司有关的出口约占 1/4。

(4) 美国是世界高科技产品和农产品出口最大的国家。如 1999—2000 年美国在下述产品世界出口贸易额中所占比重分别是：飞机为 40.74%，办公用品为 14.08%，自动资料加工设备为 12.93%，半导体等为 17.11%，衡量与控制仪器为 28.61%，发动机为 30.90%，油籽为 50.13%，玉米为 61.43%，小麦为 30.61%。

(5) 美国对外贸易政策的制定与实施对世界贸易的发展影响巨大。

11.2.3　美国对外贸易依存度

美国对外贸易依存度低于其他发达国家，但对外贸易在国民经济发展中起着十分重要的作用。

1. 贸易依存度低

美国对外贸易依存度（出口/国内生产总值）大大低于其他资本主义国家和世界平均度，如 2000 年，美国货物和服务贸易依存度为 12%，同年英国为 27%，意大利为 28%，世界为 29%。其主要原因是美国经济发达，国内市场容量大，美国国土广阔，拥有较丰富的自然资源等。

2. 美国对外贸易在国民经济发展中的重要作用

(1) 出口贸易为商品和劳务开拓了市场。美国工农业需要通过出口维持生产，有相当一部分工人和农民为了出口而生产。2001 年美国出口贸易额达到7 309亿美元，据统计，制造业每生产5美元的产品就有1美元是供出口，美国耕地每3英亩中就有1英亩是为了出口而耕作。因此，美国如不出口，经济将不能持续增长。

（2）进口贸易为国内工业提供原料。美国制造业每年大约需要20亿吨原料，其中20%需要从外国进口，特别是战略物资中的稀有金属，百分之百需要从外国进口。美国一些大汽车制造厂，如通用、福特和克莱斯勒，生产汽车用的零部件已有20%～30%从国外进口。国内消费的电子产品中，一半以上的零部件是从海外输入。

（3）对外贸易是调整工业结构的途径。美国政府有意识地通过对外贸易调整国内的部分工业结构。对一些污染严重、技术简单、利润小的工业产品和半成品，如金属轧钢、纺织品、服装、鞋类、日用电器等，都逐渐通过进口代替国内生产，或在国外设厂加工后，再将成品运回国内销售，而国内的工业则尽可能向生产和出口高、精、尖的工业产品方面发展。

（4）通过扩大出口减少失业。美国约有460万人的工作与出口直接有关，依靠出口维持就业的比重，农业约占10%，矿业约占9%。

（5）对外贸易是影响美国国际收支状况的重要因素。据不完全统计，1946—1970年的25年间，美国靠对外贸易获得966亿美元巨额盈余，对弥补国际收支逆差起了很大的作用。20世纪70年代以来，对外贸易经常出现逆差，使美国国际收支状况恶化。

11.2.4 美国外贸方向与贸易结构

1. 美国对外贸易方向

（1）美国出口贸易方向。在美国出口中，发达国家是其出口的主要对象，占2/3左右；发展中国家和地区为其出口的第2位，约占1/3；对东欧国家出口的比重不到1%。2001年，美国对这三类国家出口占美国出口的比重分别为57.0%、42.1%和0.8%。

在发达国家中，美国出口的主要对象是欧洲联盟、加拿大和日本。2001年，它们分别占当年美国对世界出口的21.8%、22.4%和7.9%。

在发展中国家，美国出口的主要对象中，拉丁美洲一直处于第1位；东南亚处于第2位；石油输出国占第3位，但其比重急剧下降；第4位是西亚；第5位是非洲。2001年，这些国家和组织分别占美国对世界出口的21.8%，16.9%，2.8%，2.1%和1.3%。

对东欧国家出口所占比重从 1980 年的 1.8% 下降到 2001 年的 0.8%。

（2）美国进口来源地。在美国进口来源中，发达国家占第 1 位，在进口中的比重从 1980 年的 51.1% 上升到 2001 年的 52.4%；发展中国家为第 2 位，在进口中的比重从同期的 48.2% 下降到 46.4%；东欧国家进口在其总进口额中呈上升趋势，1980 年为 0.6%，2001 年上升到 1.2%。

在发达国家中，欧盟从 20 世纪 80 年代以来一直占第 1 位；日本占第 2 位，呈下降趋势；2001 年，两者在美国进口来源中分别占 19.2%，11.0%。

在发展中国家和地区中，东南亚地区稳步上升占第 1 位，拉美逐步下降占第 2 位，石油输出国组织从 1980 年的第 1 位下降为第 3 位。

2001 年，三者在美国进口中的比重分别为 24.6%，17.3% 和 5.4%。东欧国家在美国进口中的比重从 1980 年的 0.6% 上升到 2000 年的 1.3%。

2. 美国货物进出口结构

（1）美国出口货物结构。20 世纪 80 年代以来，制成品在出口中的比重一直是第一位，所占比重从 1980 年的 64.3% 上升到 2001 年的 81.4%。其中，机械设备占第 1 位，其他制成品占第 2 位，化工产品居第 3 位，各占美国出口比重分别为：49.7%，20.0% 和 11.7%。全部食品出口在整个出口中的比重呈下降趋势，1980 年占 17.9%，2001 年下降为 7.9%。

（2）美国进口商品结构。20 世纪 80 年代以来，制成品在进口中一直占绝大比重，且呈上升趋势，1980 年占 49.1%，2001 年上升到 76.8%。其中，机械设备上升最快，从同期的 25.2% 上升到 43.1%；其他制成品比重一直接近 30%；在燃料进口中的比重从 1980 年的 32.8% 剧降到 2001 年的 10.9%；食品在进口中的比重从 1980 年的 8.1% 剧降到 1999 年的 4.4%。

3. 美国服务贸易的发展

美国把扩展服务贸易作为对外贸易发展战略之一。1986 年《美国总统经济报告》指出："服务贸易正在迅速发展，有许多行业都属于服务业，诸如旅游、运输、保险、银行、广告、工程设计、数据处理以及信息传递等。美国在提供许多服务方面拥有比较利益。"在美国商务部《服务业发展计划》的推动下，美国服务贸易发展迅速，从 1990 年到 2000 年间，世界服务出口年均增长率为 6%，而美国服务出口年均增长率高达 7%。由于美国服务出口处于领先地位，美国服务贸易一直保持顺差。2001 年，美国在世界商业服务出口贸易中的比重为 18.3%，在世界商业服务进口贸易中的比重为 13.1%，拥有 753

亿美元的顺差。

11.2.5 美国对外贸易政策的制定与执行

1. 美国对外贸易政策的制定与管理

美国政府机构参与对外贸易政策的制定与管理的部门有以下三类：

（1）白宫。总统对外贸政策的制定，拥有极大的权力，但对重大的贸易问题的决策，却要与白宫一级的部际机构磋商，取得一致意见后才能作出。所谓白宫一级的部际机构，包括美国贸易代表办公室、国家安全委员会、经济顾问委员会、行政管理和预算办公室等。在决策过程中，贸易代表办公室所起的作用最大，它不仅是总统有关对外贸易问题的主要咨询机构，而且还代表美国参加多边贸易谈判。根据美国宪法规定，总统对国会通过的贸易法案拥有否决权，但国会只要有2/3的多数坚持原法案，也就能推翻总统的否决，成为正式的法律。

（2）职能部门。商务部是美国对外贸易的主管部门，具体工作有：就扩大美国出口业务问题向美国企业界提出建议；收集并统计国际贸易和投资的数字与资料；调查那些根据惩罚外国不公平贸易做法的条款而提出的申诉是否属实；每月发表有关进出口贸易的统计数字及资料；管制美国出口贸易，以防止可用于军事目的的高技术流入敌对国家。其他职能部门还有农业部和能源部，各自过问与其进出口商品有关的问题。

（3）国际贸易委员会。它是一个独立的机构，承担的主要任务有：根据美国贸易法的条款，裁决美国企业和工人的利益是否受到进口商品的损害，如果发现某种进口商品损害美国的利益，就向总统建议，对进口商品征收反倾销税和反补贴税，或规定其进口限额。

此外，社会上的一些特殊利益集团，对贸易政策的制定也会产生一定的作用。例如，1984年里根政府决定与一些国家签订“自愿”限额出口协议，是在与有关工业公司磋商后作出的。

2. 美国对外贸易政策的演变

第二次世界大战后，为了对外扩张，美国积极倡导和奉行贸易自由化政策，推动关税与贸易总协定的建立，推动全球范围内的多边贸易谈判。

到20世纪70年代，随着西欧和日本经济的恢复与迅速发展，以及新兴工业化国家和地区的崛起，美国在国内外市场上面临着日益激烈的竞争。美国贸易从顺差转向贸易逆差，受到进口冲击的有关行业强烈要求政府采取保护措施，代表相应地区和产业利益的国会议员也不断向国会和美国政府施加压力。在这种情况下，美国政府在政策指导思想上仍主张贸易自由化政策，但在实际行动上则采取了对国内部分产业给予保护的措施。为此，通过了两个带有保护色彩的贸易法案，即《1974 年贸易法》和《1979 年贸易协定法》。

进入 20 世纪 80 年代，美国对外贸易逆差以惊人的速度急剧增长，美国国内的保护主义思潮迭起。面对日益强大的外部竞争，在美国甚至出现了“美国是否已衰落”的大争论，于是美国不得不重新思考过去与未来，对本国的综合国力与竞争能力重新评价。面对这一现实，美国政府也必须重新考虑其外贸政策的立足点，并作出重大调整。1985 年 9 月里根总统发表了“贸易政策行动计划”，提出了美国政府的“自由与公平”贸易方针，重申了贸易自由化的重要性，但同时又非常明确地表示：如果国际贸易不利于美国企业，美国将以强硬的态度实行贸易保护。与此同时，美国国会也酝酿制定一项新的贸易立法以应付新的贸易问题。经过 3 年多的激烈争论，《1989 年贸易和竞争综合法案》终于成为法律，使得“自由与公平”方针成为美国现行外贸政策的基石，实现了美国外贸政策侧重点由寻求全球多边关系向注重双边互惠关系的重大转变。

正是基于美国外贸政策的目标与手段的这种重大转变，美国加紧了与加拿大的双边贸易谈判，并于 1988 年底正式签署了《美加自由贸易协定》，同时还将以此为蓝本与其他有关国家达成贸易协定。1990 年 6 月，布什总统又提出了建立广阔的美洲自由贸易区的倡议，来与欧洲联盟 1992 年即将形成的统一市场相抗衡。美国依据《1988 年综合贸易法》，频频运用其中的“特别 301”、“超级 301”、“反倾销”、“反补贴”等法律条款，迫使有关国家与美国举行贸易谈判，并使对方或多或少地向美国作出让步，美国从中获得了不少的实际利益。

11.2.6　美国应对庞大货物贸易逆差的措施

（1）降低美元比价。到 2002 年 12 月美元比价已跌到 1 美元兑换 150 多日元，最高比价下跌了 60%。

（2）通过《1988 年贸易和竞争综合方案》迫使有关贸易伙伴对美开放市场，保护其贸易利益。美国频频动用“超级 301 条款”和“特别 301 条款”来维护美国的贸易利益。“超级 301 条款”是根据美国《1974 年贸易法》中的“301 条款”修订的，它要求政府从 1989 年起，每年在 4 月 30 日以前确定一份美国认为在实行“自由贸易”方面做得不够的国家名单，并向国会提出报告，指出这些国家和地区在哪些领域影响了美国市场或对美国未开放市场，然后在规定的时间里（一般为一年）通过谈判，迫使这些国家和地区同意采取开放措施，否则将对其进行报复。

“特别301条款”是专门针对知识产权保护的问题。美国认为，它们许多产品，包括农药、化肥、书籍、音像资料、计算机软件等知识产品，被进口国大量仿制和复制，从而影响了美国的经济利益，因此制定了该条款以保护美国人的版权、专利和商标。

该条款与“超级301条款”一样，也是要求政府在每年的4月30日以前宣布一份在保护美国知识产权方面做得不够的国家名单，并限定这些国家在一定的时间内与美国谈判解决纠纷，否则将对这些国家和地区向美国出口的产品征收高额关税，以示惩罚。美国在动用此条款时，一般采用三个步骤：第一，把与之有一般纠纷的贸易伙伴列入“观察名单”；第二，把与之有较大纠纷的贸易伙伴列入“优先观察名单”；第三，被列入“优先观察名单”的国家和地区，如在一年内没有在保护美国知识产权方面采取重大措施的话，将被列为“需优先解决”的国家。这时，美国将对其进行为期半年的调查，在此期间，双方如能通过谈判达成解决纠纷的协议，美国就不采取报复措施；如不能达成协议，美国可在征求公众意见的基础上，于1个月后对部分进口商采取报复的措施，也可以再将谈判期限延长3～4个月左右，届时，谈判结果决定是否采取报复措施。

（3）提高竞争能力。为此，美国国会成立了一个“国会竞争力委员会”专门研讨提高美国产品的竞争力问题。为了继续保持高技术工业产品在世界市场上的优势，正在增加研究与开发经费，特别重视应用科学的研究，使研究成果能迅速应用于工业生产。

（4）与相邻国家建立经济贸易集团，加强地区性经济一体化。在北美自由贸易区的基础上，又组建了美洲自由贸易区。

（5）大力发展国际服务贸易，提高服务贸易的竞争能力，减少货物贸易逆差。美国是世界上最大的服务业国家，其服务产值约占国内生产总值的80%。美国服务业通过各种途径谋求服务业出口，同时还推动有关服务贸易自由化的多边贸易谈判，在乌拉圭回合中，达成《服务贸易总协定》，为美国服务业提供稳定的法律保证。

（6）积极利用世界贸易组织有关规则，保护美国产业。如2002年3月，美国对钢铁进口，实行保障措施；对国内农业补贴提高到世界贸易组织《农业协定》规定的额度。

11.3　日本的对外贸易

11.3.1　日本经济状况

2000 年，日本拥有人口 1.27 亿，土地 37.8 万平方公里，国内生产总值 4.76 万亿美元，人均国内生产总值 37 494 美元，为当年世界人均国内生产总值（5 178 美元）的 7.2 倍，服务业在国内生产总值中的比重从 1980 年的 56% 提高到 1995 年的 64%。由于国内市场巨大和对进口品的高深加工，日本货物与服务出口贸易依存度不高，1980 年为 13%，2000 年为 1.1%。

11.3.2　日本在世界贸易中的地位

1. 对外贸易发展速度最快，在世界贸易中的地位急剧上升

1950—1992 年间，日本出口贸易年均增长率达 16.3%，大大超过世界和各类国家的出口年均增长率，位于世界榜首。其进口年均增长率为 14.3%，也超过世界和各类国家进口年均增长率。其结果是日本在世界贸易地区分布中的比重从 1950 年的 1.4% 提高到 1980 年的 6.5% 和 1992 年的 9.3%，成为仅次于美国和德国的第三大贸易国家。1990—2000 年间，日本放慢了发展速度，出口年均增长率为 5%（世界为 6%），进口年均增长率为 5%（世界为 7%），仍保持为世界第三大贸易国家位置。

2. 对外贸易适应和竞争能力强，20 世纪 80 年代后一直处于贸易顺差

日本从 20 世纪 50 年代的贸易逆差转变为 60 年代的顺差；在两次石油提价后，又转为逆差；进入 80 年代转为贸易顺差，而且顺差额日益增大。日本对外贸易顺差额从 1982—1984 年的 202.80 亿美元增加到 1990—1992 年的 789.55 亿美元，2001 年，日本出口贸易额为 4 047 亿美元，进口贸易额为 3 501亿美元，顺差 546 亿美元，成为仅次于德国的第二大贸易顺差国家。

3. 日本一些制成品在世界市场上占据重要地位

1999—2000 年，如下一些产品在世界市场上的占有率为：汽车 18.91%，

电信设备 8.04%，自动资料处理设备 8.15%，半导体 14.7%，电动机械 19.95%，汽车零部件 11.64%，办公机械 11.52%。

4. 日本商业服务贸易为逆差

日本服务贸易出口大大落后于服务贸易的进口。2000 年，日本商业服务出口为 633 亿美元，占世界商业服务出口的 4.4%；同年服务进口为 1 067 亿美元，占世界服务进口的 7.5%，商业服务贸易逆差达到 439 亿美元。

11.3.3 日本对外贸易的作用

1. 对外贸易在日本经济发展中的地位与作用极为重要

日本是一个资源贫乏、人口稠密、第二次世界大战后初期科学技术水平相对落后的国家。在日本战后的经济恢复和稍后的高速发展中，不仅需要进口绝大部分资源，而且还要引进大批现代化的技术。为此，日本把"贸易立国"作为国策，大力发展对外贸易，为日本经济发展提供了各种资源、资金、技术和广阔的市场。

2. 日本出口贸易在经济发展的重要作用

（1）出口为日本经济发展提供了大量的外汇资金，从而摆脱了国际收支对经济发展的制约。

（2）出口刺激日本改变其产业结构和出口商品结构，从而增强出口的国际竞争能力。

（3）出口的扩大增加了有效需求，促进了日本经济的增长。.

3. 日本进口贸易在经济发展中的重要作用

（1）资源的进口，保证了重化工业的迅速发展，带动了国民经济的发展。日本资源匮乏，而经济又属资源消耗型，故日本经济的发展严重依赖资源的进口。日本主要工业用原料，如棉花、羊毛、铁矿石、镍矿石、磷矿石、铜矿石、天然橡胶和石油均依赖从国外进口。

（2）从国外引进大批先进技术，促进了国内的技术改造和产业结构的现代化。

（3）进口各种消费品，改变国内的消费结构，促使国内产业结构与之相适应。

11.3.4　日本对外贸易方向与结构

1. 日本对外贸易方向

（1）出口贸易方向

在日本的贸易伙伴中，20 世纪 80 年代以前，发展中国家居第一位，发达国家居第二位；80 年代以后，发达国家居第一位，发展中国家退居二位。发展中国家在日本出口方向占的比重 1952 年为 56.5%，1960 年为 50.5%，1970 年为 36.7%，1980 年为 48.8%，2001 年为 47.8%；发达国家同期所占比重分别为 38.1%、47.7%、54.3%、47.5% 和 51.6%。对东欧国家的出口呈萎缩状态，所占比重从 1980 年的 2.80%，下降到 2001 年的 0.6%。

日本在对发达国家出口中，美国和加拿大占第一位，欧盟占第二位，前者所占比重一般为后者的两倍。1980 年到 2001 年，在日本出口方向的比重中，前者分别为 26.3% 和 32.0%；后者分别为 15.2% 和 16.0%。

日本在对发展中国家和地区出口中，东南亚地区始终居第一位，所占比重从 1980 年的 28.1% 上升到 2000 年的 40.3%；同期，对石油输出国组织出口比重急剧下降，1980 年为 14.0%，2001 年下降为 3.9%；对拉美国家的出口比重从 6.5% 下降为 4.0%。

（2）进口贸易方向

在日本进口来源中，发展中国家除个别年份，一直占第一位，所占比重 1980 年为 63.4%，2001 年为 58.3%；发达市场经济国家居第二位，同期所占比重分别为 35.1% 和 40.3%；东欧国家所占比重很小，同期分别为 1.5% 和 1.4%。

在从发达国家进口中，美国与加拿大占第一位，所占比重 1980 年为 20.8%，2001 年为 20.5%；欧盟占第二位，所占比重呈上升趋势，同期所占比重分别为 6.5% 和 12.8%。

在从发展中国家进口中，东南亚地区为主，所占比重从 1980 年的 25.9% 提高到 2001 年的 42.4%；石油输出国组织所占比重急剧下降，所占比重从 1980 年的 40.0% 下降为 1995 年的 12.7%，2001 年为 16.1%。

2. 日本对外货物贸易结构的变化

（1）出口商品结构

第二次世界大战后以来，在日本出口商品中，制成品一直占绝大比重，且呈上升趋势。该比重从1970年的92.5%提高到2001年的92.8%。

在制成品出口中，机械和设备所占比重不断上升，1980年为58.5%，2001年为66.9%；其他制成品所占比重不断下降，1970年为45.6%，2001年降为18.5%；化工品所占比重1980年为5.1%，2000年为7.4%。

（2）进口商品结构

在日本进口商品中，初级产品在20世纪90年代前一直超过制成品。此后，随着日本与其他发达国家国际分工的深化和开放市场。日本进口中的制成品增多，1995年，制成品在进口中的比重超过初级产品，其所占比重为53.0%。

在日本进口的初级产品中，占第一位的是燃料，1970年占1/5，1975年到1985年间占40%～50%，此后下降，2001年为20.2%；占第二位的是食品，一直占12%～15%；占第三位的是矿产和金属，所占比重已从1980年的10.0%下降到1999年的5.5%；农业原料占第四位，所占比重同期从10.0%下降到5.0%。

在日本进口的制成品中，20世纪80年代以来，其他制成品地位日趋重要，所占比重从1980年的7.7%提高到2001年的22.3%；机械与设备，所占比重同期为6.0%和27.2%；化工品所占比重同期为4.2%和7.2%。

11.3.5　日本出口贸易迅速发展的原因

1. 较高速度的经济增长

生产是交换的基础，日本战后的经济高速增长为出口贸易迅速发展奠定了基础。促进日本战后经济持续高速增长的原因有：战前经济发展的知识和经验，战后的改革（土地改革和制定劳动立法等），富有积极性的经营者的出现，优秀的劳动者的培养和廉价的原料和燃料的进口，劳资双方的合作，中小企业的活力，积极的技术引进与革新，高储蓄率和银行的积极融资，防卫支出少，朝鲜战争和越南战争的“输血”，政府的有效指导与管理等。以上原因使日本经济持续高速发展。在1950—1987年间，日本国内生产总值年均增长率高达7.1%，高于整个经济合作发达组织国家平均3.1%的增长率。

1980—1990 年间，日本国内生产总值年均增长率为 4.0%，高于世界和高收入国家的国内生产总值年均增长率。20 世纪 1990 年以来，由于泡沫经济和经济结构不良的影响，国内生产总值年均增长率下降，1990—1997 年为 1.5%，世界同期水平为 2.4%。

2. 竞争能力较强

(1) 劳动生产率的提高成为日本增强价格竞争的基础

第二次世界大战以来，由于日本在以先进技术为内容的制造业设备投资率高，增加研究开发费用，积极引进先进科学技术并加以消化、改良和创新，再加上注重教育，使日本的劳动生产率的增长率远远超过其他国家。制造业中每个工人的增加值接近或超过其他发达国家。世界银行《1999 年世界发展指标》公布，1980—1984 年，日本制造业中每个工人的增加值为 34 456 美元，美国为 47 276 美元，英国为 24 716 美元，法国为 26 751 美元。1990—1994 年，这一数字日本达到 92 582 美元，美国为 81 353 美元，英国为 55 060 美元，法国为 61 019 美元。

此外，日本工资成本增加率较其他国家低，在 20 世纪 70 年代以前，由于 1 美元 =360 日元的固定汇率等原因，使日本出口商品价格具有相当强的竞争力。

(2) 在非价格竞争上，日本处于优势

首先，日本出口厂商不断提高商品质量和服务质量。其次，不断调整出口商品结构，适应世界市场需求结构的变化。20 世纪 70 年代以来，日本机械产品的出口适应力系数和出口优势系数均超过其他发达国家。出口适应力系数公式 = 各国各类机械产品出口年均增长率/各类机械产品世界需求年均增长率。如某国某种机械产品的出口在世界市场中的份额有所提高，该国产品的国际竞争力就强。计算的结果是，1973—1980 年日本的一般机械、电器机械、运输机械、精密机械的出口适应力系数均在 l 以上，而欧盟这 4 种机械产品的出口适应力系数均在 1 以下，美国除一般机械在 1 以上，其余 3 种机械产品均在 1 以下。以出口优势系数公式（某国某产品在出口总额中所占比重/某商品在经合开发组织出口总额中所占比重）来比较各国机械、运输机械的出口适应力，出口优势系数增高表明该国该商品出口适应力的增强。根据经合开发组织的统计，1976 年和 1983 年日本机械、运输机械的出口优势系数分别是 1.41 和 1.71，而美国为 1.15 和 1.13，联邦德国为 1.25 和 1.22。

此外，日本对出口地区（国家）需求的适应性也高于其他国家。

3. 综合商社发挥了重要作用

(1) 日本综合商社的构成与职能

日本经营进出口贸易的贸易商有两大类，一是商社，二是制造业厂商。商社可分为综合商社和专业商社，前者经营多种商品，故有“综合”之称，后者系指经营某一种商品的营业额占其总营业额50%以上的商社。日本有16家规模巨大的综合商社。它们是三菱商社、三井物产、伊藤忠商事、住友商事、日商岩井、东棉、日棉、伊藤万、金商又一、川铁商事、大仓商事等，16家综合商社中，排列在前面的5家、6家、9家综合商社被称为五大（综合）商社、六大（综合）商社、九大（综合）商社。九大（综合）商社只占商社总数的1%，但其进出口贸易额经常占日本进出口贸易总额的一半左右，他们不仅是综合商社的代表，也是商社的代表。因此，人们称商社或综合商社时，往往是指这九大商社。综合商社的基本职能是商品的购销、商业金融和商业信息（情报）的收集与提供，其中商品购销是最基本的职能，商业金融和商业情报是商社开展商业活动的两大有力措施。

(2) 综合商社对发展日本对外贸易的重要作用

综合商社规模巨大，有强大的竞争能力。商社来往客户多，一般数以万计；既经营出口，也经营进口；经营商品广泛；资信能力强；商品销售网遍及世界；贸易方式灵活多样；参与投资开发；从事多种经营；分支机构遍及全球；信息灵通等，使之在价格竞争和非价格竞争上占据优势。

商社与企业关系密切，二者相互促进。在日本经济高速发展时期，商社为自己的客户厂商提供了大量的先进技术与设备。日本在实现重工业化、化学工业化时期，商社采取了多种办法，如提供长期信贷，或签订长期购货合同等，长期从世界各地进口质优价廉的能源和资源。同时，在世界各地投资开发资源，以保证供应。由于商社为制造业提供先进设备和能源与信息，既迅速扩大了自身业务，又为制造业提高生产效率、降低成本、产品适销对路、提高竞争能力、发展出口提供了条件。

4. 通过产业政策，提高出口商品的结构层次

日本产业政策的主要内容是有计划地选择有发展前途的产业并加以扶植，不断提高产业（制造业）结构的层次，使出口商品结构不断优化。从第二次世界大战结束到50年代末，日本首先恢复和发展劳动密集型的轻纺工业；在20世纪50年代末到60年代，日本政府的产业政策是：制造业要重工业化、

化学工业化，明确提出要不断提高商品中重、化工业品的比重；进入 70 年代，特别是石油危机以后，日本提出发展节能源、省资源的加工组装工业。

日本选择发展产业的标准有二：一是收入弹性标准（随着收入增加而引起需求增长最大的）；二是生产率标准（生产率提高可能性最大的）。

为了实现其产业政策，日本采取了以下办法：制定发展各种行业的计划和法律；在税制上给予优惠和支付补助金；给特定企业以低息贷款；在技术引进上给予优惠等。

5. 根据国内、国际状况，适时地调整对外贸易政策

（1）20 世纪 50—60 年代推行奖励出口和限制进口政策

第二次世界大战后初期，日本经济遭受巨大破坏，外汇短缺，为此，日本在出口上采取鼓励政策，其办法有：采取外汇分配优惠制度；设立进出口限制，提供出口信贷；在税制上给予出口商品优惠；实行出口信用保险法；加强商品检验，保证出口质量；制定《进出口交易法》，允许贸易商结成卡特尔；采取对等贸易等。同时，实行限制进口和进行“进口替代”，其办法有：设立外汇管理委员会，管理外汇；通过《外汇法》，实行外汇分配制；广泛限制工业品进口，保护、扶植国内幼稚工业；把工业品的进口替代与扩大出口联系在一起。1959 年 8 月能自由进口的商品仅占 26%。

（2）20 世纪 60 年代以后逐步实现贸易自由化

20 世纪 50 年代末，日本保护、扶植国内工业取得进步，一些工业品国际竞争力有所加强。同时，1958—1959 年间外国政府和企业多次要求日本实行贸易自由化和汇兑自由化。1959 年 10 月，关贸总协定召开东京大会，要求日本实现贸易自由化的压力加大。在国内外新形势下，日本政府于 1960 年 6 月宣布推行“贸易、汇兑自由化计划大纲”，开始实行贸易自由化。到 1965 年 10 月实行汽车进口自由化时，进口自由化率已达 93%，到 1975 年自由化率进一步提高，受限制进口的商品减为 27 种（工矿品 5 种，农产品 22 种）。

日本分期分批放宽进口，逐步实现贸易自由化，是按以下原则进行的：

①各产业需要的原料，尽早实行进口自由化。

②已具备竞争能力的工业品以及和本国工业品竞争不激烈的工业品，也可尽早自由化。

③那些正在扶植的产业，如汽车、电子计算机、重型机械之类，要根据其

竞争能力的提高情况而实行自由化。

④农产水产畜产品、中小企业产品，一时难以实行自由化的，则推迟实行自由化。

近年来，由于美国的强烈要求，日本已开始放宽农产品的进口限制。

11.3.6 日本的外贸管理

1. 管理体制

(1) 日本政府只在宏观方面对贸易进行管理，而具体经营贸易的是民间贸易商，政府对其经营一般不加干预，原则上是让其自由竞争，但政府也通过通产省对贸易商进行“行政指导”，即以劝告形式，影响贸易商的企业行为，引导他们实现政府的贸易政策。

(2) 日本通产省是管理通商和产业的行政机关，其下设的贸易局和通商政策局主要掌管外贸业务。贸易局管理进出口和外汇，通商政策局制定和执行外贸政策，推进国际经济技术合作等事项。与其他省有关的出口业务（如农产品和农林省有关，医药品和厚生省有关），则由通商产业省和有关省协商处理。通商产业省派驻地方的有 8 个通商产业局，其下设通商事务所，它们在各自权限内负责审批进出口、签发许可证等事宜。

(3) 与贸易有关的其他机构。1954 年 8 月根据日本贸易振兴会法，设立特殊法人日本贸易振兴会，它在世界各地设立事务所和日本贸易中心，从事海外市场调查、进行海外宣传报道和出版，参加国际展览会和联系贸易事宜等，它是通商产业省的附属机构。1954 年日本内阁设立出口会议，对出口政策、出口指标以及有关行政机关互相联系和调整等事宜进行审议。1962 年出口会议改组为审议会，1970 年又改组为包括进口、出口的贸易会议，直到现在。贸易会议由内阁总理任议长，成员由有关省、厅、银的负责人（大臣、行长）及贸易商代表、学者组成。1964 年起举办海外现场商品贸易会议，由通产省主办。

此外，外务省设经济局，主要负责调整和协调有关国际贸易和国际经济等方面的政策与事务。

2. 现行进出口管理制度

日本自实行贸易自由化以来，管理日本进出口贸易的基本法为《外汇及外国贸易管理法》，1979 年 12 月修改后，1980 年正式实施。该法修改后，进出口手续进一步简化，如废止出口认证制度，放宽出口管理手续等。

在进出口原则自由条件下，目前存在的进出口管理措施如下：

（1）根据《出口贸易管理法令》，限制和禁止出口的货物有 200 多种。其原因有：为确保国内需求；为防止过激竞争；战略物资或国际协定规定限制出口的物品。

（2）进口限制。其一，进口配额制：其理由是保护某种产业，国家安全，保护人类、动植物的健康等。其二，进口事前许可证：如根据联合国制裁决议，禁止从某地区进口货物。

11.4　德、英、法国的对外贸易

11.4.1　德国的对外贸易

1. 德国经济状况

2000 年，德国人口 0.82 亿，拥有土地 35.6 万平方公里，国内生产总值 18 661 亿美元，人均 22 753 美元，高于世界人均国内生产总值 4 倍多。德国是欧盟的创始国，服务业在国内生产总值中的比重从 1980 年的 57% 提高到 2000 年的 68%，货物和服务出口依存度同期从 25% 提高到 33%。

2. 德国对外贸易特点

（1）对外贸易地位。德国是世界货物贸易的第二大国，2001 年在世界货物出口贸易中的比重为 9.25%，居第二位；在世界货物进口中的比重为 7.7%，也居第二位。在世界商业服务出口贸易中 2001 年占 5.5%，居第三位；在世界商业服务进口贸易中 2001 年占 9.0%，居第二位。

（2）贸易差额。货物贸易与商业服务贸易差额存在反差。2001 年，货物贸易顺差为 766 亿美元，而同年商业服务贸易却存在 487 亿美元的逆差。

（3）货物贸易方向。德国货物出口的对象主要是发达国家，所占比重 1980 年为 77.8%，2001 年为 75.7%，其中欧盟占 1/2 以上，分别为 60.6% 和 55.2%，美国和加拿大同年比重分别为 6.8% 和 11.4%，呈上升趋势。对发展中国家和地区的出口比重有所下降，从 1980 年的 16.9% 下降到 2001 年的 13.9%。对东欧国家出口比重从 1980 年的 4.9% 上升到 2001 年的 10.1%。进口来源变化趋势与出口相似，1980 年到 2001 年间，发达国家所占比重分别为

73.8%和72.3%，欧盟分别为54.4%和52.1%；发展中国家和地区从21.6%下降到15.9%；东欧国家从4.6%上升到11.7%。

(4) 货物贸易结构。德国货物出口中，制成品一直占绝大部分，其比重1995为86.6%，2000年为83.6%，其中，机械和运输设备所占比重同年从48.9%上升到51.1%，其他制成品所占比重从24.9%下降到21.8%。化工品所占比重分别为12.8%和12.25%。德国货物进口中的结构大致与出口相同，2000年，在进口中制成品的比重为67.4%，其中，机械和运输设备为36.9%，其他制成品为22.9%，化工品为8.0%。

11.4.2 英国的对外贸易

1. 英国经济状况

2000年，英国拥有人口0.59亿，土地24.4万平方公里，国内生产总值14 273亿美元，人均国内生产总值24 024美元，高于世界人均国内生产总值的近5倍，服务业在国内生产总值中的比重从1980年的55%提高到2000年的70%，货物和服务出口贸易依存度同期均为27%。20世纪70年代中期加入欧盟。

2. 英国对外贸易特点

(1) 对外贸易地位。在世界货物出口与进口贸易中居于前5名。2001年在世界货物出口贸易中，英国占4.4%，居第5位；在世界货物进口贸易中，占5.2%，居第4位。在世界商业服务出口贸易中，占为7.5%，居第2位；在世界商业服务进口贸易中，比重为6.2%，居第4位。

(2) 贸易差额。货物贸易与商业服务贸易差额也呈反差，但与德国相反。2001年，货物贸易逆差590亿美元，而商业服务贸易却只有198亿美元顺差。

(3) 货物贸易方向。在英国货物出口中，占第一位的是发达国家，占了绝大比重，且呈上升趋势。对发达国家出口占其总出口的比重从1980年的73.8%上升到2001年的80.3%，在发达国家中，居第一位的是欧盟，且呈上升趋势，所占比重从1980年的51.8%提高到2001年的54.4%，占第二位的是美国和加拿大，所占比重同期从1 <1.2%上升到17.7%。对发展中国家和地区的出口呈下降趋势，所占比重同期从23.4%下降到14.2%，其中，石油输出国组织从9.3%下降到3.1%，拉美从3.1%下降到1.7%，对非洲从6.9%下降到1.7%，对西亚从7.2%下降到3.5%，对东欧国家从2.4%提高

到 2.8%。在英国货物进口来源中，发达国家占绝大比重，但从 1980 年的 78.1% 下降到 2001 年的 74.8%，欧盟从 48.9% 下降到 47.1%，从美国和加拿大的进口比重同期为 15.0% 和 15.6%。从发展中国家和地区的进口同期为 20.1% 和 19.1%，从石油输出国进口的比重从 8.5% 剧降到 1.7%，从非洲进口的比重从 3.6% 降到 1.9%，从西亚进口比重从 8.1% 剧降到 1.9%，而从其他亚洲国家和地区进口的比重却从 5.3% 上升到 13.3%。

（4）货物贸易结构。在英国货物出口中，制成品占绝大比重，且呈上升趋势，所占比重从 1980 年的 71.5% 上升到 2001 年的 80.0%，其中，运输和机械设备所占比重同期从 34.5% 上升到 46.6%，而其他制成品所占比重从 26.3% 下降到 19.4%，化工产品所占比重从 10.7% 提高到 14.1%，燃料在出口中所占比重同期从 13.1% 下降到 8.7%，矿产品所占比重从 5.0% 下降到 2.4%，食品所占比重各为 6.8% 和 5.5%。在英国货物进口结构中，变化趋势与出口相似。从 1980 年到 2001 年间，所占比重变化如下：制成品从 59.7% 上升到 78.7%，机械和运输设备从 25.4% 提高到 42.3%，其他制成品从 28.2% 下降到 26.9%，化工品从 6.1% 提高到 9.5%，燃料进口从 13.4% 下降到 4.4%，食品从 13.0% 下降到 8.0%，矿产品从 7.3% 降到 2.7%。

11.4.3　法国的对外贸易

1. 法国经济状况

2000 年，法国拥有人口 0.59 亿，土地 55.2 万平方公里，国内生产总值 12 942 亿美元，人均国内生产总值 21 848 美元，高于世界人均国内生产总值的 4 倍。服务业在国内生产中的比重从 1980 年的 59% 提高到 2000 年的 71%，货物和服务贸易出口依存度同期从 20% 提高到 29%，是欧盟的初创国之一。

2. 法国对外贸易特点

（1）对外贸易地位在世界货物进出口贸易中，法国居前 5 位。2001 年，在世界货物出口贸易中，法国占 5.2%，居第 4 位；在世界货物进口贸易中，法国占 5.0%，居第 5 位。在世界商业服务出口贸易中，法国也排在前 5 位，2001 年，在世界服务出口贸易中，法国占 5.5%，居第 4 位；在世界服务进口贸易中，法国占 4.2%，居第 5 位。

（2）贸易差额。货物贸易为逆差，而服务贸易为顺差。2001 年，法国货物贸易逆差 34 亿美元，而同年服务贸易顺差为 190 亿美元。

（3）货物贸易方向。在法国货物出口对象中，发达国家占绝大比重，且呈上升趋势，从1980年到2001年，发达国家所占比重从67.8%提高到76.9%，对欧盟出口同期从55.7%上升到60.5%，对美国和加拿大出口同期从4.8%上升到9.5%，对日本出口同期从0.9%上升到1.5%；对发展中国家和地区出口，占法国出口的1/5左右，但呈下降趋势，从1980年到2001年，所占比重从23.6%下降到18.1%，对石油输出口国出口的比重同期从8.1%下降到3.7%，对非洲出口的比重从11.8%下降到5.3%，对西亚进出口从5.0%下降到3.4%，对其他亚洲国家和地区出口的比重从2.3%提高到5.5%。法国进口来源的变化类似出口。从1980年到2001年，从发达国家进口的比重从67.8%提高到80.3%，从欧洲进口比重从52.1%提高到64.8%，从美国和加拿大的进口比重各为2.1%和2.0%，发展中国家和地区在进口中的比重从27.7%下降到15.4%，从石油输出国进口从18.1%降到3.5%，从非洲进口的比重从7.8%降到4.3%，从西亚进口比重从13.9%降为2.7%，从其他亚洲国家和地区进口比重从2.8%上升到6.0%，从东欧国家进口所占比重分别为3.9%和3.5%。

（4）货物贸易结构。在法国货物出口贸易中，制成品占绝大比重，且呈上升趋势，1980年到2001年，其在出口中的比重从73.1%提高到81.8%，其中，机械和运输设备所占比重从33.1%提高到44.0%，其他制成品所占比重从28.1%降为22.8%，化工产品所占比重从11.9%上升到14.3%，食品出口所占比重从16.0%下降为10.6%。在法国货物贸易进口中的结构变化趋势与出口类似。从1980年到2001年间，制成品进口所占比重从53.7%提高到77.7%，机械和运输设备所占比重从21.4%提高到38.5%，其他制成品所占比重从23.45%上升到26.7%，化工品所占比重从9.0%提高到12.5%，燃料在进口中的比重从26.6%剧降到9.5%，食品所占比重从10.2%降为8.2%，矿产品所占比重从4.9%降为2.7%。

11.5 发展中国家和地区的对外贸易

11.5.1 发展中国家和地区的范围与经济状况

发展中国家和地区有170多个，分布在亚洲、非洲和拉丁美洲，第二次世界大战以前，它们都是殖民地和附属国。战后，随着殖民体系的瓦解，它们取得了政治上的独立，走上了发展民族经济的道路。

由于各国地理位置、自然条件、历史传统和长期遭受殖民的统治，在政治独立初期，工农业落后，经济结构畸形、单一，社会结构多元，大多数人民生活水平低下。经过自身的努力和外国的投资与援助，发展中国家在经济上有所发展，但发展很不平衡。

按照联合国的统计，一般把发展中国家和地区分成 3 组，即主要石油出口国、主要制成品出口国家和地区以及其余国家（其中包括 49 个最不发达国家）。

2000 年，整个发展中国家和地区拥有人口 48.4 亿，占世界人口的 79.9%，土地面积为 8 389 万平方公里，占世界土地面积的 61.9%，国内生产总值为 64 900 亿美元，人均国内生产总值为 1 342 美元，不仅低于发达国家人均国内生产总值（26 838 美元），而且低于世界人均国内生产总值（5 178 美元）和东欧国家人均国内生产总值（2 945 美元）。

随着工业化和经济的发展，发展中国家经济结构在变化，从 1980 年到 2000 年，在国内生产总值中的比重，农业从 17% 下降到 12%，工业从 42% 下降到 36%，服务业从 41% 上升到 52%，但仍劣于发达国家的经济构成。货物和服务出口贸易的依存度从 1980 年的 26% 提高到 2000 年的 37%。

11.5.2　发展中国家和地区对外贸易的特点

1. 发展中国家在世界贸易中的地位

发展中国家和地区在世界贸易中的地位有所改善。发展中国家和地区在世界贸易中的比重从 1980 年的 28.64% 提高到 2001 年的 31.46%。

2. 发展中国家的对外贸易发展严重不平衡

由于经济发展和经济结构的不同，发达国家需求结构的变化和跨国公司投资方向的变换，发展中国家对外贸易发展很不平衡。

（1）主要石油输出国家由于石油提价，在世界出口贸易中的比重 1980 年达到 15.48%，后由于石油降价，出口石油的发展中国家所占比重一直下滑，1990 年下降到 6.21%，2001 年为 6.02%。

（2）出口制成品的发展中国家的贸易地位稳定上升。它们在世界出口中的比重 1980 年为 8.34%，1990 年上升到 14.4%，2001 年进一步提高到 21.68%。

（3）发展中国家制成品出口集中在少数国家和地区。中国香港、韩国、印度、巴西、新加坡、墨西哥、阿根廷、巴基斯坦、泰国和马来西亚约占发展中国家和地区制成品出口的 70% 以上。

（4）在发展中国家和地区贸易差额中，石油出口的发展中国家贸易一直呈现顺差，顺差额从1969—1971年的81.8亿美元猛增到1 442亿美元，此后由于油价下调顺差开始减少，1992—1993年只有371亿美元，后因石油提价，顺差增多，1999—2001年，达到1 415亿美元；而出口制成品的发展中国家时有逆差，时有顺差，1995—1997年逆差为641亿美元，而1999—2001年变为348亿美元的顺差。

3. 进出口货物贸易结构有所优化

进出口货物结构有了改善。随着发展中国家的工业发展和参与国际分工形式的变化，在发展中国家出口贸易中，工业制成品所占比重从1980年的19.5%一跃变成2000年的69.2%；制成品在进口中的比重同期从61.5%上升到78.0%。

4. 贸易对象以发达国家为主

发展中国家和地区的主要贸易对象是发达国家，但比重在下降。发展中国家的出口市场和进口来源都是发达国家。1980年向发达国家的出口占发展中国家和地区总额的68.4%，2000年下降到54.5%；而从发达国家进口在整个进口中的比重从62.7%下降到53.8%。同期，发展中国家相互的出口与进口均有增长，比重在提高，发展中国家对发展中国家出口比重从26.5%提高到37.7%，进口从30.8%提高到43.8%。这表明，发展中国家之间相互贸易与分工在发展。

5. 贸易条件优劣不一

发展中国家和地区的净贸易条件，除去个别年份外，都处于不利地位。如以1990年为100，除去1997年和2000年，其余年份均低于100；其中，石油出口的发展中国家除1980年和2000年，其余年份净贸易条件更差；相反，出口制成品的发展中国家较好，从1997年到2000年的9年中，有4年接近100，其余均为100或高于100。

11.5.3 发展中国家和地区的外贸发展模式与政策

1. 对外贸易发展模式

由于发展中国家和地区的条件不同，因此，各国采取的对外贸易政策不尽相同。但有其共同点：

第一，各国政府积极干预对外贸易政策的制定与实施；

第二，其外贸政策与工业政策紧密结合在一起；

第三，基本上采取了国际上通用的限制进口和鼓励出口的措施；

第四，绝大多数发展中国家和地区实行外汇管制。

根据发展中国家和地区的实践，发展中国家和地区对外贸易发展模式，基本上可以归纳为4种类型的组合，即进口替代型、出口导向型、自由贸易型和混合型。

(1) 进口替代型组合

大多数发展中国家在工业化初期均选择了这样的进口政策。其主要办法是利用高额关税和数量措施来限制基本消费品的进口，保护国内市场；同时鼓励基本消费品工业所需原材料和技术设备的进口，达到扶持本国新兴消费品工业发展的目的，并最终实现基本消费品的进口替代。这种进口政策组合的优点是：

其一，有利于奠定一国初步工业基础，增强自力更生能力，为以后经济发展创造有利条件；其二，有利于发挥本国资源、技术和经济等方面的优势；其三，能保证把外汇用在最关键的地方，发挥最大的效益。

但它也有不少缺点：

其一，阻碍出口的发展，容易导致国际收支的恶化；其二，对非进口替代行业的排斥容易导致忽视其他经济部门的发展；其三，进口设备过于便宜，容易造成浪费；其四，过度限制进口，会排斥竞争机制，保护落后，降低国民经济的整体效率，妨碍比较利益的获得。

因此，这种政策组合只能在经济发展的一定阶段或在某种程度上有其合理性，超越经济发展的特定阶段和合理限度，该政策组合就不是可取的。

(2) 出口导向型组合

由于经济发展条件的变化，一些发展中国家和地区在第一阶段基本消费进口替代完成以后，实行了发展战略的转换，选择了出口导向型的进口政策组合。其主要特征是从高估汇率逐步向均衡汇率靠拢，有的还实行低估汇率，以鼓励出口；进口数量措施逐渐取消，主要靠常规性的关税进口。这种政策组合的优点：

其一，保证进口的合理发展，有利于外贸比较利益的获得；其二，引进竞争机制，理顺资源配置关系，有利于经济效率的提高；其三，促进出口发展，有利于改善一国经济发展的条件；其四，符合国际贸易规范，遭到报复的危险性较小。

这种进口政策组合也有一些缺陷：

其一，初级出口替代产业的进口需求较大，如果没有其他外汇来源时，容易出现外汇收支不平衡；其二，经济对外依赖性较大，因此它比较适合小型经济。

(3) 自由贸易型

典型的自由贸易型组合的特征是均衡汇率配上极低的进口关税，对进口的调节效应是中性的，既不鼓励也没有任何限制。进入20世纪70年代以后，随着经济实力的增强和国际竞争力的提高，不少新兴工业化国家（地区）也都开始了贸易自由化的进程。这种政策组合的优点是：

其一，有利于获得最大的国际比较利益；其二，有利于消除各种价格信号的扭曲，有助于资源的最优配置和经济效益的提高；其三，行政机制的作用被限制在最小的范围内，有利于进口调节制度的规范化，避免引起贸易伙伴国的报复。

该组合的不足之处是，对经济发展水平的要求较高，如不能达到就会出现诸如国际收支危机、经济脆弱等一系列问题。因此，它比较适合起点较高的发展中国家和地区经济较为发达的发展中国家。

(4) 混合型组合

这是发展中国家实现经济现代化的另一种选择。其特征是融入了进口替代型组合和出口导向型组合的优点。其目的主要是充分利用一国劳动力、资源、技术及经济的优势，在新兴产业选择进口替代型政策组合，通过关税和数量措施来保护国内市场，促进本国工业体系的建立。同时，在一些有一定国际竞争力的产业部门选择出口导向型组合，对同类产品的进口只进行常规性的关税调节，逐步取消数量措施，以鼓励出口。混合型组合要求选择均衡的汇率。这种政策组合的优点是：

其一，进口发展既与比较利益原则一致，又与经济发展中长期目标一致，既有短期效益又兼顾经济发展的后劲；其二，可以保证一国经济的完整性和独立性。

该组合的缺点是价格信号的扭曲难以完全消除，宏观经济管理难度加大。这种政策组合比较适合资源条件较好，市场容量大的发展中国家。

2. 发展中国家和地区的贸易政策

就发展中国家和地区整体而言，其对外贸易政策在第二次世界大战以后出现了以下变化趋势：贸易保护，加强联合，走向贸易自由化。

（1）20 世纪 50 年代到 60 年代奉行贸易保护主义

第二次世界大战以后，殖民体系瓦解，出现了发展中国家和地区。为了发展民族工业，它们推行了以保护幼稚工业为核心的贸易保护主义，实行进口替代工业化战略。其贸易政策措施有：采取高额进口关税、进口数量限制和外汇管制等严格的进口措施，限制某些重要的工业品进口，扶植和保护本国有关工业部门的发展。

（2）20 世纪 60 年代到 70 年代，加强联合，建立国际经济新秩序

为此，采取了如下办法：

①与发达国家签署商品协定，维护发展中国家和地区初级产品的权益。这些协定中的商品包括：糖、锡、咖啡、橄榄油、可可、天然橡胶。在发展中国家和地区努力下，在 1964 年第六届特别联大会议上，通过"商品综合方案"，以保证对发展中国家和地区具有重要利益的出口初级产品的权益。

②建立初级产品出口生产国组织，维护自身的经贸权益。这些生产国组织包括：石油、铜、矾土、木材、香蕉、钨等，其中，石油输出国组织（OPEC）在维护石油出口的发展中国家的石油权益方面起了积极的作用。

③推动联合国贸易与发展会议的建立。在发展中国家团结和联合斗争的推动下，1964 年，经联合国大会批准，成立了联合国贸易与发展会议，作为联合国的常设机构，专门研究和解决国际经济关系中，特别是发展中国家所面临的经济贸易问题。在 1968 年举行的第二届会议上，通过了普遍优惠制（GSP）决议，发展中国家从发达国家获得普遍的、非歧视的和非互惠的待遇，有利于发展中国家制成品和半成品的出口。在 1974 年第六届联合国特别大会上，通过了《关于建立国际经济新秩序宣言》和《建立国际经济新秩序的行动纲领》。

④相互建立经贸集团，发展相互间的经贸合作。20 世纪 60 年代到 70 年代，发展中国家之间建立了几十个经贸集团。

（3）20 世纪 80 年代以来向贸易自由化方向转化

①转向贸易自由化的背景。第一，关贸总协定推动贸易自由化的成功。在 1947 年关贸总协定主持下，关贸总协定缔约方共发动了 8 个回合的多边贸易谈判，促进了缔约方之间的贸易自由化，带动了发展中国家和地区的经贸发展，一些发展中国家转变立场，从抵制多边贸易体制到参加多边贸易体制。第二，20 世纪 70 年代发展中国家和地区中出现了新兴工业化国家和地区，如亚洲四小龙。它们实行的是外向型的贸易发展战略，而实行进口替代贸易发展战略的发展中国家负面效应日益显露。第三，冷战结束，市场经济较计划经济体制的优点日益被世界各国认同。第四，在跨国公司的推动下，经济全球化加速

发展,为了更多的利用外国直接投资,发展中国家和地区需要贸易逐步自由化。

②贸易政策调整的内容和方向。第一，把内向型的贸易发展战略转向外向型的贸易发展战略。第二，降低关税和调整关税结构。在关税设置中，采用阶梯式的关税结构。第三，放宽非关税壁垒限制。如墨西哥从1984年到1987年取消了800多种进口商品的许可证。马来西亚受配额限制的进口商品项目从1978年的110个减到1982年的12个。第四，调整汇率。在贸易政策改革前，大多数发展中国家都是高估本国货币币值，并实行多重汇率。汇率改革包括;统一降低汇率和放宽外汇管制。如拉丁美洲和加勒比地区原有8个国家实行多重汇率，在改革后，7个国家统一了汇率。部分发展中国家在维持外汇管制体制下，放宽了管制程度，包括外汇使用许可和外汇留成。第五，重视对出口的鼓励。其措施有：放松出口管制，降低出口关税，加强出口退税和创建出口加工区等。第六，改革贸易政策的辅助政策。发展中国家在实施内向型贸易发展战略时，政府还采用其他政策，如管制产品价格，对外国直接投资设置条件，控制利率和信贷等。在贸易发展战略转向外向型的过程中，这些政策措施也作了相应调整。

11.6 东欧国家的对外贸易

11.6.1 东欧国家的含义

在联合国的统计中，东欧国家包括：阿尔巴尼亚、白俄罗斯、保加利亚、捷克共和国、爱沙尼亚、匈牙利、拉脱维亚、波兰、摩尔多瓦共和国、罗马尼亚、俄罗斯联邦、斯洛文尼亚和乌克兰。它由前苏联和东欧社会主义国家转变而来。

20世纪第二次世界大战以后，这些国家都属于社会主义国家，建立计划经济体制，相互之间成立了“经济互助委员会”。20世纪90年代以后，这些国家都发生了巨变，从计划经济体制向市场经济过渡，“经济互助委员会”被解散。20世纪90年代以来，一部分国家继续与俄罗斯密切经济关系，组成经济同盟，另一部分国家则参加了欧洲联盟。

11.6.2 东欧国家的经济与贸易特点

1. 东欧国家的经济状况

2000年，东欧国家人口为3.15亿，占世界人口的5.2%，土地面积为

1 901万平方公里，占世界土地面积的 19%，国内生产总值为 6 438 亿美元，占世界国内生产总值的 2.1%，人均国内生产总值 2 045 美元，低于世界人均国内生产总值（5 178 美元），更低于发达市场经济国家的人均国内生产总值（26 838 美元），但高于发展中国家和地区（1 342 美元）。

在国内生产总值中，各产业结构的变化趋势是：农业和工业所占比重呈下降趋势，而服务业所占比重呈上升趋势。从 1980 年到 2000 年，农业比重从 18% 下降到 7%，工业比重从 50% 下降到 37%，服务业比重从 32% 上升到 56%。

2. 东欧国家的贸易特点

（1）贸易发展速度不高，但呈逐步增长趋势

出口年均增长速度：1980—1985 年为 2.5%，1985—1990 年为 0.0%，1990—1995 年为 6.5%，1995—2000 年为 4.2%，2000—2001 年为 6.9%；进口年均增长速度：同期分别为 1.7%，2.2%，6.4%，1.7% 和 11.1%。

（2）贸易地位

从 20 世纪 80 年代以来，东欧国家在世界贸易中的地位急剧恶化，90 年代后逐步恢复。东欧国家在世界出口中的比重 1980 年为 7.54%，1990 年 4.64%，1995 年为 3.65%，2001 年为 4.42%；同期，东欧国家在世界进口中的比重分别为：7.23%，4.90%，3.77% 和 4.13%。

（3）贸易差额

20 世纪 80 年代以来，东欧国家从 1980 年 32 亿美元的贸易顺差变为 1990 年的贸易逆差，达到 149 亿美元，1998 年贸易逆差达到 315 亿美元。由于 20 世纪末世界石油价格上涨，2001 年又出现了 100 亿美元的贸易顺差。

（4）贸易结构

①出口贸易结构变化不大。表现为制成品在出口中的比重 1980 年为 50.2%，2000 年为 52.1%。石油在出口中的比重从 1980 年的 27.3% 下降到 2000 年的 24.0%。

②进口贸易结构。从 20 世纪 80 年代以来，制成品在进口中的比重一直高于 1/2，且呈上升趋势，所占比重从 1980 年的 58.5% 提高到 2000 年的 69.2%，食品在进口中的比重同期从 15.8% 下降到 7.8%，燃料在进口中的比重同期从 13.1% 下降到 11.8%。

（5）贸易方向

从 20 世纪 80 年代以来从以本身为主要贸易对象转向以发达市场经济国家

为主要贸易对象。

①出口贸易方向。20 世纪 80 年代以来，东欧国家出口贸易对象发生了巨大的变化，从以本身为主要出口贸易对象转向以发达市场经济国家为主要贸易对象，主要是转向了欧洲。东欧国家对本身出口中的比重从 1980 年的 50.7% 下降到 2000 年的 24.5%，对苏联（现独联体）的出口贸易占本身出口贸易的比重同期从 17.4% 下降到 13.2%；而对发达市场经济国家的出口占其整个出口的比重同期从 27.9% 上升到 58.9%；对欧洲的出口贸易占其出口总贸易的比重同期从 25.6% 上升到 52.8%；对发展中国家和地区的出口贸易占其总出口贸易的比重同期从 20.9% 下降到 16.3%；对美国的出口贸易占总出口贸易的比重同期从 0.9% 提高到 3.9%。

②进口贸易方向。20 世纪 80 年代以来，东欧国家进口贸易来源也发生了巨大变化，变化趋势类同于出口贸易方向。进口贸易额在总进口贸易额中的比重，从 1980 年到 2000 年各地区和国家发生了如下变化：东欧本身从 54.7% 下降到 28.1%，苏联（现独联体）从 22.4% 下降到 19.5%；发达市场经济国家从 23% 提高到 60.1%；欧洲从 21.8% 提高到 56.0%；美国从 2.7% 下降到 2.3%，发展中国家和地区从 16.0% 下降到 11.7%。

11.6.3 东欧国家对外贸易政策的演变

从 20 世纪 50 年代到 80 年代末，这些国家的对外贸易政策基本上属于国家统治下的保护贸易政策，实行国家垄断外贸制，由国家设立的专业外贸公司从事对外贸易，根据国家制定的经济计划进行外贸活动；实施严格的外汇管制；与国际多边贸易体制处于绝缘或不积极参与的状态。

20 世纪 90 年代，随着政治体制发生巨大的变化，东欧国家摒弃计划经济体制，转向市场经济体制。在外贸领域，国家垄断的外贸体制瓦解，从保护贸易政策逐步转向贸易自由化，对外贸易的调节手段向国际通行做法靠拢，积极申请参与国际多边贸易体制。

1. 取消国家外贸计划，取消国家补贴

20 世纪 90 年代以前，国家下达的外贸计划都是指令性的，为了完成计划，国家实行补贴政策。现在由于实行外贸经营自由和进出口放开制度，国家取消了原来意义上的外贸计划，企业有权根据自己的情况制定进出口计划。同时，国家在取消了财政补贴后，转向采用出口退税、优惠贷款、浮动汇率等措施鼓励出口。1992 年乌克兰制定了独立后的第一部《对外经济活动法》，确立

了外贸体制的改革和发展方向：实施对外贸易自由化，加入世界贸易体系。该法规定了实施外贸经营权的登记制度。1992 年，颁布对外贸易自由化法令。1995 年 3 月 6 日，俄罗斯联邦总统签署了“在俄罗斯联邦境内进行对外贸易活动的基本原则”的总统令，其主要内容是对外贸易放开经营，取消一些战略性原材料出口，而改为指定公司经营的“特别出口商”制度。

2. 减免关税，调整进出口税率

俄罗斯政府规定，各企业进口食品、药品、食品工业设备、农副业用小型农具、轻工业生产用原材料等免征海关关税。重新审定包括易货在内的各种贸易方式的关税办法，不断降低出口关税。1995 年内相继降低原油、成品油、纸浆等的出口关税，还取消了液化天然气、矿物肥料、黑色金属及其制品的出口关税。1998 年取消了 5 种最主要食品的进口税，并大大降低了其他食品和药品的进口税。

3. 放宽进出口限制，减少许可证限制

俄罗斯取消了对易货贸易的各种限制，减少按许可证和配额进口的商品数量。除少数商品，绝大多数商品都放开经营。波兰除一些重要的原材料和武器等 10 多种商品受国家管制外，其余商品全部放开经营。乌克兰进出口许可证已减少到 15 种，其中，进口商品 5 种，出口商品 10 种。

4. 原国有专业外贸公司实行私有化

经济体制转型开始后，绝大多数外贸专业公司实行私有化，这些公司中的国家股权以各种方式转让给私人，成为独立的法人实体，实行自主经营，自负盈亏。

5. 允许私人经营外贸

计划经济时期，国家垄断对外贸易经营权，私人不准涉足对外经贸活动。经济体制转型后，各国纷纷颁布法令，规定允许私人经营对外贸易，对外交易不受任何限制。

6. 放松外汇管制

实行经常性项目的卢布自由兑换制度。自 1996 年以来，俄罗斯已开始承担国际货币基金组织章程第 8 条的义务，实行经常性项目的卢布自由兑换。

1998 年 8 月 17 日后，放弃“外汇走廊”政策，实行汇率自由浮动。

7. 鼓励外国投资

东欧国家相继颁布法令，鼓励外国投资。如俄罗斯 1999 年 7 月颁布《俄罗斯外国投资法》，除俄罗斯联邦法律另有例外规定，为俄罗斯境内外国投资提供的法定待遇不低于俄罗斯投资者的法定待遇。

8. 积极参与和申请加入多边贸易体制活动

波兰、罗马尼亚、斯洛伐克原是 1947 年关贸总协定缔约方，1995 年 1 月 1 日后成为世贸组织原始成员，其余东欧国家均已提出加入 1947 年关贸总协定和世界贸易组织的申请。俄罗斯于 1993 年提出加入关贸总协定的申请，1995 年后又继续申请加入世界贸易组织的谈判。

11.7 中国的对外贸易

11.7.1 中国的经济状况

2000 年，中国拥有人口 12.53 亿，土地面积 956 万平方公里，国内生产总值 10 799 亿美元，占世界国内生产总值（313 126 亿美元）的 3.45%，人均 862 美元，相当于当年世界人均国内生产总值（5 178 美元）的 16.6%。在国内生产总值中，农业所占比重从 1980 年的 30% 下降到 2000 年的 16%，工业所占比重同期从 49% 上升到 51%，服务业所占比重同期从 21% 提高到 33%。货物和服务出口贸易依存度从 1980 年的 8% 提高到 2000 年的 26%。经济结构比例仍劣于发展中国家和地区。2000 年，在发展中国家和地区的国内生产总值中比重，农业为 12%，工业为 36%，服务业为 52%，货物和服务出口贸易依存度为 37%。2001 年 12 月 11 日中国成为世贸组织第 143 个成员，是世贸组织中最大的发展中国家。

11.7.2 中国对外贸易政策的演变

1. 改革开放前的对外贸易总政策

从 1949 年新中国成立到 1978 年期间，根据当时的国内外条件，中国执行的是国家管制的内向型、国家垄断的保护贸易政策。中国人民政治协商会议

《共同纲领》第 37 条明确规定“我国实行对外贸易的管制，并采用保护贸易政策”。这期间，对外经营管理体制高度集中；以行政命令为主，通过计划和数量限制直接干预；关税不起主要作用；进口受到限制；国内产业普遍受到保护；出口由国家垄断和控制。

2. 改革开放到中国加入世贸组织前的对外贸易政策

1978 年 12 月到中国加入世界贸易组织前，对外开放成为中国的基本国策，目的是“要努力采用世界先进技术和先进设备；利用两种资源和两个市场，学会组织国内经济建设和发展对外经济关系的两套本领”。中国对外贸易总政策也进行调整，转变为开放型的适度保护贸易政策，即降低对外贸易活动的计划成分，由国家宏观调控，扩大出口和开放国内市场相结合，积极参与国际分工和交换，恢复和参加多边贸易体制的活动，同时，关税和数量限制共同成为适度保护贸易政策的主要手段。

3. 加入世界贸易组织后的中国对外贸易总政策

中国于 2001 年 12 月 11 日加入世界贸易组织，在享受权利的同时，要履行相应的义务，中国对外开放将从自主单向开放变为相互双向开放；从以政策导向开放到按世贸组织规则的开放；从货物市场开放延伸到服务市场开放。中国外贸总政策从开放型的适度保护贸易政策转变为有协调管理的一般自由贸易政策，即通过谈判，确定中国入世后的权利与义务，并以此为基础，进行对外贸易的管理，逐步实行贸易自由化。

11.7.3　对外贸易在经济发展中的作用

1. 积极参与国际分工，节约社会劳动

贸易商品的国内价值和国际价值的比较差异，是国际分工产生的直接原因。贸易开放了，国际分工就会发展。从中国对外贸易的实践看，由于中国总体劳动生产率较低，一般来说，大部分出口商品的国内价值大于国际价值，而进口商品的国际价值小于国内价值。因此，对外贸易不仅使分工后的商品实物形态得以转换，增加使用价值量，还可以节约社会劳动，增加一国整体的价值量，使国民经济在更高水平上实现使用价值和价值的平衡。并且，国际分工是各国经济上相互依靠、相互合作的体现。中国通过对外贸易参与国际分工，还可以通过国际分工充分利用外国资源、技术、资金促进生产力的发展，发挥比较优势。

2. 完善和促进市场经济发展

市场经济体制是当今世界各国从事劳动生产、合理配置资源的重要经济体制，也是中国进行经济体制改革和对外开放的目标之一。对外贸易不仅是商品国际流通的主要渠道，也是技术流通、文化交流、经济合作的主要渠道。发展对外贸易，通过上述形式的交流互动，有利于利用国内外两个市场的资源，有利于促进国内市场主体的成熟，有利于计划经济体制向市场经济体制的转变，有利于培育市场竞争意识和市场竞争环境，从而完善和促进市场经济体制的发展。

3. 利用外资

随着国际经济合作的发展，出现了补偿贸易、加工贸易、信贷贸易、技术转让、承包工程与劳务合作等多种贸易方式，这些方式大多与资本流动有关，利用外资可以购买国外的先进技术和设备。中国的经验表明，合理利用外资，是加速经济发展的一个有效手段。经济发达国家在其经济发展过程中，几乎没有一个是完全不利用外资和国外技术而实现了经济高速发展的。中国工业中很多大型骨干企业，就是通过对外贸易，在利用外资，引进技术和设备的基础上，建立和发展起来的。实践证明，利用国外资金，是中国加快现代化建设的客观需要，也是中国对外贸易的重要任务。

4. 资本积累

基础建设、重点项目、公共工程和科学技术的发展都离不开充足的资金支持。利用外资虽然可以起部分作用，但外资在资源上是有限的，在利用上还要冒一定风险。因此，本国自己的资本积累最为重要。发展对外贸易，可以起到资本积累的作用。对外贸易可以为国家增加财政收入和外汇收入，是国家积累资金的重要源泉之一。据统计，中国每出口 1 亿美元的工业品，就可增加工业产值 5.8 亿美元，国家可得利税 3 500 万元人民币。

5. 创造就业机会和提高就业水平

对外贸易的发展，通过前后连锁作用，可以促进工农业生产的发展，并带动商业、交通运输、金融、服务等行业的发展，可以增加劳动就业的机会。如中国出口的劳动密集型产品，每出口 10 亿美元，就可提供 12 万个劳动就业机会。劳动密集型产品的出口，就为劳动者提供了大量的就业机会。

6. 引进先进的科学技术和管理方法

通过进口贸易，有选择地从国外引进一些带有新技术的先进设备，可以填补中国工业技术方面的一些空白，提高中国主要产业的科技水平。20 世纪 50 年代，中国从苏联、东欧进口成套设备和技术 400 多项，初步奠定了中国工业化的基础　20 世纪 60 年代以来，中国又开辟了从西方国家引进先进技术和科学管理经验的渠道，对中国工业起步起到了重要作用。改革开放以来，加大了这方面的工作，中国引进先进的科学技术和管理经验的方式加速了中国产业结构的优化和现代企业制度的建立。

7. 参与经济全球化

经济全球化是经济活动、经济信息、经济规则和经济观念全球化的统一。从一个国家的对外关系来说，在物质方面，它首先表现为生产要素与商品在生产和流通过程中的全球配置。而在一国整个对外关系中，对外贸易是最基本、最主要的基础。因此，对外贸易成为参加经济全球化的主要形式。经济全球化是当今世界经济发展的大趋势，从中国的实践来看，中国不能回避历史趋势，中国加入经济全球化进程也是不可避免的。要在经济全球化中取得利益、化解冲击，中国就要建立开放型经济，积极发展对外贸易。

11.7.4　中国对外贸易的发展

1949 年新中国成立后 10 年，中国对外贸易开始起步，20 世纪 60 年代中国对外贸易发展总体缓慢，20 世纪 70 年代中国对外贸易发展总体呈停滞状态。1953 年到 1978 年，中国出口额占世界出口总额的比重，由 1.23% 下降到 0.75%，在世界贸易中所占的位次由第 17 位掉到第 32 位。

中国对外贸易的迅速发展是从改革开放后开始的，中国迅速成为贸易大国，并把对外贸易提升为国民经济的战略重点，取得令人可喜的成绩。

1. 贸易地位：迅速提高

（1）货物贸易地位

1983 年，中国出口额占世界出口总额的比重与在世界贸易中所占的位次恢复到 1953 年的水平；从 1990 年到 2000 年间，中国货物贸易年均增长率高达 15%，大大高于世界和其他国家的年均增长率；2001 年，中国出口额占世界出口总额的比重达到4.3%，中国在世界出口贸易中的位次提升到第6位。

（2）服务贸易地位

中国服务贸易发展迅速，从1990年到2000年，中国商业服务出口贸易额年均增长率高达18%，居世界首位。1994年，中国进入世界服务贸易前20位。2001年，中国在全球服务业出口中比重达到2.2%，排名第11位。

2. 贸易差额：货物贸易为顺差，服务贸易为逆差

（1）货物贸易差额

20世纪90年代中期以前，大多数年份是贸易逆差。90年代中期以后，转为贸易顺差。1992—1993年贸易逆差39亿美元，1994—1996年贸易顺差124亿美元，1997—1998年贸易顺差420亿美元，1999—2001年贸易顺差317亿美元。

（2）服务贸易差额

与货物贸易差额相反，20世纪90年代以前，中国服务贸易呈现顺差，但进入90年代以来，由于服务贸易比较落后，服务贸易一直为逆差，且有加大趋势。1990年服务贸易顺差6.9亿美元，1995年贸易逆差为62.1亿美元，2001年贸易逆差为54.6亿美元。

3. 中国货物结构：整体在不断优化

（1）出口结构，不断优化

制成品在出口中的比重从1990年的71.4%提高到2000年的88.2%。其中，机械和运输设备所占比重同期从17.5%提高到33.1%，其他制成品从47.9%上升到50.4%，化工品从6.0%下降到4.8%，食品从12.7%剧降到5.4%，燃料从8.4%下降到3.2%。

（2）进口结构

20世纪90年代以来，制成品在进口中占绝大比重，但有下降趋势，所占比重从1990年的79.7%下降到2000年的75.6%，机械和运输设备同期所占比重分别为40.3%和40.8%，其他制成品所占比重同期从26.9%下降到21.5%，化工品所占比重从12.5%上升到13.2%，食品所占比重从8.7%下降到4.0%，燃料所占比重从2.4%上升到9.2%，矿产品所占比重从2.9%上升到5.9%。

4. 货物贸易方向：以发达国家和地区为主

（1）货物贸易出口去向

第一，出口贸易对象从发展中国家转向发达国家。中国出口中的比重在发达国家从 1980 年的 44.8% 上升到 2001 年的 56.6%；与此同时，发展中国家从 41.4% 下降到 41.0%。第二，对发达国家出口中，美国、加拿大和欧盟呈上升趋势，而日本呈下降趋势。在中国货物出口的比重，美国和加拿大从 1980 年的 6.2% 上升到 2000 年的 21.7%，欧盟从 13.7% 上升到 15.45%，日本从 22.2% 下降到 16.9%。第三，中国对发展中国家和地区的货物出口中，对石油输出国、拉美、非洲、西亚、其他亚洲国家变化不大。从 1980 年到 2001 年，石油输出国组织的比重均为 3.6%，拉美从 2.3% 上升到 3.1%，非洲从 2.1% 下降到 1.8%，西亚从 3.0% 下降到 2.6%，其他亚洲国家从 33.8% 下降到 33.3%。

出口贸易国家和地区在扩大。1980 年中国出口超过 1 亿美元的国家和地区为 29 个，到 2001 年，出口超过 1 亿美元的国家和地区上升到 86 个。但出口贸易主体对象仍集中在少数几个国家和地区。2002 年，中国对美国、中国香港、日本、韩国、欧盟、东盟合计出口占中国出口总额的 82.2%。

（2）货物贸易进口来源

第一，进口从发达国家转向发展中国家和地区，从发达国家的进口占中国整个进口的比重从 1980 年的 73.7%，下降到 2000 年的 38.0%，而同时，从发展中国家和地区进口占中国整个比重从 16.4% 剧升到 53.1%。第二，从发达国家进口中，美国和加拿大，日本所占比重均呈下降趋势。从 1980 年到 2001 年，美国和加拿大所占比重从 23.8% 下降到 15.1%，日本从 26.5% 下降到 16.3%，而欧盟所占比重从 15.8% 上升到 17.8%。第三，从发展中国家和地区进口中，除去拉美，其余地区所占比重均呈上升趋势，亚洲国家和地区上升最快。从 1980 年到 2001 年，石油输出口国组织从 1.4% 上升到 5.4%，非洲从 1.4% 上升到 1.8%，西亚从 1.3% 提高到 4.4%，其他亚洲国家和地区从 9.1% 剧升到 43.4%。

中国进口来源国家和地区在不断扩大，1980 年，对中国出口超过 1 亿美元的国家和地区有 29 个，2001 年增加到 67 个。但进口贸易来源国家和地区的主体仍集中在少数国家和地区。2002 年，中国从日本、中国台湾、美国、韩国、欧盟、东盟、中国香港合计进口占中国进口总额的 77.2%。

11.7.5 中国利用外资与资本外投

1. 中国利用外资：世界利用外资最多国家之一

第一阶段：1979 年到 1992 年，是中国利用外资的起步阶段。利用外资有两种方式，第一类是援助贷款和商业贷款用于扩大进口，引进技术，尤其是用于能源、交通等基础设施的建设。第二类是外商直接投资，用于中小企业的扩建和改造。这一阶段，利用外资以第一类为主，实际利用外资累计为 1 011 亿美元，其中直接利用外资累计为 316 亿美元。

第二阶段：1992 年到 2000 年，利用外资发展阶段。这一阶段对外借款趋势平稳，而外商直接投资发展迅速，已经超过前者，成为中国利用外资的主要方式。外商直接投资从 1990 年的 34. 87 亿美元，增加到 1995 年的 358. 49 亿美元，2000 年为 407. 72 亿美元，2001 年达到 468. 46 亿美元。

从 1992 年起，中国每年实际吸收外商直接投资超过 100 亿美元，从 1993 年起在吸收外商直接投资方面连续名列世界第二和发展中国家第一，2002 年吸收外商直接投资达到 527 亿美元，超过美国，首次名列世界第一。

从 1998 年起，外商投资企业出口额连续超过进口额，为中国整体贸易顺差作出积极贡献。而且，外商投资企业在中国外贸中的比重迅速提高。其进口额在中国进口总额的比重从 1988 年的 10. 4% 提高到 2002 年的 54. 3%；其出口额在中国出口总额的比重同期从 5. 2% 提高到 52. 2%。

2. 中国资本外投得到迅速发展

(1) 阶段

第一阶段：1979—1983 年，是对外投资的起步阶段。中国只有部委级的大公司在海外投资，这一阶段经正式批准的境外投资企业共 61 个，中方总投资额为 4 573 万美元，分布在 23 个国家或地区。投资领域主要集中在航运服务、金融保险、承包工程和餐饮业。

第二阶段：1984—1988 年，进入发展阶段。中国境外投资企业增至 450 家，中方对外投资总额达到 6. 65 亿美元。对外投资领域也扩大到资源开发，诸如：铁矿开采、林业开发、远洋渔业和加工生产装配等领域。

第三阶段：1989—1993 年，对外投资转型阶段。中国海外投资企业又增加了 1 132 家，中方累计对外投资总额为 12. 32 亿美元。这一阶段主要是国有外贸专业总公司和工贸公司在海外设立了大量的贸易型企业，一些大公司在海外进行了资源开发型投资。

第四阶段：1994—2000 年，是加速发展阶段。前期以设立一般贸易型企业为主，后期以工业（加工工业，特别是境外加工贸易企业）和资源开发企业为主。截至 2000 年 6 月底，经批准的中国境外企业共计6 124家（金融企业除外）。从行业上看，贸易型投资比重最高，达到60%左右，其次是资源开发型投资，占将近 20%，居第三位的是生产加工型投资，大约占 2%。从对外投资的区域分布来看，已经遍布世界 160 多个国家和地区。

（2）对外投资额

进入 20 世纪 90 年代以来，中国对外投资发展较快，投资数额加大，中国对外投资额 1990 年为 8.30 亿美元，1995 年达到 20.00 亿美元，2001 年为 17.15 亿美元。

◎本章小结

本章对当今世界三大类国家（发达国家，发展中国家和东欧国家）和主要贸易国家的贸易特点作了概括性的分析与总结，分析的基点是贸易地位、贸易政策、贸易对象、贸易结构等，目的是掌握当今国际贸易的格局与发展方向。

◎关键术语

贸易地位　　贸易政策　　贸易对象　　贸易结构

◎思考题

1. 发达市场经济国家贸易有何特点？
2. 美国为什么成为最大的贸易国家？
3. 发展中国家贸易为何发展不平衡？
4. 发展中国家制成品出口为何集中在少数国家？
5. 东欧国家贸易有何特点？
6. 中国对外贸易的特点是什么？

参考文献

1. 马克思，恩格斯．共产党宣言［M］．北京：人民出版社，1964

2. 姚曾荫．国际贸易概论［M］．北京：人民出版社，1987

3. 马克思．资本论［M］．第一卷．北京：人民出版社，1975

4. 约翰．伊特韦尔，默里·米尔盖特，彼得·纽曼．新帕尔格雷夫经济学大辞典［M］．第一卷．北京：经济科学出版社，1996

5. 陈同仇，薛荣久．国际贸易［M］．北京：对外经济贸易大学出版社，1997

6. 薛荣久，张玮，唐宜红．国际贸易［M］．北京：对外经济贸易大学出版社，2003

7. 冷柏军，张玮．国际贸易理论与实务［M］．北京：中国财政经济出版社，2000

8. 冷柏军．国际贸易实务［M］．北京：对外经济贸易大学出版社，2005

9. 严中平．中国近代经济史统计资料选辑［M］．北京：科学出版社，1955

10. 宋则行，樊亢．世界经济史［M］．北京：经济科学出版社，1998

11. 夏秀瑞，孙玉琴．中国对外贸易史［M］．北京：对外经济贸易大学出版社，2001

12. 海闻，P. 林德特、王新奎．国际贸易［M］．上海：上海人民出版社，2003

13. 波斯坦，马赛厄斯．剑桥欧洲经济史［M］．第八卷．王春法等译．北京：经济科学出版社，2002

14. 武德春编著．国际贸易政策与实务［M］．北京：机械工业出版社，2006

15. 董瑾主编．国际贸易理论与实务（第三版）［M］．北京：北京理工大学出版社，2005

16. 杨薇钰．国际贸易［M］．北京：国防工业出版社，2005

17. 韩经纶．国际贸易基础理论与实务（第三版）［M］．天津：南开大学出版社，2006

18. 陈宪，韦金鸾等．国际贸易——原理·政策·实务（第三版）［M］．上海：立信会计出版社，2003

19. ［美］托马斯·A. 普格尔．国际贸易（第12版）［M］．北京：中国人民大学出版社，2005

20. Dominick Salvatore. International Economics（5th edition）. Prentice-Hall, Inc., 1995

21. Paul R. Krugman & Maurice Obstfeld. International Economics—Theory and Policy（5th edition）. Addison Wesley Longman, Inc., 2000

22. LJNCTAD. Handbook of Statistics, 2005

后　记

近年来，我国对外贸易发展迅速，贸易规模已进入世界前列，特别是加入世贸组织后，我国对经贸方面的人才需求迅速增加，培育国际经济贸易方面的高级人才已经成为高等教育的一项重要任务。同时，国际贸易理论与实践在近年来也有了重大发展，高校教材需求对此做出了强烈反映。为了适应当今国际贸易发展的需要，我们组织了几所高校长期从事国际贸易教学的教师，在历年使用各类教材的基础上，编写了此书。

本书由孙睦优教授任主编，许洪岩、黄锦春任副主编。参加本书编写工作的人员有：孙睦优（第 2 章、第 3 章、第 5 章、第 8 章、第 11 章），黄锦春（第 10 章），许洪岩（第 6 章），吴义能（第 4 章），刘武强（第 7 章），陈燕和（第 1 章），柯瑞芬（第 9 章）。全书由孙睦优和黄锦春拟定大纲，由孙睦优教授审阅、编纂、最后定稿。

本书在编写过程中，参考了国内外最新出版的有关著作，引用了其中一些观点，在此一并致谢。由于编者的水平所限，书中难免有不当和错误之处，衷心希望各位同行、专家和广大读者不吝赐教，以便再版时修正。

本书的出版得到了武汉大学出版社的大力支持，在此表示衷心的感谢！

《国际贸易学》编写委员会

2009 年 2 月